COORDENAÇÃO EDITORIAL

Dr. Thiago Castro

SIMPLIFICANDO O AUTISMO 2.0

NOVAS PERSPECTIVAS, ACOLHIMENTO E CIÊNCIA

Literare Books
INTERNATIONAL
BRASIL · EUROPA · USA · JAPÃO

PRESIDENTE DO CONSELHO
Mauricio Sita

PRESIDENTE
Alessandra Ksenhuck

VICE-PRESIDENTES
Claudia Pires e Julyana Rosa

DIRETORA DE PROJETOS
Gleide Santos

CONSULTORA DE PROJETOS
Amanda Dias

GERENTE EDITORIAL
Anselmo Vasconcelos

EDITORA JÚNIOR
Júlia Almeida

ASSISTENTES EDITORIAIS
Emerson Xavier e Hellen Souza

REVISORES
Cássia Santos, Daniel Graciano e Luísa Bérgami

CAPA
Gabriel Uchima

DIAGRAMAÇÃO
Ana Paula Nunes Medeiros

IMPRESSÃO
Printi

Dados Internacionais de Catalogação na Publicação (CIP)
(Câmara Brasileira do Livro, SP, Brasil)

Simplificando o autismo 2.0 : novas perspectivas, acolhimento e ciência / coordenação editorial Thiago Castro. -- 1. ed. -- São Paulo : Literare Books International, 2025.

Bibliografia.
ISBN 978-85-9455-383-6

1. Autismo 2. Neurodiversidade 3. TEA (Transtorno do Espectro Autista) - Diagnóstico I. Castro, Thiago.

25-259555 CDD-616.85882

Índices para catálogo sistemático:

1. TEA : Transtorno do Espectro Autista : Neurodiversidade 616.85882

Eliete Marques da Silva - Bibliotecária - CRB-8/9380

LITERARE BOOKS INTERNATIONAL LTDA.
Rua Alameda dos Guatás, 102
Vila da Saúde — São Paulo, SP. CEP 04053-040
+55 11 2659-0968 | www.literarebooks.com.br
contato@literarebooks.com.br

FSC www.fsc.org
MISTO
Papel | Apoiando o manejo florestal responsável
FSC® C196274

Agradecimentos

Como em todas as obras que produzo e em cada trabalho que realizo, acredito na mão de Deus e em um propósito maior para a vida. Por isso, agradeço primeiramente a Deus, pela oportunidade de estar aqui, compartilhando conhecimento e experiências por meio deste livro.

Sinto-me profundamente grato pela dádiva de ser pai do Noah, do Matteo e da Aurora. Eles são meus maiores mestres e, por meio de suas vidas, tenho aprendido lições inestimáveis sobre amor, resiliência e fé. Cada um, com sua singularidade, mostrou-me o poder transformador da intervenção precoce, do acolhimento e da esperança.

Mais do que isso, ensinaram-me a essência da paternidade e impulsionaram meu aperfeiçoamento no entendimento e cuidado com o autismo, tornando-me não apenas um profissional mais preparado, mas também um ser humano mais sensível e completo. Agradeço a vocês, filhos.

Quero expressar minha profunda gratidão aos mais de 120 coautores que se dedicaram intensamente para tornar esta obra uma realidade. Cada um entregou o melhor de si, com comprometimento e generosidade, especialmente em um período desafiador. Obrigado por contribuírem e por compartilharem esta obra, fazendo dela um valioso meio de alcance para tantas pessoas.

Não poderia deixar de agradecer de forma especial à Dra. Tatiana Morato Mesquita Sabella, à Patrícia Luiza Sabella Santana e à Eliandra Dutra Lôndero, que se dedicaram incansavelmente, passando noites em claro e trabalhando com muita atenção e carinho para que toda a revisão deste livro fosse coerente e bonita. Graças a elas, podemos oferecer aos leitores a melhor experiência possível.

À Editora Literare, que sempre esteve ao meu lado, apoiando-me em todas as decisões, especialmente na jornada de escrever mais uma obra.

Por fim, meu agradecimento mais profundo à minha companheira de vida, Gabriela Castro, que sempre esteve ao meu lado, apoiando-me em cada passo e que, para cada projeto ao qual me proponho, abre mão de nosso tempo juntos.

Dr. Thiago Castro

SUMÁRIO

PREFÁCIO

Após o sucesso do livro *Simplificando o autismo*, que permaneceu por semanas como o mais vendido no Brasil sobre o tema, decidimos dar continuidade a essa jornada. Com uma linguagem acessível e, ao mesmo tempo, embasada tecnicamente, a primeira edição teve um impacto transformador entre os leitores, o que reforçou a importância de ampliar os horizontes desse diálogo.

Embora *Simplificando o autismo 2.0* possa ser lido de forma independente, ele se conecta diretamente à obra anterior, aprofundando e expandindo os temas abordados. Nosso objetivo é oferecer informações científicas de maneira acessível, sem deixar de lado a acolhida, o respeito e a empatia, que são pilares essenciais neste campo.

A cada ano, novas descobertas e avanços relacionados ao Transtorno do Espectro Autista (TEA) enriquecem nosso entendimento sobre o tema. Assim, sentimos a necessidade de atualizar e ampliar o conteúdo, abordando tópicos relevantes que reflitam as demandas e os desafios contemporâneos enfrentados por familiares, profissionais e, principalmente, pelas próprias pessoas autistas.

Seguindo a mesma proposta do primeiro livro, *Simplificando o autismo 2.0* não exige uma leitura sequencial. Cada capítulo é independente e foi estruturado para permitir que o leitor escolha os temas conforme suas necessidades ou interesses. Essa abordagem dinâmica e prática facilita o acesso às informações, tornando a leitura mais intuitiva e funcional.

Esta obra reúne a expertise de mais de 120 profissionais especializados, que contribuíram para a criação de 60 capítulos. A pluralidade de perspectivas oferece uma visão abrangente e atualizada sobre o TEA, contemplando aspectos que vão desde saúde, educação e desenvolvimento até questões ligadas a família, inclusão e qualidade de vida.

Esperamos que este livro sirva como um guia valioso para todos aqueles que desejam compreender melhor o autismo e, acima de tudo, transformar esse conhecimento em ações práticas de apoio e acolhimento.

Esta obra é dedicada aos pais, profissionais da saúde e educação, familiares e todos os que buscam compreender e lidar com o TEA de maneira mais consciente e empática. Acredito profundamente que *Simplificando o autismo 2.0* poderá impactar positivamente a vida de filhos, alunos, pacientes e de todos aqueles que convivem e aprendem com o autismo.

Que esta leitura inspire novos caminhos e fortaleça os laços de compreensão e cuidado!

Dr. Thiago Castro

1

UM NOVO DIAGNÓSTICO, NOVAS PERSPECTIVAS

Este capítulo apresenta a jornada de uma família após o diagnóstico de autismo, destacando a importância do diagnóstico precoce e das instruções baseadas em evidências. Além disso, aborda desafios como as comorbidades e a desinformação, reforçando que o autismo não define o futuro, mas orienta caminhos, oferece esperança e orientação para transformar desafios em oportunidades de desenvolvimento e independência.

DR. THIAGO CASTRO

Dr. Thiago Castro

Contato
Instagram: @dr.thiagocastro

Graduado em Medicina, especialista em Pediatria, pós-graduado em Emergências e Urgências Pediátricas pelo Instituto de Ensino Albert Einstein. Pós-graduado em Transtorno do Espectro Autista pela CBI of Miami. Mestre em Neurociência. Pai de 3 amados filhos. Realiza palestras pelo Brasil há anos, levando conhecimento de forma acessível. Já capacitou centenas de médicos, milhares de terapeutas e mais de 50 mil pais em seus cursos em mais de 30 países. É responsável pelo Congresso Espectro, CEO e idealizador da BLUA Pediatria, Autismo e Famílias Integradas. É coordenador dos best-sellers *Simplificando o autismo* - vol. 1 e *Espectro autista feminino* e coautor de vários outros livros.

Para quem acaba de pegar este livro em suas mãos, provavelmente o autismo já bateu à porta. Ou, talvez, seja uma daquelas pessoas que buscam se preparar para os desafios antes que eles cheguem.

Antes de seguir adiante, devo me apresentar. Eu sou Thiago Castro, médico, pediatra, casado há mais de dez anos com Gabriela Castro. Há aproximadamente oito anos, recebemos o diagnóstico de autismo do nosso primeiro filho, Noah.

Em 2018, não havia tantas informações como hoje. Noah era um menino que não olhava, não conversava, não brincava e não socializava. Mais do que isso, tinha comportamento autolesivo, muita rigidez e seletividade alimentar. De ida em ida a consultórios médicos, ouvíamos, sem muita esperança, que ele era uma criança de muito suporte e que autistas, até então, não costumavam evoluir bem.

Como pais, buscamos estudar o autismo intensamente para tratá-lo e oferecer a ele o melhor. Com o passar do tempo, a experiência com o Noah nos trouxe muitas lições e abriu portas para ajudarmos outras famílias.

Eu já era médico quando recebemos o diagnóstico, mas nada sabia sobre autismo. Tornei-me médico de autista para ajudar meu filho e, a partir dele, ajudei milhares de pessoas desde então.

Para mim, sempre estava claro que nunca foi só sobre a criança. Meu olhar era para a família; frequentemente, as mães saíam dos atendimentos com uma receita para antidepressivos, acolhimento e uma rota, uma vez que o diagnóstico, muitas vezes, já estava em seus corações.

Ser pai ou mãe de uma criança autista não é fácil. Muitas vezes, o autismo não vem sozinho. Estudos mostram que 81% das crianças autistas também apresentam TDAH, e de 40% a 60% delas sofrem de transtornos de ansiedade (Simonoff *et al.*, 2008). Esse estudo avaliou 112 crianças com TEA e revelou que 70% delas tinham pelo menos um transtorno psiquiátrico comórbido, sendo os mais comuns o TDAH (30%), transtornos de ansiedade (42%) e

Transtorno Opositivo Desafiador (28%). Comorbidades como epilepsia, TOD e esquizofrenia também podem estar presentes (Mannion & Leader, 2013). Essa revisão destacou que epilepsia é encontrada em até 46% dos casos, enquanto os transtornos do sono afetam entre 50% e 80%, e problemas gastrointestinais surgem em até 70% das crianças com TEA.

No entanto, aprendemos que o maior problema não é o autismo em si, mas a desinformação, o diagnóstico tardio e a falta de tratamento adequado.

Como costumo dizer aos pais que vêm até meu consultório: "o diagnóstico não define o futuro do seu filho, mas norteia a rota. Não é um ponto final, mas uma vírgula, onde você faz uma pausa, respira e recomeça".

Um estudo canadense de 2022 (Zwaigenbaum *et al.*, 2022) mostrou que aproximadamente 75% das crianças autistas apresentam melhora significativa após tratamento adequado. Esse estudo reforça que intervenções precoces, baseadas em evidências e com envolvimento familiar, podem alterar o curso do desenvolvimento de crianças com TEA, promovendo comunicação, habilidades sociais e comportamentos adaptativos. Em miúdos, isso significa que, se tratarmos bem, a maior parte das crianças deveria evoluir.

Foi assim com Noah. Graças às intervenções intensivas e precoces, ele evoluiu de uma criança nível 3 para funcionalidade e independência. No entanto, nossa história não termina aí.

Seis anos depois, recebemos a notícia de mais um bebê. Sabíamos que, com um filho autista, havia uma chance entre 4% e 20% de o segundo filho também receber o diagnóstico (Ozonoff *et al.*, 2011). Esse estudo revelou que o risco de recorrência do TEA em irmãos mais novos é de 18,7%, sendo maior em meninos (26%) do que em meninas (9%). Famílias com dois ou mais filhos autistas podem apresentar um risco de até 32%.

Matteo nasceu de uma gestação tranquila e planejada. No entanto, desde cedo percebemos sinais: falta de balbucios, pouco contato visual e questões sensoriais. Aos nove meses, Matteo já apresentava perda de habilidades, dificuldade de imitação e interesse restrito por objetos. Recebeu o diagnóstico de autismo, e iniciamos intervenções imediatas antes mesmo desse período, pois o que importa de verdade nessa fase nem sempre é o diagnóstico, mas as intervenções.

No caso de Matteo, focamos nos estímulos sensoriais, motores e princípios da ABA naturalista. Hoje, aos dois anos, ele é uma criança funcional e independente. Assim como Noah, Matteo continua sendo autista e enfrentando desafios diários, mas provou que diagnósticos precoces e intervenções adequadas podem mudar trajetórias.

A história de nossos filhos inspirou este livro. Ele foi criado para oferecer esperança, informação e acolhimento. Tal como *Simplificando o autismo* foi inspirado pela jornada do Noah, *Simplificando o autismo 2.0* nasce da experiência com Matteo. Ele mostra que, mesmo com diagnósticos desafiadores, é possível construir um caminho de evolução e funcionalidade.

Com a chegada de nossa terceira filha, Aurora, tenho refletido muito sobre como cada filho traz novas experiências e aprendizados. Filhos nos oferecem um olhar renovado para o mundo, independentemente de estarem ou não no espectro autista. Quem sabe, no futuro, eu possa escrever o *Simplificando o autismo 3.0*? Não como um desejo de que minha filha seja autista, mas como uma esperança de que sua chegada nos ensine novas perspectivas.

Espero que este livro ajude de muitas maneiras. Nos próximos capítulos, vamos explorar o que é o autismo, suas causas, diagnóstico e tratamentos baseados em evidências. Esteja preparado para uma jornada de conhecimento e acolhimento.

Simplificando o autismo 2.0 é mais do que um livro; é um convite para enxergar o autismo sob uma nova perspectiva.

Um grande abraço!

Thiago Castro

Referências

MANNION, A.; LEADER, G. Comorbidity in autism spectrum disorder: a literature review. *Research in Autism Spectrum Disorders*, 2013, v. 7, n. 12, p. 1595-1616.

OZONOFF, S.; YOUNG, G. S.; CARTER, A.; MESSINGER, D.; YIRMIY, N.; ZWAIGENBAUM, L.; STONE, W. L. Recurrence risk for autism spectrum disorders: a Baby Siblings Research Consortium study. *Pediatrics*, 2011, v. 128, n. 3, p. e488-e495.

SIMONOFF, E.; PICKLES, A.; CHARMAN, T.; CHANDLER, S.; LOUCAS, T.; BAIRD, G. Psychiatric disorders in children with autism spectrum disorders: prevalence, comorbidity, and associated factors. *Journal of the American Academy of Child & Adolescent Psychiatry*, 2008, v. 47, n. 8, p. 921-929.

ZWAIGENBAUM, L.; BAUMAN, B. M. L.; CHOUEIRI, R.; KASARI, C.; CARTER, A.; GRANPEESHEH, D. Early intervention for children with autism spectrum disorder under 3 years of age: recommendations for practice and research. *Pediatrics*, 2022, v. 145 n. 1, p. S1-S18.

2

O QUE É O AUTISMO?

O autismo, ou Transtorno do Espectro Autista (TEA), é um transtorno do neurodesenvolvimento caracterizado por dificuldades na comunicação, interação social e comportamentos repetitivos. Suas causas envolvem fatores genéticos e ambientais, e os sintomas variam amplamente. O diagnóstico precoce e as orientações baseadas em evidências, como ABA, são essenciais para melhorar o prognóstico e promover o desenvolvimento.

DR. THIAGO CASTRO

Dr. Thiago Castro

Contato
Instagram: @dr.thiagocastro

Graduado em Medicina, especialista em Pediatria, pós-graduado em Emergências e Urgências Pediátricas pelo Instituto de Ensino Albert Einstein. Pós-graduado em Transtorno do Espectro Autista pela CBI of Miami. Mestre em Neurociência. Pai de 3 amados filhos. Realiza palestras pelo Brasil há anos, levando conhecimento de forma acessível. Já capacitou centenas de médicos, milhares de terapeutas e mais de 50 mil pais em seus cursos em mais de 30 países. É responsável pelo Congresso Espectro, CEO e idealizador da BLUA Pediatria, Autismo e Famílias Integradas. É coordenador dos best-sellers *Simplificando o autismo* – vol. 1 e *Espectro autista feminino* e coautor de vários outros livros.

O estudo do autismo tem sido moldado por marcos históricos importantes. Entre eles, destaca-se Eugen Bleuler, psiquiatra suíço, que, em 1911, introduziu o termo "autismo" para descrever o comportamento de um de seus pacientes. Ele utilizou a expressão "fuga da realidade" para definir essa condição. Derivado do grego, o termo autismo combina "auto" (próprio, para si) e "ismo" (pertencimento), sugerindo um estado de introspecção profunda.

Décadas depois, Leo Kanner e Hans Asperger ampliaram a compreensão do autismo ao descreverem crianças com características comportamentais específicas, como dificuldades de interação social e padrões repetitivos.

Desde então, a compreensão sobre o autismo evoluiu substancialmente, graças aos avanços científicos e às mudanças de paradigmas sociais. Em 2013, com a publicação do DSM-5, foi adotado o termo "Transtorno do Espectro Autista (TEA)", refletindo a diversidade e a variabilidade de características apresentadas por indivíduos no espectro.

O que é o TEA?

O TEA é um transtorno do neurodesenvolvimento que se manifesta precocemente, geralmente antes dos três anos de idade, embora os sinais possam variar em intensidade e tempo. Ele é caracterizado por:

- Déficits na comunicação verbal e não verbal, dificultando a expressão de necessidades, pensamentos e emoções.
- Dificuldades na interação social, incluindo a capacidade de estabelecer relacionamentos, compartilhar interesses e compreender normas sociais.
- Padrões de comportamento repetitivos e interesses restritos, frequentemente acompanhados por uma insistência em rotinas e respostas específicas a estímulos sensoriais.

Essas características impactam profundamente o desenvolvimento e as oportunidades ao longo da vida, tornando o TEA uma condição que exige um olhar atento e especializado. Sendo um espectro multifacetado, ele demanda esforços para compreender suas complexidades e atender às necessidades exclusivas de cada indivíduo.

A manifestação do TEA pode variar amplamente, desde indivíduos com altas habilidades cognitivas e maior independência funcional até aqueles que manifestam suporte intensivo em todas as áreas da vida. Essa variabilidade reforça a importância de estratégias individualizadas no diagnóstico, tratamento e processos de inclusão, monitorando as especificidades de cada caso.

Por sua complexidade e diversidade, o TEA apresenta desafios até mesmo para os profissionais mais experientes. Ele não exige apenas conhecimento técnico, mas também sensibilidade e empatia para ir além dos critérios diagnósticos, compreendendo as potencialidades únicas de cada indivíduo e oferecendo suporte superior.

Singularidade e variabilidade do TEA

O TEA compromete habilidades inatas ao ser humano – como o simples ato de olhar nos olhos – em proporções variáveis. É marcado por singularidade e ampla variabilidade de sintomas. Essa complexidade resulta em comportamentos que muitas vezes podem ser percebidos como delicados ou atípicos, reforçando o caráter multifacetado do espectro.

O TEA pode se apresentar de diversas formas. Algumas crianças apresentam sinais claros nos primeiros meses de vida, como ausência de troca de olhares, dificuldades em responder ao próprio nome ou falta de interesse por interações sociais. Outros até podem passar por um período de desenvolvimento típico e, posteriormente, perder habilidades anteriormente adquiridas, como a fala ou brincadeiras funcionais.

Por outro lado, há casos mais sutis, em que os sintomas são menos evidentes ou mascarados, especialmente em indivíduos com altas habilidades cognitivas ou estratégias compensatórias. Nesses casos, o diagnóstico precoce pode ser desafiador, uma vez que sinais como dificuldades na interação social ou padrões de comportamento nem sempre são facilmente reconhecidos. Reconhecer a singularidade de cada caso é essencial para oferecer intervenções mais assertivas e promover o desenvolvimento pleno das potencialidades de cada indivíduo.

Causas do autismo

Estudos indicam que o TEA resulta de um forte componente genético, envolvendo múltiplos genes que influenciam o desenvolvimento cerebral e a conectividade neuronal. Além disso, os fatores ambientais foram identificados como possíveis gatilhos ou influências associadas, ocorrendo em combinação com predisposições genéticas.

Esses fatores envolvem condições durante a gestação, como infecção materna, exposição a substâncias ambientais ou complicações perinatais. Contudo, a interação entre genética e ambiente é complexa e ainda não totalmente restrita, exigindo pesquisas contínuas. De acordo com Bolte, Girder e Marschik (2019), essa combinação de elementos genéticos e ambientais reflete a natureza multifacetada do TEA, tornando essencial o avanço das pesquisas para aprimorar estratégias de diagnóstico e intervenção precoce.

Prevalência e diagnóstico

O TEA é atualmente reconhecido como um dos transtornos mais prevalentes na infância, com uma taxa de crescimento significativa nas últimas décadas. Dados recentes do Centro de Controle e Prevenção de Doenças (CDC), de março de 2023, revelam que, nos Estados Unidos, 1 em cada 36 crianças de 8 anos está no espectro autista, representando aproximadamente 2,8% dessa população. Apesar da ausência de dados precisos no Brasil, ao aplicar essa estimativa, estima-se que cerca de 6 milhões de brasileiros poderiam ser autistas, destacando a relevância e a urgência de diagnósticos e intervenções no país.

De acordo com a Sociedade Brasileira de Pediatria (2019), as primeiras preocupações por parte das famílias surgem, em média, aos 23,6 meses. No entanto, o diagnóstico formal tende a ocorrer apenas por volta de 6 anos, resultando em um atraso significativo de aproximadamente 36 meses. Esse intervalo crítico representa um período de oportunidade perdida, pois o início precoce das intervenções pode ser determinante para o desenvolvimento da criança.

Estudos sugerem que o TEA pode ser investigado de forma confiável já a partir dos 14 meses (Pierce *et al.*, 2019). Entretanto, é importante ressaltar que não existe uma idade mínima para iniciar intervenções, ou receber o diagnóstico. Quanto mais cedo a abordagem terapêutica é iniciada, maiores são as chances de alcançar um bom prognóstico, favorecendo o desenvolvimento global da criança e minimizando os efeitos associados ao transtorno.

Critérios diagnósticos

O diagnóstico de TEA segue os critérios do DSM-5, divididos em dois domínios principais: déficits na comunicação e interação social e padrões e repetitivos de comportamento, refletindo a complexidade e variabilidade do espectro.

1. **Déficits persistentes na comunicação e interação social**: esses déficits afetam a capacidade de estabelecer relações interpessoais e compreender normas sociais, incluindo dificuldades na reciprocidade socioemocional, no uso de gestos e expressões faciais, e na formação e manutenção de relacionamentos em diferentes contextos.
2. **Padrões restritos e repetitivos de comportamento**: esse domínio é caracterizado por comportamentos rígidos e previsíveis, incluindo estereotipias motoras, insistência em rotinas, interesses intensos e restritos, além de reações sensoriais atípicas, como hipersensibilidade ou hipossensibilidade a estímulos.

A avaliação para diagnóstico do TEA exige um olhar clínico apurado e multidisciplinar. Por meio de entrevistas realizadas, observações diretas e aplicação de instrumentos padronizados, os profissionais conseguem identificar as características centrais do espectro, sempre considerando as áreas específicas de cada indivíduo. Esse processo criterioso é essencial para diferenciar o TEA de outras condições que podem apresentar sintomas semelhantes, garantindo intervenções mais assertivas e individualizadas.

Níveis de suporte

O DSM-5 classifica o TEA em três níveis de suporte, com base na gravidade das dificuldades e na quantidade de assistência necessária para o funcionamento cotidiano do indivíduo. Essa categorização permite a implementação de estratégias mais precisas e adequadas às necessidades específicas de cada pessoa:

1. **Nível 1**: necessita de suporte: indivíduos neste nível apresentam dificuldades sociais evidentes, enfrentam desafios para iniciar ou manter conversas, resistem a mudanças e exibem padrões comportamentais que exigem instruções específicas.
2. **Nível 2**: necessita de suporte substancial: nesse nível, as dificuldades de comunicação, socialização e adaptação são acentuadas, e os comportamentos restritivos impactam significativamente a funcionalidade em diferentes contextos, mesmo com apoio regular.
3. **Nível 3**: necessita de suporte muito substancial: indivíduos neste nível têm graves prejuízos na comunicação e interação social, frequentemente associados a comorbidades, e apresentam comportamentos restritivos intensos que excluem suporte contínuo para atividades básicas.

É crucial destacar que a classificação em níveis de suporte não define o valor ou o potencial do indivíduo, mas sim a extensão do apoio necessário para lidar com os desafios específicos do TEA. Pessoas com autismo muitas vezes têm seus desafios minimizados, o que pode atrasar ou dificultar o acesso a intervenções adequadas. Por outro lado, indivíduos com autismo severo enfrentam estigmas que muitas vezes subestimam suas capacidades e potencial de desenvolvimento.

Independentemente do nível, todos os indivíduos no espectro autista requerem atenção personalizada e acolhimento que respeitem suas necessidades e valorizem suas singularidades. Essa abordagem é essencial para promover a inclusão, o desenvolvimento e a qualidade de vida em qualquer contexto.

Comorbidades associadas

O TEA raramente ocorre de forma isolada, sendo frequentemente acompanhado por outras condições médicas ou neuropsiquiátricas, conhecidas como comorbidades. Estudos indicam que entre 70% a 80% das pessoas no espectro apresentam pelo menos uma comorbidade, e cerca de 40% convivem com duas ou mais. Essas condições intensificam os desafios enfrentados pelos indivíduos autistas e influenciam significativamente suas necessidades de suporte e intervenção.

As comorbidades mais comuns associadas ao TEA incluem:

- TDAH (Transtorno de Déficit de Atenção e Hiperatividade).
- Deficiência intelectual.
- TOD (Transtorno Opositivo Desafiador).
- Distúrbios do sono e da alimentação.
- Transtornos de humor e ansiedade.
- Transtornos gastrointestinais.
- Distúrbios motores, como a Síndrome de Tourette.
- Dificuldades de aprendizagem.

Essas condições variam em intensidade e impacto, exigindo uma avaliação cuidadosa, uma intervenção multidisciplinar adaptada às necessidades únicas de cada pessoa e um possível uso de medicação.

Intervenção precoce e tratamento

A intervenção precoce é um fator crucial para o desenvolvimento das crianças com o TEA, sendo capaz de potencializar habilidades, minimizar atrasos e melhorar a qualidade de vida. O tratamento deve ser prolongado de forma intensa e individualizada, adaptando-se às necessidades específicas de cada paciente, considerando suas particularidades e desafios únicos.

Entre as abordagens mais específicas, destaca-se a Análise do Comportamento Aplicada (ABA), uma ciência amplamente validada que utiliza métodos baseados em evidências para desenvolver habilidades sociais, comunicativas e comportamentais. Além disso, profissionais como fonoaudiólogos, terapeutas ocupacionais, psicólogos, educadores e outros especialistas desempenham papéis fundamentais no atendimento às diferentes demandas de cada indivíduo.

Compreender o autismo vai além dos critérios diagnósticos e técnicos. É necessário um olhar sensível que reconheça o TEA como um espectro amplo, complexo e variável. Isso implica não apenas respeitar as particularidades de cada pessoa, mas também acolher e valorizar sua individualidade em todas as formas possíveis.

Pais e profissionais desempenham um papel essencial nesse processo, devendo estar atentos às necessidades individuais e focadas em fortalecer tanto as potencialidades quanto os aspectos que destacam de suporte. Como o TEA é um campo em constante evolução, é fundamental que todos os envolvidos procurem atualização contínua, garantindo um acompanhamento adequado, humanizado e baseado nas melhores práticas disponíveis.

Referências

ASSOCIAÇÃO AMERICANA DE PSIQUIATRIA. *Manual diagnóstico e estatístico de transtornos mentais*. DSM-5. Porto Alegre: Artmed, 2023.

BOLTE, S.; GIRDLER, S.; MARSCHIK, P. B. Environmental contributions to autism spectrum disorder. Cell. Mol. *Life Sci*. v. 76, p. 1275-1297, 2019. Disponível em: https://doi.org/10.1007/s00018-018-2988-4. Acesso em: 27 jan. 2025.

MAENNER, M. J. *et al.* Prevalence of autism spectrum disorder among children aged 8 years. *Surveillance Summaries*, v. 72, n. 2, p. 1-14, 24 March 2023.

PIERCE, K. *et al.* Early diagnosis of autism spectrum disorder starting at 14 months. *JAMA Pediatr*, v. 173, n. 6, p. 578-587,1 June 2019.

3

A PREVALÊNCIA BRASILEIRA DE TEA E A IMPORTÂNCIA DAS ESCALAS DE TRIAGEM

A prevalência de autismo no Brasil é semelhante à dos EUA: uma em cada 30 pessoas, com maior incidência em meninos (quatro meninos para cada menina), possivelmente devido a fatores genéticos protetores no sexo feminino. No Brasil, o diagnóstico ocorre, em média, aos quatro anos e 11 meses. É essencial iniciar terapias ao menor sinal de atraso, mesmo antes do diagnóstico, para garantir o melhor desenvolvimento infantil.

MARIANA FORESTI BALEN
E CAMILLA FLORENCIANO DIAS THEODORO

Mariana Foresti Balen

Contatos
marianaforestik@gmail.com
Instagram: @dramarianaforestibalen
55 99696 3939

Médica formada pela Universidade Católica de Pelotas em 2014. Concluiu residência médica pela Universidade Federal da Fronteira Sul no Hospital São Vicente de Paulo, em Passo Fundo (RS), entre 2017 e 2019. Possui pós-graduação em Alergia e Imunologia pela Faculdade de Ciências da Saúde de São Paulo, realizada de 2019 a 2021, e certificação em Autismo pelo curso do Dr. Thiago Castro, obtida em 2024.

Camilla Florenciano Dias Theodoro

Contatos
camilla.pediatria@gmail.com
Instagram: @dra.camillaflorenciano
67 99838 3387

Médica formada pela Uniderp em 2014. Realizou residência médica na Universidade Federal de Mato Grosso do Sul, no Hospital Maria Aparecida Pedrossian, entre 2017 e 2019. É pós-graduada em Emergências e Urgências Pediátricas pelo IBCMED, concluída em 2021, e possui certificação em Autismo pelo curso do Dr. Thiago Castro, obtida em 2023. Atua também como professora universitária da Uniderp.

No Brasil, não há dados oficiais de prevalência de TEA, mas um estudo realizado em Atibaia-SP, em 2011, apontou um caso para cada 367 habitantes. O Censo Demográfico 2022 identificou 2,4 milhões de pessoas com diagnóstico de transtorno do espectro autista (TEA), o que corresponde a 1,2% da população brasileira. Em 2024, no município de Coxilha (RS), a Universidade de Passo Fundo (UPF), em parceria com a Apae, realizou um estudo utilizando o teste de triagem Mini-TEA para estimar a prevalência nacional. O estudo avaliou crianças de dois anos e meio a 12 anos e revelou um caso de autismo para cada 30 crianças, semelhante à prevalência americana, segundo o CDC (um em 36) e a Jama Pediatrics (um em 30).

O Brasil utiliza o M-Chat Revisado para triagem de TEA em crianças de 16 a 30 meses. Esse teste de 20 perguntas classifica o risco de TEA em baixo (0-2), moderado (3-7), ou alto (8-20). Resultados moderados exigem uma segunda etapa para confirmação, enquanto os altos são encaminhados diretamente para especialistas. O M-Chat tem sensibilidade de 80% a 90% e especificidade de 98%, mas apresenta falsos positivos: apenas quatro em cada dez crianças triadas como risco alto terão TEA, embora as demais possam apresentar outros transtornos do neurodesenvolvimento.

O Mini-TEA foi desenvolvido para abranger uma faixa etária maior (dois anos e meio a 12 anos) e utiliza 15 itens. Uma nota de nove ou mais indica risco para TEA, exigindo avaliação especializada. O teste tem alta sensibilidade (98,4%), identificando quase todas as crianças com TEA, mas uma especificidade de 68%, o que pode levar a falsos positivos. Assim, ele é um instrumento de triagem, útil para direcionar crianças com classificação elevada para uma investigação mais detalhada e conclusiva.

Por que as escalas de triagem são importantes?

A falta de médicos especialistas dificulta o diagnóstico precoce de TEA, sendo os médicos da atenção básica ou pediatras os responsáveis por acompanhar o desenvolvimento infantil. Escalas de triagem ajudam a identificar crianças em risco, permitindo encaminhá-las a especialistas, como pediatras treinados ou neuropediatras. Enquanto aguardam a consulta, as crianças já devem iniciar terapias, pois agir precocemente é crucial para aproveitar uma janela de oportunidade em que o cérebro infantil está mais apto a aprender. Um tratamento precoce, bem planejado e executado, é mais eficaz do que intervenções tardias. Assim, ao usar instrumentos de rastreamento, reduz-se o atraso no diagnóstico e garante-se o encaminhamento adequado.

Por que a prevalência de TEA está aumentando tanto?

O aumento de diagnósticos de TEA reflete a maior atualização dos profissionais e a conscientização da população sobre os sinais e os sintomas, com mais pessoas buscando avaliação, inclusive adultos que, na infância, eram vistos como "difíceis" ou "metódicos". Particularidades antes ignoradas, especialmente em crianças com TEA nível 1 e mulheres, hoje são reconhecidas como autismo. Diagnosticar não é simples, já que autistas de nível 1 têm fluência verbal, e muitos diagnósticos só ocorrem quando há atraso na fala. Apesar disso, o diagnóstico é positivo, pois possibilita intervenções precoces, resultando em melhores resultados. Mesmo diagnósticos tardios, como na vida adulta, ajudam na compreensão de si mesmo, melhorando a qualidade de vida. Fatores de risco como idade avançada dos pais, prematuridade extrema, baixo peso ao nascer, gestações múltiplas e uso de certos medicamentos na gestação também estão associados ao TEA. Dados norte-americanos (Figura 1) mostram o crescimento da prevalência ao longo dos anos.

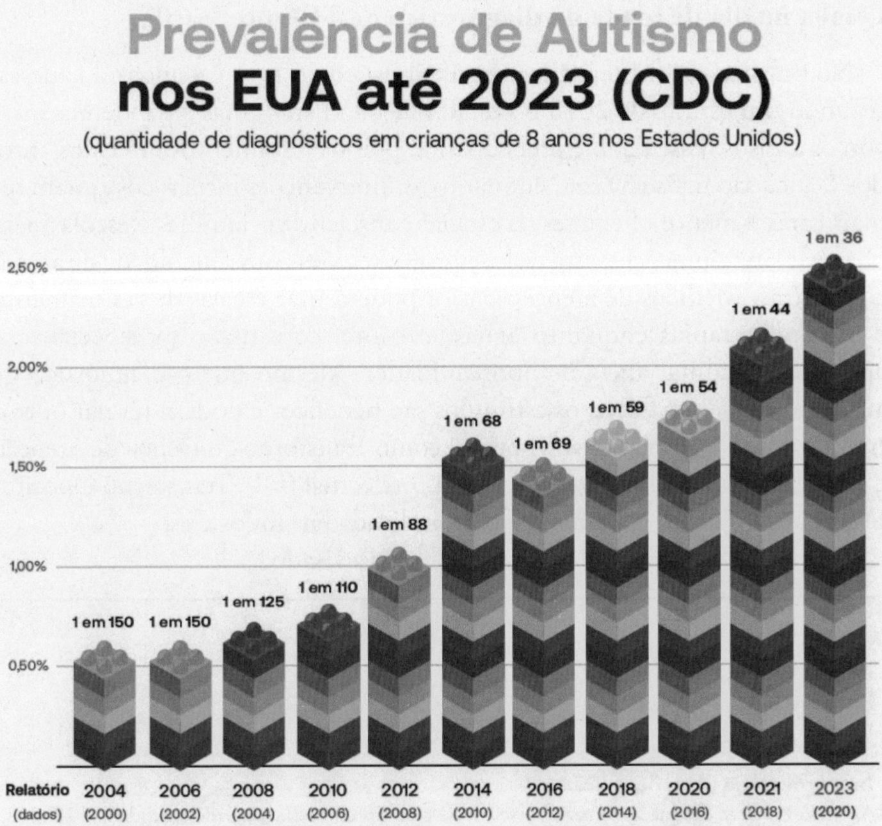

Figura 1: Gráfico da prevalência de autismo nos EUA de 2004 a 2023.
Fonte: Adaptado pelas autoras com dados do CDC.

TEA é mais comum em meninos?

A prevalência de TEA é maior em meninos, com uma proporção de quatro para um, devido a um possível mecanismo genético de defesa em meninas. No entanto, o diagnóstico em meninas costuma demorar mais, muitas vezes só ocorrendo na adolescência ou na vida adulta, quando as demandas sociais aumentam. Isso ocorre porque as mulheres tendem a ser mais sociáveis e utilizam mecanismos de "camuflagem", imitando comportamentos sociais e controlando movimentos para parecerem menos autistas. Esse atraso no diagnóstico contribui para um maior risco de depressão e ansiedade em mulheres com TEA.

Qual a média de idade do diagnóstico de TEA no Brasil?

No Brasil, a média de idade para diagnóstico de TEA é 4 anos e 11 meses, segundo um estudo de 2018 no estado de São Paulo, mas a pandemia agravou os atrasos. Esse dado é preocupante, pois os tratamentos iniciados antes dos 2 anos são mais eficazes, enquanto as intervenções tardias costumam ser mais caras e menos eficientes. É crucial conscientizar famílias e escolas para observar sinais precoces, especialmente em regiões com dificuldade de acesso a pediatras. Médicos de atenção básica podem usar escalas de rastreamento e orientar terapias enquanto aguardam uma consulta com especialistas, aproveitando uma janela de oportunidades. Mesmo que o diagnóstico de autismo não se confirme, os estímulos são benéficos e podem revelar outros transtornos do neurodesenvolvimento, como Transtorno do Déficit de Atenção e Hiperatividade (TDAH), Deficiência Intelectual (DI), Transtorno Opositor Desafiante (TOD), e a terapia é bem indicada em todos eles.

Abaixo, as escalas Mini-TEA e M-Chat Revisado:

Escala Mini-TEA

Nome:
Entrevistado:
Data:

Instruções (leia antes de aplicar):

A – Essa escala se destina ao(s) responsável(is) de crianças entre 2 anos e meio de idade e 12 anos, devendo ser questionados presencialmente por um aplicador.

B – A escala tem 15 itens, sendo cada item sobre um tema.

C – Cada item pode pontuar "1" ou "0".

D – Cada item tem de uma a cinco perguntas.

E – Resposta "SIM" para quaisquer das perguntas, não importa quantas (uma, duas, todas, etc.), leva à pontuação "1".

F – Se TODAS as respostas das perguntas do item forem "NÃO", a pontuação será "0".

G – Ou seja, como a escala tem 15 itens, a pontuação mínima é "0" e a máxima é "15".

H – A escala pode ser aplicada sem a presença da criança.

I – Caso se aplique simultaneamente a escala em mais de uma pessoa (ex.: ambos os pais) e houver discordância, levar em consideração a pontuação mais alta em cada item.

1. Relações pessoais

[ ] 0 (nenhuma resposta SIM). [ ] 1 (pelo menos uma resposta SIM).

• A criança evita olhar diretamente nos olhos?

• Tem grande dificuldade em ter interação com adultos ou pessoas da mesma idade (timidez exagerada)?

• Chega a ficar muito zangado ou desesperado com alguma tentativa de interação com adultos ou pessoas da mesma idade?

• Mostra-se distante, ausente, como se não percebesse ou não importasse a outra pessoa?

• É muito difícil conseguir a atenção da criança?

2. Imitação

[ ] 0 (nenhuma resposta SIM). [ ] 1 (pelo menos uma resposta SIM).

• A criança tem dificuldade para imitar gestos simples, como bater palmas?

• Tem dificuldade ou muita demora para imitar sons?

• Só com muito estímulo a criança imita gestos ou sons?

3. Resposta emocional

[ ] 0 (nenhuma resposta SIM). [ ] 1 (pelo menos uma resposta SIM).

• A criança às vezes tem reações emocionais aparentemente sem relação com o que está presente ou acontece à sua volta (ex.: gritar, rir, sem motivo aparente)?

• Ou costuma ser indiferente a situações em que se esperaria uma reação?

4. Movimentos corporais

[ ] 0 (nenhuma resposta SIM). [ ] 1 (pelo menos uma resposta SIM).

• A criança é muito desajeitada (descoordenada)?

• Apresenta movimentos repetitivos?

• Tem movimentos estranhos com os dedos das mãos ou com o corpo?

• Costuma caminhar mais na ponta dos pés?

• Ocorre de agredir a si mesma (bater-se, morder-se etc.)?

5. Uso de objetos

[ ] 0 (nenhuma resposta SIM). [ ] 1 (pelo menos uma resposta SIM).

• A criança brinca de forma estranha com objetos, diferente do que seria esperado (ex.: sugando, batendo, arrastando, enfileirando)?

• Fixa a atenção somente em um aspecto ou parte do objeto ou brinquedo (ex.: roda de carrinho)?

• Tem interesse restrito, ou seja, somente em um ou dois objetos?

• Mostra pouco interesse em brinquedos e objetos?

6. Adaptação à mudança

[ ] 0 (nenhuma resposta SIM). [ ] 1 (pelo menos uma resposta SIM).

• A criança tem muita dificuldade em aceitar mudar o que está fazendo para passar para outra atividade?

• Fica zangada ou triste por mudanças simples (ex.: lugar dos móveis, trajeto para escola)?

• Quando ocorrem mudanças bruscas, mostra uma reação intensa (é difícil de acalmar)?

7. Resposta visual

[ ] 0 (nenhuma resposta SIM). [ ] 1 (pelo menos uma resposta SIM).

• A criança tem alguma forma estranha de olhar para alguns objetos (ex.: de muito perto, para uma parte só do objeto)?

• Apresenta momentos de olhar parado, para o nada, como se estivesse ausente? Evita constantemente olhar para objetos apresentados?

8. Resposta ao som

[ ] 0 (nenhuma resposta SIM). [ ] 1 (pelo menos uma resposta SIM).

• Parece que a criança às vezes não ouve direito ou não atende quando chamada pelo nome?

• Tem reações inesperadas (ex.: crise de irritabilidade, tapar os ouvidos) quando ouve alguns sons do ambiente?

9. Resposta ao paladar, olfato e tato

[ ] 0 (nenhuma resposta SIM). [ ] 1 (pelo menos uma resposta SIM).

• A criança segue levando à boca objetos, mesmo que outras crianças da sua idade já não façam mais isso?

• Tenta cheirar ou experimentar o gosto de objetos não comestíveis, e até pessoas?

• Gosta de comer só alguns alimentos específicos, recusando-se a experimentar outros?

• A reação a um estímulo doloroso é fora do normal: quase não reage ou reage muito mais intensamente que o esperado?

10. Medo ou nervosismo

[ ] 0 (nenhuma resposta SIM). [ ] 1 (pelo menos uma resposta SIM).

• Parece que a criança, muitas vezes, tem medo ou nervosismo exagerado?

• Chega a ter medo de coisas inofensivas? Ou parece não ter medo quando seria esperado que tivesse (ex: perto de um cachorro latindo, atravessar a rua)?

• Chega a ser difícil acalmar a criança nas crises de medo?

11. Comunicação verbal

[ ] 0 (nenhuma resposta SIM). [ ] 1 (pelo menos uma resposta SIM).

• A criança está atrasada para falar?

• Tem uma fala estranha, na escolha dos sons ou palavras, nem sempre fácil de entender?

• Fica repetindo muito só coisas que vê na TV (ex.: números em inglês)?

12. Comunicação não verbal

[ ] 0 (nenhuma resposta SIM). [ ] 1 (pelo menos uma resposta SIM).

• A criança tem dificuldade em se comunicar por gestos?

• Tem dificuldade de entender os gestos ou as expressões faciais que fazemos?

• Em vez de pegar algo ao seu alcance, puxa um adulto para pegar o objeto para ela?

13. Nível de atividade

[ ] 0 (nenhuma resposta SIM). [ ] 1 (pelo menos uma resposta SIM).

- A criança tem inquietude maior que outras crianças da idade?
- Chega a não conseguir parar quieta para fazer algo?
- Ou é muito parada, lenta, preguiçosa perto de outras crianças da idade?

14. Resposta intelectual

[ ] 0 (nenhuma resposta SIM). [ ] 1 (pelo menos uma resposta SIM).

- A criança parece ser menos esperta para aprender as coisas em relação às outras crianças?
- Tem dificuldade de aprender especificamente só algumas coisas que outras da mesma idade já sabem?
- Parece ser muito mais esperta em uma coisa específica do que as demais crianças da idade?

15. Impressão dos pais/familiares

[ ] 0 (nenhuma resposta SIM). [ ] 1 (pelo menos uma resposta SIM).

- Você acha que sua criança tem algo de diferente do usual ou atrasado em relação ao desenvolvimento, comparado com outras crianças?

Escore final:

M-Chat-R

Por favor, responda a estas perguntas sobre sua criança.
Lembre-se de como sua criança se comporta habitualmente. Se você observou o comportamento algumas vezes (por exemplo, uma ou duas vezes), mas sua criança não o faz habitualmente, então por favor responda "Não".
Por favor, responda "Sim" ou "Não" para cada questão.

1. Se você apontar para qualquer coisa do outro lado do cômodo, sua criança olha para o que você está apontando? (Por exemplo: se você apontar para um brinquedo ou um animal, sua criança olha para o brinquedo ou animal?) *Sim* *Não*

2. Alguma vez você já se perguntou se sua criança poderia ser surda? *Sim* *Não*

3. Sua criança brinca de faz-de-conta? (Por exemplo, finge que está bebendo em um copo vazio ou falando ao telefone, ou finge que dá comida a uma boneca ou a um bicho de pelúcia?) *Sim* *Não*

4. Sua criança gosta de subir nas coisas? (Por exemplo: móveis, brinquedos de parque ou escadas) *Sim* *Não*

5. Sua criança faz movimentos incomuns com os dedos perto dos olhos? (Por exemplo, abana os dedos perto dos olhos?) *Sim* *Não*

6. Sua criança aponta com o dedo para pedir algo ou para conseguir ajuda? (Por exemplo, aponta para um alimento ou brinquedo que está fora do seu alcance?) *Sim* *Não*

7. Sua criança aponta com o dedo para lhe mostrar algo interessante? (Por exemplo, aponta para um avião no céu ou um caminhão grande na estrada?) *Sim* *Não*
8. Sua criança se interessa por outras crianças? (Por exemplo, sua criança observa outras crianças, sorri para elas ou aproxima-se delas?) *Sim* *Não*
9. Sua criança lhe mostra coisas, trazendo-as ou segurando-as para que você as veja – não para obter ajuda, mas apenas para compartilhar com você? (Por exemplo, mostra uma flor, um bicho de pelúcia ou um caminhão de brinquedo?) *Sim* *Não*
10. Sua criança responde quando você a chama pelo nome? (Por exemplo, olha, fala ou balbucia ou para o que está fazendo, quando você a chama pelo nome?) *Sim* *Não*
11. Quando você sorri para sua criança, ela sorri de volta para você? *Sim* *Não*
12. Sua criança fica incomodada com os ruídos do dia a dia? (Por exemplo, sua criança grita ou chora com barulhos como o do aspirador ou de música alta?) *Sim* *Não*
13. Sua criança já anda? *Sim* *Não*
14. Sua criança olha você nos olhos quando você fala com ela, brinca com ela ou veste-a? *Sim* *Não*
15. Sua criança tenta imitar aquilo que você faz? (Por exemplo, dá tchau, bate palmas ou faz sons engraçados quando você os faz?) *Sim* *Não*
16. Se você virar a sua cabeça para olhar para alguma coisa, sua criança olha em volta para ver o que é que você está olhando? *Sim* *Não*
17. Sua criança busca que você preste atenção nela? (Por exemplo, sua criança olha para você para receber um elogio ou lhe diz "olha" ou "olha para mim"?) *Sim* *Não*
18. Sua criança compreende quando você lhe diz para fazer alguma coisa? (Por exemplo, se você não apontar, ela consegue compreender "ponha o livro na cadeira" ou "traga o cobertor"?) *Sim* *Não*
19. Quando alguma coisa nova acontece, sua criança olha para o seu rosto para ver sua reação? (Por exemplo, se ela ouve um barulho estranho ou engraçado, ou vê um brinquedo novo, ela olha para o seu rosto?) *Sim* *Não*
20. Sua criança gosta de atividades com movimento? (Por exemplo, ser balançada ou pular nos seus joelhos?) *Sim* *Não*

Para todos os itens, a resposta "NÃO" indica risco de TEA; exceto para os itens 2, 5 e 12, nos quais "SIM" indica risco de TEA.

1 a 2 respostas "erradas": não pontua risco para TEA.

3 a 7: nesse caso, recomenda-se reaplicar o teste utilizando o método PASSOU/FALHOU, pontuando dois ou mais itens para alto risco em TEA.

8 a 20: alto risco de TEA. Iniciar terapias e agendar especialista.

Referências

FORCELINI, C. M. *et al.* Proposta de um instrumento de triagem para transtorno do espectro autista em crianças (Escala Mini-TEA). *Arquivos de Neuro-Psiquiatria*, Rio de Janeiro, v. 82, n. 3, p. 1-8, 2024.

FORCELINI, C. M. *et al.* Proposal of a screening instrument for autism spectrum disorder in children (Mini-TEA Scale). *Arquivos de Neuro-Psiquiatria*, Rio de Janeiro, v. 82, n. 3, p. 1-8, 2024.

LOSAPIO, M. F.; PONDÉ, M. P. Tradução para o português da escala M-CHAT para rastreamento precoce de autismo. *Revista de Psiquiatria do Rio Grande do Sul*, Porto Alegre, v. 30, n. 3, p. 221-229, 2008.

SOCIEDADE BRASILEIRA DE PEDIATRIA. Departamento Científico de Pediatria do Desenvolvimento e Comportamento. *Manual de orientação*: transtorno do espectro do autismo em pediatria: etiologia, triagem e diagnóstico. São Paulo: SBP, [s.d.].

SOCIEDADE BRASILEIRA DE PEDIATRIA. Departamento Científico de Pediatria do Desenvolvimento e Comportamento. *Triagem precoce do autismo*. São Paulo: SBP, 2017.

VEJA. Primeiro estudo de frequência de autismo no Brasil revela 1 caso a cada 30 crianças. *Veja*, 10 dez. 2024. Disponível em: https://bit.ly/4j92atf. Acesso em: 28 dez. 2024.

4

DO LUTO À LUTA: O IMPACTO DO DIAGNÓSTICO

A jornada emocional das famílias ao receber o diagnóstico de autismo é desafiadora e transformadora. A aceitação do diagnóstico transforma a perspectiva familiar, levando à busca ativa por intervenções e apoio. Embora o estresse seja comum, o apoio social e a resiliência ajudam a superar os desafios.

CAMILA NETTO, JÚLIA CASTILHO E DULCE ALBUQUERQUE

Camila Netto, Júlia Castilho e Dulce Albuquerque

Camila (à esquerda) é psicóloga com pós-graduação em TEA: Atenção Multiprofissional Albert Einstein, Intervenção ABA para Autismo e Deficiência Intelectual. Formação em Transtornos do Neurodesenvolvimento Dr. Thiago Castro. Certificada em Segurança em Crises Agressivas. Fundadora do Espaço Crescer ABA Desenvolvimento Humano na cidade de Catalão-Go. É também mãe atípica de um adolescente.

Contatos:
espacocrescer.aba@gmail.com
Instagram: @espacocrescer.aba
64 98135 3132

Júlia (à direita) é terapeuta ocupacional graduada pela Faculdade de Ciências Médicas de Minas Gerais. Atua há 20 anos na área de desenvolvimento infantil, em seu consultório em Belo Horizonte (MG). Mestre em Psicologia pela Universidade Federal de Minas Gerais (UFMG), especialista pela Fiocruz, e também pela UFMG. Formação em Transtornos do Neurodesenvolvimento Dr. Thiago Castro.

Contatos:
ju_castilho@hotmail.com
Instagram: @tojuliacastilho
31 99147 1428

Dulce (ao centro) é médica graduada pela Universidade Gama Filho. Pediatra, com título em especialista pela Sociedade Brasileira de Pediatria, e 17 anos de experiência em consultório. Pós-graduação em Saúde da Criança e do Adolescente, e em Nutrologia. Docente em prática ambulatorial em pediatria na UNISUL Tubarão. Certificação Thiago Castro em autismo e transtornos do neurodesenvolvimento.

Contatos:
ddalbuquerque1980@outlook.com
Instagram: @dulcealbuquerquepediatra
48 99109 1216

O desafio inicial

O nascimento de um filho traz emoções intensas, novas experiências e expectativas. A família se envolve na escolha do nome, na expectativa dos primeiros passos e das primeiras palavras. No entanto, ao encarar a realidade do diagnóstico, a mesma pode se sentir perdida, insegura e impotente.

No caso de mães atípicas, é difícil perceber que a criança não alcançou os marcos esperados do desenvolvimento. É doloroso confrontar a possibilidade de que seu filho tenha dificuldades para socializar, andar, falar ou alimentar-se. Essas dificuldades podem ser enfrentadas a partir do momento em que se tornam conhecidas.

De acordo com o estudo de Sousa (2022), o diagnóstico impacta a vida da família, repercutindo na mudança de rotina, na readaptação de papéis e ocasionando efeitos diversos, tanto no âmbito ocupacional e financeiro quanto nas relações familiares e emocionais.

Juntamente ao diagnóstico, vêm vários padrões de reações por parte dos pais, os quais foram comparados aos sentimentos das fases do luto, descritas pela psiquiatra Elisabeth Kubler-Ross (1987) como: negação, raiva, barganha, depressão e aceitação.

- **Negação**: a primeira fase do luto se manifesta como uma defesa psíquica, na qual a pessoa se nega a acreditar no que aconteceu e tenta não entrar em contato com a realidade, preferindo não falar sobre o assunto. É uma fase de dor intensa.
- **Raiva**: na segunda fase, surgem os sentimentos de revolta com o mundo e com todos. O indivíduo se sente injustiçado e não se conforma com o que está passando.
- **Negociação ou barganha**: na terceira fase, a pessoa começa uma etapa de negociação. É uma tentativa de aliviar a dor e buscar soluções possíveis para sair daquela realidade. É comum que pessoas façam promessas para Deus e busquem vários profissionais para questionarem o diagnóstico.

- **Depressão**: nesta quarta fase do luto, a pessoa volta para o seu mundo interno. Ela se isola do mundo externo por se considerar impotente e triste. É considerada a fase mais duradoura de todas, na qual a pessoa se vê imersa numa tristeza profunda diante do sentimento de perda. É comum que se tenha os sentimentos da depressão como: tristeza profunda, choro, apatia, falta de vontade de realizar atividades, falta de perspectiva, desânimo, dentre outros. É comum que demore um tempo a passar, porém se permanecer por tempo demais, pode se tornar um luto patológico, sendo necessário tratamento.
- **Aceitação**: a última fase do luto é caracterizada pelo momento em que o indivíduo consegue enxergar a realidade da forma que é e ainda assim aceitá-la. É importante ressaltar que cada pessoa vivencia as fases do luto de forma diferente e os estágios podem sobrepor-se ou não acontecer nessa ordem.

O indivíduo não se sente mais desesperado diante da perda pelo filho idealizado, e consegue prosseguir na vida de maneira saudável depois de aceitar a sua dor, ainda que a tristeza dure por muito tempo ou a vida inteira. É quando a luta se torna um caminho diário, comemorando cada pequena vitória e crescendo com cada dificuldade. Luta é aceitar que a vida tem propósito e nos proporciona sempre perdas e ganhos.

A família como parte da equipe terapêutica

A família é parte fundamental da equipe terapêutica, pois é o ambiente primário de socialização e no qual ocorre a continuidade do trabalho realizado pelos terapeutas e pela escola.

A adesão dos familiares interfere nos resultados das terapias. Quando os familiares praticam o que foi ensinado pelos profissionais, o tratamento é otimizado e melhores resultados são alcançados. Entretanto, quando não há engajamento parental, avanços terapêuticos ocorrem mais lentamente.

Os pais comumente não avaliam as suas forças, capacidades de resistência e comportamentos emocionais. Estão, em geral, tão ocupados suprindo as necessidades do filho, que não se permitem relaxar, chorar ou, simplesmente, pensar. A psicoterapia e uma rede de apoio são fundamentais nesse processo. Apenas uma família emocionalmente saudável poderá seguir as orientações dos terapeutas de forma consistente e efetiva.

Não há tempo a perder. Devido à neuroplasticidade, que é a capacidade do sistema nervoso de modificar sua estrutura e função em decorrência dos padrões de experiências, e que é mais intensa nos primeiros anos de vida, há um período sensível ao aprendizado que deve ser levado em consideração. Portanto, é válido entender que, a despeito de perdas e ganhos, a informação e o acesso às terapias são fatores que elevam as chances de maior qualidade de vida e funcionalidade para a criança no futuro.

Da aceitação à ação: o caminho da luta

Luto é o processo de assimilação de uma perda. Por outro lado, luta é a disposição de buscar e descobrir como viver com dignidade, a despeito das perdas. É a capacidade de ainda sonhar, conectada a condições reais. É usufruir e desfrutar do que está disponível, é desenvolver habilidades de criar soluções.

A aceitação do diagnóstico é um processo profundamente transformador para as famílias que, após o impacto inicial, buscam formas de melhorar a vida de seus filhos. Quando o diagnóstico de autismo é confirmado, a sensação de alívio por compreender o que está acontecendo se mistura ao medo do futuro.

Nesse momento, as famílias começam a lidar com o luto, mas também iniciam uma busca ativa por estratégias de intervenção que ajudem seus filhos a se desenvolverem da melhor forma possível. Terapias, grupos de apoio e recursos educacionais se tornam ferramentas essenciais nessa jornada. Muitos pais procuram por tratamentos e terapias que promovam o bem-estar emocional e social das crianças, ao mesmo tempo em que garantem um ambiente mais adequado às suas necessidades.

Uma vez que iniciam as intervenções terapêuticas, pode surgir uma mudança fundamental na perspectiva dos pais. A visão de que o transtorno do neurodesenvolvimento diagnosticado é uma barreira à funcionalidade dá lugar ao reconhecimento das potencialidades da criança.

Essa transição não é instantânea. Porém, conforme as famílias adquirem mais informações e experiência, elas começam a enxergar o diagnóstico não como um obstáculo, mas como uma oportunidade para reimaginar o futuro. O treinamento parental é primordial nesse processo, conforme trazido por alguns estudos como Moura e Medina (2022) e Caleiro (2012). O foco, então, se desloca da busca pela "cura" para a promoção da inclusão social e do desenvolvimento de habilidades que permitam que a criança participe da vida em sociedade, respeitando suas próprias características e ritmo de desenvolvimento.

Essa mudança de perspectiva permite que os pais se tornem defensores incansáveis dos direitos de seus filhos. A advocacia se torna uma parte determinante dessa jornada, quando é necessário recorrer à justiça para obter direitos já garantidos por lei. Muitos pais começam a lutar por uma educação inclusiva, que leve em consideração as necessidades de seus filhos e por políticas públicas que promovam a equidade. Essa luta pela inclusão não se limita ao ambiente escolar, mas se estende à comunidade e ao acesso a serviços de saúde adequados. As famílias, com sua crescente conscientização, tornam-se agentes de mudança, contribuindo não apenas para o bem-estar de seus filhos, mas também para toda a sociedade.

Nesse processo de transformação, a importância de uma rede de apoio atuante é evidente. O apoio emocional e prático de familiares, amigos, profissionais da saúde e, especialmente, de outros pais que vivem desafios semelhantes, desempenha papel decisivo. Grupos de apoio oferecem um espaço seguro para troca de experiências, onde as famílias encontram compreensão, encorajamento e conselhos práticos.

Quando os familiares compartilham suas vivências, eles se percebem parte de uma comunidade que enfrenta desafios semelhantes, o que valida suas próprias experiências e emoções. Esse processo de identificação fortalece os vínculos emocionais, criando um ambiente de apoio mútuo, onde os pais se sentem aceitos e compreendidos. O pertencimento gerado nesses grupos ajuda a aliviar o isolamento, oferecendo ensinamentos e suporte emocional.

A rede de apoio também é composta por profissionais da saúde, terapeutas e educadores, que podem fornecer orientação técnica e emocional para que as famílias saibam como lidar com as situações do dia a dia. Esse apoio não só facilita a implementação das estratégias de intervenção, mas também fortalece a resiliência das famílias, permitindo que elas continuem a lutar com coragem e determinação.

Impacto da luta na família

As famílias que convivem com o autismo suportam uma sobrecarga de tarefas e preocupações que prejudicam seu bem-estar, gerando estresse emocional. O estresse provoca sintomas como ansiedade, pânico, tensão, insônia, irritabilidade, depressão, entre outros. Várias pesquisas abordaram os níveis de estresse em famílias atípicas, com especial destaque para as mães. A conclusão a que chegaram foi de que os fatores com maior influência sobre tal estresse são o prejuízo cognitivo, a gravidade dos sintomas e o comportamento agressivo da criança.

O diagnóstico de autismo muda o cotidiano familiar, a relação entre seus membros, a estabilidade conjugal e afeta os demais filhos, levando a vulnerabilidade física e mental. Ademais, a instabilidade financeira assola tais famílias. Sentimentos como impotência, nulidade, solidão, inconformismo e frustração são vivenciados e expressados por mães atípicas. A preocupação com a independência futura, desde as atividades de vida diária até a vida escolar e social, é enorme, sobretudo quando há deficiência intelectual associada ao autismo.

O reconhecimento desse impacto causado pelo autismo na vida dos familiares é necessário para a abordagem sadia dos sentimentos expressados. Estratégias de combate devem ser criadas. Para isso, terapias e grupos de apoio são essenciais para troca de informação, construção compartilhada de cuidado, esclarecimento de dúvidas e anseios e desenvolvimento da capacidade de lidar com os sintomas do autismo. O autismo adoece a família. Portanto, as atenções e os cuidados não podem estar voltados apenas ao indivíduo com autismo, mas a toda a família.

Da luta à conquista: resiliência

Resiliência é a capacidade de resistir ao estresse e, talvez, seja a palavra que melhor define as famílias atípicas. Quanto maior o suporte social, maior a resiliência das famílias atípicas. Familiares de autistas experimentam menos estresse, sintomas físicos e depressivos quando têm apoio disponível e estão preparados para lidar com as dificuldades diárias da criança autista. Por isso, a implementação de políticas públicas, a capacitação e a conscientização dos profissionais e da sociedade são tão importantes para atenuar o sofrimento dessas famílias.

A celebração das habilidades adquiridas é importante para manter a motivação e o engajamento da família nas atividades da criança autista. Além disso, a instrução efetiva da família permite a adequação de expectativas, reduzindo o sentimento de frustração. É muito importante para as famílias lembrar que a criança autista poderá crescer e tornar-se um adulto funcional, quando suas potencialidades e habilidades forem exploradas.

A jornada, que pode começar com a negação do diagnóstico e o luto, é, na verdade, um processo de fortalecimento e transformação. Do luto à luta, as famílias são as protagonistas no tratamento da criança autista com coragem, persistência e, essencialmente, amor.

Referências

ALVES, J. S.; GAMEIRO, A. C. P.; BIAZI, P. H. G. Estresse, depressão e ansiedade em mães de autistas: revisão nacional. *Revista Psicopedagogia*, v. 39, n. 120, p. 412-424, 2022.

CALEIRO, F. M.; Silva, R. S. Técnicas de modificação do comportamento de crianças com treinamento de pais. *Encontro Revista de Psicologia*, v. 15, n. 23, p. 129-142, 2012.

FÁVERO, M. Â. B.; SANTOS, M. A. dos. *Psicologia: Reflexão e Crítica*, v. 18, n. 3, p. 358-369, 2005.

KUBLER-ROSS, E. *Sobre a morte e o morrer*: o que os doentes terminais têm para ensinar a médicos, enfermeiras, religiosos e aos seus próprios parentes. Trad. T. L. Kipnis. São Paulo: Martins Fontes, 1987.

LOBO, B. de O. M.; FLACH, K.; ANDRETTA, I. Treinamento de pais na terapia cognitivo-comportamental para crianças com transtornos externalizantes. *Revista Psicologia em Pesquisa*, Juiz de Fora, v. 5, n. 2, p. 1-19, dez. 2011.

MATTINGLY, C. F.; LAWLOR, M. C. A experiência da incapacidade na perspectiva da família. *In*: NEISTADT, M.; CREPEAU, E. B. *Terapia ocupacional*: Willard & Spackman's. 9. ed. Rio de Janeiro: Guanabara Koogan, 2002, p. 454-458.

MOURA, D. P. F.; MEDINA, N. L. N. P. Contribuições da terapia cognitivo-comportamental no treinamento parental de crianças com transtorno de oposição desafiante. *Revista Brasileira de Psicoterapia*, Porto Alegre, v. 24, n. 1, p. 91-105, 2022.

PINTO, R. N. M. *et al.* Autismo infantil: impacto do diagnóstico e repercussões nas relações familiares. *Revista Gaúcha de Enfermagem*, v. 37, n. 3, e-61572, set. 2016 Disponível em: https://doi.org/10.1590/1983-1447.2016.03.61572. Acesso em: 28 dez. 2024.

SOUSA, W. A.; DUARTE, R. C. C. Análise dos impactos do diagnóstico do espectro autista no âmbito familiar: desafios e possibilidades. *Research, Society and Development*, v. 11, n. 14, p. e152111435647-e152111435647, 2022.

5

QUANDO INICIAR MEDICAÇÃO NO TRANSTORNO DO ESPECTRO AUTISTA (TEA)

A decisão de iniciar medicação em uma criança ou adolescente com Transtorno do Espectro Autista (TEA) pode representar um misto de esperança e temor. Este capítulo oferece orientações baseadas em evidências científicas sobre quando iniciar medicação no TEA, abordando critérios, tipos de medicamentos e monitoramento.

LETÍCIA THAÍS NOGUEIRA
E JAQUELINE DOS SANTOS GOMES

Letícia Thaís Nogueira

Contatos
neuroleticianogueira@gmail.com
Instagram: @neuroleticia

Médica pela UFCSPA, Neurologista pelo Hospital São Lucas/PUCRS, pós-graduanda em Transtorno do Espectro Autista pela Academia do Autismo, capacitação Autismo e Transtornos do Neurodesenvolvimento Dr. Thiago Castro. Filha da Patrícia e do Sérgio, irmã da Laura e esposa do Fernando, suas maiores inspirações.

Jaqueline dos Santos Gomes

Contatos
jaquelinedossantos56@gmail.com
Instagram: @dra.jaquelinepediatra

Médica, pediatra, pós-graduanda em Transtorno do Espectro Autista CBI of Miami, capacitação em Autismo e Transtornos do Neurodesenvolvimento Dr. Thiago Castro, capacitação em Transtornos do Neurodesenvolvimento Dr. Marcelo Masruha, mentoria em Neurologia Pediátrica Dr. Marcelo Masruha, pós-graduanda em Autismo, Análise do Comportamento Aplicada e Psicofarmacologia pelo Iepsis. Filha da Maria do Carmo e do Pedro Eustáquio, irmã do Dr. Eduardo, mãe da Emanuela e do Daniel e esposa do Paulo César, a quem dedica este singelo capítulo.

O autismo não é uma doença, é uma jornada. E a medicação pode ser um companheiro de viagem.
(Dr. Tony Attwood, especialista em autismo)

O Transtorno do Espectro Autista (TEA) não é uma doença, mas uma condição neurodiversa que afeta a comunicação, a interação social e o comportamento, sendo classificada como um transtorno do desenvolvimento. Sua apresentação é variável, ocorrendo alterações no quadro clínico tanto em relação à gravidade, quanto em seus sintomas principais e secundários. É isso o que justifica o uso do termo "espectro".

Há também variabilidade em relação às comorbidades associadas. Cerca de 70% dos indivíduos com TEA preenchem critério diagnóstico para, pelo menos, um outro transtorno mental ou de comportamento. Além disso, cerca de 40% apresentam, pelo menos, outros dois transtornos mentais. Entre as principais comorbidades associadas, destacam-se: ansiedade, Transtorno do Déficit de Atenção com Hiperatividade (TDAH) e Transtorno Opositor-Desafiador (TOD).

É importante esclarecer que não existe uma medicação específica para "curar" o autismo. O tratamento de primeira escolha para o autismo envolve uma abordagem multidisciplinar, que deve ser personalizada, levando em consideração as necessidades específicas de cada indivíduo.

No entanto, é possível utilizar fármacos para tratar os sintomas associados e melhorar a qualidade de vida das pessoas com TEA. Quando se fala em tratamento medicamentoso para o TEA, os objetivos principais incluem melhorias no funcionamento, na interação social, nas habilidades adaptativas e de comunicação, além de reduções de frequência e gravidade de comportamentos disfuncionais ou negativos.

Os medicamentos não transformam a essência da criança, mas podem reduzir sintomas que comprometem sua segurança e desenvolvimento. Dessa forma, podem ser importantes aliados na busca por equilíbrio e qualidade de vida. A intervenção farmacológica deve ser considerada, em especial nas situações a seguir:

1. **Intervenções básicas (terapias comportamentais, educacionais e sociais) não estão surtindo efeito**: é muito importante que, antes de se considerar o uso da medicação, a prioridade seja ajustar fatores básicos na rotina, tais como sono, alimentação, controle de telas, apoio escolar e terapias adequadas. Porém, quando mesmo com esses fatores otimizados, há a manutenção de comportamentos inadequados, ou quando a criança para de apresentar evoluções (ou passa a apresentar um quadro de regressão), a medicação pode ser uma aliada.
2. **Sintomas que causam significativo prejuízo na qualidade de vida**: deve-se ter em mente que a maioria dos comportamentos inadequados são ajustáveis e melhoram com o suporte das terapias. Porém, comportamentos que acarretam grandes prejuízos em diversos ambientes e que podem colocar a criança ou pessoas ao seu redor em risco (ex. agressividade), podem necessitar de medicação para o controle adequado.
3. **Presença de comorbidades estabelecidas**: o transtorno do espectro autista aumenta a chance de o indivíduo desenvolver comorbidades, tais quais Transtorno do Déficit de Atenção com Hiperatividade (TDAH), Transtorno Opositor-Desafiador (TOD), depressão, transtorno de ansiedade e insônia. As comorbidades interferem diretamente na qualidade de vida das crianças e seus familiares e podem necessitar de intervenção medicamentosa para uma melhora mais rápida e eficaz de seus sintomas.
4. **Presença de distúrbios alimentares e fobias sociais**: tais características são comuns em pessoas com transtorno do espectro autista, mesmo naquelas que não possuem outras comorbidades. Estão relacionadas, dentre outros fatores, à maior sensibilidade sensorial, levando à seletividade alimentar e dificuldades em permanecer em ambientes com muitos estímulos. As medicações podem auxiliar na melhora da alimentação e na autorregulação frente a situações mais delicadas.

A decisão por medicação deve ser embasada em uma avaliação minuciosa, que inclui diversos fatores. Um histórico detalhado de saúde deve ser realizado antes do início de qualquer fármaco, a fim de se avaliar condições como alergias, comorbidades e interações medicamentosas. O monitoramento de parâmetros como peso, altura e exames laboratoriais cria uma linha de base segura para o acompanhamento.

Outro ponto importante é o diálogo com a família. Explicar riscos, benefícios e alternativas é essencial para adesão. A família precisa entender que existem efeitos colaterais para as medicações e que algumas delas podem oferecer alguns riscos. No entanto, tudo isso pode ser facilmente conduzido pelo médico especialista junto à família. As complicações são mínimas com um bom acompanhamento.

Quando o medicamento for iniciado, alguns princípios são fundamentais para a maior chance de sucesso terapêutico. Deve-se começar com baixas doses, ajustar gradualmente e buscar a menor dose eficaz. As consultas médicas devem ser frequentes, a fim de um monitoramento regular que identifica benefícios e efeitos colaterais de forma constante. Além disso, é necessária a avaliação periódica da necessidade de continuar ou suspender o tratamento.

Pela complexidade da manifestação dos sintomas que compõem o quadro clínico do TEA e a inexistência de medicamentos específicos para seu tratamento, é possível compreender o grande número de fármacos adotados para abordar alguns desses sintomas. A seguir, descreveremos os principais fármacos implicados para o manejo de situações específicas do TEA no decorrer do tratamento:

Principais classes medicamentosas, fármacos e suas respectivas indicações no TEA

Classe medicamentos	Exemplos de medicações	Principais indicações de uso
Antidepressivos	Fluoxetina	Tratamento de sintomas de ansiedade, depressão, controle de comportamentos repetitivos
	Sertralina	
	Fluvoxamina	
Antipsicóticos	Risperidona	Controle da irritabilidade, agressividade e comportamentos repetitivos
	Aripiprazol	
Estimulantes	Metilfenidato	Tratamento de sintomas de TDAH
	Lisdexanfetamina	
Anticonvulsivantes	Ácido Valproico	Controle de convulsões e estabilização do humor
	Lamotrigina	
Mediadores do SNC	Melatonina	Controle de distúrbio do sono
Fitocanabinoide	Canabidiol	Diminuição de comportamentos agressivos, melhora no sono e na comunicação

Fonte: tabela elaborada pelas autoras.

- **Antidepressivos**: inibidores seletivos da recaptação de serotonina (ISRS), como a fluoxetina, fluvoxamina e a sertralina, podem ser utilizados para tratar sintomas de ansiedade e de depressão, além de melhorar os comportamentos ritualísticos, estereotipados e repetitivos do TEA. Alguns efeitos adversos podem ocorrer, como hiperatividade, alterações de sono e desinibição.
- **Antipsicóticos**: os antipsicóticos atípicos ou de segunda geração, como a clozapina, risperidona, quetiapina, aripiprazol, entre outros, foram desenvolvidos mais recentemente e em comparação com os antipsicóticos tradicionais, tendem a ter um perfil de efeitos colaterais diferente e, muitas vezes, mais favorável.

Estudos têm demonstrado que a risperidona pode auxiliar no manejo de agressividade, irritabilidade, hiperatividade e comportamentos repetitivos e desafiadores. A bula aprovada pela Agência Nacional de Vigilância Sanitária (Anvisa) informa que a risperidona possui indicação para o tratamento de irritabilidade associada ao TEA, incluindo sintomas de agressão, crises de raiva, angústia e mudança rápida de humor. Alguns dos efeitos colaterais possíveis durante seu uso incluem: ganho de peso, hipotensão, sonolência e aumento da prolactina, o que pode levar a eventos clínicos de ginecomastia e galactorreia.

O aripiprazol tem indicação de auxiliar no manejo de sintomas semelhantes aos da risperidona, mas com um perfil potencialmente menor de efeitos colaterais, principalmente em relação ao ganho de peso e alterações de prolactina, raramente evidenciados com esta medicação. Assim, se torna uma opção interessante para pacientes que não se adaptam com a risperidona ou possuem alguma contraindicação ao seu uso.

- **Estimulantes**: medicamentos como o metilfenidato e a lisdexanfetamina podem ser usados para tratar sintomas de transtorno do déficit de atenção e hiperatividade.

Há diversos estudos controlados que demonstram a capacidade do metilfenidato de atenuar aspectos comportamentais do TEA, incluindo hiperatividade, impulsividade e déficit de atenção. Irritabilidade é o principal efeito colateral associado com a descontinuação do medicamento, mas também podem ocorrer cefaleia, insônia e perda de apetite.

- **Anticonvulsivantes**: o TEA está relacionado a maior risco de desenvolvimento de epilepsia, comorbidade cujo tratamento de escolha são os anticonvulsivantes, dentre eles, o valproato, a lamotrigina e a carbamazepina. O valproato também pode auxiliar na melhora da instabilidade afetiva, linguagem repetitiva e agressividade. Os principais efeitos colaterais do valproato podem incluir sonolência, tontura, náuseas, tremores e ganho de peso.
- **Mediadores do sistema nervoso central**: a melatonina é uma substância natural, sintetizada sobretudo na glândula pineal, de onde é liberada como hormônio circulante. Sua secreção é controlada pela intensidade da luz, portanto é natural que seja baixa durante o dia e alta à noite. Acredita-se

que, no TEA, há alterações no funcionamento da glândula pineal, o que pode levar à deficiência nos níveis de melatonina. Como a principal função da melatonina é o estabelecimento dos ritmos circadianos, a disfunção em sua síntese pode levar a distúrbios do sono. Desse modo, a reposição farmacológica de melatonina pode melhorar a qualidade do sono.

- **Fitocanabinoides**: estudos sugerem que a aplicabilidade do Canabidiol (CBD), princípio ativo predominante da planta Cannabis sativa, no tratamento do TEA pode ser um recurso terapêutico promissor para abrandar os sinais e as comorbidades do transtorno, como alterações comportamentais, agressividade e dificuldades no sono. O CBD não é isento de efeitos adversos, sendo os mais comumente relatados: sonolência, aumento do apetite e irritabilidade.

Decidir por medicação não é um sinal de fracasso, mas de amor e responsabilidade. O receio de muitos pais e cuidadores em introduzir medicamentos durante o tratamento de uma criança ou adolescente com TEA é compreensível e deve ser acolhido pelos profissionais da área da saúde. Porém, é importante ter em mente o impacto positivo que essa escolha pode trazer quando bem conduzida. A medicação é uma ferramenta que, somada às terapias, pode abrir portas para que a criança floresça e alcance uma vida mais plena.

Conforme mencionado, antes de pensar na medicação, é crucial priorizar o tratamento interdisciplinar. Equipes compostas por terapeutas ocupacionais, psicólogos, fonoaudiólogos e educadores especializados desempenham papel essencial no desenvolvimento de habilidades sociais, comunicativas e comportamentais. Essas abordagens ajudam a criança a lidar com desafios específicos e promovem um crescimento mais harmonioso, muitas vezes reduzindo a necessidade de intervenção farmacológica.

A integração multidisciplinar fortalece o tratamento, proporcionando suporte contínuo e estratégias adaptadas para cada necessidade. Além disso, a análise de riscos e benefícios do tratamento medicamentoso deve ser considerada e discutida com o indivíduo, pais ou responsáveis, para que a decisão sobre o melhor plano terapêutico seja compartilhada.

Cada criança com TEA traz consigo um universo único de possibilidades. Como profissionais, cuidadores e familiares, nosso papel é ajudar a desbravar esses caminhos, oferecendo suporte e oportunidades que respeitem sua individualidade. A medicação, quando necessária, é apenas uma ferramenta no vasto repertório de amor, dedicação e estratégias que constroem um futuro mais pleno.

Com uma abordagem interdisciplinar, cada criança pode alcançar seu potencial máximo, demonstrando que os limites são apenas pontos de partida para novas conquistas. O TEA não define quem elas são; são as suas conquistas, habilidades e resiliência que contam essa história. Sigamos juntos, transformando desafios em possibilidades e jornadas em celebrações.

Referências

AMERICAN PSYCHIATRIC ASSOCIATION. *Diagnostic and statistical manual of mental disorders (DSM-5)*. 5. ed. Arlington, VA: American Psychiatric Publishing, 2013.

ATTWOOD, T. *The complete guide to Asperger's syndrome*. London: Jessica Kingsley Publishers, 2006.

BARROS NETO, S. G. de; BRUNONI, D.; CYSNEIROS, R. M. Abordagem psicofarmacológica no transtorno do espectro autista: uma revisão narrativa. *Cadernos de Pós-Graduação em Distúrbios do Desenvolvimento*, São Paulo, v. 19, n. 2, p. 38-60, jul./dez. 2019. Disponível em: https://pepsic.bvsalud.org/scielo.php?script=sci_arttext&pid=S1519-03072019000200004. Acesso em: 8 jan. 2025.

HYMAN, S. L.; LEVY, S. E.; MYERS, S. M. Identification, evaluation, and management of children with autism spectrum disorder. *Pediatrics*, v. 145, n. 1, e20193447145, jan. 2020.

NATIONAL INSTITUTE FOR HEALTH AND CARE EXCELLENCE (NICE). *Autism spectrum disorder in under 19s*: support and management. London: National Institute for Health and Care Excellence, 2013.

THAPAR, A.; PINE, D. S.; LECKMAN, J. F.; SCOTT, S.; SNOWLING, M. J.; TAYLOR, E. (eds.). *Rutter's child and adolescent psychiatry*. New Jersey: Wiley-Blackwell, 2015.

6

COMO OS CÃES CONTRIBUEM PARA O DESENVOLVIMENTO DE CRIANÇAS COM TEA

Este capítulo aborda a contribuição dos cães para o desenvolvimento de crianças com TEA por meio dos Serviços Assistidos por Animais (SAA) e cães de assistência. Baseado nas teorias do Apego, Apoio Social e Biofilia, explora benefícios emocionais, sociais e cognitivos, como regulação emocional e interação social. Destaca a importância de planejamento e treinamento para o sucesso das intervenções e o bem-estar geral.

LETÍCIA CASONATTO
E RITA MOURA

Letícia Casonatto

Contatos
leticiacasonatto@gmail.com
Instagram: @leticia.tokaaqui
54 98134 9005

Pedagoga e psicopedagoga, especialista no atendimento de crianças com transtornos do neurodesenvolvimento em ambiente clínico. Pós-graduada em Análise do Comportamento Aplicada (ABA), é tutora dos cães de terapia Canjica e Cadu. Possui formação em Serviços Assistidos por Animais, com expertise em seleção, treinamento e socialização de cães de terapia e assistência, unindo conhecimento técnico e prático para promover intervenções eficazes e humanizadas.

Rita Moura

Contatos
www.drarittamoura.com
rittamoura@hotmail.com
Instagram: @dra.rita_moura_
88 99903 8662

Médica formada pela EBMSP-BA (1989), com residência médica em psiquiatria pelo Hospital Juliano Moreira, em Salvador (BA). Formação em Transtornos do Neurodesenvolvimento II. Pós-graduanda em Intervenção ABA para autismo e deficiência intelectual. Médica da Certificação Thiago Castro III. Treinadora de cães, pianista e estudiosa do comportamento canino há 15 anos.

Desde os primórdios, os animais desempenham um papel essencial na vida humana, inicialmente ligados à sobrevivência e, com o tempo, transformados em fontes de afeto, companheirismo e cooperação. Atualmente, essa relação evoluiu para áreas como saúde, educação e apoio emocional, contribuindo para o bem-estar, a inclusão social e a qualidade de vida.

No entanto, apesar do reconhecimento crescente dos benefícios da interação humano-animal, a falta de preparação e informação ainda dificulta a aplicação eficaz de práticas terapêuticas e pedagógicas com cães. Além disso, muitos pais desejam incluir um cachorro na família para promover ganhos emocionais e sociais, mas carecem de orientações para fazê-lo de forma consciente. Isso reforça a necessidade de formação, com desafios especializados e suporte, garantindo que essas interações sejam seguras, éticas e transformadoras.

O que são os Serviços Assistidos por Animais (SAA)?

Os SAA referem-se ao uso planejado e estruturado de animais – geralmente cães – em contextos terapêuticos, educacionais ou recreativos. Essa abordagem tem o objetivo de trazer benefícios específicos para quem participa. De forma geral, eles podem ser divididos em três categorias principais:

1. **Tratamento Assistido por Animais (TAA)**: os cães atuam como parceiros em intervenções conduzidas por profissionais da saúde, com objetivos claros e definidos. Inclui uma avaliação detalhada do paciente, elaboração de um plano terapêutico individualizado, planejamento e mensuração de resultados para assegurar a eficácia do tratamento.
2. **Educação Assistida por Animais (EAA)**: voltada para o contexto educacional, a modalidade usa os cães como mediadores do aprendizado. Envolve uma avaliação inicial das necessidades dos estudantes, desenvolvimento de um plano pedagógico, atividades planejadas conforme os objetivos educacionais e mensuração de resultados. Todo esse processo é conduzido por um profissional da área da educação.

3. **Programa de Apoio Assistido por Animais (PAAA)**: essas interações são menos formais, mas ainda planejadas, e visam proporcionar bem-estar emocional e lazer.

Por que os cães?

Você já se perguntou por que os cães desempenham tão bem o papel de mediadores em interações humanas? Isso está diretamente relacionado ao processo evolutivo que os aproximou de nós. Estudos científicos revelam que os cães possuem uma habilidade única de interpretar emoções humanas, compreendendo gestos, tons de voz e até expressões faciais. Essa capacidade os torna excelentes parceiros para criar ambientes de confiança e acolhimento, especialmente para crianças.

Esse vínculo especial entre humanos e cães é estudado pela Antrozoologia, campo interdisciplinar que analisa essa interação sob diferentes perspectivas: biológica, psicológica, social e cultural. Segundo Serpell (1996), a Antrozoologia busca entender os vínculos emocionais e funcionais entre humanos e animais, destacando como essas conexões se desenvolveram ao longo do tempo e continuam a influenciar profundamente a vida moderna.

As bases científicas por trás dos SAA

Os SAA não são apenas interações casuais entre assistidos e cães – eles são embasados em teorias que mostram como esses vínculos impactam positivamente o desenvolvimento infantil. Vamos conhecer algumas delas:

A Teoria do Apego

Desenvolvida por John Bowlby e expandida por Mary Ainsworth, a Teoria do Apego sugere que a forma como as crianças estabelecem vínculos nos primeiros anos de vida influencia profundamente sua capacidade de formar relações saudáveis e regular emoções ao longo da vida. Tais vínculos seguros promovem confiança, autonomia e resiliência. No contexto dos SAA, Beetz *et al.* (2012) demonstram que os cães podem atuar como figuras de apego substitutas ou complementares, oferecendo conforto emocional e ajudando crianças com TEA a desenvolver habilidades de regulação emocional.

A Teoria do Apoio Social

A Teoria do Apoio Social explora como as relações interpessoais e os contextos sociais exploram o bem-estar emocional e mental de um indivíduo. Os animais, especialmente os cães, oferecem suporte emocional e social por meio de interações não julgadoras e incondicionais. Os cães, quando por exemplo integrados em sessões de ABA, facilitam respostas positivas como contato visual, comunicação e aumento da interação social.

Para crianças com TEA, que muitas vezes enfrentam desafios em situações sociais, a presença de um cão pode servir como um ponto de referência emocional, ajudando-as a se sentirem mais confiantes e seguras. A Teoria do Apoio Social também evidencia como a relação humano-animal pode criar um espaço terapêutico enriquecedor, em que o cão atua como um mediador que facilita as interações entre o terapeuta e a criança.

A Teoria da Biofilia

A Teoria da Biofilia, proposta por Edward O. Wilson (1984) reforça a ideia de que os humanos têm uma conexão inata e instintiva com a natureza, incluindo os animais. No contexto dos SAA, essa teoria explica como a interação com cães pode transformar atividades terapêuticas em experiências agradáveis e motivadoras. A proximidade com os cães promove sensações de calma e segurança, além de reduzir o estresse e melhorar o foco. Estudos como os de Odendaal e Meintjes (2003) mostram que acariciar um cão pode aumentar os níveis de oxitocina – o "hormônio do amor" – e reduzir os níveis de cortisol, associado ao estresse, criando um ambiente mais acolhedor e propício ao aprendizado e ao bem-estar.

Como funciona na prática?

Se você está se perguntando como esses conceitos se traduzem para o dia a dia, veja alguns exemplos de como os cães podem ser inseridos em contextos terapêuticos e educacionais:

- **Em uma sessão de ABA**: o cão pode ser o parceiro ideal para incentivar comandos, troca de turnos, modelar comportamentos e até exercícios de comunicação. Além disso, a presença do cão reduz a ansiedade, tornando a sessão mais produtiva.
- **Nas intervenções naturalistas**: nessas abordagens, o aprendizado ocorre de forma descontraída e baseada no interesse da criança. Por exemplo,

durante uma caminhada com o cão, seu filho pode praticar comandos simples, como "senta" ou "vem". Essas interações promovem aprendizado e regulação emocional sem a pressão de um ambiente formal.

- **Nas funções terapêuticas e pedagógicas**: o cão de terapia desempenha funções estratégicas no processo terapêutico ou pedagógico, sempre integrado a um plano bem estruturado. Ele pode atuar como modelo, demonstrando comportamentos que a criança deve imitar, como sentar ou esperar sua vez; como reforçador, oferecendo uma recompensa positiva por ações bem-sucedidas, tal qual concluir uma tarefa ou seguir uma instrução; ou como estímulo discriminativo, marcando o início ou fim de uma atividade. Além disso, o cão pode servir como gatilho motivador, incentivando o engajamento em atividades desafiadoras, ou mesmo ajudar a descentralizar o foco do terapeuta ou professor, promovendo um ambiente mais acolhedor para a criança. Quando essas funções são planejadas com cuidado, a intervenção torna-se mais eficaz, personalizada e significativa para o desenvolvimento infantil.

Benefícios para crianças com TEA

Estudos publicados em 2022 na revista científica *PLOS ONE*, da *Public Library of Science* (EUA), confirmam a poderosa conexão entre crianças e cães. As pesquisas destacam que intervenções assistidas por cães podem oferecer diversos benefícios para crianças com TEA, incluindo:

- **Redução do estresse**: acariciar um cão reduz o cortisol e aumenta a sensação de bem-estar.
- **Apoio na comunicação**: crianças que têm dificuldade para se expressar verbalmente encontram nos cães um mediador natural, o que ajuda na socialização.
- **Regulação sensorial**: o toque na pelagem do cão ou até mesmo sua presença tranquila ajudam a equilibrar estímulos sensoriais, que muitas vezes são desafiadores para crianças no espectro.

Mas será que todas as crianças com TEA se beneficiarão com os cães?

Quando falamos em SAA nos contextos clínico e educacional, é fundamental avaliar cuidadosamente cada criança, considerando que o autismo se manifesta de maneira única em cada indivíduo. A partir dessa avaliação, é possível identificar se a intervenção com o cão realmente trará benefícios, além de planejar estratégias personalizadas sobre como o cão poderá atuar como recurso complementar no tratamento, respeitando as necessidades específicas e os objetivos terapêuticos de cada criança.

O que são os cães de assistência?

O American Disability Act define cães de assistência como animais treinados para tarefas específicas para pessoas com deficiência, permitindo sua plena participação na vida cotidiana. Eles oferecem suporte em diversas situações, como estabilidade ao andar, instalar objetos, alertar deficientes auditivos ou prevenir fugas de crianças com autismo.

Esses cães são divididos em três categorias principais:

- **Cães-guia**: para deficientes visuais.
- **Cães-ouvintes**: para deficientes auditivos.
- **Cães de serviço geral**: para outras necessidades, como autismo, mobilidade, alerta médico e estresse pós-traumático.

Cães de serviço são fundamentais no suporte a crianças com TEA, auxiliando no controle emocional, na prevenção de autoagressões e nas intervenções sensoriais, como atuar como cobertores durante o sono. Diferentemente dos cães de SAA, usados em sessões supervisionadas, eles vivem com a família e oferecem suporte contínuo.

O treinamento dura cerca de dois anos e inclui seleção genética, socialização com uma família treinadora, treinamento específico e formação da dupla com o usuário. Após serem entregues, geralmente sem custos, recebem acompanhamento vitalício e atuam por cerca de seis anos antes da aposentadoria.

No Brasil, os primeiros cães de serviço para TEA foram entregues em 2017, em parceria com uma empresa espanhola atuante em mais de dez países. Esses cães promovem segurança, evitando que crianças corram para situações perigosas, e auxiliam na mobilidade, ajustando o ritmo ao andar.

Como os cães de serviço podem ajudar a criança com TEA

Os cães de serviço também oferecem alívio emocional aos pais, funcionando como um "par extra de olhos" e proporcionando segurança e tranquilidade, além de reduzir o estresse parental. Eles permitem que as famílias participem de atividades externas que antes eram inviáveis devido à supervisão constante necessária. Além da segurança, os cães têm efeitos calmantes, servem como estímulos multissensoriais e facilitam interações sociais.

As crianças com TEA tendem a formar laços profundos com seus cães, pois a interação com animais exige menos habilidades sociais do que com humanos. McNicholas e Collis (2006) destacam que um dos benefícios desse relacionamento é a ausência da necessidade de habilidades sociais e de comunicação bem desenvolvidas, uma vez que as exigências para manter uma amizade com pares humanos são significativamente maiores em comparação à interação com um animal de companhia.

Os principais benefícios incluem:

- Aumento da independência e autonomia.
- Desenvolvimento de afeto e empatia.
- Diminuição de comportamentos disruptivos.
- Controle de crises.
- Redução de estresse e ansiedade.
- Desenvolvimento de habilidades sociais, de comunicação e comportamentais.

Os cães desempenham um papel transformador no desenvolvimento de crianças com o transtorno do espectro autista, promovendo habilidades sociais, emocionais, motoras e cognitivas. Seja como cães de terapia ou de assistência, sua eficácia depende de profissionais específicos e de um treinamento.

Nos SAA, o papel do cão é planejado com objetivos terapêuticos ou educacionais específicos. Já os cães de assistência, que convivem com a família, exigem análise cuidadosa da dinâmica familiar para garantir que o ambiente seja propício e atenda às necessidades da criança.

Desde a escolha até o treinamento, todo o processo deve ser conduzido por especialistas, garantindo a eficácia das intervenções e o bem-estar do cão e da criança. Com planejamento e suporte profissional, o vínculo entre ambos é fortalecido, maximizando os benefícios para o desenvolvimento infantil.

Referências

ANIMAL ASSISTED INTERVENTION INTERNATIONAL (AAII). *Guidelines and standards for animal-assisted interventions*. [s.l.]: Animal Assisted Intervention International, [s.d.]. Disponível em: https://aai-int.org/. Acesso em: 28 dez. 2024.

BEETZ, A.; UVNÄS-MOBERG, K.; JULIUS, H.; KOTRSCHAL, K. Psychosocial and psychophysiological effects of human-animal interactions: the possible role of oxytocin. *Frontiers in Psychology*, v. 3, 2012. Disponível em: https://www.frontiersin.org/journals/psychology/articles/10.3389/fpsyg.2012.00234/full. Acesso em: 8 jan. 2025.

BOWLBY, J. *Attachment and loss*. New York: Basic Books, 1969.

FINE, A. H.; BECK, A. M. *Handbook on animal-assisted therapy*. 4. ed. San Diego: Academic Press, 2010.

INTERNATIONAL ASSOCIATION OF HUMAN-ANIMAL INTERACTION ORGANIZATIONS (IAHAIO). Disponível em: https://iahaio.org/. Acesso em: 28 dez. 2024.

MCNICHOLAS, J.; COLLIS, G. Animals as social supports: insights for understanding animal-assisted therapy. *In*: FINE, A. H. (ed.). *Handbook on animal-assisted therapy*: theoretical foundations and guidelines for practice. 2. ed. [s.l.]: Academic Press, 2010. p. 49-71. Disponível em: https://psycnet.apa.org/record/2006-20284-004. Acesso em: 8 jan. 2025.

ODENDAAL, J. S.; MEINTJES, R. A. Neurophysiological correlates of affiliative behavior between humans and dogs. *Veterinary Journal*, v. 165, n. 3, p. 296-301, 2003.

SERPELL, J. *In the company of animals:* a study of human-animal relationships. Cambridge, MA: Cambridge University Press, 1996.

VILLELA, M. C. Carinhos e lambidas: por que conviver com cachorros é bom para as crianças. *Canguru News*, 30 jun. 2022. Disponível em: https://cangurunews.com.br/estudo-mostra-beneficio-do-contato-das-criancas-com--cachorros/?amp. Acesso em: 8 jan. 2025.

WILSON, E. O. *Biophilia*. Cambridge, MA: Harvard University Press, 1984.

7

COMO ABORDAR O HIPERFOCO EM TELAS NO AUTISMO?

O hiperfoco, com sua intensa concentração, pode aprimorar habilidades, mas também causar desafios como isolamento social. Este capítulo aborda o hiperfoco em telas em crianças e jovens com autismo, destacando suas implicações sociais. Oferecemos estratégias para acompanhamento e gestão do tempo de tela, promovendo seu uso educativo e eficiente por parte dos pais e cuidadores.

LUCIANA SOLER E CINTHIA SPECIAN

Luciana Soler

Contatos
www.neurosingulares.com.br
contato@neurosingulares.com.br
Instagram: @luciana.soler

Psicóloga com pós em TCC (Unesc), Psiquiatria Infantil (IBCMED) e Neurociência do Comportamento (FaCiência). Certificada nos protocolos PEERS (Ucla) e PRT (Stanford). Pós-graduanda em Neuropsicologia (CBI of Miami) e Psicologia do Desenvolvimento (PUCRS). Mãe de um jovem com TEA, TDAH e Altas Habilidades, atua com acolhimento de duplamente excepcionais, foco em diagnóstico tardio, e treinamento parental para famílias neurodivergentes.

Cinthia Specian

Contatos
cinthia_specian@hotmail.com
Instagram: @dra.cinthiaspecian
12 99718 7666

Médica, Pediatra (HRNPR com título pela SBP) e Neuropediatra (Unifesp); participante da TND3 e CTC 3 Dr. Thiago Castro. Experiência em seguimento do neurodesenvolvimento infantil, coordenadora do serviço de neonatologia do HSFA em Jacareí. Atua como neuropediatra em atendimento em consultório para diagnóstico e seguimento dos TND, realizando palestras para disseminação de conhecimento e informação sobre TEA, promovendo práticas multiprofissionais e apoio às famílias.

Não é a tela em si, mas como você a utiliza, que define se ela será uma ponte ou um muro.
Autor desconhecido

O hiperfoco, uma característica marcante em indivíduos com Transtorno do Espectro Autista (TEA), refere-se à concentração intensa e prolongada em atividades ou interesses específicos. Quando esse foco se volta para telas – como jogos eletrônicos, vídeos ou aplicativos –, pode gerar prejuízos importantes. É essencial que pais e profissionais adotem estratégias para promover um desenvolvimento saudável em crianças e adolescentes autistas.

Vamos falar aqui dos impactos do hiperfoco nas telas, dos riscos associados ao uso excessivo, e apresentar diretrizes práticas para a gestão do tempo de tela e promoção de atividades alternativas, com base nas pesquisas mais recentes sobre o tema.

O que é o hiperfoco e por que ele ocorre?

O hiperfoco é uma característica marcante no autismo, definida por uma concentração intensa e prolongada em interesses ou tarefas específicas. Neurologicamente, o hiperfoco está relacionado a alterações nos circuitos dopaminérgicos e na interação entre o córtex pré-frontal e as áreas subcorticais. Esses mecanismos influenciam a motivação e o processamento de recompensas, resultando em uma tendência a priorizar atividades que geram prazer ou previsibilidade.

Esse fenômeno, muitas vezes descrito como "atenção persistente", pode tanto potencializar habilidades quanto trazer desafios em diferentes contextos, como no aprendizado e nas interações sociais.

O hiperfoco permite que pessoas autistas mergulhem profundamente em interesses específicos, muitas vezes alcançando habilidades excepcionais em áreas sistematizáveis, onde a atenção aos detalhes e o processamento analítico são essenciais (Baron-Cohen *et al.*, 2009). Esses padrões de atenção são úteis em atividades que demandam reconhecimento de regras e padrões, podendo, eventualmente, se traduzir em habilidades aplicáveis ao contexto profissional.

O hiperfoco também está intimamente ligado à hipersensibilidade sensorial, comum em pessoas autistas. Isso significa que elas podem perceber detalhes que passam despercebidos para a maioria das pessoas, intensificando suas experiências sensoriais (Baron-Cohen *et al.*, 2009). Pesquisas indicam que crianças autistas possuem codificação neural prolongada de estímulos visuais, ampliando sua capacidade de processar informações detalhadas (Marsicano *et al.*, 2023). Esses achados podem ser relacionados aos padrões de atenção intensa frequentemente observados no hiperfoco.

A chamada atenção retornada, descrita como a tendência de retornar repetidamente a estímulos familiares em vez de explorar novos estímulos (Dwyer *et al.*, 2024), é outro aspecto único do hiperfoco no autismo. Embora essa "atenção elástica" possa ajudar na consolidação de conhecimentos específicos, ela pode também limitar a flexibilidade cognitiva e dificultar o engajamento em interações sociais. Indivíduos autistas podem encontrar desafios ao tentar mudar o foco ou se adaptar a novas situações, o que pode dificultar a navegação em ambientes sociais dinâmicos (Dupuis *et al.*, 2022).

De modo geral, o hiperfoco no autismo reflete tanto as diferenças estruturais e funcionais do cérebro autista quanto suas características comportamentais, como a busca por padrões e regularidade, mas age como uma faca de dois gumes: enquanto permite a exploração profunda de um assunto e o desenvolvimento de habilidades especiais, também pode resultar em isolamento social e impactos negativos no desenvolvimento, quando mal gerenciado.

Nas telas, o hiperfoco encontra um ambiente muito fértil para se desenvolver. A estimulação visual, auditiva e a interatividade constante proporcionadas por jogos, aplicativos e vídeos favorecem a manutenção prolongada do foco, e dificultam a transição para outras atividades. As telas podem ser particularmente irresistíveis para o autista: pesquisas sugerem que indivíduos autistas podem apresentar uma resposta dopaminérgica hiperativada, que os torna ainda mais suscetíveis a atividades digitais envolventes do que seus pares típicos (Heffler *et al.*, 2022).

Os impactos do tempo de tela no desenvolvimento do autista

Os efeitos neuropsicológicos e comportamentais do tempo de tela em crianças e adolescentes com TEA já são estudados. Notamos que, embora algum tempo de tela possa ser educativo e socialmente interativo, seu uso excessivo ou inadequado pode acarretar consequências preocupantes.

De acordo com Peng *et al.* (2024), a exposição prolongada às telas está associada a atrasos no desenvolvimento, como dificuldades na linguagem e no processamento cognitivo, além da **intensificação de sintomas autistas**. Isso inclui dificuldades no desenvolvimento da linguagem, no processamento cognitivo e na interação social.

Além disso, pesquisas demonstram que a exposição precoce a telas pode estar associada a atrasos no desenvolvimento, especialmente em habilidades de linguagem e funções executivas. Em crianças com TEA, essa relação pode ser ainda mais pronunciada, demandando estratégias de controle de tempo de tela e de fortalecimento de interações sociais (Heffler *et al.*, 2020; 2022).

O uso excessivo de telas pode desencadear alterações comportamentais em crianças e adolescentes. Segundo Heffler *et al.* (2022), observa-se um **aumento de comportamentos desafiadores**, como irritabilidade, agressividade e dificuldade em lidar com frustrações, quando o tempo de tela não é adequadamente monitorado. O hiperfoco nesses dispositivos pode **prejudicar a autorregulação emocional e dificultar o desenvolvimento de habilidades necessárias para interações sociais.**

Outro impacto relevante é o **isolamento social**, pois o uso excessivo de telas **reduz oportunidades para desenvolver habilidades como interpretar expressões faciais e compreender interações reais**. O tempo em tela acaba se tornando uma barreira para o engajamento em atividades presenciais com familiares e pares, tão necessárias para o desenvolvimento de habilidades prejudicadas no autismo.

Gestão parental do hiperfoco em telas

Gerenciar o hiperfoco em telas exige uma abordagem multidimensional, que considere o perfil único do autista, suas dinâmicas familiares e os contextos sociais envolvidos.

Pais de autistas frequentemente precisam assumir múltiplos papéis no cuidado da casa, trabalho e família. Essa sobrecarga parental, em uma sociedade que depende da tecnologia em muitos aspectos, acaba sendo um fator silencioso de grande influência no crescimento do tempo de contato com a tela.

Foi pensando nesse grupo parental que propusemos as diretrizes a seguir, para o manejo do tempo de tela do autista:

Limites claros

Definir limites claros para o tempo de tela é fundamental. Pais e cuidadores devem criar uma rotina que **equilibre o uso de telas com outras atividades**, como brincadeiras ao ar livre, interações sociais e atividades acadêmicas. A inclusão de pausas programadas também é essencial. Lembre que a tela é naturalmente reforçadora, portanto, espaçar os blocos de tempo de uso da tela com maiores períodos em outras atividades interessantes pode ser muito positivo para o autista.

Experimente: utilizar timers ou alarmes para dividir o tempo de tela em blocos (ex.: 30 minutos), e fazer com que o uso da tela seja intercalado com atividades que exijam movimentação física e/ou interações sociais – sempre em contextos que não sejam interpretados como punitivos.

Por exemplo: acabou o tempo de tela? A criança vai pular corda, o jovem vai andar de skate ou caminhar no quintal.

Curadoria de conteúdo

Nem todo tempo de tela é prejudicial. Priorizar o uso da tela para ter acesso a conteúdo educativo e socialmente engajador pode trazer benefícios significativos. Jogos e aplicativos que estimulam o raciocínio lógico, a linguagem e as habilidades sociais são excelentes alternativas. Selecionar conteúdos digitais que sejam socialmente interativos e alinhados às necessidades individuais da criança pode transformar a tela em uma ferramenta educativa, evitando impactos negativos e promovendo habilidades sociais (Westby, 2020).

Experimente: explorar aplicativos como ABA Flashcards, ABC Autismo, Proloquo2Go (comunicação aumentativa) ou jogos baseados em solução de problemas para engajar o aprendizado. Invista tempo interagindo com o indivíduo autista nos momentos de uso das telas, buscando trazer o aprendizado para o contexto social e familiar. Seja o melhor parceiro de jogo do seu filho(a).

Monitoramento ativo

Pais e cuidadores devem monitorar o uso da tela, atentando-se tanto à duração quanto à qualidade do conteúdo e às reações comportamentais da criança durante e após o uso. Esse acompanhamento permite identificar sinais precoces de uso excessivo e ajustar a rotina do filho/a conforme necessário.

Sinais do excesso de uso de telas		
Sinais físicos	**Sinais comportamentais e emocionais**	**Sinais sociais e cognitivos**
Fadiga ocular: reclamação de olhos secos, vermelhos ou visão embaçada.	**Irritabilidade ou explosões emocionais**: frustração intensa ao ser interrompido ou impedido de usar telas.	**Isolamento social**: redução do tempo de integração com a família e os amigos.
Dores de cabeça ou enxaqueca: associados ao tempo prolongado em telas.	**Dificuldade em transações**: resistência extrema em parar atividades nas telas para iniciar outras.	**Dificuldade de concentração**: baixo foco em atividades acadêmicas ou tarefas do dia a dia.
Alterações no sono: dificuldade para dormir ou insônia em virtude da exposição à luz azul.	**Perda de interesse em outras atividades**: falta de motivação para brincar, estudar ou interagir fora do mundo digital.	**Regressão nas habilidades sociais**: dificuldade em ler expressões faciais ou participar de conversas.
Sedentarismo: redução das atividades físicas e ganho de peso.	**Hiperfoco excessivo**: comprometimento do tempo para outras tarefas essenciais (rotina, higiene, alimentação).	**Atraso no desenvolvimento**: impacto na linguagem, comunicação e habilidades motoras, principalmente em crianças pequenas.
Postura inadequada: dores no pescoço, ombros e coluna por longas horas sentados em má postura.		**Flutuações de humor**: apatia alternada com ansiedade ou agitação.
Sintoma de dependência: pensar constantemente em telas ou jogos quando longe dos dispositivos eletrônicos.		

Fonte: as autoras.

Experimente: associar o acesso a dispositivos de alta mobilidade (celular/tablet) a contextos ou locais que permitam monitoramento mais próximo (na sala, junto aos pais). Usar aplicativos de controle parental, como o Google Family Link, ajuda a monitorar tanto o tempo de tela como o conteúdo acessado.

Treinamento parental

A colaboração entre pais e a equipe terapêutica facilita a identificação de prioridades na gestão do uso de telas. Essa colaboração permite a definição de estratégias ajustadas ao contexto familiar.

O treinamento parental auxilia na criação de rotinas saudáveis, diminuindo o uso de telas e promovendo maior engajamento social das crianças (Heffler *et al.*, 2021). Sem dúvida, essa abordagem se mostra uma das estratégias mais eficazes para reduzir o tempo de telas no autismo. Segundo Heffler *et al.* (2021), **quando os pais recebem treinamento para manejar o tempo de tela, há uma redução significativa no uso excessivo e um aumento no engajamento social da criança**. Isso ajuda as famílias a criar rotinas estruturadas e a promover atividades alternativas mais saudáveis.

Alternativas saudáveis

Incentivar atividades altamente recompensadoras que possam competir com o interesse nas telas é essencial. Atividades ao ar livre, interações sociais presenciais e *hobbies* que estimulem a criatividade são eficazes em reduzir o tempo excessivo de tela. Heffler *et al.* (2022) demonstraram que **substituir tempo de tela por atividades sociais** melhora as trajetórias de desenvolvimento em crianças com autismo.

Experimente: propor atividades como jogos de tabuleiro, oficinas criativas (desenho, pintura) ou brincadeiras sensoriais que atraiam o interesse da criança.

Gerenciar o hiperfoco em telas no autismo exige paciência e estratégias baseadas em evidências. O envolvimento ativo dos pais, aliado ao suporte de profissionais de saúde, contribui para o estabelecimento de um equilíbrio saudável entre o tempo de tela e outras experiências essenciais ao desenvolvimento cognitivo e social da criança autista. Ao tratar o hiperfoco de maneira estruturada e compassiva, o uso de telas pode ser transformado em uma ferramenta positiva para o crescimento e aprendizado. Isso favorece tanto o desenvolvimento de funções executivas quanto a preparação para a inclusão no mercado de trabalho, promovendo autonomia por meio das habilidades cultivadas pelo uso responsável desse hiperfoco.

Referências

BARON-COHEN, S.; ASHWIN, E.; ASHWIN, C.; TAVASSOLI, T.; CHAPMAN, E. Talent in autism: hyper-systemizing, hyper-attention to detail and sensory hypersensitivity. *Philosophical Transactions of the Royal Society B: Biological Sciences*, v. 364, n. 1522, p. 1377-1383, 2009.

DUPUIS, A.; MUDIYANSELAGE, P.; BURTON, C. L.; ARNOLD, P. D.; CROSBIE, J.; SCHACHAR, R. J. Hyperfocus or flow? Attentional strengths in autism spectrum disorder. *Frontiers in Psychiatry*, v. 13, 2022.

DWYER, P.; SILLAS, A.; PRIETO, M.; CAMP, E.; NORDAHL, C. W.; RIVERA, S. M. Hyper-focus, sticky attention, and springy attention in young autistic children: associations with sensory behaviors and cognitive ability. *Autism Research*, v. 17, n. 8, p. 1677-1695, 2024.

HEFFLER, K. F.; FROME, L. R.; GARVIN, B.; BUNGERT, L. M.; BENNETT, D. S. Screen time reduction and focus on social engagement in autism spectrum disorder: a pilot study. *Pediatric International*, v. 64, n. 1, e15343, jan. 2022.

MARSICANO, G. *et al.* Prolonged neural encoding of visual information in autism. *Autism Research*, v. 17, n. 1, p. 37-54, 2023.

PENG, W.; XIAO, Q.; LIU, T. The correlation between screen exposure and autistic behaviors: insights from a longitudinal cohort study. *Neurodevelopmental Research Journal*, v. 8, n. 2, p. 56-70, 2024.

WESTBY, C. Screen time and children with autism spectrum disorder. *Folia Phoniatrica et Logopaedica: official organ of the International Association of Logopedics and Phoniatrics (IALP)*, v. 73, n. 3, p. 233-240, 2021.

8

QUANDO O PROFESSOR É O PROTAGONISTA

ACOLHENDO QUEM EDUCA ALUNOS NEURODIVERGENTES

Falamos da participação da escola no tratamento do TEA. No entanto, quem apoia o professor? Será que ele está preparado para lidar com alunos neurodivergentes? De acordo com as últimas estatísticas apresentadas pelo *Centers for Disease Control and Prevention* (CDC), em 2023, uma a cada 36 crianças nasce autista. Diante desses dados, a necessidade de uma capacitação docente que promova inclusão e aprendizagem eficaz é evidente.

TATIANA SABELLA, NATÁLIA SABELLA E PATRÍCIA SABELLA

Tatiana Sabella, Natália Sabella e Patrícia Sabella

Somos três tias atípicas unidas pelo compromisso com a educação inclusiva e com o desenvolvimento humano. Tatiana (à esquerda) é médica, formada pela Universidade de Marília (Unimar), especialista em pediatria pela Sociedade Brasileira de Pediatria (SBP) e pós-graduanda em Psiquiatria da Infância pelo CBI of Miami, com certificação em Autismo e Transtornos do Neurodesenvolvimento. Natália (ao centro), pedagoga, formada pela Universidade Estadual Paulista "Júlio de Mesquita Filho" (Unesp), especialista em Educação Bilíngue e Educação Especial, graduanda em Fonoaudiologia. Atua como professora de Educação Especial nos anos iniciais do ensino fundamental. Patrícia (à direita), formada em Letras pela Unesp, possui mais de 20 anos de experiência na Educação, é pós-graduanda em Neurociência e Psicopedagogia, graduanda em Terapia Ocupacional e dedica-se ao ensino de alunos atípicos.

Contatos Tatiana:
tatiana_sabella@hotmail.com
Instagram: @dra.tatisabella
@sabellaformacoes
WhatsApp: 14 98196 4330

Contatos Natália:
nataliasabella_10@hotmail.com
Instagram: @psicopedagoga.natsabella
WhatsApp: 14 99672 0123

Contatos Patrícia:
patríciasabellasantana@gmail.com
Instagram: @sabella.pati
WhatsApp: 14 99122 8619

Na sala de aula

Em uma sala de aula repleta de barulho, a professora nota que Miguel, sentado sozinho em um canto, não obedece aos comandos e às demandas da sala. Ela se encanta com seu sorriso, com suas demonstrações de carinho e por ele ser um menino muito bonzinho. Ela sabe que ele é autista, mas não faz ideia de como irá alfabetizar essa criança não verbal. Chega a pensar até que ele não precisa desse apoio, afinal, ele fala em inglês todas as letras do alfabeto e numerais, além de saber todas as cores e formas geométricas. Miguel está na primeira série do ensino fundamental I. A professora é atenciosa e, por vezes, até faz a lição do aluno, muito carinhosa, está sempre com um sorriso no rosto esperando por ele. A devolutiva à família de Miguel, no final de sua jornada escolar diária, é sempre a mesma: "Foi tudo bem! Ele é lindo e um fofo! Todas as crianças gostam dele!". A família fica feliz em ouvir isso, afinal, no fundo, era o que queriam ouvir. Seus familiares observam que, ao chegar na escola, Miguel é recebido por outras crianças, e alguém logo segurava sua mochila e outro sua lancheira. Nas brincadeiras, ao final do dia, sempre deixavam que ele ganhasse, mesmo compreendendo que talvez, nem o próprio Miguel estivesse entendendo o sentido de tudo aquilo.

Essa é uma pequena passagem da nossa história como tias atípicas. Nosso sobrinho iniciou na escola com grande expectativa familiar, medo de não se adaptar ao novo ambiente, insegurança quanto ao aprendizado. Nesse momento, ele falava poucas palavras, não construía frases. Como saberíamos o que tinha acontecido na escola? Nossa primeira impressão foi reconfortante e muito acolhedora. Com a chegada da pandemia, os ensinamentos passaram a ser feitos dentro de casa e foi nesse contexto que vimos nosso mundo desmoronar! Percebemos que, sendo uma família de educadores, não sabíamos como ensiná-lo! A partir daí, voltamos nossos olhares para a formação que tivemos, a estrutura oferecida em sala de aula, os desafios de educar e de avaliar a aprendizagem de uma criança atípica. Passamos a estudar e nos capacitar para poder fortalecer esse pilar do tratamento do autismo: a educação!

O aluno neurodivergente

Compreendemos que o aluno neurodivergente é aquele que tem o funcionamento cerebral diferente dos considerados neurotípicos, ditos "normais". Esse termo destaca a variabilidade natural do desempenho cerebral, incluindo condições como Transtorno do Espectro Autista, Transtorno do Déficit de Atenção e Hiperatividade, Dislexia, entre outras. Reconhecer a neurodiversidade equivale a desafiar preconceitos reconhecendo suas habilidades e suas potenciais contribuições para a sociedade. Hoje, temos famílias e educadores demonstrando inquietações em relação à aquisição de aprendizado, sobre como atuar com o público neurodivergente em ambiente escolar.

O Brasil avançou legalmente na Educação Inclusiva, com a Constituição Federal de 1988 e o Estatuto da Criança e do Adolescente (ECA) (1990) garantindo o atendimento especializado às crianças com deficiência, preferencialmente na rede regular de ensino. Apesar disso, a implementação foi lenta. Apenas com a publicação da Política Nacional de Educação Especial na Perspectiva da Educação Inclusiva (2008) foi consolidado algum direito à inclusão. Em 2015, a Lei n. 13.146, ou Lei Brasileira de Inclusão (LBI), reforçou esse direito, assegurando a educação de pessoas com deficiência em escolas regulares em todos os níveis de ensino.

Sendo a escola o primeiro convívio social da criança fora do núcleo familiar, é comum que diversas diferenças se encontrem e, assim, a criança e os professores criam paulatinamente um repertório cultural. No entanto, ainda cabe ao professor identificar falhas no desenvolvimento de seus alunos e agir de acordo para potencializar as capacidades desse indivíduo.

O alunado público-alvo da Educação Especial conquistou grandes avanços, principalmente pelo respaldo das leis federais. No entanto, ainda há grande discussão acerca de quem é o responsável por esse aluno no ambiente escolar. O professor generalista, mais conhecido como regente, tem o papel de alfabetizar, enquanto o professor especialista, responsável pelo Atendimento Educacional Especializado (AEE), tem a função de oferecer suporte a esse alunado. Essa organização vai ao encontro da perspectiva da Política Nacional de Educação Especial, mais precisamente na Perspectiva da Educação Inclusiva (2008), que assegurou a transversalidade da educação especial (Giroto, Sabella & Lima, 2017).

E os professores?

Embora assegurados pela lei, os professores ainda apresentam muitas dúvidas sobre como agir em relação ao aluno neurodivergente, já que ainda dependem muito de sua própria iniciativa para adaptar as atividades propostas. Essa situação revela uma lacuna significativa no preparo oferecido aos professores no que se refere à educação inclusiva, especialmente para alunos neurodivergentes. Embora as leis garantam o direito à educação para todos, a implementação prática desses direitos muitas vezes recai sobre os educadores, que nem sempre têm a formação ou os recursos necessários para atender às demandas desses estudantes.

As dores de quem trabalha com a inclusão de alunos neurodivergentes

1. **Falta de capacitação específica**: os professores frequentemente ingressam na carreira sem formação adequada sobre neurodiversidade, incluindo características e necessidades específicas de alunos com autismo, TDAH, dislexia, entre outras condições. As licenciaturas geralmente abordam a educação inclusiva de forma superficial, sem oferecer ferramentas práticas para a sala de aula. Isso faz com que os educadores fiquem desamparados diante de situações que exigem conhecimento especializado, como a adaptação de conteúdo, a gestão de comportamentos solicitados ou a criação de ambientes sensoriais acolhedores. A falta de capacitação gera insegurança e pode limitar a capacidade do professor em promover uma inclusão eficiente e saudável.
2. **Sobrecarga de trabalho**: além das responsabilidades habituais, como planejamento, correção de atividades e acompanhamento individualizado de todos os alunos, os professores precisam dedicar tempo extra para estudar e adaptar materiais para os alunos neurodivergentes. Essa adaptação exige criatividade e pesquisa adicional que, muitas vezes, não são reconhecidas ou remuneradas. A falta de estrutura e apoio institucional faz com que o educador sinta que está constantemente "apagando incêndios", o que contribui para o estresse e o cansaço mental.
3. **Falta de suporte da escola e do sistema educacional**: muitas escolas não contam com equipes multidisciplinares, como psicopedagogos, terapeutas ocupacionais e psicólogos, para auxiliar os professores. Além disso, há uma carência de recursos pedagógicos específicos, como materiais adaptados, tecnologia assistiva e espaços sensoriais adequados. Essa ausência de suporte reforça o isolamento do professor, que precisa enfrentar sozinho os desafios diários. A falta de diálogo entre professores, famílias e especialistas também dificulta a criação de estratégias integradas e eficazes.

4. **Medo de errar**: a responsabilidade de atender às necessidades de todos os alunos, especialmente em um contexto de inclusão, pode gerar ansiedade. Muitos professores têm medo de que suas ações ou estratégias não sejam suficientes ou, pior, que possam melhorar o desenvolvimento do aluno neurodivergente. Esse medo é ampliado pela falta de formação e de feedbacks profissionais. Além disso, os julgamentos por parte de colegas, gestores ou familiares dos alunos gera uma pressão adicional, levando o professor a questionamentos constantes.

Essas "dores" revelam a urgência de uma transformação no sistema educacional, a fim de que ofereça mais formação, recursos e suporte aos professores. Investir em capacitação continuada, criar ambientes colaborativos e contar com ferramentas adequadas são passos fundamentais para aliviar essas dificuldades e garantir uma inclusão eficaz para os alunos.

As alegrias de ensinar o aluno neurodivergente

Olhando para o educador que busca capacitação, entendimento e aprendizado sobre a neurodiversidade, conseguimos encontrar um cenário repleto de engajamento e de conquistas. O professor tem, hoje, a facilidade de encontrar canais de estudos e especializações específicas para atender alunos neurodivergentes.

1. **Busca pelo conhecimento**: o aprendizado sobre a temática pode proporcionar um ambiente de trabalho mais comedido, no sentido de garantir que o professor alcance seus objetivos de ensino, estabelecidos por lei e conforme a grade curricular. O profissional que se capacita enxerga as dificuldades individuais de cada aluno e consegue elaborar estratégias que permitem sua inclusão nas atividades de sala, garantindo seu aprendizado.
2. **Participação na elaboração do Plano de Ensino Individualizado (PEI)**: o professor que atua diretamente com o aluno tem papel fundamental no momento de desenvolver o PEI. Afinal, é esse profissional que atua diariamente com o aluno. É ele quem percebe o comportamento, a maneira de brincar e de interagir com outras crianças, seus gatilhos de crises e a maneira como ele consegue se autorregular dentro do ambiente escolar. Desse modo, o professor tem uma percepção maior de sua aprendizagem e evolução acadêmica. O educador é aquele que colocará em prática esse plano de ação, diariamente.
3. **Comprometimento com a família**: o profissional que aborda e cria vínculo com a família do aluno proporciona maior engajamento na continuidade do aprendizado do aluno em casa, como, por exemplo, na realização de tarefas escolares. Muitos pais não conseguem ou não têm a competência necessária para ensinar seus filhos sozinhos, mas o professor

pode e deve orientar cada caso de modo pertinente. Cabe lembrar que a família também tem seu papel na elaboração do PEI; seu compromisso, nesse sentido, é atuar em casa na educação e no ensino da criança.

4. **Bom relacionamento com a equipe terapêutica e profissionais especializados**: o educador pode contar com apoio da equipe terapêutica de cada aluno neurodivergente para conhecer melhor o manejo individual de situações de crises no ambiente escolar, por exemplo. A equipe transdisciplinar poderá contribuir e dar informações que facilitarão o comportamento da criança em sala de aula. Por exemplo, a equipe terapêutica identifica que o aprendiz adquiriu determinadas autonomias que podem e devem ser exploradas em ambiente escolar, como a aceitação por interação com outras crianças, por aceitar os convites recebidos por seus pares. A partir dessa informação, o professor poderá proporcionar atividades de conversação e elaboração de diálogos para uma história em quadrinhos. Outros profissionais que têm grande potencial de contribuição nesse processo são: o professor de educação especial, o atendente terapêutico individualizado atuante em sala de aula e o psicopedagogo desse aluno.
5. **Trocas de experiências com equipe escolar**: compartilhar com a equipe escolar os avanços e as conquistas obtidas em sala de aula pode contribuir para formar uma rede de apoio entre colegas de profissão, além de estimular a busca incessante de conhecimentos, o que fará com que a equipe esteja cada vez mais preparada para atuar nesse cenário tão atual.

Entendemos que há diversas barreiras e dificuldades no horizonte da educação. No entanto, sabemos que atuar com o ensino-aprendizagem do aluno neurodivergente é uma realidade cada vez mais presente nas escolas públicas e particulares. Escolher ser um professor é ter consciência e compromisso de sua importância na formação da criança.

Referências

BRASIL. *Lei n. 12.764, de 27 de dezembro de 2012*. Política nacional de proteção dos direitos da pessoa com transtorno do espectro autista. *Diário Oficial da União*, Brasília, DF, 28 dez. 2012. Disponível em: http://www.planalto.gov.br/ccivil_03/_Ato2011-2014/2012/Lei/L12764.htm. Acesso em: 28 dez. 2024.

CAMARGO, S. P. H.; SILVA, G. L. Desafios no processo de escolarização de crianças com autismo no contexto inclusivo: diretrizes para formação continuada na perspectiva dos professores. *Educação em Revista*, v. 36, 2020. Disponível em: https://www.scielo.br/j/edur/a/6vvZKMSMczy9w5fDqfN65hd. Acesso em: 28 dez. 2024.

GIROTO, C. R. M.; SABELLA, N. M. M.; LIMA, J. M. R. Representações do professor generalista acerca do papel do professor especialista: análise da produção científica em educação especial no período de 2008 a 2015. *Revista Educação Especial*, Santa Maria, v. 32, p. 1-20, 2019. Disponível em: https://www.redalyc.org/journal/3131/313158902001/movil/. Acesso em: 1 jan. 2025.

SILVA, A. C. da; SOUZA, M. F. de; PEREIRA, J. L. Relação família-escola-criança com transtorno do espectro autista: percepção de pais e professoras. *Revista Brasileira de Educação Especial*, v. 27, 2021. Disponível em: https://www.scielo.br/j/rbee/a/STKcXJNwvxqhGk5QKh8WpLP/. Acesso em: 28 dez. 2024.

9

BENEFÍCIO DE PRESTAÇÃO CONTINUADA
UM GUIA DE ACESSO E DIREITO

Este capítulo aborda o tema Benefício de Prestação Continuada (BPC), um direito assistencial que garante um salário-mínimo mensal a idosos e pessoas com deficiência, incluindo autistas, em vulnerabilidade. Explora os critérios legais, como impedimentos de longo prazo e renda familiar, o processo de solicitação, a importância do benefício para inclusão social e os desafios enfrentados.

ALINE INACIO
E LUIZA MONTEIRO LUCENA

Aline Inacio

Contatos
identidadeclinica@gmail.com
Instagram: @eu.alineinacio
21 99354 7434

Formação em Serviço Social pelo Centro Universitário Aparício Carvalho Jaru (RO). Analista do Seguro Social no INSS, com vasta experiência no tema BPC, trabalha com famílias atípicas há mais de dez anos. Terapeuta infantil especialista em transtornos do neurodesenvolvimento, faz parte da 3ª turma TND, especialista em ABA e psicopedagogia. Trabalha com atendimento infantil, palestras, treino parental no Rio de Janeiro presencial e online em todo país.

Luiza Monteiro Lucena

Contatos
Instagram: @luizamlucena
@monteirolucenaadvogados
11 93044 0809

Sócia-fundadora do Monteiro Lucena Advogados, é referência nacional no Direito dos Autistas e Deficientes. Autora do best-seller *Perspectivas legais: o autismo e a busca por justiça*, possui sólida formação em Direitos dos Deficientes, Direito Civil, Empresarial e Processo Civil. É ativista pela inclusão, ensina e orienta advogados a se especializarem na área.

O Benefício de Prestação Continuada (BPC), também conhecido como BPC/LOAS, é um direito assistencial assegurado pela **Lei Orgânica da Assistência Social (LOAS)**, regulamentada pela Lei n. 8.742/1993. O principal objetivo deste benefício é garantir segurança financeira e promover a inclusão social de indivíduos em situação de vulnerabilidade. Por meio do pagamento de **um salário-mínimo mensal**, o BPC busca assegurar dignidade humana para dois grupos principais: **pessoas idosas com 65 anos ou mais e pessoas com deficiência (PcD) de qualquer idade**, desde que atendam aos critérios legais estabelecidos, como impedimentos de longo prazo e situação de vulnerabilidade socioeconômica.

Diferentemente dos benefícios previdenciários, o BPC **não exige contribuições prévias ao Instituto Nacional do Seguro Social (INSS)**. Esse caráter não contributivo faz do BPC uma ferramenta indispensável de assistência social, financiada exclusivamente pelo Governo Federal. Seu foco é atender pessoas que enfrentam barreiras significativas para sustentar-se de forma independente ou contar com suporte familiar, garantindo-lhes o mínimo necessário para uma vida digna.

Critérios para a concessão do BPC

Impedimento de longo prazo

O que caracteriza o impedimento de longo prazo mencionado na legislação? Trata-se de uma condição duradoura que impacta significativamente a vida do indivíduo. No caso dos autistas, esses impedimentos podem incluir dificuldades na comunicação, interação social, comportamentos repetitivos e interesses restritos. Essas características variam amplamente em termos de gravidade e impacto, refletindo uma ampla gama de habilidades e necessidades, dependendo do nível de suporte requerido.

Enquanto algumas pessoas no espectro autista enfrentam dificuldades severas que comprometem profundamente sua autonomia, outras apresentam alta funcionalidade e necessitam de menos apoio. No entanto, determinar quais barreiras um indivíduo enfrentará e o impacto delas em sua vida exige tempo. Apenas a longo prazo é possível compreender plenamente essas barreiras e seus efeitos.

E o que a legislação define como impedimento de longo prazo? Segundo a Lei Orgânica da Assistência Social (LOAS), em seu artigo 20, § 10:

> "Art. 20. O benefício de prestação continuada é a garantia de um salário-mínimo mensal à pessoa com deficiência...
> § 10. Considera-se impedimento de longo prazo, para os fins do § 2º deste artigo, aquele que produza efeitos pelo prazo mínimo de 2 (dois) anos."

Portanto, para a concessão do BPC, é imprescindível que o impedimento tenha duração mínima de dois anos. É necessário avaliar como essas dificuldades específicas – como problemas de comunicação, interação social e comportamentos repetitivos – afetam a capacidade do autista em participar plenamente na sociedade. Além disso, é essencial considerar as barreiras sociais e ambientais que podem agravar essas limitações, como a falta de acessibilidade, o preconceito e a discriminação. Essas análises garantem que o benefício seja direcionado àqueles que realmente necessitam, promovendo inclusão e dignidade.

Acesso limitado à participação plena e efetiva na sociedade

Para que o BPC seja concedido, é indispensável comprovar que a deficiência gera obstáculos significativos à participação plena e efetiva na sociedade. No caso das pessoas autistas, esses impedimentos frequentemente se apresentam em diversas esferas, como no ambiente educacional e no mercado de trabalho, exigindo adaptações que, infelizmente, nem sempre estão disponíveis.

No contexto educacional, por exemplo, autistas enfrentam desafios únicos relacionados à comunicação e à interação social. Muitas vezes, o suporte educacional especializado, como a presença de um mediador escolar ou ajustes no currículo, é indispensável para que o aprendizado ocorra de forma eficaz e inclusiva. Contudo, a ausência dessas medidas pode levar à exclusão prática do sistema educacional, restringindo o desenvolvimento e o aprendizado de maneira significativa, uma realidade ainda comum em muitos cenários.

De forma semelhante, o ambiente de trabalho também apresenta barreiras significativas para os autistas. Questões como dificuldades na comunicação e na adaptação às normas sociais do espaço laboral podem se transformar em obstáculos insuperáveis, especialmente quando os empregadores não oferecem a devida compreensão ou adaptações razoáveis. Isso frequentemente resulta na exclusão dessas pessoas do mercado de trabalho, privando-as da possibilidade de contribuir economicamente e alcançar a tão desejada independência financeira.

Além disso, os desafios à plena participação social dos autistas não se limitam às esferas educacional e profissional. Barreiras atitudinais e estruturais, como preconceito, estigmatização e a falta de conscientização acerca do Transtorno do Espectro Autista (TEA), criam um ambiente social frequentemente hostil e excludente. Essas dificuldades não apenas limitam a inclusão social, mas também geram uma profunda sensação de impotência. Quando essa realidade se soma a uma situação de vulnerabilidade econômica, os impactos podem ser ainda mais devastadores, intensificando as dificuldades enfrentadas pela pessoa com deficiência e pela sua família.

O BPC para pessoas com TEA

Embora o TEA seja classificado como um distúrbio do neurodesenvolvimento, ele é reconhecido legalmente como uma deficiência para fins de concessão do BPC. Pessoas com TEA podem pleitear o benefício, desde que preencham os requisitos de impedimento de longo prazo e vulnerabilidade socioeconômica.

Fatores analisados no caso de autistas

- **Dificuldades de comunicação e interação social**, que comprometem a participação plena em contextos educacionais e sociais.
- **Comportamentos repetitivos e interesses restritos**, que podem dificultar a adaptação a diferentes ambientes.
- **Hipersensibilidade sensorial**, que limita as possibilidades de integração no ambiente físico.
- **Barreiras sociais e ambientais**, como a falta de suporte educacional, discriminação e exclusão no mercado de trabalho.

Esses fatores reforçam a necessidade de uma análise detalhada e adaptada às particularidades do TEA, garantindo que as limitações sejam reconhecidas e as barreiras enfrentadas consideradas durante a avaliação.

Definição de deficiência no contexto do BPC

A definição de deficiência adotada pelo BPC é baseada na Convenção sobre os Direitos das Pessoas com Deficiência (ONU), ratificada pelo Brasil em 2008. Segundo a convenção, deficiência é uma condição física, mental, intelectual ou sensorial que, ao interagir com barreiras sociais, pode obstruir a participação plena e efetiva na sociedade em condições de igualdade.

Essa visão ampliada considera que a deficiência não reside exclusivamente no indivíduo, mas também nas barreiras impostas pelo ambiente e pela sociedade. No caso dos autistas, essas barreiras incluem ambientes educacionais inadequados, preconceitos no mercado de trabalho e estigmas sociais.

Processo administrativo para solicitação do BPC

O processo administrativo para requerer o BPC envolve diversas etapas e requer atenção aos seguintes passos:

1. **Cadastro no CadÚnico**

   O **Cadastro Único para Programas Sociais do Governo Federal (CadÚnico)** é o primeiro passo para acessar o benefício. A inscrição pode ser feita em Centros de Referência da Assistência Social (CRAS) ou em postos de atendimento designados. Informações sobre o CadÚnico estão disponíveis no site oficial do Governo Federal (**www.gov.br/cidadania**) ou pelo telefone **135**.

2. **Agendamento de perícia médica e avaliação social**

   Após o cadastro, o requerente deve agendar uma perícia médica e uma avaliação social no INSS. Esse agendamento pode ser realizado pelo site oficial do INSS (**www.inss.gov.br**), pelo telefone **135** ou diretamente em uma agência.

3. **Apresentação de documentos**

Os documentos essenciais incluem:

- Laudos médicos e exames que comprovem a deficiência.
- Relatórios pedagógicos ou terapêuticos.
- Comprovantes de despesas médicas e de renda familiar.

4. **Avaliação médica**

A perícia médica avalia a condição clínica do requerente e verifica a presença de impedimentos de longo prazo. No caso de autistas, é essencial que os peritos estejam preparados para considerar as especificidades do TEA.

5. **Avaliação social**

A avaliação social é conduzida por um assistente social, que analisa o contexto socioeconômico e as barreiras enfrentadas pelo requerente. Para autistas, essa etapa deve incluir a análise de fatores como:

- Impactos das limitações no cotidiano.
- Barreiras sociais e ambientais específicas.

Judicialização em caso de negativa

Se o pedido for negado, o requerente pode ingressar com um recurso administrativo ou uma ação judicial. Durante o processo judicial, o juiz pode solicitar novas perícias e audiências para garantir uma análise justa. A decisão judicial, quando favorável, geralmente inclui o pagamento retroativo desde a data de solicitação inicial.

Revisões e particularidades do BPC

O BPC é intransferível e não gera direito à pensão por morte. Está sujeito a revisões periódicas para confirmar se o beneficiário continua atendendo aos critérios.

No caso de autistas, é crucial que as avaliações sejam inclusivas e considerem as especificidades do TEA.

O BPC desempenha um papel essencial na promoção da inclusão social e na proteção dos direitos das pessoas com deficiência, incluindo aquelas no espectro autista. Reconhecer as particularidades do transtorno do espectro autista e conduzir avaliações criteriosas e adequadas é imprescindível para assegurar que o benefício alcance quem mais precisa. Nesse cenário, o envolvimento de profissionais da saúde, mães atípicas e advogados é vital, oferecendo orientação e suporte indispensáveis aos beneficiários.

O BPC simboliza um marco importante na garantia de proteção social e no fortalecimento da igualdade de oportunidades para pessoas com deficiência. É imprescindível continuar aperfeiçoando os mecanismos de análise e concessão do benefício, assegurando que sejam inclusivos, justos e ajustados às necessidades singulares de cada requerente. A articulação entre os setores de saúde, educação, assistência social e justiça é um componente-chave para que o BPC possa cumprir sua missão de fomentar dignidade e participação social, contribuindo para a construção de uma sociedade mais equitativa e inclusiva.

Referências

BRASIL. *Cadastro único para Programas Sociais do Governo Federal (CadÚnico).* Disponível em: https://www.gov.br/mds/pt-br/acoes-e-programas/cadastro-unico. Acesso em: 13 jan. 2025.

BRASIL. *Instrução Normativa PRES/INSS n. 128, de 28 de março de 2022.* Disponível em: https://www.gov.br/inss/pt-br/centrais-de-conteudo/legislacao/instrucao-normativa/2022. Acesso em: 13 jan. 2025.

BRASIL. *Lei n. 8.742, de 7 de dezembro de 1993.* Lei Orgânica da Assistência Social (LOAS). *Diário Oficial da União*, Brasília, DF, 8 dez. 1993. Disponível em: https://www.planalto.gov.br/ccivil_03/leis/l8742.htm. Acesso em: 13 jan. 2025.

BRASIL. *Lei n. 13.146, de 6 de julho de 2015.* Institui a Lei Brasileira de Inclusão da Pessoa com Deficiência (Estatuto da Pessoa com Deficiência). *Diário Oficial da União*, Brasília, DF, 7 jul. 2015. Disponível em: https://www.planalto.gov.br/ccivil_03/_ato2015-2018/2015/lei/l13146.htm. Acesso em: 13 jan. 2025.

10

LIGANDO OS PONTOS

O IMPACTO SILENCIOSO DA HIPERMOBILIDADE NO AUTISMO

O capítulo explora a ligação entre hipermobilidade e autismo, evidenciando como essa característica física, constantemente ignorada, afeta sistemas corporais, agravando desafios motores, cognitivos e emocionais do TEA. Reforça a importância de diagnósticos precisos e de estratégias interdisciplinares para um cuidado integral.

KALINY CRISTINE TREVEZANI DE SOUZA
E ELISANGILA MOREIRA LEITE

Kaliny Cristine Trevezani de Souza

Contatos
www.drakalinytrevezani.com
drakalinytrevezani@gmail.com
Instagram: @dra.kalinytrevezani
61 99613 3756

Médica pediatra pela UFF, autista, com SED e mãe de autista. Atuou no Ambulatório de Doenças Raras, eixo de Deficiência Intelectual, no HMIB. Hoje trabalha no ambulatório de TEA, no HUB. Membro dos Comitês de Hipermobilidade da SBED e de Revisão da *The Ehlers-Danlos Society*. Capacitação em autismo pelo Dr. Thiago Castro.

Elizangila Moreira Leite

Contatos
www.draelizangilaleite.com.br
draelizangilaleite@gmail.com
Instagram: @dra.elizangilaleite
92 99287 1125

Médica, autista, com TDAH e SED, focada no diagnóstico de autismo em adultos. Graduada em Medicina pela UFBA, fez residência em pediatria na Venezuela, pós em Saúde da Família (UFSC) e Psiquiatria (USJT). Mestra em TEA pelo Isep e doutoranda em Ciência Neural pela Uniselinus. Criadora da comunidade "Juntas no Espectro Autista (JEA)".

A hipermobilidade articular é frequentemente subestimada em avaliações clínicas, especialmente no contexto do Transtorno do Espectro Autista (TEA). Tradicionalmente, o diagnóstico e tratamento do TEA priorizam dificuldades de comunicação, interação social e padrões comportamentais repetitivos e restritivos.

Entretanto, estudos recentes destacam a necessidade de incluir aspectos físicos, como a hipermobilidade, e condições associadas, como o Transtorno do Espectro da Hipermobilidade (TEH) e a Síndrome de Ehlers-Danlos (SED), no cuidado integral. Essas condições podem agravar os desafios enfrentados por pessoas no espectro. Alterações nos sistemas imunológico, autonômico e endócrino influenciam diretamente a relação entre TEA e hipermobilidade (Casanova, 2020).

Compreender as bases biológicas compartilhadas por essas condições é importante para desenvolver abordagens clínicas mais eficazes e individualizadas.

Entendendo a hipermobilidade: muito além das articulações

De forma simples, a hipermobilidade refere-se à capacidade aumentada de movimento das articulações além dos limites normais. A identificação da hipermobilidade generalizada é facilitada por ferramentas como os Critérios de Beighton, que avaliam a amplitude de movimento de articulações específicas.

Diferenciando conceitos

- **Hipermobilidade Articular Generalizada (HAG)**: presente em até 30% da população (Tedla, 2021), especialmente em crianças e adolescentes. A HAG pode ser assintomática, mas também associar-se a complicações como alterações de pele, dor crônica, disfunções autonômicas, fadiga, alterações gastrointestinais, disfunções vesicais e alterações no tecido conjuntivo (Tofts, 2023).

- **Transtorno do Espectro da Hipermobilidade (TEH)**: diferencia-se da HAG por sintomas como dor episódica causada por atividades rotineiras, como caminhar ou escrever, instabilidade articular com subluxações e luxações, e lesões em tecidos moles, como rupturas de tendões (Tofts, 2023).
- **Síndrome de Ehlers-Danlos (SED)**: condição genética marcada por fragilidade tecidual, HAG e alterações cutâneas, como elasticidade anormal e cicatrizes atróficas. Com 14 tipos identificados, o tipo hipermóvel é o mais prevalente, sendo diagnosticado apenas após a maturidade sexual (Tofts, 2023).

Manifestações sistêmicas associadas à HAG, TEH e SED

Embora o termo "hipermobilidade" sugira um problema limitado às articulações, sua influência se estende a múltiplos sistemas corporais, impactando saúde e qualidade de vida. A seguir, uma visão geral dos sintomas associados a HAG, TEH e SED:

- **Dores episódicas**: comuns em TEH e SED, surgem após esforços articulares e musculares repetitivos, como caminhadas ou tarefas manuais (Tofts, 2023).
- **Instabilidade articular**: central no TEH e SED, resulta de estruturas ligamentares frágeis, aumentando o risco de subluxações e deslocamentos, comprometendo funcionalidade e gerando dor (Tofts, 2023).
- **Alterações cutâneas e dos tecidos**: pele hiperextensível, fina, macia e com cicatrizes atróficas, além de hematomas, herniações, estrias e dificuldades na cicatrização podem ocorrer no TEH, SED e, em alguns casos, na HAG (Tofts, 2023).
- **Dores crônicas**: presente em HAG, TEH e SED, resulta de instabilidade articular e baixos limiares de dor, manifestando-se como dor musculoesquelética, abdominal e cefaleias (Tofts, 2023).
- **Fadiga**: elevada prevalência em HAG, TEH ou SED, reduz funcionalidade e qualidade de vida.
- **Disautonomia**: intolerância ortostática, tonturas, taquicardia postural e hipotensão são frequentes em HAG, TEH ou SED (Tofts, 2023).
- **Problemas gastrointestinais**: constipação crônica, diarreia, dor abdominal recorrente, náusea, saciedade precoce e refluxo gastroesofágico ocorrem em HAG, TEH ou SED (Tofts, 2023).
- **Alterações vesicais**: retenção, incontinência e sensação de esvaziamento incompleto são comumente encontradas em HAG, TEH, SED e ligadas a alterações do assoalho pélvico (Tofts, 2023).
- **Alteração da propriocepção**: a percepção corporal no espaço frequentemente está prejudicada em pessoas com hipermobilidade (Tofts, 2023).
- **Impactos psicológicos**: a HAG, TEH e SED apresentam taxas de ansiedade elevada, associada a dor crônica e limitações físicas (Tofts, 2023).

Essas manifestações destacam a natureza sistêmica da hipermobilidade, reforçando a necessidade de abordagens clínicas que vão além das articulações.

Quando hipermobilidade e autismo se cruzam

Pesquisas apontam uma associação evidente entre hipermobilidade e TEA. Segundo Cederlöf *et al.* (2016), indivíduos com SED têm um risco 7,4 vezes maior de diagnóstico de TEA. Tedla *et al.* (2021) reforçam essa conexão, indicando que cerca de 60% das crianças com TEA apresentam hipermobilidade articular.

A jornada diagnóstica para mulheres com SED e TEA é particularmente desafiadora. A SED é mais diagnosticada em mulheres, possivelmente devido a diferenças biológicas ainda não compreendidas (Casanova, 2018). No TEA, mulheres enfrentam barreiras adicionais, mascarando comportamentos autísticos ou imitando interações sociais. Em ambas as condições, comorbidades psiquiátricas associadas agravam o impacto emocional.

Casanova *et al.* (2020) sugerem que TEA e SED coexistem em famílias, com mais de 20% das mães diagnosticadas com SED relatando ter filhos autistas, sugerindo conexões genéticas ou ambientais.

A teoria do *Connectivome* sugere que as alterações no tecido conjuntivo, características da SED e do TEH, influenciam múltiplos sistemas corporais, incluindo os sistemas imunológico, musculoesquelético e o eixo intestino-cérebro. Sintomas como dor neuropática e hiperalgesia, observados na SED, resultam de disfunções do tecido conjuntivo e contribuem para a neuropatia periférica, enquanto no TEA, distúrbios sensoriais indicam alterações no sistema nervoso central, com possível envolvimento periférico, sugerindo mecanismos sensoriais compartilhados (Zoccante, 2022).

Além disso, alterações imunológicas, autonômicas, endócrinas e inflamatórias, como níveis elevados de citocinas pró-inflamatórias e alterações no eixo hipotálamo-hipófise-adrenal, desempenham papel central na interação entre TEA e hipermobilidade.

A explicação biológica apresentada lança luz sobre a coexistência de TEA e hipermobilidade, destacando a complexidade desses diagnósticos (Casanova, 2020). Essa sobreposição de condições, aliada a diagnósticos muitas vezes incompletos e imprecisos, compromete o manejo clínico e terapêutico adequado.

Como a hipermobilidade impacta no TEA?

A associação entre hipermobilidade e TEA destaca as dificuldades sensoriais, motoras e comportamentais enfrentadas por autistas. Alterações proprioceptivas prejudicam o equilíbrio e a coordenação motora, tornando tarefas, como caminhar ou manter a postura, especialmente cansativas e cognitivamente desafiadoras para autistas (Tedla, 2021). Atrasos na marcha, hipotonia e articulações instáveis, comumente associadas à hipermobilidade, intensificam os desafios motores e comprometem a funcionalidade diária, impactando a qualidade de vida de indivíduos autistas.

Dor crônica e fadiga são prevalentes e contribuem para o evitamento de atividades físicas, aumento da irritabilidade e intensificação de dificuldades sociais. Adicionalmente, distúrbios gastrointestinais, como alterações na motilidade intestinal, náuseas e refluxo, impactam a funcionalidade diária e o comportamento. Disfunções vesicais, relacionadas a anomalias autonômicas e do assoalho pélvico, elevam o risco de infecções urinárias, agravando o desconforto físico e os desafios emocionais no TEA.

Além disso, ampliam o desconforto físico e emocional, dificultando a compreensão ou comunicação do que ocorre, exacerbando as dificuldades vivenciadas por pessoas com TEA.

Quando o óbvio passa despercebido

Embora a hipermobilidade possa ser identificada em exame clínico simples, constantemente é ignorada no diagnóstico de pessoas com TEA, levando a anos de sofrimento para indivíduos com TEA associado a HAG, TEH ou SED.

Por exemplo, o evitamento de atividades físicas, muitas vezes atribuído à resistência social ou à rigidez comportamental do TEA, pode ser relacionado a dores articulares ou fadiga extrema. Da mesma forma, sintomas de disautonomia, como taquicardia, mãos frias e sudorese intensa, podem ser confundidos com crises de ansiedade, resultando em diagnósticos equivocados.

Da mesma forma, evitar tarefas que exigem esforço físico ou motor, como escrita manual ou digitação, é repetidamente interpretado como falta de motivação ou desinteresse. No entanto, instabilidade articular nos dedos e a dor episódica podem estar por trás dessas dificuldades. Outro exemplo é a seletividade alimentar ou a recusa alimentar, que podem ser interpretados como hipersensibilidade sensorial. Contudo, problemas gastrointestinais frequentes, como refluxo, dor abdominal ou gastroparesia, podem ser a causa.

A negligência desses aspectos físicos dificulta a compreensão integral da pessoa com TEA, subestimando fatores que impactam diretamente a qualidade de vida em diferentes estágios da vida. Um diagnóstico que conecte manifestações físicas e comportamentais no TEA é fundamental para intervenções mais precisas e eficazes.

Estratégias que fazem a diferença

Compreender a relação entre TEA e hipermobilidade exige um olhar integrado, adaptado às necessidades físicas, emocionais e comportamentais, em todas as idades. Intervenções simples como o uso de calçados com suporte adequado, pausas regulares em atividades e exercícios como natação ou pilates, ajudam a melhorar a estabilidade, reduzir a fadiga e fortalecer a musculatura (Tedla, 2021).

No manejo clínico, estratégias específicas incluem:

- **Fisioterapia e terapia ocupacional**: promovem estabilidade articular, reduzem dores e adaptam atividades da vida diária (Tofts, 2023).
- **Intervenções sensoriais e psicossociais**: reduzem hipersensibilidades e promovem o bem-estar emocional (Casanova, 2020).
- **Manejo de disautonomia e suporte gastroenterológico**: controla tonturas, taquicardia e refluxo (Casanova, 2020; Tofts, 2023).
- **Educação e autocuidado**: encorajam o reconhecimento de limites físicos e o uso de estratégias para prevenir lesões (Tedla, 2021).

Essas intervenções, combinadas a outras, como cuidados neurológicos, reumatológicos e cardiológicos, oferecem um manejo abrangente que promove melhorias significativas na qualidade de vida e funcionalidade de indivíduos com TEA e hipermobilidade.

Identificar e abordar a hipermobilidade no contexto do TEA requer mudanças na prática clínica, integrando esforços interdisciplinares. Ferramentas simples, como os Critérios de Beighton, permitem a identificação precoce e intervenções direcionadas, fundamentais para minimizar dores articulares e fadiga, que comprometem aprendizado e interações sociais.

Reconhecer essa conexão demanda a atuação de equipes multiprofissionais, incluindo fisioterapeutas, terapeutas ocupacionais e psicólogos. Ignorar a ligação entre hipermobilidade e autismo perpetua desafios que poderiam ser mitigados. Incluir essa perspectiva nos protocolos de cuidado promove avanços científicos e impactos positivos na qualidade de vida de autistas e suas famílias.

Referências

CASANOVA, E. L.; BAEZA-VELASCO, C.; BUCHANAN, C. B.; CASANOVA, M. F. The relationship between autism and Ehlers-Danlos syndromes/hypermobility spectrum disorders. *Journal of Personalized Medicine*, v. 10, n. 4, p. 260, 2020. Disponível em: https://doi.org/10.3390/jpm10040260. Acesso em: 21 dez. 2024.

CASANOVA, E. L.; SHARP, J. L.; EDELSON, S. M.; KELLY, D. P.; CASANOVA, M. F. A cohort study comparing women with autism spectrum disorder with and without generalized joint hypermobility. *Behavioral Sciences (Basel)*, v. 8, n. 3, p. 35, 2018. Doi: 10.3390/bs8030035. Disponível em: https://doi.org/10.3390/bs8030035. Acesso em: 21 dez. 2024.

CEDERLÖF, M.; LARSSON, H.; LICHTENSTEIN, P. *et al.* Nationwide population-based cohort study of psychiatric disorders in individuals with Ehlers-Danlos syndrome or hypermobility syndrome and their siblings. *BMC Psychiatry*, v. 16, n. 207, 2016. Disponível em: https://doi.org/10.1186/s12888-016-0922-6. Acesso em: 21 dez. 2024.

TEDLA, J. S.; ASIRI, F.; ALSHAHRANI, M. S.; GULAR, K. Hypermobility among children with autism spectrum disorders and its correlation with anthropometric characteristics. *Journal of the Pakistan Medical Association*, v. 71, n. 4, p. 1076-1080, 2021. Disponível em: https://doi.org/10.47391/JPMA.436. Acesso em: 21 dez. 2024.

TOFTS, L. J.; SIMMONDS, J.; SCHWARTZ, S. B. *et al.* Pediatric joint hypermobility: a diagnostic framework and narrative review. *Orphanet Journal of Rare Diseases*, v. 18, n. 104, 2023. Disponível em: https://doi.org/10.1186/s13023-023-02717-2. Acesso em: 21 dez. 2024.

ZOCCANTE, L.; CICERI, M. L.; GOZZI, L. A.; GENNARO, D.; ZERMAN, N. The "connectivome theory": a new model to understand autism spectrum disorders. *Frontiers in Psychiatry*, v. 12, n. 794516, 2022. Disponível em: https://doi.org/10.3389/fpsyt.2021.794516. Acesso em: 21 dez. 2024.

11

IA, DISPOSITIVOS ELETRÔNICOS E RECURSOS DIGITAIS NO TEA

BENEFÍCIOS E DESAFIOS

A tecnologia da informação e a inteligência artificial têm transformado nossas rotinas, oferecendo oportunidades e desafios únicos. No contexto do Transtorno do Espectro Autista (TEA), essas ferramentas atuam no desenvolvimento de habilidades e na criação de soluções personalizadas para apoiar indivíduos autistas. Neste capítulo, vamos explorar o impacto dos recursos digitais no contexto do TEA.

DR. RICARDO MENEZES SALGADO

Dr. Ricardo Menezes Salgado

Contatos
ricardomenezessalgado@gmail.com
Instagram: @neurointeligencia
35 98871 7170

Ph.D. em Modelos Inteligentes, mestre e pós-doutor pela Unicamp e, atualmente, acadêmico em Medicina na Unifenas. Professor Associado na área de Inteligência Computacional no Departamento de Ciência da Computação, líder do grupo de pesquisa em IA Aplicada à Saúde e Neurociência e coordenador do Laboratório de Inteligência Computacional na Unifal-MG. Atua como docente e orientador no programa de Mestrado em Estatística Aplicada e Biometria. Minha expertise abrange Inteligência Computacional, Análise de Dados e suas aplicações no contexto da saúde. Tem experiência em projetos de pesquisa em empresas como Cemig, CPFL, Aneel e Petrobras, atuando como cientista responsável pelo desenvolvimento de modelos inteligentes avançados.

A inteligência artificial (IA) e a tecnologia da informação (TI) têm desempenhado um papel cada vez mais relevante na vida das pessoas e, no contexto do Transtorno do Espectro Autista (TEA), emergem como instrumentos poderosos para apoiar o desenvolvimento, facilitar a comunicação e promover a inclusão. Com a ajuda da IA, já é possível contar com aplicativos que auxiliam no aprendizado de habilidades sociais, dispositivos que monitoram padrões de comportamento e ferramentas que ajudam a criar rotinas estruturadas. Essas tecnologias não apenas tornam o processo de aprendizado mais eficiente, mas também promovem maior autonomia para pessoas com autismo.

Entretanto, como qualquer outra ferramenta, a tecnologia também traz desafios. Garantir que esses recursos atendam às necessidades individuais de cada pessoa com TEA, evitar o uso excessivo e compreender as limitações dos dispositivos são questões que devem ser cuidadosamente avaliadas.

Este capítulo foi elaborado para aqueles que buscam compreender como as soluções digitais estão transformando a experiência de pessoas com TEA. Nosso objetivo é apresentar as informações de forma clara e acessível, permitindo que todos possam explorar o potencial da IA e da TI como aliadas no apoio aos indivíduos com TEA.

Como a IA e a TI podem nos ajudar?

Estamos atravessando uma revolução digital que está mudando a maneira como vivemos, trabalhamos e nos comunicamos. A internet, a Inteligência Artificial e as telas tornaram-se extensões de nossos corpos e muitas vezes ditam a maneira como vamos conduzir nossas decisões. Para aqueles que convivem com o TEA, essa mudança trouxe uma combinação única de desafios e oportunidades. Existem diversas abordagens no tratamento e apoio ao TEA nos quais a IA e a TI podem atuar, como na obtenção de **diagnósticos precisos**, em recursos que **otimizam o manejo do TEA**, na **organização da rotina**, nos **treinos específicos** e no **apoio à autorregulação** (Bucci *et al.*, 2019).

IA e TI no diagnóstico do autismo

O TEA abrange uma variedade de padrões comportamentais que podem, com facilidade, confundir especialistas qualificados na elaboração de um diagnóstico. Sabemos que, na prática clínica, o diagnóstico é realizado com base na avaliação comportamental, o que implica que sua precisão depende da experiência do profissional. De maneira geral, o diagnóstico do TEA sempre foi complexo, pois se baseia na observação clínica e na avaliação do comportamento e do desenvolvimento do paciente ao longo do tempo. No entanto, com os avanços tecnológicos, especialmente no campo da IA, essa abordagem está ganhando um novo horizonte, graças a ferramentas que tornam o diagnóstico mais rápido, preciso e acessível.

Os modelos baseados em IA são criados por meio de grandes quantidades de dados para identificar padrões e reconhecer o TEA. Esses modelos analisam informações de imagens, vídeos, áudios e respostas de questionários para identificar sinais consistentes com o TEA. Vamos mostrar alguns exemplos de uso da IA no diagnóstico do autismo:

- **Rastreamento e detecção pelo olhar**: o rastreamento ocular (***eye-tracking***) é uma tecnologia inovadora que monitora para onde uma pessoa está olhando e como os olhos se movem. Estudos mostram que pessoas com TEA frequentemente apresentam padrões específicos de atenção visual. Ferramentas baseadas em IA usam os dados de ***eye-tracking*** para identificar padrões característicos do TEA (Perochon *et al.*, 2023).
- **Análise de expressões faciais e linguagem corporal**: modelos de IA conseguem avaliar vídeos de crianças brincando e/ou interagindo com adultos e identificar padrões nas expressões faciais, movimentos, e gestos que podem ser indicativos de TEA (Takahashi *et al.*, 2021).
- **Processamento de linguagem**: a forma como uma pessoa usa a linguagem, tanto na fala como na escrita, também pode ser analisada por sistemas de IA. Esses modelos conseguem identificar diferenças sutis na entonação, no vocabulário ou na organização das frases, fornecendo detalhes importantes no diagnóstico (Bhardwaj *et al.*, 2024).
- **Dados fisiológicos**: algumas ferramentas estão explorando o uso de sensores que medem batimentos cardíacos, padrões de respiração e outros sinais fisiológicos para detectar indícios de TEA. Essas informações são processadas por algoritmos que procuram correlações entre os dados fisiológicos e o TEA (Bosl *et al.*, 2024).

Nas pesquisas recentes sobre modelos que auxiliam no diagnóstico do TEA, uma das principais vertentes é a busca por subtipos específicos de autismo, com o objetivo de criar intervenções terapêuticas mais eficazes, levando em consideração as particularidades e a individualidade de cada paciente. Entretanto, como o TEA é amplo e heterogêneo, identificar esses subtipos em uma população variada é um desafio (Thapa *et al.*, 2024).

Para os pais e cuidadores, o uso de tecnologia no diagnóstico do TEA representa uma oportunidade de obter respostas mais rápidas e, possivelmente, iniciar intervenções precoces. Quanto mais cedo o TEA é identificado, mais efetivas podem ser as estratégias de apoio e tratamento. Esse avanço tecnológico aponta para um futuro promissor, com um impacto significativo na qualidade de vida de inúmeras famílias. **Entretanto, grande parte desses modelos está na fase de pesquisa e ainda necessita de desenvolvimento para ser inserida no mercado.**

IA e TI na rotina do TEA

A IA tem o potencial de transformar significativamente o tratamento de pessoas com TEA, oferecendo soluções que personalizam as terapias, criam treinos e ambientes que auxiliam na qualidade de vida dos pacientes. A seguir, destacamos como a IA pode ser aplicada no tratamento do TEA (Perry *et al.*, 2024):

- **Desenvolvimento e monitoramento de terapias personalizadas**: a IA pode ser usada para criar terapias personalizadas com base nas necessidades individuais de cada perfil de TEA. Por meio de sistemas baseados em IA, terapeutas podem ter acesso a plataformas de aprendizado adaptativo que ajustam o conteúdo de acordo com o progresso e as respostas da criança. Isso é especialmente útil para crianças com autismo, pois elas têm necessidades terapêuticas muito variadas e podem responder de maneira diferente.
- **Apoio no aprendizado de habilidades sociais e cognitivas**: sistemas baseados em IA, como aplicativos e jogos interativos, estão sendo desenvolvidos para ensinar habilidades sociais e cognitivas a crianças com autismo. Esses programas utilizam técnicas de gamificação e inteligência artificial para criar experiências de aprendizado personalizadas, nas quais a criança interage com personagens virtuais que a ajudam a praticar habilidades sociais. Por exemplo, um jogo pode simular uma situação de interação social, como fazer amigos, e monitorar as respostas da criança para fornecer feedback em tempo real. O sistema de IA pode até reconhecer quando a criança está demonstrando sinais de frustração ou confusão, ajustando a dificuldade ou oferecendo sugestões para melhorar a interação.
- **Apoio à Comunicação Aumentativa e Alternativa (CAA)**: a IA tem sido aplicada em sistemas de CAA, especialmente úteis para crianças autistas não verbais ou com dificuldades na fala. A IA pode ser integrada a dispositivos

que ajudam essas crianças a se comunicar por meio de símbolos, palavras e até voz sintetizada. Por exemplo, dispositivos com IA podem aprender com as interações passadas da criança para sugerir palavras ou frases mais relevantes para a situação atual, tornando a comunicação mais eficiente.

- **Suporte às famílias e profissionais de saúde**: sistemas inteligentes também podem oferecer suporte valioso para famílias e profissionais de saúde. Essas ferramentas são capazes de fornecer informações detalhadas sobre o progresso das terapias, sugerir novos exercícios e até recomendar ajustes na rotina diária conforme as necessidades observadas. Para os cuidadores, essas soluções ajudam a organizar e monitorar as intervenções, garantindo uma abordagem terapêutica mais consistente e eficaz.
- **TEA e *games***: os *games* também oferecem oportunidades para o desenvolvimento e manejo dos sintomas do TEA. Uma pesquisa recente sugere que certos tipos de jogos podem ser benéficos para melhorar habilidades cognitivas, como atenção e memória de trabalho. Jogos projetados especificamente para treinar funções executivas, por exemplo, têm mostrado potencial para ajudar na regulação da atenção e no controle da impulsividade. Esses jogos podem oferecer exercícios adaptativos que treinam a cognição, sendo relevantes para o desenvolvimento de habilidades essenciais como: planejamento, inibição de resposta, organização, atenção sustentada e autorregulação em indivíduos com TEA (Ryu *et al.*, 2018).

Embora essas tecnologias sejam promissoras, é importante lembrar que elas não substituem os profissionais especializados. A IA deve ser vista como uma aliada, ajudando a coletar informações e fornecer *insights* que apoiem o trabalho de médicos, psicólogos, pedagogos e outros especialistas. Além disso, há desafios que precisam ser superados. Por exemplo, muitos desses modelos dependem de grandes volumes de dados para treinar os algoritmos. Esses dados precisam ser variados e representativos para garantir que as ferramentas funcionem bem para pessoas de diferentes idades, gêneros, culturas e condições. É essencial, ainda, garantir que as famílias compreendam como esses sistemas funcionam e que os dados sejam coletados e usados de forma ética e segura.

Um mix de possibilidades e cuidados

À medida que avançamos para um futuro digital, o papel da TI e da IA na vida das pessoas continuará a evoluir. As pesquisas em IA e TI seguirão desenvolvendo ferramentas personalizadas e adaptadas para o suporte ao TEA, ajustando-se às necessidades e oferecendo soluções individualizadas.

Um campo que ainda representa um desafio dentro do TEA é o diagnóstico tardio. Muitos adultos autistas nunca foram diagnosticados e desenvolveram comportamentos específicos para se adaptar à sociedade, o que geralmente mascara os sintomas e dificulta a identificação do autismo. A IA pode ser uma aliada importante nesse cenário, pois algoritmos treinados com dados representativos poderiam ajudar a diferenciar comportamentos adaptativos daqueles característicos do autismo, facilitando o diagnóstico. Mesmo que tardio, o diagnóstico de adultos trará a possibilidade de iniciar o tratamento adequado, proporcionando qualidade de vida a essas pessoas.

De forma geral, mesmo com todos os avanços e dispositivos inovadores, é fundamental reconhecer os riscos inerentes ao uso excessivo de tecnologia. A falta de controle sobre o tempo gasto com recursos digitais é uma preocupação, uma vez que pode levar a padrões de uso desregulado e a um impacto negativo na saúde mental. Estratégias para um uso equilibrado e saudável precisam ser desenvolvidas e disseminadas. O caminho para o equilíbrio exige uma abordagem cuidadosa, combinando inovação com uma compreensão profunda das necessidades humanas. No ponto de equilíbrio, é essencial contar com a tecnologia como aliada no enfrentamento das dificuldades, e não como amplificadora delas.

Neste capítulo, exploramos as complexidades e nuances do relacionamento entre o TEA, a TI e a IA, destacando tanto os perigos quanto as possibilidades que a era digital traz para aqueles que vivem com o transtorno. **À medida que a tecnologia continua a evoluir, a compreensão e o manejo desses desafios se tornam cada vez mais críticos, não apenas para melhorar a qualidade de vida das pessoas, mas também para construir um futuro digital que seja inclusivo e acessível a todos**.

Referências

BHARDWAJ, A. *et al.* Transforming pediatric speech and language disorder diagnosis and therapy: the evolving role of artificial intelligence. *Health Sciences Review (Oxford, England)*, v. 12, n. 100188, p. 100188, 2024.

BOSL, W. J. *et al.* EEG analytics for early detection of autism spectrum disorder: a data-driven approach. *Scientific Reports*, v. 8, n. 1, p. 6828, 2018.

BUCCI, S. *et al.* The digital revolution and its impact on mental health care. *Psychology and Psychotherapy*, v. 92, n. 2, p. 277-297, 2019.

PEROCHON, S. *et al.* Early detection of autism using digital behavioral phenotyping. *Nature Medicine*, v. 29, n. 10, p. 2489-2497, 2023.

PERRY, N. *et al.* AI technology to support adaptive functioning in neurodevelopmental conditions in everyday environments: a systematic review. *npj Digital Medicine*, v. 7, n. 1, p. 370, 2024.

RYU, H. *et al.* The relationship between impulsivity and internet gaming disorder in young adults: mediating effects of interpersonal relationships and depression. *International Journal of Environmental Research and Public Health*, v. 15, n. 3, p. 458, 2018.

TAKAHASHI, Y. *et al.* Neural network modeling of altered facial expression recognition in autism spectrum disorders based on predictive processing framework. *Scientific Reports*, v. 11, n. 1, p. 14684, 2021.

THAPA, R. *et al.* Machine learning differentiation of autism spectrum sub-classifications. *Journal of Autism and Developmental Disorders*, v. 54, n. 11, p. 4216-4231, 2024.

12

A PSICOEDUCAÇÃO COMO ESTRATÉGIA DE INTERAÇÃO PARENTAL NA REABILITAÇÃO NEUROPSICOLÓGICA

Este capítulo aborda a relevância e a eficácia da associação da psicoeducação na reabilitação neuropsicológica no Transtorno do Espectro Autista (TEA), a melhoria nos comportamentos considerados inadequados e as habilidades cognitivas por meio da participação dos pais no processo de reabilitação.

GIZELLE CRISTINA DA SILVA, MARJORIE JASPER, MIRELLA SENISE E TAÍS TEIXEIRA CHIBINI

Gizelle Cristina da Silva, Marjorie Jasper, Mirella Senise e Taís Teixeira Chibini

Gizelle (primeira da esquerda para a direita) é psicóloga, pedagoga, doutoranda e mestre em Ciências da Educação. Especialista em Neuropsicologia Clínica e Psicologia da Educação, atua em psicoterapia, avaliação e reabilitação neuropsicológica.

Contatos:
gizelleneuropsico@gmail.com
Instagram: @gizellecristina.neuropsicologa
69 98473 9104

Marjorie (segunda da esquerda para a direita) é neuropsicóloga, autora do Método Jasper e diretora da Clínica Humanity. Atua há 18 anos no desenvolvimento humano. Possui formações em estimulação, reabilitação e terapias integrativas, promovendo avanços por meio de abordagens inovadoras.

Contatos:
saudementalhumannity@gmail.com
Instagram: @marjorie_jasper
49 3224 5065

Mirella (terceira da esquerda para a direita) é Médica; Neuropediatra; Especialista em aplicação de toxina botulínica.

Contatos:
miseniserecados@gmail.com
Instagram: @dra.mirellasenise
11 4521 3488

Taís (quarta da esquerda para a direita) é Médica. Pós-graduada em Psiquiatria, TEA e TDAH pelo CBI of Miami, TND.

Contatos:
drataischibini@gmail.com
Instagram: @dra.taischibini
16 99660 0712

Ser pai é plantar raízes, é ensinar a voar, é preparar para a vida.
É ser exemplo de amor e dedicação.
Robert Louis Stevenson

Há um longo caminho a ser percorrido na busca por respostas frente aos desafios comportamentais e aos atrasos nos marcos do desenvolvimento. Esses marcos, como sentar, andar, falar ou interagir socialmente, são referências importantes para avaliar o progresso da criança em diferentes áreas. Quando há atrasos, os pais se desdobram para apoiar a criança no alcance da autonomia necessária para realizar atividades básicas da vida diária, promovendo, assim, maior funcionalidade e qualidade de vida. Nessa trajetória, é indiscutível a necessidade das intervenções realizadas por equipe transdisciplinar, mas devemos ressaltar a importância da participação ativa e do treinamento parental por meio da psicoeducação para que os objetivos terapêuticos sejam atingidos e que haja uma reabilitação neuropsicológica efetiva dos pacientes.

A família, como condutora do processo de desenvolvimento, influencia ativamente o processo da construção de habilidades sociais e cognitivas da criança, por isso, a importância da orientação parental para estimular essas habilidades de forma assertiva. Guisso, Bolze & Vieira (2019, p. 250) afirmam que programas dessa natureza, que visem a auxiliar pais a aprenderem novas habilidades em relação à socialização e às habilidades dos filhos, são maneiras preventivas de auxiliá-los a se sentirem mais seguros, com melhores estratégias para lidar com os desafios cotidianos. Acredita-se que pensar em estratégias e criar espaços "seguros" são fundamentais para assegurar uma infância saudável.

Objetivos principais da psicoeducação na reabilitação do TEA

A psicoeducação visa promover conhecimento e conscientização para o paciente sobre o processo terapêutico, promover participação ativa de ação e de mudança, ensinar estratégias que os auxilie a manejar suas emoções e modificar pensamentos e crenças, e proporcionar maior autonomia e liberdade de enfrentamento; é também realizada com a família, desempenhando papel importante quando participativa dentro do processo (Falcão *et al.*, 2021).

O envolvimento familiar é crucial na intervenção com crianças autistas

A comunicação e a socialização de uma criança geralmente iniciam com pais e cuidadores, visto que uma das principais características do Transtorno do Espectro Autista (TEA) é a inabilidade social. Devemos, então, ressaltar a importância da intervenção familiar, já que a criança passa a maior parte do tempo com a sua família.

As práticas educativas parentais podem desenvolver nas crianças e adolescentes comportamentos pró-sociais ou antissociais, a depender da frequência e da intensidade com que são adotadas determinadas estratégias educativas e de "fatores biológicos, evolutivos e de aprendizagem" (Del Prete & Del Prete, 2003, p. 22). Aspectos como comunicação verbal e não verbal, comportamento assertivo, passivo e agressivo e empatia são abordados por Portella (2011) e pontuados como consequências ao tempo e à forma das conquistas dos objetivos e das necessidades, ligadas às habilidades sociais. O autor também apresenta o feedback sobre o comportamento como uma possibilidade de ajuste às demandas de interação quando necessário, trazendo como exemplos elogios e críticas (Portela, 2011). Essas informações são cruciais para que os pais e os cuidadores consigam reforçar os aprendizados realizados em ambientes terapêuticos.

Os comportamentos aprendidos durante a intervenção devem ser reforçados em casa, para promover a generalização deles e atingir as metas terapêuticas estabelecidas pela equipe transdisciplinar. A exemplo, as intervenções realizadas pelos pais de crianças com autismo têm apresentado resultados promissores, particularmente no aprimoramento das habilidades sociocomunicativas das crianças (Oliveira, Schmidt & Pendeza, 2020, p. 3). "Essa forma de trabalho em grupo, contemplando pais/mães/cuidadores, é mais efetiva do que intervenções realizadas exclusivamente com a criança" (Guisso, Bolze & Vieira, 2019, p. 229).

Importância do brincar para reabilitar: o papel do lúdico no desenvolvimento

O brincar é um pilar essencial para o desenvolvimento infantil, pois ativa diversos sistemas neurais e impulsiona o crescimento cerebral, cognitivo e social, proporcionando aprendizado de maneira natural e prazerosa. Por meio do lúdico, as crianças exploram o mundo ao seu redor, desenvolvem habilidades cognitivas, emocionais, sociais e motoras, além de estimular a criatividade e a capacidade de resolver problemas. As brincadeiras também fortalecem vínculos afetivos, promovem a comunicação e oferecem um ambiente integrador e seguro, fundamental para a formação de uma criança resiliente e capaz de expressar seus sentimentos. Dessa forma, o brincar contribui significativamente para o desenvolvimento pleno e integral da criança.

Nesses termos, Figueiró (2012, p. 32), citando Vygotsky, afirma que "[...] toda a função do desenvolvimento infantil ocorre primeiro no nível social e depois individual"; e a partir deste, contextualiza que o ambiente no qual a criança vive e brinca pode ser crucial para o desenvolvimento da resiliência. Além disso, destaca que "praticamente todo brincar tem regras implícitas e explícitas, e através delas a criança desenvolve o entendimento de regras, limites e estimula expectativas elevadas, que são características de pessoas resilientes". Pereira & Silva (2021, p. 114) afirmam que "o brincar orientado pode ser utilizado como um recurso educativo durante o processo de ensino e aprendizagem, desenvolvendo e estimulando, além da parte motora, o respeito e a cooperação mútua, a criatividade, o raciocínio, a aquisição da espontaneidade, o respeito pelas regras e princípios sociais".

Acesse o QR Code para conhecer as atividades para treino de habilidades sociais e cognitivas em casa.

Psicoeducação como um facilitador na reabilitação: alinhamento entre clínica e ambiente familiar

A psicoeducação desempenha um papel crucial na reabilitação ao promover o alinhamento entre a intervenção clínica e o ambiente familiar. Ao fornecer informações claras sobre as condições do paciente, estratégias de manejo e técnicas de apoio, ela capacita os familiares a compreenderem melhor as dificuldades enfrentadas pelo indivíduo e a aplicar práticas eficazes no cotidiano. Isso fortalece a colaboração entre terapeutas e familiares, criando um ambiente mais favorável ao desenvolvimento do paciente e proporciona suporte emocional e prático. Assim, a psicoeducação facilita a continuidade do tratamento, melhora a adesão à reabilitação e contribui para a promoção de um ambiente familiar mais saudável e funcional.

No caso do TEA, "a atuação da família torna-se evidente desde o primeiro momento, no processo de avaliação neuropsicológica, vez que a coleta de informações acerca do cotidiano e do comportamento da pessoa com TEA são dados que apenas a família, como agente diretamente atuante no dia-a-dia do paciente, poderá ter. Ressalta-se ainda que, geralmente, os primeiros sinais de comportamentos atípicos são percebidos pela família, bem como a iniciativa de buscar a definição do diagnóstico e orientação profissional" (Sousa; Pinheiro; Machado, 2021, p. 22567).

Progressos que podem ser alcançados com o apoio dos pais

- **Melhora na comunicação**: pais que incentivam a comunicação verbal ou não verbal, por meio de jogos de imitação ou diálogos simples, podem ajudar a criança a desenvolver habilidades de linguagem e expressão.
- **Desenvolvimento emocional**: os pais podem apoiar o manejo das emoções da criança, como raiva, frustração ou tristeza, promovendo uma maior inteligência emocional.
- **Comportamento social**: pais que praticam habilidades de socialização em situações do dia a dia, como brincadeiras com outros membros da família ou amigos, ajudam a criança a melhorar sua interação e empatia com os outros.
- **Autonomia nas tarefas diárias**: o apoio dos pais no ensino de rotinas diárias, como arrumar o quarto ou vestir-se, pode aumentar a independência e a funcionalidade da criança.

- **Autocontrole**: pais que usam técnicas de disciplina positiva e reforço de comportamentos adequados ajudam a criança a desenvolver autocontrole e capacidade de lidar com frustrações de maneira saudável.
- **Desempenho acadêmico**: quando os pais se envolvem no processo educacional, ajudando nas lições de casa ou criando um ambiente de estudo positivo, isso pode melhorar o desempenho acadêmico e a motivação da criança para aprender.

Conclusão e mensagem de encorajamento para os familiares

Conclui-se que a psicoeducação associada à reabilitação neuropsicológica oferece um nível de intervenção terapêutica mais aprofundado e estruturado promovendo momentos significativos e participativos tanto à criança quanto para os pais e cuidadores. Além de construir um processo terapêutico sólido, essa abordagem gera excelentes resultados no desenvolvimento comportamental, emocional e cognitivo. Ela possibilita o fortalecimento dos vínculos familiares, melhora a estruturação emocional dos envolvidos e capacita pais e cuidadores com habilidades práticas essenciais. Ao mesmo tempo, potencializa a estimulação e a reabilitação das habilidades cognitivas e comportamentais ainda não adquiridas pela criança. Assim, não apenas se aprimoram habilidades cognitivas e emocionais, mas também se promove maior autonomia no manejo de emoções e na construção de relacionamentos interpessoais.

Em relação aos familiares, seu papel no processo terapêutico é inestimável. Ao se envolverem ativamente, proporcionam um ambiente de apoio, compreensão e amor que faz toda diferença no desenvolvimento do paciente. A jornada pode ser desafiadora, mas cada passo, cada esforço para entender e aplicar as estratégias terapêuticas é uma conquista significativa. O progresso, ainda que gradual, é real e importante. É fundamental que continuem sendo a base sólida e constante de apoio, pois o impacto positivo da sua presença vai além do que imaginam. A dedicação e a paciência são fundamentais para o sucesso de todo o processo. Sigam com confiança e esperança, pois cada pequeno avanço é um reflexo do amor e do esforço que vocês colocam neste caminho.

Referências

DEL PRETE, A.; DEL PRETE, Z. A. P. (org.). *Habilidades sociais, desenvolvimento e aprendizagem*: questões conceituais, avaliação e intervenção. 1. ed. Campinas: Alínea, 2003.

FALCÃO, E. N.; GOMES, S. P. M.; DUQUE, N. C.; REZENDE, V. C.; ALMEIDA, V. A. S. de; PEREIRA, B. dos S. P. Interfaces entre psicoeducação e saúde. *ANALECTA – Centro Universitário Academia*, v. 7, n. 2, 2021.

FIGUEIRÓ, J. A. *As bases neurofisiológicas do brincar*: ludodiagnóstico – investigação clínica através do brinquedo. São Paulo: Atmed, 2012.

GUISSO, L.; BOLZE, S. D. A.; VIEIRA, M. L. *Práticas parentais positivas e programas de treinamento parental*: uma revisão sistemática da literatura. São Leopoldo: Contextos Clínicos, 2019.

MARTINS, D. S. *Escala de afeto e comunicação na relação pais-filhos*: estudo das propriedades psicométricas em famílias com e sem risco psicossocial associado. 2021. Tese (Mestrado em Psicologia) – Faculdade de Psicologia e de Ciências da Educação, Universidade do Porto, Porto, 2021.

OLIVEIRA, J. J. M. de; SCHMIDT, C.; PENDEZA, D. P. *Intervenção implementada pelos pais e empoderamento parental no transtorno do espectro autista*. Santa Maria: Psicologia Escolar e Educacional, 2020.

PEREIRA, D. C.; DE SOUZA SILVA, D. A importância do brincar para o desenvolvimento da criança. *Educere-Revista da Educação da UNIPAR*, v. 21, n. 1, 2021.

PORTELLA, M. *Estratégias de treinamento em habilidades sociais*. Centro de Psicologia Aplicada e Formação/Terapia Cognitiva comportamental. 1. ed. Rio de Janeiro: Santos, 2011. 408 p.

SOUSA, I. C.; PINHEIRO, F. B. A.; MACHADO, E. T. de M. A relevância da psicoeducação familiar e o papel da família na reabilitação neuropsicológica do TEA. *Brazilian Journal of Development*, Curitiba, v. 7, n. 3, p. 22558-22570, mar. 2021. Disponível em: https://ojs.brazilianjournals.com.br/ojs/index.php/BRJD/article/view/25831. Acesso em: 7 jan. 2025.

13

DUPLA EXCEPCIONALIDADE QUANDO O AUTISMO ENCONTRA A SUPERDOTAÇÃO

A dupla excepcionalidade, combinação entre autismo e superdotação, ocasiona talentos notáveis, que coexistem com desafios intensos. Apresentamos aqui o caso fictício do adolescente Lucas, com seus desafios relacionados à autoestima e ao desenvolvimento. Mostramos como o suporte da família, da escola e de profissionais é essencial para equilibrar suas habilidades e dificuldades, promovendo seu pleno potencial.

LUCIANA SOLER E FERNANDA SOLER

Luciana Soler

Contatos
www.neurosingulares.com.br
contato@neurosingulares.com.br
Instagram: @luciana.soler

Psicóloga com pós em TCC, Psiquiatria Infantil (IBCMED) e Neurociência do Comportamento. Certificada nos protocolos PEERS (Ucla) e PRT (Stanford). Pós-graduanda em Neuropsicologia (CBI of Miami) e Psicologia do Desenvolvimento (PUCRS). Mãe de um jovem com TEA, TDAH e Altas Habilidades, atua com acolhimento de duplamente excepcionais, com foco em diagnóstico tardio, e treinamento parental para famílias neurodivergentes.

Fernanda Soler

Contatos
http://www.clinicasoped.com.br/
Instagram: @drafernandasoler
CRM161288
RQE 62580

Médica com atuação exclusiva em autismo, TDAH e saúde mental por telemedicina e presencialmente em Atibaia e São Paulo (capital). Pediatra com residência médica, mestrado em medicina e pós-graduação em psiquiatria infantil e neuropediatria. Professora mestra na Universidade Santo Amaro. Coautora do livro *Espectro autista feminino*. Membro pela 3ª vez na Certificação Thiago Castro e Formação em Transtornos de neurodesenvolvimento. Atualmente, na mentoria em Neurologia Pediátrica Marcelo Mashua.

Cada cérebro é único, e as diferenças que nele habitam são o que tornam a humanidade tão rica.

Oliver Sacks (1933-2015), neurologista e escritor inglês

Lucas,[1] um adolescente de 14 anos, é um exemplo vivo das complexidades da dupla excepcionalidade. Seu talento extraordinário para a matemática impressiona a todos: ele resolve equações complexas com facilidade, enquanto colegas ainda lutam com problemas básicos. No entanto, sua jornada é marcada por desafios igualmente intensos. Lucas tem Transtorno do Espectro Autista (TEA) e foi diagnosticado com superdotação, uma combinação que frequentemente coloca suas habilidades e dificuldades em conflito.

Desde cedo, seus pais notaram suas características singulares. Enquanto crianças da mesma idade exploravam brinquedos, Lucas dedicava horas criando padrões numéricos com peças de Lego. Aos cinco anos, já mostrava interesse por operações matemáticas avançadas, mas, conforme crescia, seus desafios sociais e emocionais começaram a se destacar. Episódios de frustração se tornaram frequentes diante de mudanças na rotina escolar, como a substituição de professores ou alterações inesperadas no cronograma. Além disso, o comportamento perfeccionista de Lucas o levava ao limite: a simples possibilidade de cometer um erro o paralisava.

Na escola, sua situação se agravou. A resistência em participar de atividades em grupo, combinada com uma leitura limitada de sinais sociais, fez dele um alvo fácil de exclusão e bullying. Seus talentos excepcionais eram ignorados, enquanto suas dificuldades eram interpretadas como "rebeldia" ou "desobediência". Foi apenas após o diagnóstico de TEA associado à superdotação que Lucas pôde finalmente ser compreendido. Esse diagnóstico, no entanto, revelou algo mais profundo: um sistema educacional e social despreparado para atender às necessidades de jovens como ele.

1 Lucas é um personagem fictício construído a partir de um coletivo de pacientes encontrados na prática clínica dos autores.

O que é a dupla excepcionalidade?

A dupla excepcionalidade é um fenômeno que descreve indivíduos com altas habilidades coexistindo com um transtorno ou deficiência, como o TEA. Esses jovens, frequentemente chamados de 2e (*twice exceptional*), possuem talentos impressionantes em áreas como ciências, artes, música ou matemática, mas enfrentam desafios significativos no desenvolvimento social, emocional e acadêmico.

De acordo com Roama-Alves & Nakano (2015), essa combinação singular reflete uma complexidade de demandas. Indivíduos autistas com superdotação apresentam um conjunto de características aparentemente paradoxais: habilidades cognitivas muito acima da média coexistindo com problemas de interação social, manejo emocional e resistência a mudanças. O perfeccionismo extremo, por exemplo, pode levar esses jovens à procrastinação ou ao desenvolvimento de crises de autossabotagem.

Essa dualidade cria um cenário complexo: em ambientes despreparados, as altas habilidades muitas vezes passam despercebidas, enquanto as dificuldades relacionadas ao autismo são exacerbadas. A tendência de focar apenas nos aspectos desafiadores, ignorando o potencial cognitivo desses adolescentes, pode causar impactos profundos, como baixa autoestima, desmotivação acadêmica e isolamento social.

Os desafios vividos por Lucas

A história de Lucas revela os desafios mais comuns enfrentados por adolescentes com dupla excepcionalidade. Seu talento matemático não anulava suas dificuldades sociais e emocionais. Ele tinha problemas em interpretar gestos ou tons de voz, o que o deixava frequentemente isolado e incompreendido. O simples fato de precisar participar de um trabalho em grupo era motivo de extrema ansiedade.

Além disso, sua rigidez cognitiva fazia com que qualquer desvio na rotina resultasse em crises de frustração, impossibilitando sua participação efetiva no ambiente escolar. A combinação do autismo com o perfeccionismo exacerbava esses desafios. Lucas não tolerava falhas. Se não conseguisse resolver um problema ou cometesse um erro, entrava em colapso emocional. O mundo parecia um lugar rígido e intransponível, no qual ele nunca se encaixava.

Outro obstáculo constante era sua sensibilidade sensorial elevada. Ambientes barulhentos, como a sala de aula, pareciam insuportáveis. A sobrecarga sensorial tornava quase impossível manter a concentração em atividades simples. Como resultado, Lucas alternava entre o isolamento e explosões emocionais, que eram mal interpretadas pelos adultos ao seu redor.

A ausência de uma compreensão adequada da dupla excepcionalidade e o foco exclusivo nos desafios do TEA fizeram com que Lucas desenvolvesse uma autoimagem negativa. Ao ser tratado apenas como "difícil", suas habilidades eram ignoradas, sua motivação para o aprendizado diminuía e o sentimento de inadequação se intensificava. Essa realidade evidencia a necessidade urgente de intervenções que valorizem tanto os talentos quanto as dificuldades desses jovens.

Estratégias de apoio para jovens 2E

O sucesso de adolescentes como Lucas exige uma abordagem integrada e multidisciplinar, que envolva família, educadores e profissionais da saúde.

O papel fundamental dos pais

Os pais são peças-chave no desenvolvimento desses jovens. Estudos demonstram que o treinamento parental é essencial para o manejo adequado das demandas comportamentais e emocionais dos adolescentes com dupla excepcionalidade (Duyar, Özkaya & Akdeniz, 2023). Quando os pais compreendem as potencialidades e as limitações dos filhos, podem atuar como mediadores entre seus talentos e desafios.

Criar uma rotina estruturada, mas flexível, ajuda o jovem a lidar melhor com a rigidez cognitiva característica do TEA. Além disso, é importante valorizar as conquistas, mesmo que pequenas, e incentivar o adolescente a desenvolver atividades que explorem suas habilidades sem a pressão de perfeição. O diálogo aberto e a criação de um espaço acolhedor também são fundamentais para que o jovem se sinta compreendido e respeitado.

O papel dos educadores

Na escola, o foco deve ser criar um ambiente inclusivo e estimulante. Adaptações curriculares que desafiem as habilidades do aluno, sem ignorar suas necessidades, são fundamentais. Proporcionar atividades que desenvolvam competências socioemocionais, como leitura de emoções e cooperação, pode ajudar esses jovens a lidar com dificuldades sociais e a construir relações mais positivas com os colegas.

Reduzir sobrecargas sensoriais, seja com o uso de fones de ouvido ou pausas programadas, cria um ambiente mais confortável, permitindo que o aluno desenvolva suas habilidades sem distrações ou desconfortos.

O papel dos profissionais da saúde

No campo clínico, é essencial desenvolver planos terapêuticos personalizados que considerem as especificidades de cada jovem. Intervenções baseadas na Terapia Cognitivo-Comportamental (TCC) têm se mostrado eficazes no manejo da ansiedade, do perfeccionismo e das frustrações, frequentemente vivenciadas por adolescentes com dupla excepcionalidade.

Além disso, o treino parental, combinado com a TCC, capacita os pais a implementarem intervenções práticas no dia a dia. Esse apoio familiar fortalece as estratégias terapêuticas e cria uma rede de suporte mais sólida.

Por fim, incentivar a participação em grupos sociais com adolescentes de perfis semelhantes é uma estratégia valiosa. Rettig (2023) destaca que jovens autistas com altas habilidades apresentam um risco aumentado de pensamentos suicidas, superior tanto a seus pares neurotípicos como aos autistas que não possuam altas habilidades/superdotação. Isso se deve ao isolamento social e à forte sensação de inadequação comuns entre os 2e. A convivência com pares cria um senso de pertencimento e oferece um espaço seguro para compartilhar experiências, aliviar o peso da solidão e fortalecer a saúde mental.

A dupla excepcionalidade, como exemplificada pelo caso fictício de Lucas, exige um olhar mais atento e sensível para as necessidades desses jovens. Quando família, escola e profissionais unem esforços para valorizar talentos e oferecer suporte às dificuldades, adolescentes com TEA e superdotação podem superar barreiras e transformar suas habilidades em realizações significativas.

Sabemos que ser uma pessoa com dupla excepcionalidade é trilhar uma jornada nada simples, mas com compreensão, acolhimento e intervenções adequadas, mais jovens terão a oportunidade de alcançar todo o seu potencial e construir uma vida mais plena e significativa.

Referências

DUYAR, S. N.; ÖZKAYA, C.; AKDENIZ, H. Uma revisão sistemática dos fatores que afetam o desenvolvimento social e emocional de estudantes duas vezes excepcionais. *Gifted and Talented International*, 2023. Disponível em: https://doi.org/10.1080/15332276.2023.2245861. Acesso em: 8 jan. 2025.

GÓMEZ ARIZAGA, M. P. *et al.* Doble excepcionalidad: análisis exploratorio de experiencias y autoimagen en estudiantes chilenos. *Revista de Psicología*, v. 34, n. 1, p. 5-37, 2015. Disponível em: https://doi.org/10.18800/psico.201601.001. Acesso em: 8 jan. 2025.

RETTIG, P. Suicidal ideation in twice exceptional (2e) youth: autism spectrum disorder and giftedness. *Journal of Child Psychology and Psychiatry*, 2023. Disponível em: https://doi.org/10.1016/j.nlm.2022.107698. Acesso em: 8 jan. 2025.

ROAMA-ALVES, R. J.; NAKANO, T. de C. A dupla-excepcionalidade: relações entre altas habilidades/superdotação com a síndrome de Asperger, transtorno de déficit de atenção e hiperatividade e transtornos de aprendizagem. *Revista Psicopedagogia*, São Paulo, v. 32, n. 99, p. 346-360, 2015. Disponível em: https://pepsic.bvsalud.org/scielo.php?script=sci_arttext&pid=S0103-84862015000300008. Acesso em: 13 jan. 2025.

SHARKEY, R. J.; NICKL-JOCKSCHAT, T. The neurobiology of autism spectrum disorder as it relates to twice exceptionality. *Neurobiology of Learning and Memory*, v. 200, 2023. Disponível em: https://pubmed.ncbi.nlm.nih.gov/36894126/. Acesso em: 8 jan. 2025.

TASCA, I.; GUIDI, M.; TURRIZIANI, P.; MENTO, G.; TARANTINO, V. Behavioral and socio-emotional disorders in intellectual giftedness: a systematic review. *Child Psychiatry and Human Development*, v. 55, n. 3, p. 768-789, 2022. Disponível em: https://pubmed.ncbi.nlm.nih.gov/36181607/. Acesso em: 8 jan. 2025.

VOLKOVA, E. N.; MIKLYAEVA, A. V.; KHOROSHIKH, V. V. Subjective predictors of psychological well-being of gifted adolescents. *Psychological Science and Education*, v. 27, n. 1, p. 92-103, 2022. Disponível em: https://doi.org/10.17759/pse.2022270108. Acesso em: 8 jan. 2025.

14

ANSIEDADE E DEPRESSÃO COMO TRANSTORNOS COMÓRBIDOS DO AUTISMO

DA INFÂNCIA À VIDA ADULTA

A convivência com o TEA vai além das características centrais do diagnóstico, envolve comorbidades como ansiedade e depressão, que afetam profundamente a qualidade de vida e a funcionalidade. Este capítulo aborda as manifestações clínicas, os desafios diagnósticos e as abordagens terapêuticas dessas condições no contexto do TEA, considerando diferentes fases da vida, da infância à idade adulta.

LAURA RIBEIRO IUNES,
LUIZA DE PAULA CASTRO
E MARIA YANNE SOARES RAMOS

Laura Ribeiro Iunes, Luiza de Paula Castro e Maria Yanne Soares Ramos

Laura (à esquerda) é graduada em Medicina pela Universidad Privada Franz Tamayo, em Cochabamba, Bolívia, com diploma revalidado pela Universidade Federal do Mato Grosso (UFMT). Possui pós-graduação em Neurologia Infantil pelo IPEMED/AFYA, em Brasília (DF), e está cursando uma especialização em Neurodesenvolvimento e seus Transtornos. Além disso, tem formação complementar em Transtornos do Neurodesenvolvimento, com certificação Dr. Thiago Castro. Atua como representante técnica da Clínica GastroNeuro em Barreiras, Bahia.

Contatos:
lauraiuness@gmail.com
Instagram: @dra_lauraiunes
@clinica.gastroneuro

Luiza (ao centro) é médica formada pela Universidade Privada Aberta Latino-Americana (Cochabamba, Bolívia), com revalidação de diploma pela Universidade Federal de Minas Gerais (UFMG). Pós-graduada em Pediatria Geral pela IPEMED/Áfya, em Vitória (ES). Atualmente, está cursando pós-graduações em Neuropediatria pela IPEMED/Áfya e em TEA pela CBI of Miami. Possui formação e certificação Dr. Thiago Castro e atua no atendimento a transtornos do neurodesenvolvimento, incluindo altas habilidades/superdotação em crianças e adolescentes.

Contatos:
luiza.depaulacastro@gmail.com
Instagram: @draluizadepaulac

Maria Yanne (à direita) possui graduação em Medicina pela Faculdade Pernambucana de Saúde (FPS) desde 2014. Residência em Pediatria pelo Instituto Materno Infantil de Pernambuco (IMIP) desde 2018. Pós-graduada em Medicina Intensiva Pediátrica e Neonatal pelo Instituto da Criança - USP, desde 2020. Pós-graduada em Neurologia Infantil pelo Ipemed/Afaya - Recife - Pernambuco, desde 2023. Título de especialista em Pediatria - TEP 2019. Curso de Certificação em transtorno do neurodesenvolvimento TND 1. Formação e certificação com Dr. Thiago Castro. Representante técnica da Clínica Afeto, em Ouricuri - Pernambuco.

Contatos:
maria.yanne2014@gmail.com
Instagram: @drayanneramos
@afetoclinica__

Conceito de ansiedade e depressão no TEA: da infância à vida adulta

A ansiedade e a depressão são condições frequentemente associadas ao Transtorno do Espectro Autista (TEA). Essas comorbidades, presentes em diferentes estágios da vida, afetam significativamente a qualidade de vida e o funcionamento global dos indivíduos com TEA. Apesar de sua prevalência, muitas vezes passam despercebidas devido à apresentação atípica dos sintomas e à dificuldade em distingui-las das características intrínsecas do autismo.

- **Ansiedade no TEA**: a ansiedade é uma das comorbidades mais prevalentes no TEA, manifestando-se desde a infância e se estendendo à vida adulta. Na infância, a ansiedade pode ser observada como medo intenso de separação, crises emocionais diante de mudanças na rotina e reações exageradas a estímulos sensoriais. Na adolescência, os desafios são ampliados pela pressão social, aumentando comportamentos como rigidez, evitamento e intensificação de rituais repetitivos. Na vida adulta, a ansiedade pode se manifestar como fobias específicas, ansiedade generalizada ou Transtorno Obsessivo-Compulsivo (TOC). Fatores como *masking* (camuflagem de sintomas) e exclusão social podem agravar o quadro, levando a altos níveis de estresse e prejuízo funcional.
- **Depressão no TEA**: a depressão também é comum no TEA, com apresentações que variam ao longo da vida. Na infância, pode se manifestar por apatia, irritabilidade e perda de interesse em brincadeiras ou atividades previamente prazerosas. Na adolescência, é frequente a associação entre isolamento social e sentimentos de inutilidade, muitas vezes exacerbados pela dificuldade em expressar emoções.
  Na vida adulta, os sintomas incluem tristeza profunda, desinteresse generalizado e alterações nos padrões de sono e apetite. Estudos apontam que indivíduos com TEA apresentam taxas de depressão significativamente maiores que a população geral, além de maior risco de ideação e comportamento suicida.

- **Desafios diagnósticos**: o diagnóstico de ansiedade e depressão no TEA é desafiador devido à sobreposição de sintomas. Por exemplo, traços como isolamento social e alterações de humor podem ser interpretados como características do autismo, mascarando condições comórbidas. Além disso, o déficit na comunicação emocional dificulta a identificação do sofrimento subjetivo.

Impacto e importância da intervenção

Quando não tratadas, a ansiedade e a depressão podem acarretar prejuízos graves, como comprometimento da autoestima, dificuldade de socialização e aumento do risco de automutilação e suicídio. É essencial uma abordagem interdisciplinar que inclua:

- **Intervenções precoces**: identificação precoce das comorbidades para mitigar impactos funcionais.
- **Terapias adaptadas**: uso de Terapia Cognitivo-Comportamental (TCC) ajustada às necessidades do indivíduo com TEA.
- **Apoio psicossocial**: promoção de redes de suporte para reduzir o isolamento social.
- **Avaliação medicamentosa cuidadosa**: uso criterioso de medicamentos, considerando a sensibilidade biológica dessa população.

Ao longo de todas as fases da vida, o manejo adequado dessas condições é fundamental para garantir maior bem-estar e inclusão social a pessoas com TEA, promovendo uma vida mais plena e funcional.

Estatísticas da ansiedade e da depressão em pessoas com TEA

Ansiedade e depressão são comorbidades comuns no Transtorno do Espectro Autista (TEA), impactando significativamente a qualidade de vida dessas pessoas. Estudos revelam números preocupantes, que ressaltam a necessidade de atenção e intervenções adequadas.

- **Ansiedade no TEA**: cerca de **40% a 50% das pessoas com TEA** apresentam algum transtorno de ansiedade, como fobia social, transtorno de ansiedade generalizada ou ansiedade de separação. Esse percentual é significativamente maior do que na população neurotípica, em que a prevalência gira em torno de **10%** a **20%**.
  Na infância, a ansiedade em crianças autistas frequentemente se manifesta por meio de crises emocionais, evitamento de atividades sociais e comportamentos repetitivos intensificados. A dificuldade em identificar esses sinais pode atrasar o diagnóstico e o tratamento, agravando os sintomas.

- **Depressão no TEA**: a prevalência de depressão em pessoas autistas também é alarmante. Cerca de **20% a 40% dos indivíduos com TEA** apresentam depressão em algum momento da vida. Esse número é até quatro vezes maior que o observado na população geral.
Na adolescência, o risco de depressão aumenta devido a fatores como maior percepção das próprias dificuldades sociais, bullying e exclusão. Já na vida adulta, o isolamento social, a dificuldade de independência e o desemprego são fatores agravantes.
- **Idade e diagnóstico tardio**: o diagnóstico tardio de TEA, especialmente em meninas e mulheres, está associado a um maior risco de desenvolver depressão e ansiedade. Estudos mostram que mulheres autistas têm **duas a três vezes mais chance de serem diagnosticadas** com depressão do que homens autistas, muitas vezes devido à camuflagem social, que dificulta o diagnóstico precoce.
- **Impacto geral**: a combinação de TEA com ansiedade e/ou depressão aumenta o risco de outras complicações, como ideação suicida. Pesquisas indicam que **66% das pessoas autistas têm pensamentos suicidas** em algum momento, e cerca de **30% já tentaram suicídio**, números que destacam a gravidade dessa comorbidade.

Reflexão sobre os dados

Esses dados não apenas evidenciam a prevalência de ansiedade e depressão em pessoas com TEA, mas também apontam a urgência de estratégias de intervenção eficazes e adaptadas às suas necessidades únicas. Além disso, é crucial promover ambientes mais inclusivos e acolhedores para reduzir esses índices alarmantes.

Cenários de ansiedade e depressão no TEA: infância, adolescência e vida adulta

O Transtorno do Espectro Autista (TEA) é uma condição do neurodesenvolvimento que acompanha o indivíduo ao longo de toda a vida. Com isso, as manifestações de comorbidades como ansiedade e depressão podem variar consideravelmente conforme a fase de desenvolvimento, refletindo tanto as características próprias do transtorno quanto nos desafios específicos de cada etapa da vida.

- **Infância – primeiros sinais**: na infância, os sinais de ansiedade e depressão podem ser difíceis de identificar e, frequentemente, acabam sendo confundidos com traços típicos do TEA. A ansiedade pode se manifestar como medos intensos, inflexibilidade a mudanças de rotina e reações emocionais desproporcionais. Crianças com TEA também costumam apresentar hipersensibilidades sensoriais a barulhos fortes, aglomerações ou certos tipos de texturas podem gerar desconforto extremo e crises emocionais. Embora a depressão seja menos comum nessa fase, ela pode se apresentar de forma atípica, com sinais como desinteresse por brincadeiras, regressão de habilidades já adquiridas ou isolamento social. Infelizmente, esses sintomas muitas vezes passam despercebidos ou são atribuídos unicamente às características do TEA, atrasando o diagnóstico e o manejo.

- **Adolescência – o peso das transições**: a adolescência é um período desafiador para qualquer pessoa, mas, para indivíduos com TEA, as mudanças hormonais, emocionais e sociais podem trazer camadas adicionais de dificuldade.

A ansiedade frequentemente aumenta devido à necessidade de 'mascarar' características do TEA para tentar se encaixar socialmente. Esse esforço constante para se adaptar, conhecido como camuflagem, pode ser extremamente desgastante, levando ao esgotamento emocional. Além disso, a percepção de suas diferenças em relação aos pares pode gerar sentimentos de inadequação, intensificando a ansiedade.

A depressão também ganha relevância nessa fase, muitas vezes associada ao desejo de autonomia, que esbarra nas limitações impostas pelas dificuldades de comunicação e organização. O isolamento social, típico em muitos adolescentes com TEA, pode intensificar os sentimentos de solidão e contribuir para o surgimento de quadros depressivos.

- **Automutilação**: entre os adolescentes com TEA, comportamentos de automutilação, como arranhar a pele, arrancar cabelos ou até se cortar, podem surgir como uma tentativa de aliviar a tensão emocional ou lidar com sentimentos de inadequação. Esses comportamentos são preocupantes e, embora não sejam exclusivos do TEA, podem ser mais frequentes devido às dificuldades na regulação emocional e na expressão dos próprios sentimentos.
- **Vida adulta – persistência e adaptação**: na vida adulta, as comorbidades de ansiedade e depressão muitas vezes persistem, especialmente quando o diagnóstico ou as intervenções adequadas não ocorreram nas fases anteriores.

No ambiente profissional, demandas como lidar com prazos, trabalhar em equipe e enfrentar situações imprevisíveis são grandes gatilhos de ansiedade. A pressão para alcançar independência financeira e habitacional pode gerar sentimentos de incapacidade e frustração, aumentando o risco de depressão.

Além disso, manter relações afetivas ou construir amizades continua sendo um grande desafio, especialmente por conta das dificuldades em interpretar nuances sociais e expressar emoções. Apesar disso, muitos adultos com TEA encontram formas de adaptar suas rotinas e desenvolver redes de apoio que promovem maior estabilidade emocional e qualidade de vida.

Tratamento e os desfechos da depressão e da ansiedade como diagnósticos comórbidos em indivíduos com TEA

O tratamento e os desfechos da depressão e da ansiedade como diagnósticos comórbidos em indivíduos com Transtorno do Espectro do Autismo (TEA) variam em diferentes fases da vida, da infância à idade adulta. Pesquisas indicam que essas condições de saúde mental são prevalentes entre indivíduos autistas e influenciadas por fatores como insônia, intolerância à incerteza e sensibilidades sensoriais. O manejo eficaz requer intervenções personalizadas que abordem esses desafios únicos. As seções a seguir exploram as abordagens e os desfechos do tratamento para depressão e ansiedade em indivíduos autistas em diferentes faixas etárias.

Na infância e na adolescência, a Terapia Cognitivo-Comportamental (TCC) demonstrou eficácia moderada na redução da ansiedade em crianças com TEA, com um tamanho de efeito combinado de g = -0,70 (Wichers *et al.*, 2023). O Treinamento de Habilidades Sociais (SST) também contribui para a redução da ansiedade em crianças, com um tamanho de efeito menor de g = -0,35, e é moderadamente eficaz para sintomas depressivos (g = -0,50) (Wichers *et al.*, 2023). Ademais, intervenções comportamentais precoces podem reduzir a probabilidade de desenvolver ansiedade e depressão na idade adulta (Kilanko *et al.*, 2022).

Na idade adulta, autistas apresentam taxas mais altas de ansiedade e depressão em comparação com adultos não autistas, mas têm menos acesso a cuidados de saúde mental (Baou *et al.*, 2023). Terapias psicológicas baseadas em evidências, como as fornecidas nos serviços de Melhoria do Acesso às Terapias Psicológicas (IAPT), mostram redução dos sintomas de depressão e ansiedade, embora de forma menos eficaz do que em adultos não autistas (Baou *et al.*, 2023). Contudo, a TCC é menos eficaz para sintomas depressivos em adultos com TEA, com um pequeno tamanho de efeito de g = -0,39 (Wichers *et al.*, 2023).

Fatores como insônia, intolerância à incerteza e sensibilidades sensoriais estão diretamente associados a ansiedade e depressão em indivíduos autistas, sugerindo que abordar esses fatores poderia melhorar os desfechos do tratamento (Richdale *et al.*, 2023). Ademais, a excitação autonômica e as sensibilidades sensoriais afetam indiretamente a depressão por meio da insônia, destacando a necessidade de planos de tratamento abrangentes (Richdale *et al.*, 2023).

Embora a psicoterapia e as intervenções comportamentais sejam promissoras, a eficácia varia, e os indivíduos autistas geralmente enfrentam barreiras para acessar os cuidados adequados. Mais pesquisas são necessárias para desenvolver estratégias de tratamento direcionadas e personalizadas que considerem as necessidades exclusivas dos indivíduos autistas ao longo de sua vida.

Outro aspecto relevante está relacionado ao manejo de medicamentos no tratamento de indivíduos com TEA e suas comorbidades. O uso de medicamentos varia amplamente e envolve classes como antidepressivos, antipsicóticos e estimulantes. Medicamentos como fluoxetina e escitalopram são comumente utilizados para transtornos de humor e ansiedade, enquanto antipsicóticos como aripiprazol e risperidona ajudam no manejo de sintomas como agitação e irritabilidade (Feroe *et al.*, 2021). Apesar disso, a prática de polifarmácia é comum, com muitos indivíduos recebendo três ou mais medicamentos simultaneamente, o que levanta preocupações sobre a segurança e a eficácia desses regimes.

Por fim, os padrões de prescrição refletem a complexidade do manejo das condições comórbidas no TEA. A variação nas práticas clínicas e a necessidade de personalização do tratamento destacam a importância de investigações futuras para otimizar o cuidado e melhorar a qualidade de vida dessa população.

Referências

BAOU, C. E. *et al.* Effectiveness of primary care psychological therapy services for treating depression and anxiety in autistic adults. *The Lancet Psychiatry*, v. 10, n. 12, p. 944-954, 2023. Disponível em: https://pubmed.ncbi.nlm.nih.gov/37977697/. Acesso em: 8 jan. 2025.

FEROE, A. G. *et al.* Medication use in the management of comorbidities among individuals with autism spectrum disorder from a large nationwide insurance database. *JAMA pediatrics*, v. 175, n. 9, p. 957-965, 2021. Doi: 10.1001/jamapediatrics.2021.1329. Acesso em: 24 jun. 2025.

HOHN, V. D. *et al.* Insomnia severity in adults with autism spectrum disorder is associated with sensory hyper-reactivity and social skill impairment. *Journal of Autism and Developmental Disorders*, v. 49, n. 5, p. 2146-2155, 2019. Disponível em: https://pmc.ncbi.nlm.nih.gov/articles/PMC6483941/. Acesso em: 23 fev. 2025.

KILANKO, A. *et al.* The correlation between autistic childhood disorders and the development of anxiety and depression in adults: a systematic review. *Cureus*, v. 14, n. 10, e30093, 2022. Doi: 10.7759/cureus.30093. Acesso em: 24 jun. 2025.

RICHDALE, A. L. *et al.* Pathways to anxiety and depression in autistic adolescents and adults. *Depression and Anxiety*, 1-12, 2023. DOI: https://doi.org/10.1155/2023/5575932. Acesso em: 24 jun. 2025.

WICHERS, R. H. *et al.* Psychotherapy for co-occurring symptoms of depression, anxiety and obsessive-compulsive disorder in children and adults with autism spectrum disorder: a systematic review and meta-analysis. *Psychological Medicine*, v. 53, n. 1, p. 17-33, 2023. Disponível em: https://pubmed.ncbi.nlm.nih.gov/36404645/. Acesso em: 23 fev. 2025.

15

COMO A LÍNGUA BRASILEIRA DE SINAIS PODE CONTRIBUIR NA COMUNICAÇÃO DE CRIANÇAS AUTISTAS

Este capítulo aborda como o método de comunicação por meio da Língua de Sinais pode ser uma ferramenta eficaz na comunicação de pessoas autistas, especialmente aquelas com dificuldades na fala oral. Dessa forma, abordamos os benefícios, as estratégias de ensino e a importância de ambientes inclusivos e visualmente acessíveis.

FRANCIANI SIMONET,
GISELE ALBUQUERQUE
E JANAINE ASSIS

Franciani Simonet, Gisele Albuquerque e Janaine Assis

Franciani (à esquerda) é psicopedagoga e neuropsicopedagoga, além de educadora especial. Mestranda em saúde coletiva, especialista em coordenação docente, gestão escolar, autismo e transtornos do neurodesenvolvimento, experiência em CAA e alfabetização de crianças não falantes.

Contatos:
franpsicosimonet@gmail.com
Instagram: @fransimonet_neuropsicopedagoga
51 99696 5928

Gisele (ao centro) é psicopedagoga, analista do comportamento e discente em fonoaudiologia.

Contatos:
gialbuquerquepsicopedagoga@gmail.com
Instagram: @gialbuquerquepsicopedagoga
17 98829 2715

Janaine (à direita) é pedagoga graduada pela Unip (2016), com pós-graduação em tradução, interpretação e docência da Libras pela Unintese (2018), Neuropsicopedagoga pela Rhema (2022). Formação dos transtornos do neurodesenvolvimento (2022).

Contatos:
janaineassisoficial@gmail.com
Instagram: @janaine.assis
65 98117 3489

Língua Brasileira de Sinais (Libras) e a Comunicação Alternativa e Aumentativa (CAA)

O desenvolvimento infantil é um processo multifacetado que abrange dimensões como aprendizado, comunicação, interação social e autonomia. Nesse contexto, a psicopedagogia, a neuropsicopedagogia, a Língua Brasileira de Sinais (Libras) e a Comunicação Alternativa e Aumentativa (CAA) emergem como abordagens interdisciplinares que promovem a inclusão, ampliando as possibilidades de comunicação e desenvolvimento tanto no âmbito acadêmico quanto social. A neuropsicopedagogia, em particular, desempenha um papel crucial ao abordar questões de comunicação, embasando-se em pesquisas empíricas em análise do comportamento e no ensino de habilidades orais para pessoas autistas com repertório de fala limitado, utilizando recursos como o PECS ou a língua de sinais.

A comunicação é essencial para o desenvolvimento humano. No caso de crianças autistas com baixo repertório de fala ou sem fala, é necessário identificar o método de comunicação mais adequado. A CAA, como área de pesquisa e prática clínica e educacional, visa compensar de forma temporária ou permanente os comprometimentos na compreensão ou expressão comunicativa (Pereira *et al.*, 2020). Essa abordagem inclui uma ampla variedade de métodos e técnicas. Em 2020, o *National Clearinghouse on Autism Evidence and Practice Review Team* publicou um estudo que reconheceu a CAA como uma prática baseada em evidências, recomendada em programas de intervenção para indivíduos com Transtorno do Espectro Autista (Steinbrenner, 2020).

Segundo Nunes & Nunes Sobrinho (2010), existem quatro principais sistemas de CAA utilizados com crianças e adolescentes autistas:

1. Sistemas manuais e língua de sinais.
2. Sistemas pictográficos de comunicação.
3. Sistemas assistidos com acionadores de voz.
4. Sistemas híbridos.

Os sistemas manuais e de língua de sinais são formas de comunicação não apoiadas, utilizando o corpo como elemento principal. Esses sistemas também fazem uso de gestos, expressões faciais e corporais. Já os sistemas pictográficos utilizam elementos ou dispositivos, como pranchas de comunicação e aplicativos de alta tecnologia. Sistemas com acionadores de voz baseiam-se em tecnologias avançadas para vocalização. A escolha do sistema mais adequado deve considerar as habilidades e necessidades individuais, as condições ambientais e a disponibilidade de recursos.

Como destacado por Downing (2005), a comunicação é a chave para o aprendizado e a interação social. Barreiras comunicativas devem ser eliminadas para garantir que todos possam exercer o direito à comunicação, fundamental para a dignidade humana. Muitos pais têm receio de introduzir métodos alternativos de comunicação, temendo que isso possa dificultar o desenvolvimento da fala oral. No entanto, pesquisas indicam que a CAA pode complementar o desenvolvimento da fala e melhorar a qualidade de vida dos indivíduos.

A Língua Brasileira de Sinais, reconhecida como meio legal de comunicação desde 2002 (Lei n. 10.436), é uma ferramenta inclusiva que promove autonomia e expressão emocional. Estudos e relatos de famílias demonstram que o uso de Libras tem contribuído para a melhora comportamental e o desenvolvimento da fala em crianças autistas. Por exemplo, um casal de surdos optou por ensinar Libras e português ao filho autista, resultando em progresso significativo na comunicação oral e por sinais.

A CAA possui um caráter multimodal, abrangendo vocalizações, textos, gestos, signos manuais, expressões faciais e dispositivos de voz. Uma prancha de comunicação mesclando Libras e pictogramas tem sido utilizada com sucesso por crianças autistas, incluindo casos em que os pais são surdos. Outros relatos de pais em que todos são ouvintes e introduziram Libras na comunicação, também destacam que houve redução de crises comportamentais e aumento na qualidade de vida após a introdução da língua de sinais.

O desenvolvimento da CAA é diferente da aprendizagem implícita da linguagem oral. Ela não deve ser considerada apenas em casos de ausência da fala, mas também como uma intervenção precoce. Competências comunicativas e linguísticas são desenvolvidas em paralelo, e o uso da CAA pode evitar o insucesso comunicativo (Romski & Sevcik, 2005).

Relatos pessoais e estudos empíricos reforçam que a introdução de Libras não impede o desenvolvimento da fala oral, mas, ao contrário, pode favorecê-lo. Casos de crianças que aprendem a se comunicar por sinais ou pictogramas mostram que, ao desenvolverem a comunicação, veio o potencial de fala oral, alcançando melhor qualidade de vida. O uso de Libras em ambientes escolares também é destacado como uma forma eficaz de inclusão, promovendo a comunicação entre colegas e ampliando oportunidades de aprendizado.

Não podemos criar barreiras de comunicação, e sim permitir que a pessoa tenha o melhor método que se encaixe em sua necessidade individual, e isso significa que todas as pessoas têm a necessidade e o desejo de se comunicar e esse é um direito que não pode ser retirado, pois a comunicação nos traz dignidade. As pessoas, em especial as mães, esperam ouvir a voz de seus filhos, e isso gera em muitas delas o medo e o receio de introduzir qualquer tipo alternativo de comunicação.

Romski & Sevcik (2005) reforçam que esse receio que muitos pais e alguns profissionais possuem não é apoiado pelos dados empíricos disponíveis e que, na verdade, a literatura atual e a prática clínica sugerem precisamente o oposto. Os autores apoiam-se em um número razoável de estudos empíricos que relatam melhorias nas capacidades da fala após intervenção com CAA (Cress & Marvin, 2003; Romski & Sevcik, 2005).

A língua de sinais é viva e ela permite uma comunicação efetiva, contribuindo para a autonomia do indivíduo, oportunidade de expressar seus sentimentos, desejos, e percepção cognitiva. Usuários da língua brasileira de sinais com crianças TEA têm obtido resultado satisfatório, contribuindo para uma melhora de comportamento por meio da comunicação.

Promover a adoção de Libras e outras formas de CAA representa um compromisso com a inclusão e a diversidade. Mais do que uma ferramenta, a comunicação é um direito que proporciona igualdade de oportunidades e dignidade para todos os indivíduos.

Exemplos práticos

Uso do DGF na escola

No estudo de Nascimento, Cruz & Silva (2023), uma criança com TEA utilizou o DGF para aprimorar a comunicação em contextos escolares. A intervenção baseou-se em modelagem e mediação, permitindo que o aluno passasse de comportamentos pré-simbólicos para o uso emergente de símbolos concretos. Além disso, atividades lúdicas, como o uso de massa de modelar e aplicativos de CAA, aumentaram a participação e o engajamento social do aluno.

Alfabeto da Sophia

O relato de caso mostra que em equipe decidiram criar um conjunto de códigos para situações ligadas a carinho (tristeza e satisfação) para interação com Sophia, uma menina autista não verbal. Gestos simples, como tocar o nariz para indicar necessidade de atenção, foram ensinados e integrados ao cotidiano escolar e familiar. Essa abordagem reduziu crises e aumentou a compreensão mútua entre Sophia e seus interlocutores.

A comunicação é uma das áreas mais impactadas em crianças com TEA. Muitas apresentam dificuldades em compreender e/ou expressar-se de forma verbal, o que pode gerar frustrações e barreiras no desenvolvimento social e acadêmico. Nesse contexto, a utilização da Língua Brasileira de Sinais (Libras) como uma forma de Comunicação Alternativa e Aumentativa (CAA) tem se mostrado uma estratégia eficaz para promover a interação e facilitar a expressão de desejos, necessidades e emoções.

Na prática psicopedagógica, a introdução da Libras pode ser realizada de forma gradual e lúdica, integrando-a ao cotidiano da criança. Sinais básicos como "comer", "beber", "brincar" e "dormir" são ensinados para que sejam associados a situações do dia a dia. A utilização de materiais visuais, como cartazes e vídeos, bem como jogos que envolvam gestos e expressões faciais, auxilia na fixação desses sinais.

Um estudo clássico realizado por Millar, Light & Schlosser (2006) investigou o impacto da CAA no desenvolvimento da fala em pessoas com necessidades complexas de comunicação. Os autores concluíram que, longe de inibir a fala, a introdução de recursos como DGFs pode facilitar a aquisição e o uso da linguagem oral e verbal. Esse efeito ocorre porque a CAA reduz a frustração associada à dificuldade de comunicação, criando um ambiente mais propício para a aprendizagem da fala.

Por fim, usar a língua de sinais pode ser o método mais eficaz na comunicação de pessoas com TEA, contribuindo para o sucesso do tratamento multidisciplinar, bem como para a qualidade de vida tanto do indivíduo que necessita da comunicação, quanto para a família que, na maioria das vezes, está em exaustão por falta de comunicação.

Referências

BRASIL. *Lei n. 10.436, de 24 de abril de 2002*. Dispõe sobre a Língua Brasileira de Sinais – Libras e dá outras providências. *Diário Oficial da União*,

Brasília, DF, 25 abr. 2002. Disponível em: http://www.planalto.gov.br/ccivil_03/leis/2002/l10436.htm. Acesso em: 8 jan. 2025.

BRITES, L. Como estimular a comunicação em crianças com autismo não-verbal. *Instituto NeuroSaber*, 2021. Disponível em: https://institutoneurosaber.com.br/artigos/como-estimular-a-comunicacao-em-criancas-com-autismo-nao-verbal/. Acesso em: 8 jan. 2025.

CHRISTO, A. F. de; SANTOS, B. V. dos R. Libras como meio de comunicação para crianças com TEA. *Revista Interfaces*, v. 15, n. 2, 2024. Disponível em: https://revistas.unicentro.br/index.php/revista_interfaces/article/view/7723. Acesso em: 14 jan. 2025.

CRESS, C. J.; MARVIN, C. A. Common questions about AAC services in early intervention. *AAC Augmentative and Alternative Communication*, v. 19, n. 4, p. 254-272, dez. 2003. Disponível em: https://digitalcommons.unl.edu/cgi/viewcontent.cgi?article=1088&context=specedfacpub. Acesso em: 14 jan. 2025.

DOWNING, J. D. *Teaching communication skills to students with severe disabilities*. 2. ed. London: Paul Brookes Publishing Co, 2005.

FERNANDES, F. D. M.; VERZOLLA, B. L. P. Características da comunicação de pessoas com Transtorno do Espectro do Autismo (TEA) usuárias de língua de sinais (Communication characteristics of individuals with Autism Spectrum Disorder (ASD) users of sign language). *Estudos da Língua(gem)*, v. 22, p. e12948, 2024. Disponível em: https://periodicos2.uesb.br/index.php/estudosdalinguagem/article/view/12948. Acesso em: 29 dez. 2024.

LOPES, R. A.; AMATO, C. A. de la H. *Libras & autismo*: um diálogo possível? São Paulo: Dialética, 2021.

MILLAR, D. C.; LIGHT, J. C.; SCHOLOSSER, R. W. The impact of augmentative and alternative communication intervention on the speech production of individuals with developmental disabilities: a research review. *Journal of Speech, Language and Hearing Research*, v. 49, n. 2, p. 248-261, 2006. Disponível em: https://pubmed.ncbi.nlm.nih.gov/16671842/. Acesso em: 14 jan. 2025.

NASCIMENTO, F. F.; CRUZ, M. M.; SILVA, T. M. Não comunicar não é uma alternativa: o uso do dispositivo gerador de fala para alunos com autismo. *Revista Teias*, v. 24, n. 73, p. 129-147, 2023. Doi: 10.12957/teias.2023.74067. Acesso em: 24 jun. 2025.

NUNES, D. R. P.; NUNES SOBRINHO, F. P. Comunicação alternativa e ampliada para educandos com autismo: considerações metodológicas. *Revista Brasileira de Educação Especial (RBEE)*, v. 16, n. 2, p. 297-312, 2010. Doi: 10.1590/S1413-65382010000200010. Acesso em: 24 jun. 2025.

ROMSKI, M. A.; SEVCIK, R. A. Augmentative communication and early intervention: myths and realities. *Infants & Young Children*, v. 18, n. 3, p. 174-185, 2005. Disponível em: https://www.researchgate.net/publication/230852866_Augmentative_communication_and_early_intervention_Myths_and_realities. Acesso em: 14 jan. 2025.

PEREIRA, E. T. *et al.* Comunicação alternativa e aumentativa no transtorno do espectro do autismo: impactos na comunicação. *CoDAS*, v. 32, n. 6, 2020. Doi: 10.1590/2317-1782/20202019167. Acesso em: 24 jun. 2025.

SAPAGE, S.; CRUZ-SANTOS, A.; FERNANDES, H. A comunicação aumentativa e alternativa em crianças com perturbações graves da comunicação: cinco mitos. *Revista Diálogos e Perspectivas em Educação Especial*, v. 5, n. 2, p. 229-240, 2018. Disponível em: https://repositorium.sdum.uminho.pt/handle/1822/61911. Acesso em: 8 jan. 2025.

STEINBRENNER, J. R. *et al.* Evidence-based practices for children, youth, and young adults with autism spectrum disorder. Chapel Hill: Universidade da Carolina do Norte, Instituto de Desenvolvimento Infantil Frank Porter Graham, *National Clearinghouse on Autism Evidence and Practice Review Team*, 2020. Disponível em: https://fpg.unc.edu/publications/evidence-based-practices-children-youth-and-young-adults-autism-spectrum-disorder-1?utm_source. Acesso em: 24 jun. 2025.

16

PESSOA AUTISTA NO ATENDIMENTO HOSPITALAR
UMA VISÃO HUMANIZADA

Este capítulo aborda o autismo sob uma perspectiva humanista, destacando aspectos afetivo-emocionais no desenvolvimento humano e no relacionamento médico-paciente. Refletimos sobre os direitos das pessoas autistas, atendimento especializado e ambientes hospitalares adaptados, incluindo a importância de salas adaptadas, como sensores de sala.

MARLENE QUEIROZ, REJANE BARRETO E LAÍS NETO

Marlene Queiroz, Rejane Barreto e Laís Neto

Marlene (à esquerda) é professora de Português e Espanhol. Especialista em Análise Comportamental Aplicada (ABA) para autismo e deficiência intelectual. Neuropsicopedagoga e cursando Neuropsicologia Clínica. Organizadora e palestrante do Seminário Espectro Jarinu 2024. Aluna da Formação em Transtornos do Neurodesenvolvimento (TND). Avó e irmã atípica.

Contatos:
marlenerq@gmail.com
Instagram: @abajarinu
11 99770 8691

Rejane (ao centro) é médica e fisioterapeuta. Pós-graduada em Neuropediatria. Mestre em Neuropsiquiatria e Ciências do Comportamento pela UFPE. Perita médica federal. Professora de pós-graduação médica no curso de Neuropediatria do IBC.

Contatos:
www.drarejanebarreto.com.br
drarejane.neuropedi@gmail.com
Instagram: @drarejanebarreto
81 99616 0927

Laís (à direita) é médica pediatra, especialista em transtornos do neurodesenvolvimento. Pós-graduada em Urgência e Emergência pelo Hospital Albert Einstein. Possui certificação Thiago Castro II e III e formação em Transtornos do Neurodesenvolvimento II e III.

Contatos:
Instagram: @dra.laisnetto
11 95109 3126

Atualmente, na sociedade brasileira, observa-se que os transtornos do neurodesenvolvimento passaram a se configurar como um grande entrave e que, infelizmente, permanecem sofrendo preconceitos pelos estigmas que lhes são atribuídos. É fundamental que se discuta a respeito dessa problemática com o fito de propor medidas e protocolos capazes de minimizar seus impactos.

Visto isso, o atendimento prestado a pacientes com Transtorno do Espectro Autista (TEA) deve ser efetuado por profissionais capacitados, que ofereçam um trabalho acima de tudo humanizado e adequado, capaz de aliviar algumas de suas dificuldades diárias. Nesse sentido, as formações são fundamentais para a promoção da inclusão. Embora nem sempre seja fácil de implementar.

Nesse contexto, deve-se incluir o espaço físico hospitalar, responsável também pela autorregulação da pessoa autista, que é a habilidade de se adaptar às demandas do ambiente, se autocontrolar e tomar decisões conscientes e saudáveis.

Atendimento hospitalar para pessoas autistas: desafios, estratégias e cuidados especiais

Sabe-se que, além do próprio TEA, os pacientes possuem, na maioria das vezes, comorbidades que resultam em mais idas aos serviços de saúde, maior probabilidade de serem hospitalizadas e maior tempo de permanência. Por esse motivo, é imprescindível a parceria entre família e equipe hospitalar.

A hospitalização de crianças neuroatípicas pode desencadear comportamentos desafiadores. Entre eles, observa-se uma maior incidência de crises de ansiedade, crises autolesivas, crises sensoriais e episódios de agressividade. A dor pode ser um preditor de crises de agressividade e autolesão, sendo um sintoma importante a ser considerado em um primeiro momento.

Para lidar com essas possíveis situações, é de suma importância que a equipe esteja capacitada. Instrui-se sempre que haja uma conversa com os pais, a fim de entender as demandas, uma vez que cada paciente TEA é único. É importante que o profissional trabalhe sempre com a verbalização das ações, com previsibilidade, e sempre perguntar antes ao paciente se pode tocar e examinar. Além disso, devemos considerar a possibilidade de reduzir o número de comandos, usar reforços, elogiar, usar estratégias que envolvam a família, como, por exemplo, contar histórias ou cantar músicas. Manter o ambiente tranquilo, com o mínimo de ruído possível. Todos com o mesmo objetivo, irá trazer tranquilidade, calma e segurança para o paciente.

O paciente TEA e a sua necessidade de comunicação-interação social

O atendimento hospitalar a pacientes autistas exige uma abordagem cuidadosa, personalizada e sensível às necessidades individuais de cada paciente. O autismo, ou Transtorno do Espectro Autista (TEA), é uma condição que afeta a comunicação, a interação social e os comportamentos. Cada pessoa no espectro apresenta características únicas, o que torna o atendimento médico um desafio, mas também uma oportunidade para oferecer cuidados de saúde mais inclusivos e eficazes.

Muitas pessoas no espectro apresentam dificuldades em expressar suas necessidades, sentimentos ou sintomas de maneira verbal. Nesse contexto, é fundamental que os profissionais de saúde desenvolvam estratégias alternativas de comunicação, como o uso de imagens, cartões de comunicação e pranchas, que podem ser construídas utilizando-se objetos ou símbolos, letras, sílabas, palavras, frases ou números.

Consequentemente, devem considerar as possibilidades cognitivas, visuais e motoras. O indivíduo vai olhar, apontar ou ter a informação apontada pelo parceiro de comunicação dependendo de sua condição motora. A introdução da Comunicação Aumentativa e Alternativa (CAA) serve como instrumento no qual o indivíduo utiliza outro meio de comunicação para complementar ou compensar deficiências da fala para facilitar o entendimento e reduzir o estresse do paciente. Facilitar ou viabilizar o processo de comunicação da criança, promovendo um ambiente mais acolhedor.

A CAA é, portanto, uma categoria de tecnologia assistiva dedicada a ampliar as habilidades comunicativas de indivíduos que evidenciam limitações no uso e/ou compreensão da linguagem oral. Ela envolve o uso de gestos manuais, expressões faciais e corporais, símbolos gráficos (fotografias, gravuras, desenhos, linguagem alfabética, objetos reais e miniaturas), voz digitalizada, dentre outros meios de viabilizar a comunicação face a face (Nunes, 2013, p. 224).

Portanto, o ambiente hospitalar precisa ser ajustado para minimizar esses fatores. A utilização de ambientes mais tranquilos, iluminação suave e a redução de ruídos desnecessários são algumas das ações que podem contribuir para um atendimento mais confortável. Alguns hospitais já contam com uma sala de integração sensorial em centros de reabilitação para atender pacientes pediátricos neurológicos, trazendo muitos benefícios aos pequenos pacientes.

Assim, a capacitação dos profissionais de saúde é essencial. Médicos, enfermeiros e outros profissionais devem ser treinados para reconhecer as particularidades do autismo e adotar estratégias de atendimento que considerem as necessidades sensoriais, comportamentais e de comunicação dos pacientes. A empatia, a paciência e o respeito pelas limitações e peculiaridades do paciente autista são fundamentais para o sucesso do tratamento.

Por fim, o atendimento hospitalar para pessoas autistas exige um esforço conjunto para criar um ambiente acolhedor e adaptado às necessidades específicas de cada paciente.

Atendimento hospitalar para pessoas autistas e a lei brasileira da pessoa com deficiência: correlatos e necessidades especiais

O atendimento hospitalar para pessoas autistas deve ser sensível às especificidades dessa condição, considerando não apenas as características individuais de cada paciente, mas também os direitos garantidos pela legislação brasileira. A Lei Brasileira da Pessoa com Deficiência (Lei n. 13.146/2015), conhecida como Estatuto da Pessoa com Deficiência, estabelece normas fundamentais para assegurar a inclusão e a acessibilidade de pessoas com deficiência em diversos contextos, incluindo o acesso aos serviços de saúde.

A Lei Brasileira da Pessoa com Deficiência e seus impactos no atendimento hospitalar

Pessoas com o Transtorno do Espectro Autista estão inseridas na Lei Brasileira de Inclusão da Pessoa com Deficiência (Estatuto da Pessoa com Deficiência), que tem como objetivo assegurar, promover, igualmente, a prática dos direitos e das liberdades fundamentais por pessoa com deficiência, aspirando à sua inclusão social e cidadania.

O Estatuto da Pessoa com Deficiência tem como um dos seus princípios fundamentais a **inclusão social**, que abrange a adaptação de espaços públicos e privados para garantir a acessibilidade de todos os cidadãos, independentemente de suas limitações. No contexto hospitalar, a lei prevê a **obrigação dos estabelecimentos de saúde em proporcionar um atendimento adequado e especializado**, respeitando as especificidades das pessoas com deficiência, incluindo os indivíduos com Transtorno do Espectro Autista (TEA).

Dentre as diretrizes da lei, destacam-se alguns pontos cruciais para o atendimento hospitalar de pessoas autistas:

- **Acessibilidade e adequação do ambiente**: a Lei de Acessibilidade (Lei n. 10.098/2000) determina que os serviços de saúde devem ser adaptados para atender a todas as pessoas com deficiência. Para os pacientes autistas, isso implica a criação de ambientes mais tranquilos e menos sensoriais, com a redução de estímulos visuais e auditivos intensos, como luzes fortes e sons altos, que podem gerar desconforto e agravar sintomas. A instalação de salas de espera específicas, mais silenciosas e com iluminação suave, é uma prática recomendada.
- **Capacitação de profissionais de saúde**: o Estatuto da Pessoa com Deficiência reforça que todos os profissionais envolvidos no atendimento à pessoa com deficiência devem ser capacitados para reconhecer e compreender as especificidades de cada condição, incluindo o autismo. Isso se traduz em treinamentos especializados para médicos, enfermeiros e demais profissionais de saúde, com o objetivo de proporcionar um atendimento mais humano, sensível e eficiente, respeitando as necessidades dos pacientes autistas.
- **Previsibilidade e estruturação do atendimento**: o autismo é frequentemente associado a uma necessidade de previsibilidade e rotina. Segundo o Estatuto da Pessoa com Deficiência, os serviços de saúde devem garantir o respeito à dignidade e autonomia da pessoa com deficiência, o que inclui a criação de um ambiente previsível para pacientes autistas, evitando mudanças abruptas e garantindo que os processos sejam informados de forma clara, antecipada e, sempre que possível, por meio de recursos visuais.
- **Acompanhamento e suporte especializado**: a presença de um acompanhante ou de um profissional capacitado para ajudar na comunicação e gestão do comportamento do paciente autista é essencial. A legislação brasileira também reconhece o direito das pessoas com deficiência de serem acompanhadas por familiares ou cuidadores durante o atendimento em serviços de saúde, desde que isso não comprometa a qualidade do atendimento a outros pacientes.

Atendimento hospitalar, acolhimento – Classificação de risco

EMERGÊNCIA (vermelho)	**Emergência**: caso gravíssimo, com necessidade de atendimento imediato e risco de morte.
MUITA URGÊNCIA (laranja)	**Muito urgente**: caso grave e risco significativo de evoluir para morte. Atendimento urgente.
URGÊNCIA (amarelo)	**Urgente**: caso de gravidade moderada, necessidade de atendimento médico, sem risco imediato.
POUCA URGÊNCIA (verde)	**Pouco urgente**: caso para atendimento preferencial nas unidades de atenção básica.
NÃO URGÊNCIA (azul)	**Não urgente**: caso para atendimento na unidade de saúde mais próxima da residência. Atendimento de acordo com o horário de chegada ou serão direcionados às Estratégias de Saúde da Família ou Unidades Básicas de Saúde. Queixas crônicas; resfriados; contusões; escoriações; dor de garganta; ferimentos que não requerem fechamento e outros.

Figura 1: Cartaz informativo sobre as prioridades de atendimento. PNH.

O acolhimento é uma diretriz da Política Nacional de Humanização (PNH), que não tem local nem hora certa para acontecer, nem um profissional específico para fazê-lo: faz parte de todos os encontros do serviço de saúde. O acolhimento possui uma postura ética que implica na escuta do usuário em suas queixas, no reconhecimento do seu protagonismo no processo de saúde e adoecimento, e na responsabilização pela resolução, com ativação de redes de compartilhamento de saberes. É o ato de acolher, ou recepcionar o usuário a um atendimento que o auxilia, protege ou socorre, que nos leva a entender a mudança de relacionamento entre o usuário e profissional de saúde, por meio de parâmetros técnicos, éticos, humanitários e de solidariedade, reconhecendo o usuário como pessoa participante ativa no processo de produção da saúde.

A classificação de risco é um dispositivo da PNH, uma ferramenta de organização da "fila de espera" no serviço de saúde, para que aqueles usuários que precisam mais sejam atendidos com prioridade, e não por ordem de chegada. [1]

Porém, vale salientar que o autista ou pessoas com outras deficiências, como preferencial, não podem tomar o lugar de um paciente em alto risco, como infarto ou qualquer outro atendimento emergencial, devendo exercer a empatia com o próximo.

O atendimento hospitalar para pessoas autistas está diretamente relacionado aos direitos garantidos pela Lei Brasileira de Inclusão da Pessoa com Deficiência. O Estatuto assegura a adaptação de ambientes e a capacitação dos profissionais de saúde, permitindo que as preferências e as necessidades dos pacientes autistas sejam atendidas de maneira integral e acessível. A legislação, ao promover a inclusão e a acessibilidade, contribui para a construção de um sistema de saúde mais humanizado, capaz de oferecer cuidados de qualidade a todos, respeitando as diferenças e garantindo um atendimento adequado para as pessoas com Transtorno do Espectro Autista.

Dessa forma, é de extrema importância salientar que o atendimento ao autista deve ser efetuado de maneira humanizada, oferecendo um trabalho profissional capacitado e um espaço adequado às suas necessidades. Sobretudo, portanto, exercendo o acolhimento e a empatia ao TEA e à sua família.

Referências

ALMEIDA, F. R. *Humanização da assistência na atenção primária à saúde*. Minas Gerais: Universidade Federal de Minas Gerais, 2015. 26 f. TCC (Curso de Especialização Estratégia Saúde da Família) – Universidade Federal de Minas Gerais, Belo Horizonte, 2015.

ANTUNES, P.; GARCIA, N. F. O.; OLIVEIRA, L. J.; RODRIGUES, I. V.; ALVES, G. R. A importância do atendimento humanizado nos serviços de urgência e emergência: uma revisão de literatura. *Revista Científica FacMais*, v. 12, n. 1, abr. 2018.

BRASIL. Agência Nacional de Vigilância Sanitária. *Pacientes pela segurança do paciente em serviços de saúde*: como posso contribuir para aumentar a segurança do paciente? Orientações aos pacientes, familiares e acompanhantes. Agência Nacional de Vigilância Sanitária. Brasília: Anvisa, 2017. Disponível

1 Mais informações em: https://redehumanizasus.net/94797-acolhimento-com-classificacao-de-risco/. Acesso em: 8 jan. 2025.

em: https://www.gov.br/anvisa/pt-br/centraisdeconteudo/publicacoes/servicosdesaude/publicacoes/guia-como-posso-contribuir-para-aumentar-a-seguranca-do-paciente-orientacoes-aos-pacientes-familiares-e-acompanhantes. Acesso em: 17 dez. 2020.

GURNEY, J. G.; MCPHEETERS, M. L.; DAVIS, M. M. Parental report of health conditions and health care use among children with and without autism. *Archives of Pediatrics & Adolescent Medicine*, v. 160, n. 8, p. 825-830, 2006. Disponível em: https://pubmed.ncbi.nlm.nih.gov/16894082/. Acesso em: 15 jan. 2025.

INGLESE, M. D.; ELDER, J. H. Caring for children with autism spectrum disorder, part I: prevalence, etiology, and core features. *Journal of Pediatric Nursing*, v. 24, n. 1, p. 41-48, fev. 2009. Disponível em: https://pubmed.ncbi.nlm.nih.gov/19159834/. Acesso em: 15 jan. 2025.

INGLESE, M. D.; ELDER, J. H. Caring for children with autism spectrum disorder, part II: screening, diagnosis, and management. *Journal of Pediatric Nursing*, v. 24, n. 1, p. 49-59, fev. 2009. Disponível em: https://pubmed.ncbi.nlm.nih.gov/19159835/. Acesso em: 15 jan. 2025.

LIPTAK, G. S.; STUART, T.; AUINGER, P. Health care utilization and expenditures for children with autism: data from U.S. national samples. *Journal of Autism and Developmental Disorders*, v. 36, n. 7, p. 871-879, out. 2006. Disponível em: https://pubmed.ncbi.nlm.nih.gov/16855879/. Acesso em: 15 jan. 2025.

LOKHANDWALA, K.; KHANNA, R.; WEST-STRUM, D. Hospitalization burden among individuals with autism. *Journal of Autism and Developmental Disorders*, v. 42, n. 1, p. 95-104, jan. 2012. Disponível em: https://pubmed.ncbi.nlm.nih.gov/21404084/. Acesso em: 15 jan. 2025.

NUNES, K. S. Implementação da comunicação alternativa e ampliada: dificuldades iniciais. *Rede Humaniza SUS*, 16 jun. 2016. Disponível em: https://redehumanizasus.net/94797-acolhimento-com-classificacao-de-risco. Acesso em: 8 dez. 2024.

SCARPINATO, N.; BRADLEY, J.; KURBJUN, K.; BATEMAN, X.; HOLTZER, B.; ELY, B. Caring for the child with an autism spectrum disorder in the acute care setting. *Journal for Specialists in Pediatric Nursing*, v. 15, n. 3, p. 244-254, jul. 2010. Disponível em: https://pubmed.ncbi.nlm.nih.gov/20618639/. Acesso em: 15 jan. 2025.

SHELLENBARGER, T. Overview and helpful hings for caring for the ED patient with asperger's syndrome. *Journal of Emergency Nursing*, v. 30, n. 3, p. 278-280, jun. 2004. Disponível em: https://pubmed.ncbi.nlm.nih.gov/15192686/. Acesso em: 15 jan. 2025.

SOUDERS, M. C. *et al.* Caring for children and adolescents with autism who require challenging procedures. *Pediatric Nursing*, v. 28, n. 6, p. 555-562, nov./dez. 2002. Disponível em: https://pubmed.ncbi.nlm.nih.gov/12593340/. Acesso em: 15 jan. 2025.

THORNE, A. Are you ready to give care to a child with autism? *Nursing*, v. 37, n. 5, p. 59-61, maio 2007. Disponível em: https://pubmed.ncbi.nlm.nih.gov/17468640/. Acesso em: 15 jan. 2025.

17

SUICÍDIO E AUTISMO

UMA REFLEXÃO SOBRE ESTATÍSTICAS, FATORES DE RISCO E PREVENÇÃO

A relação entre suicídio e o autismo é complexa, com evidências crescentes de que indivíduos no espectro do autismo apresentam um risco aumentado de suicídio em comparação com a população geral.

ANDRESSA RAYMUNDO,
AURORA SOUZA,
DAPHNE JARCZEWSKI
E JOSÉ L. D'AGOSTINI

Andressa Raymundo, Aurora Souza, Daphne Jarczewski e José D'Agostini

Andressa (primeira à esquerda) é médica atuante nos TND. Pós-graduada em Neuropediatria – Afya Educação Médica. Pós-graduanda em TEA, Neuropsicofarmacologia e ABA – Iepsis. Faz parte da Formação TND III e CTC III com Dr. Thiago Castro. Desde o diagnóstico da filha Valentina, alia o conhecimento científico e a vivência como mãe de uma criança TDAH/DI.

Contatos: andressaugusti@hotmail.com / andressaugusti@gmail.com
Instagram: @dra.andressaaugusti

Aurora (segunda da esquerda para a direita) é médica pela Universidade Federal de Minas Gerais (UFMG), residência em Pediatria e Neonatologia, titulada pela SBP. Pós-graduada em Psiquiatria da Infância e Adolescência (Ipemed-MG). Certificada em Síndrome de Down pelo Cepec-SP. Faz parte da Formação TND II e CTC II com Dr. Thiago Castro. Pós-graduanda em Neurociências e Educação -CBI of Miami. Mãe do Guilherme.

Contatos: auroramfsouza@gmail.com
Instagram: @dra.aurorasouza

Daphne (terceira da esquerda para a direita) é médica graduada pela Universidade Vila Velha (UVV), com Especialização em Psiquiatria pelo Centro de Estudos José de Barros Falcão (CEJBF), título em Psiquiatria e Psicoterapia pela Associação Brasileira de Psiquiatria (ABP). Faz parte da Formação TND II e CTC III com Dr. Thiago Castro. Mãe do Vicente e do Antônio.

Contatos: dra.daphneronacher@gmail.com
Instagram: @dra.daphneronacher

José (quarto da esquerda para a direita) é médico graduado pela Universidade de Passo Fundo/RS (UPF), em 2002. Psiquiatra há 18 anos, com especialização em Dependência Química pela Unifesp, docente e coordenador do Amb. de psiquiatria da Faculdade de Medicina do Centro Universitário para o Desenvolvimento do Alto Vale do Itajaí (Unidavi) em Rio do Sul/SC. Pai do Pedro Henrique e da Maria Eduarda.

Contatos: josedagostini@unidavi.edu.br / ipp-sc@hotmail.com
Instagram: @drjose.eduardo.dagostini

O Transtorno do Espectro Autista (TEA), de acordo com o *Manual diagnóstico e estatístico de transtornos mentais* (DSM-5-TR), é classificado como um dos transtornos do neurodesenvolvimento caracterizado pelas dificuldades de comunicação e interação social, e também pela presença de padrões repetitivos e restritos de comportamento, atividades ou interesses. A compreensão aprofundada dele é essencial não apenas para aprimorar intervenções específicas em seu tratamento, mas também para nos auxiliar a entender e tratar comorbidades psiquiátricas frequentemente associadas a essa condição. Dentre essas comorbidades psiquiátricas, sabe-se que o risco aumentado de suicídio nessa população existe. O intuito do presente capítulo é trazer informações essenciais sobre fatores de risco, sinais de alerta, estratégias de prevenção e intervenção, além de considerações éticas para profissionais de saúde e familiares.

A relação entre suicídio e autismo é complexa, com evidências crescentes de que indivíduos no espectro do autismo apresentam um risco aumentado de suicídio em comparação com a população geral. A incidência de suicídio (i.e., ideação suicida, atos e tentativas de suicídio) entre jovens autistas é particularmente preocupante. Estudos mostram que os jovens autistas são seis vezes mais susceptíveis a tentarem suicídio (Chen *et al.*, 2017) e têm duas vezes mais probabilidade de morrer por suicídio (Kirby *et al.*, 2019) em uma idade mais jovem em comparação com os seus pares não autistas.

O suicídio é uma questão extremamente grave e multifacetada que afeta muitas pessoas em todo o mundo. Indivíduos com autismo estão entre os com maior ideação suicida devido aos fatores relacionados à sua própria condição, que frequentemente incluem dificuldades de comunicação, isolamento social e comorbidades psiquiátricas. Diversos estudos apontam para uma correlação entre autismo e aumento do risco de suicídio, tornando essencial compreender os fatores que contribuem para esse risco e as estratégias de prevenção.

Pessoas autistas com a cognição e capacidade intelectual média-alta lidam com o preconceito quase diariamente. A falta de compreensão no meio da comunidade em que vivem pode ser o estopim para pensamentos sombrios que as levem a cogitar o término de sua vida.

Dados estatísticos: o que temos de concreto

Trabalhos indicam que a prevalência de ideação suicida em jovens autistas é de aproximadamente 25,2%, com tentativas de suicídio em torno de 8,3% e mortes por suicídio em 0,2% (O'Halloran, 2022). Esse risco é particularmente elevado em indivíduos autistas com comorbidades psiquiátricas, como depressão e Transtorno de Déficit de Atenção e Hiperatividade (TDAH) (Hirvikoski, 2020).

A presença de sintomas depressivos e de ideação suicida é mais comumente reportada em crianças do espectro autista, quando comparadas a seus pares de mesma idade. Além disso, o suicídio é considerado a principal causa de morte precoce nessa população (Hull *et al.*, 2024).

A taxa de incidência de suicídio após automutilação foi marcadamente alta para homens autistas. Embora a taxa de morte por suicídio tenha sido mais alta em homens autistas, o risco relativo após automutilação foi substancialmente maior para mulheres autistas em comparação com homens autistas. Isso indica que, apesar de o risco absoluto de suicídio após automutilação ser maior em homens, as mulheres enfrentam um risco relativo elevado, sugerindo que a interação entre autismo e automutilação é significativamente perigosa para as mulheres (Hull *et al.*, 2024).

Nesse estudo, indivíduos autistas com histórico de automutilação apresentaram taxas mais altas de condições psiquiátricas concomitantes, incluindo TDAH e histórico familiar de transtornos psiquiátricos ou suicídio. Assim, a automutilação representa um comportamento crítico que requer maior conscientização como um possível indicador de risco suicida grave em indivíduos autistas; porém, os autores reconhecem que a intenção por trás da automutilação (ou seja, se eles eram de natureza suicida) não pôde ser determinada de forma conclusiva (Hull *et al.*, 2024).

É importante notar que o risco de suicídio é ainda maior em mulheres autistas, que são 13 vezes mais propensas a morrer por suicídio do que mulheres não autistas (Kõlves *et al.*, 2021).

No estudo de Hedley *et al.* (2018), que inclui 195 participantes de 14 a 80 anos com TEA, indivíduos com menor suporte social tiveram maior associação com depressão e ideação suicida, evidência que apoia a presença de adequada rede de apoio como potencial fator protetor contra o desenvolvimento de distúrbios de humor nesses indivíduos.

Um estudo *Genial Care & Tismoo.me* sobre as pessoas autistas e famílias no Brasil, com amostragem pequena, mas com validação científica e margem de erro de 3%, revelou que quando questionados sobre aspectos da saúde mental, tanto as pessoas autistas quanto suas cuidadoras (no caso de crianças) responderam que:

- A pessoa autista já teve comportamentos de autolesão/automutilação: 813 (49% responderam que sim).
- A pessoa autista já tentou tirar a própria vida: 754 (7% responderam que sim).

De acordo com o relatório do CDC (Centers for Diseases Control and Prevention), publicado em março de 2023, uma em cada 36 crianças aos oito anos de idade é diagnosticada com TEA. Ao relacionarmos esse valor para o Brasil, podemos calcular o número de pessoas com o transtorno no país. Com uma população estimada em 203.080.756 – segundo o Censo 2022 –, teríamos cerca de 5.641.132 autistas no país. Esse número representa um aumento de 22% em relação ao estudo anterior, feito em 2018 e que estimava que uma em cada 44 crianças apresentava TEA naquele ano.

Infelizmente, ainda encontramos uma escassez de informações precisas, abrangentes e acessíveis sobre a realidade das pessoas autistas em nosso próprio país. Isso mostra que ainda não conhecemos, de fato, a população autista do nosso Brasil e, por enquanto, ainda não temos como saber com exatidão o número real de portadores de TEA em nosso país. Dessa forma, tendo em vista o aumento exponencial do número de casos de autismo no Brasil e no mundo, mais trabalhos e pesquisas referentes a esse tema são necessários frente ao aumento substancial da correlação com os casos de automutilação e suicídio nesta população.

Fatores que aumentam o risco de suicídio em pessoas com o diagnóstico de TEA

1. Dificuldades de comunicação e interação social:

Indivíduos dentro do espectro do autismo frequentemente enfrentam desafios significativos na comunicação social e nas interações interpessoais, o que pode resultar em um alto grau de isolamento. A exclusão social e a dificuldade de se conectar com o outro aumentam o risco de sentimentos de solidão e desesperança, fatores que são amplamente reconhecidos como preditores de suicídio (Cassidy, 2018; Kalkbrenner & Lee, 2013). A falta de habilidades sociais adequadas pode agravar essa sensação de desconexão e aumentar a vulnerabilidade emocional (Baron-Cohen *et al.*, 2009).

De acordo com Mournet (2023), alguns sintomas específicos do autismo e sua severidade influenciam o risco de suicídio. Várias dessas manifestações como dificuldades de comunicação social e insistência em rotinas estão diretamente relacionados ao aumento de comportamentos suicidas. Também o sentimento de solidão e a insatisfação com o apoio social previram significativamente a gravidade da depressão e aumentaram o risco de ideação suicida e dos pensamentos suicidas em pessoas com TEA (Hedley *et al.*, 2018).

2. Comorbidades mentais:

Muitas pessoas com autismo também sofrem de comorbidades psiquiátricas, como depressão, ansiedade, Transtornos Obsessivo-Compulsivos (TOC) e transtornos de personalidade (Roux *et al.*, 2017). Essas condições podem amplificar o risco de suicídio, pois dificultam a regulação emocional e o enfrentamento de situações estressantes.

Já a gravidade dos traços de TEA foi ligada de maneira independente à depressão, indicando que indivíduos com traços mais pronunciados apresentam níveis mais altos de sintomas depressivos (Hedley *et al.*, 2018). A depressão também é frequentemente subdiagnosticada ou tratada de forma inadequada em indivíduos autistas, o que pode exacerbar sentimentos de desesperança (Mazurek & Kanne, 2011).

3. Sensibilidade a estímulos e overload *sensorial:*

A hipersensibilidade sensorial, uma característica comum em indivíduos no espectro autista, pode resultar em sobrecarga sensorial (*overload*), o que, por sua vez, pode gerar elevados níveis de estresse e frustração. Esse estresse constante, se não adequadamente gerido, pode levar a sentimentos de desesperança e desespero (Sterling *et al.*, 2016).

4. Dificuldade de processamento emocional:

Muitas pessoas com autismo têm dificuldades na regulação emocional, o que pode tornar mais desafiador lidar com experiências dolorosas ou traumáticas. A falta de estratégias eficazes para lidar com emoções pode aumentar o risco de comportamentos suicidas, pois essas pessoas podem se sentir sobrecarregadas e incapazes de expressar ou compreender os próprios sentimentos (Hedley *et al.*, 2018).

5. Bullying e exclusão social:

Experiência de bullying e estigmatização é uma realidade comum para muitas pessoas com autismo, o que intensifica o risco de suicídio. Estudos indicam que indivíduos com autismo estão em maior risco de ser alvo de bullying, o que afeta diretamente sua saúde mental e autoestima (Cassidy, 2018). A exclusão social e o estigma podem criar um ciclo de sofrimento emocional, tornando a ideação suicida mais prevalente.

6. Falta de diagnóstico e apoio apropriado:

O diagnóstico de autismo nem sempre ocorre de maneira precoce, o que pode deixar os indivíduos sem o apoio adequado por anos. Isso pode resultar em um agravamento das comorbidades mentais, como depressão e ansiedade, que são fatores de risco conhecidos para o suicídio (Kalkbrenner & Lee, 2013). Quando o diagnóstico é finalmente feito, as dificuldades emocionais e sociais podem já estar profundamente enraizadas, tornando a intervenção mais difícil.

Sinais de alerta

A detecção precoce de sinais de risco é crucial para prevenir o suicídio. Em pessoas com autismo, os sinais de alerta podem ser mais sutis do que os observados em pessoas neurotípicas. Isso torna crucial a observação pela família ou profissionais que acompanham o paciente a pequenas mudanças de comportamento. Alguns sinais de alerta incluem:

- Mudanças bruscas no humor e/ou comportamento, como maior retração, impulsividade, desesperança, agressividade ou alteração nos padrões de sono e alimentação.
- Falar sobre morte ou suicídio, mesmo que de maneira indireta ou abstrata.
- Buscar maneiras e acesso a informações, métodos e meios sobre autoextermínio.
- Perda de interesse em atividades que antes eram prazerosas ou redução das interações sociais.
- Sentimentos de desesperança ou autocrítica excessiva.
- Uso ou abuso de substâncias, automutilação, comportamentos de risco.
- Falta de razão para viver ou de propósito de vida.
- Sentir-se encurralado (como se não houvesse saída).
- Isolamento de amigos, família e sociedade.
- Colocar assuntos pessoais em ordem, como, por exemplo: doar bens valiosos ou procurar cuidados a longo prazo para animais de estimação.

Importante: essas informações não substituem ou invalidam uma avaliação profissional.

Estratégias de prevenção

A prevenção do suicídio em pessoas com autismo exige uma abordagem ampla, considerando as necessidades específicas dessa população. Entre as estratégias de prevenção, destacam-se:

- **Apoio emocional e psicoterapêutico adequado**: terapias como a Terapia Cognitivo-Comportamental (TCC) são eficazes no tratamento de comorbidades, como depressão e ansiedade, em indivíduos com autismo. Abordagens específicas para o espectro autista, que consideram as dificuldades de comunicação e a regulação emocional, são essenciais para a eficácia do tratamento (Sterling *et al.*, 2016). A Terapia Comportamental Dialética (DBT) pode auxiliar o portador de TEA a regular a emotividade extrema e seus impulsos, reduzindo os comportamentos disfuncionais. Segundo Huntjens *et al.* (2024), a DBT mostrou eficácia de curto prazo na redução do suicídio entre indivíduos autistas em comparação com intervenções atuais.
- **Educação e sensibilização**: a conscientização sobre o autismo e o desenvolvimento de uma sociedade mais inclusiva podem reduzir o estigma e promover o apoio social. Iniciativas para aumentar o entendimento sobre o autismo e suas implicações emocionais são fundamentais para reduzir o risco de suicídio (Roux *et al.*, 2017).
- **Apoio familiar e social**: a rede de apoio social e familiar desempenha um papel crucial na prevenção do suicídio. Fornecer um ambiente seguro, compreensivo e acolhedor é essencial para a saúde mental de pessoas autistas (Cassidy, 2018). Além disso, treinamentos para familiares, educadores e profissionais de saúde podem ajudá-los a identificar sinais de alerta e a oferecer apoio adequado.
- **Intervenção precoce e acompanhamento contínuo**: diagnósticos precoces e intervenções adequadas podem reduzir o risco de complicações adicionais, como comorbidades psiquiátricas. A abordagem de tratamento deve ser contínua, com monitoramento regular da saúde mental e bem-estar do indivíduo (Hedley *et al.*, 2018).
- **Grupos de apoio**: a participação em grupos de apoio pode proporcionar aos pacientes com TEA um espaço seguro para compartilhar suas experiências, se conectar com outras pessoas que compreendem seus desafios e receber apoio emocional. Grupos de apoio podem ajudar a reduzir o isolamento social, promover a autoaceitação e fortalecer a resiliência (Sarris, 2022).

- **Promover estilos de vida saudáveis**: incentivar a boa nutrição, o exercício físico diário, o sono regular e a prática de mindfulness para ajudar a regular o humor e o comportamento.

Considerações éticas

O tratamento de pacientes com TEA em risco de suicídio exige atenção cuidadosa às considerações éticas.

- **Sigilo profissional**: manter a confidencialidade das informações compartilhadas pelo paciente é crucial para estabelecer uma relação de confiança e encorajar a busca por ajuda (Bernert & Roberts, 2024).
- **Consentimento informado**: é fundamental garantir que o paciente compreenda os riscos e benefícios de qualquer intervenção proposta, assegurando sua participação ativa nas decisões sobre seu tratamento (Bernert & Roberts, 2024).
- **Capacidade de tomar decisões**: avaliar a capacidade do paciente de tomar decisões sobre seu próprio tratamento é essencial, especialmente em casos de ideação suicida aguda. Em situações de risco iminente, pode ser necessário tomar medidas para garantir a segurança do paciente, mesmo que isso envolva a quebra de confidencialidade ou a hospitalização involuntária (Bernert & Roberts, 2024).

O suicídio em pessoas com autismo é uma preocupação crescente, e é fundamental compreender os fatores específicos que aumentam o risco dessa população. A combinação de dificuldades sociais, emocionais e sensoriais, associada a comorbidades psiquiátricas, exige uma abordagem cuidadosa e personalizada para a prevenção do suicídio. Estratégias que incluem apoio emocional contínuo, diagnóstico precoce e sensibilização social são essenciais para reduzir o risco e melhorar a qualidade de vida de pessoas com autismo.

Mais pesquisas e investimentos em serviços de saúde mental acessíveis e culturalmente competentes são necessários para atender às necessidades específicas dessa população e garantir que recebam o apoio de que precisam para viver vidas plenas e significativas. Para tanto, é essencial promover uma abordagem colaborativa que envolva os pacientes com TEA, suas famílias e os profissionais de saúde mental no desenvolvimento e na implementação de planos de tratamento e prevenção.

> Para muitos autistas viver em sociedade é um "trabalho" exaustivo, uma função que lhes custa tempo, energia e muito esforço. É preciso que eles (re)descubram a alegria de viver. É dever da sociedade proporcionar-lhes as ferramentas para que atinjam o bem-estar pessoal e social. Na verdade, somos todos seres humanos querendo

ser aceitos, compreendidos e incluídos na sociedade como pessoas plenas; isso independente de um diagnóstico. Portanto, para ajudar pessoas autistas a quererem viver e para combater a estatística preocupante de suicídios entre essa população, a sociedade deve promover meios para que se orgulhem de serem quem são e queiram existir em um mundo que também é seu. Esse é, sem dúvida, um processo que começa em casa, continua na escola e segue nos demais setores da vida (Kwant, 2023).

Referências

AMERICAN PSYCHIATRIC ASSOCIATION. *Diagnostic and statistical manual of mental disorders (DSM-5)*. Washington: APA Publishing, 2022.

BARON-COHEN, S.; WHEELWRIGHT, S. The empathy quotient: an investigation of adults with Asperger Syndrome or high functioning autism, and normal sex differences. *Journal of Autism and Developmental Disorders*, v. 34, n. 2, p. 163-175, 2004. Disponível em: https://pubmed.ncbi.nlm.nih.gov/15162935/. Acesso em: 23 fev. 2025.

BERNARD, S. Critical measures to counter suicide. *Autism Speaks*, [s.d.]. Disponível em: https://www.autismspeaks.org/blog/8-critical-measures-counter-suicide. Acesso em: 10 jan. 2025.

BERNERT, R. A.; ROBERTS, L. W. Ethics commentary: suicide risk: ethical considerations in the assessment and management of suicide risk. *Focus Psychiatry Online*, v. 10, n. 4, 2012. Disponível em: https://psychiatryonline.org/doi/10.1176/appi.focus.10.4.467. Acesso em: 24 fev. 2025.

CHANDRASEKHAR, T.; SIKICH, L. Challenges in the diagnosis and treatment of depression in autism spectrum disorders across the lifespan. *Dialogues in Clinical Neuroscience*, v. 17, n. 2, p. 219-227, 2015. Disponível em: https://pubmed.ncbi.nlm.nih.gov/26246795/. Acesso em: 10 jan. 2025.

CHEN, M. H. *et al.* Risk of suicide attempts among adolescents and young adults with autism spectrum disorder: a nationwide longitudinal follow-up study. *The Journal of Clinical Psychiatry*, v. 78, n. 9, p. e1174-e1179, 2017. Disponível em: https://pubmed.ncbi.nlm.nih.gov/28872268/. Acesso em: 10 jan. 2025.

HEDLEY, D.; ULJAREVIC, M.; FOLEY, K. R.; RICHDALE, A.; TROLLOR, J. Risk and protective factors underlying depression and suicidal ideation in Autism Spectrum Disorder. *Depress Anxiety*, v. 35, n. 7, p. 648-657, 2018. Disponível em: https://pubmed.ncbi.nlm.nih.gov/29659141/. Acesso em: 10 jan. 2025.

HEDLEY, D.; ULJAREVIC, M. Systematic review of suicide in autism spectrum disorder: current trends and implications. *Current Developmental Disorders Reports*, v. 5, n. 1, p. 65-76, 2018. Disponível em: https://link.springer.com/article/10.1007/s40474-018-0133-6. Acesso em: 10 jan. 2025.

HIRVIKOSKI, T. *et al.* Individual risk and familial liability for suicide attempt and suicide in autism: a population-based study. *Psychological Medicine*, v. 50, n. 9, p. 1463-1474, 2020. Disponível em: https://pubmed.ncbi.nlm.nih.gov/31238998/. Acesso em: 10 jan. 2025.

HOOIJER, A.; SIZOO, B. Autism and suicidality: review of risk factors in literature. *European Psychiatry*, v. 33, n. S1, p. S602-S602, 2016. Disponível em: https://www.sciencedirect.com/science/article/pii/S0924933816022537. Acesso em: 10 jan. 2025.

HULL, L. *et al.* Sex differences in self-harm and suicide in young autistic adults. *Acta Psychiatr Scand*, v. 150, n. 4, p. 223-233, 2024. Disponível em: https://pubmed.ncbi.nlm.nih.gov/39030828/. Acesso em: 10 jan. 2025.

HUNTJENS, A.; VAN DEN BOSCH, L. M. C. W.; SIZOO, B.; KERKHOF, A.; SMIT, F.; VAN DER GAAG, M. The effectiveness and safety of dialectical behavior therapy for suicidal ideation and behavior in autistic adults: a pragmatic randomized controlled trial. *Psychological Medicine*, v. 54, n. 10, p. 2707-2718, 2024. Disponível em: https://pubmed.ncbi.nlm.nih.gov/38606582/. Acesso em: 10 jan. 2025.

KALKBERNNER, A. E.; LEE, B. K. Suicidal behavior among individuals with autism spectrum disorders: a review of the literature. *Journal of Autism and Developmental Disorders*, v. 43, n. 9, p. 2217-2227, 2013. Disponível em: https://doi.org/10.1007/s10803-013-1794-0. Acesso em: 10 jan. 2025.

KIRBY, A. V.; BAKIAN, A. V.; ZHANG, Y.; BILDER, D. A.; KEESHIN, B. R.; COON, H. A 20-year study of suicide death in a statewide autism population. *Autism Research*, v. 12, n. 4, p. 658-666, 2019. Disponível em: https://pubmed.ncbi.nlm.nih.gov/30663277/. Acesso em: 10 jan. 2025.

KOLVES, K.; FITZGERALD, C.; NORDENTOFT, M.; WOOD, S. J.; ERLANGSEN, A. Assessment of suicidal behaviors among individuals with autism spectrum disorder in denmark. *JAMA Netw Open*, v. 4, n. 1, p. e2033565, 2021. Disponível em: https://jamanetwork.com/journals/jamanetworkopen/fullarticle/2774853. Acesso em: 10 jan. 2025.

KWANT, F. Quando o autista perde a vontade de viver. *Canal Autismo*, 18 set. 2023. Disponível em: https://www.canalautismo.com.br/artigos/autismo-e-suicidio/. Acesso em: 10 jan. 2025.

MAZUREK, M. O.; KANNE, S. M. Aggression in children and adolescents with ASD: prevalence and risk factors. *Journal of Autism and Developmental Disorders*, v. 41, n. 7, p. 926-937, 2011. Disponível em: https://pubmed.ncbi.nlm.nih.gov/20960041/. Acesso em: 10 jan. 2025.

MOURNET, A. M.; WILKINSON, E.; BAL, V. H.; KLEIMAN, E. M. A systematic review of predictors of suicidal thoughts and behaviors among autistic adults: making the case for the role of social connection as a protective factor. *Clinical Psychology Review*, v. 99, p. 102-235, 2023. Disponível em: https://pubmed.ncbi.nlm.nih.gov/36459876/. Acesso em: 10 jan. 2025.

NEWELL, V.; PHILLIPS, L.; JONES, C.; TOWNSEND, E.; RICHARDS, C.; CASSIDY, S. A systematic review and meta-analysis of suicidality in autistic and possibly autistic people without co-occurring intellectual disability. *Molecular autism*, v. 14, n. 1, [n.p.], 2023. Disponível em: https://pmc.ncbi.nlm.nih.gov/articles/PMC10018918/. Acesso em: 10 jan. 2025.

O'HALLORAN, L.; COEY, P.; WILSON, C. Suicidality in autistic youth: a systematic review and meta-analysis. *Clinical Psychology Review*, v. 93, p. 102-144, 2022. Disponível em: https://pubmed.ncbi.nlm.nih.gov/35290800/. Acesso em: 10 jan. 2025.

ROUX, A. *et al.* Risk of suicide in autism spectrum disorders: a retrospective cohort study. *The Lancet Psychiatry*, v. 4, n. 4, p. 322-329, 2017. Disponível em: https://doi.org/10.1016/S2215-0366(17)30094-3. Acesso em: 10 jan. 2025.

SARRIS, M. Working to prevent suicide in youth with autism. *SPARK: Simons Powering Autism Research for Knowledge*, 7 set. 2022. Disponível em: https://sparkforautism.org/discover_article/suicide-prevention-autism/. Acesso em: 10 jan. 2025.

STERLING, L. *et al.* Prevalence and correlates of suicidal ideation in adolescents with autism spectrum disorder. *Journal of Autism and Developmental Disorders*, v. 46, n. 3, p. 1265-1274, 2016. Disponível em: https://doi.org/10.1007/s10803-015-2670-z. Acesso em: 10 jan. 2025.

18

CONEXÕES PERIGOSAS

MULHERES AUTISTAS EM RELACIONAMENTOS COM PARCEIROS NARCISISTAS

A expressão da sexualidade de indivíduos autistas é tão heterogênea quanto o próprio espectro. A vulnerabilidade emocional em que se encontram pode ser um facilitador para relacionamentos ameaçadores. Por esse motivo, enxergar o autista para além do seu aspecto biológico se faz necessário como medida protetiva e essencial para formação de sua consciência afetiva.

RENATA G. C. DE DEUS, GEDIENE RIBEIRO, PAULA R. FERNANDES, E LAÍS C. YAMAGUCHI

Renata G. C. de Deus, Gediene Ribeiro, Paula R. Fernandes e Laís C. Yamaguchi

Renata (à esquerda) é pediatra e pneumologista infantil. Formação em autismo e transtornos do neurodesenvolvimento. CEO da Clínica Matrescência (MG), com robusta experiência em puericultura, somando mais de 3.000 crianças acompanhadas.

Contatos:
Instagram: @drarenata.deus
33 99914 2930

Gediene (segunda da esquerda para a direita) é médica pediatra. Pós-graduada em TEA. Pós-graduada em psiquiatria e saúde mental da infância e adolescência. Coautora dos livros *Simplificando o autismo*; *Espectro autista feminino*; e *Autismo: quando o diagnóstico chega*.

Contatos:
Instagram: @dra.gedieneribeiro
94 99112 3187

Paula (terceira da esquerda para a direita) é pediatra com residência pela Unifeso-RJ. Pós-graduada em pediatria integrativa. Formação em autismo e transtornos do neurodesenvolvimento com foco em autismo feminino e infantil. Docente da Ufes na cadeira de pediatria. Mãe atípica.

Contatos:
Instagram: @dra.paularangel.ped
27 99967 6068

Laís (quarta da esquerda para a direita) é neurologista com residência realizada no HMTJ - Juiz de Fora. Professora de neuroanatomia na Faminas-Muriaé. Formação em autismo e transtornos do neurodesenvolvimento.

Contatos:
Instagram: @laisciribelli
32 99945 2733

Sexualidade e autismo

Com início na infância, a construção das primeiras noções do autista sobre sexualidade são formadas por meio da família, escola e profissionais envolvidos no seu tratamento, embasadas por matrizes educacionais, culturais, políticas e religiosas.

A sexualidade é um aspecto essencial da saúde global dos indivíduos. Ela contribui para a qualidade de vida e potencializa as experiências prazerosas e seguras das pessoas, influenciando o bem-estar físico, mental e social, conforme afirma a Organização Mundial de Saúde.

No Transtorno do Espectro Autista (TEA), quando se fala em sexualidade, as informações que são transmitidas geralmente se limitam às noções de funcionamento sexual básico e contracepção. A abordagem mais ampla da temática, incluindo aspectos associados a parceiros afetivos, reflexão sobre a elaboração de sentimentos além de comportamentos e conhecimentos compartilhados face à sexualidade, costuma ser ignorada. Os déficits sociais e de comunicação típicos do autismo geralmente interferem nas habilidades de estabelecer e manter redes de pares. Como resultado, os indivíduos com TEA têm menos locais sociais e, portanto, menos oportunidades de adquirir sabedoria social em relação à sexualidade e à saúde sexual que em nosso meio geralmente é aprendido entre os pares.

Relacionamento e autismo

Pessoas que têm amizades estáveis, positivas e duradouras são relatadas como mais felizes, saudáveis e até vivem mais. Além disso, os relacionamentos românticos também demonstraram desempenhar um papel particularmente central ao longo da idade adulta, promovendo uma sensação de bem-estar e fornecendo apoio prático e emocional. Embora saibamos que tanto as amizades quanto os relacionamentos românticos mudam com o tempo e se tornam cada vez mais complexos, a maior parte do nosso conhecimento nessas áreas decorre de pesquisas sobre adultos neurotípicos. Como tal, muito pouco se sabe sobre o desenvolvimento e as experiências de amizades e relacionamentos românticos para adultos autistas, e especialmente para mulheres autistas.

Ao considerarmos as relações afetivas como um determinante de saúde, tornam-se relevantes as intervenções que visem influenciar o desenvolvimento da afetividade dos adolescentes e jovens adultos com autismo. Apesar disso, é fato que educar para vivência dos relacionamentos interpessoais afetivos é uma tarefa extremamente difícil. O objetivo não deve ser estimular comportamentos específicos, mas, por meio de uma abordagem mais sensível e inclusiva, é possível informar, capacitar e criar um ambiente que favoreça as escolhas saudáveis.

Ao contrário do que se possa imaginar, a maioria dos jovens autistas demonstram interesse em ter parceiros íntimos e construir suas próprias famílias, mesmo diante de tantas peculiaridades inerentes a sua condição. Em contraposto, evidencia-se um despreparo por parte de profissionais e familiares para abordar esse assunto.

As meninas autistas têm mais dificuldade para entender e gerenciar conflitos em seus relacionamentos e com seus colegas em geral, e são expostas a mais bullying relacional (comportamentos como fofocas e exclusão, que são muito mais predominantes nos relacionamentos de meninas adolescentes) do que qualquer outro grupo. Entre meninas e mulheres neurotípicas, o conflito relacional é normalmente gerenciado por meio do retorno dessas agressões sociais sutis, no entanto, as meninas autistas não tendem a fazer isso. Em vez disso, elas assumem que são inteiramente culpadas pelo problema, fazendo o que podem para resolvê-lo, ou assumem que a amizade não pode ser resgatada retirando-se do relacionamento.

É preciso desafiar a tendência de que nenhuma intervenção deva ser conduzida até que comportamentos inapropriados estejam presentes, ou até que as dificuldades de se relacionar com os parceiros estejam evidentes. Não há como se estabelecer concepções homogêneas sobre o desenvolvimento na adolescência, contudo, há questões importantes a serem consideradas.

Apesar de enfrentarem múltiplos desafios em seus relacionamentos, as mulheres autistas costumam ser resilientes em seus esforços para superar as adversidades. A capacidade de mascaramento, tão conhecida e descrita nesse grupo, faz com que as inabilidades sociais fiquem menos perceptíveis e muitas vezes não evidenciadas.

Diante da oportunidade de aprendizagem social, ocorre uma ativação cerebral relacionada ao circuito das emoções, da recuperação de memória e recompensa. Assim, com objetivo de se misturar aos demais, mulheres autistas imitam gestos e falas de pessoas populares, controlam suas estereotipias, se esquivam de ambientes e situações para não serem notadas e treinam habilidades sociais muitas vezes por meio da observação (tanto de pessoas reais quanto de filmes e livros).

Com demasiada dedicação, mulheres autistas tentam esconder seus traços e criam estratégias de enfrentamento a partir de suas vivências. Porém, se por um lado a camuflagem as deixa menos vulneráveis em questões sociais e as protege dos predadores do preconceito, por outro lado a camuflagem tende a ser exaustiva. Afetando sua autoestima adversamente por não poderem ser elas mesmas, aumentando consideravelmente as chances de ansiedade, depressão e suicídio.

Narcisismo

Em razão de algumas características como a busca por honestidade, dificuldade em perceber sinais sociais mais sutis e inclinação para se comprometerem intensamente, jovens autistas podem ser alvos mais frequentes de abuso de poder por parte dos pares, incluindo aquelas com parceiros narcisistas.

O narcisismo é um traço de personalidade que se manifesta em graus variados, podendo ser considerado saudável ou patológico. No aspecto saudável, está associado à autoestima, à confiança e à capacidade de reconhecer o próprio valor, elementos importantes para um funcionamento psicológico equilibrado. Contudo, quando exacerbado e combinado com dificuldades emocionais profundas, o narcisismo pode evoluir para o Transtorno de Personalidade Narcisista (TPN), uma condição diagnosticada pelo DSM-5.

Caracterizado por padrões persistentes de grandiosidade, necessidade de admiração e falta de empatia, o TPN impacta severamente as relações interpessoais e o bem-estar do indivíduo. Pessoas com essa condição frequentemente exibem comportamentos arrogantes, exploram os outros para alcançar seus objetivos e mostram dificuldade para lidar com críticas, revelando um núcleo de insegurança e vazio emocional oculto por trás de sua imagem grandiosa.

Parceiros narcisistas frequentemente usam táticas como gaslighting (forma de abuso psicológico em que informações são manipuladas para confundir a vítima e dificultar sua percepção da realidade), manipulação emocional e controle para dominar relacionamentos.

O narcisismo vulnerável, em que o indivíduo combina características de baixa autoestima com comportamentos manipuladores, pode ser particularmente atraente para mulheres autistas, devido a tendências de se envolverem profundamente com parceiros que aparentam vulnerabilidade emocional. É importante destacar que relacionamentos abusivos não se restringem àqueles com violência física. Agressões sexuais, psicológicas e morais também são formas de violência e caracterizam um relacionamento abusivo.

A dinâmica de relações entre mulheres autistas e parceiros narcisistas tende a ser marcada por padrões de desequilíbrio de poder, em que o parceiro narcisista exerce controle emocional e a mulher autista se sente presa, em um ciclo de culpa e autoquestionamento. Ademais, a mulher autista tem consciência de todos os entraves a serem enfrentados caso opte por tentar um novo relacionamento.

Relacionamento tóxico e autismo

Inicialmente, o parceiro narcisista atrai a pessoa autista fingindo admiração e conexão intensa, que tendem a ser interpretados como carinho e afeto pela vítima. Ao mesmo tempo, ele usa da estratégia de se diminuir para iniciar sua manipulação. A vítima começa, então, a se aprofundar na relação e a experimentar uma certa culpa ao achar que é responsável por provocar situações que deixem o parceiro desconfortável e, assim, passa a se moldar para satisfazê-lo. Aos poucos, o parceiro vai retirando o afeto e a relação se torna um jogo perigoso de manipulação e críticas frequentes, que consequentemente enfraquecem sua autoestima. Porém, por já se encontrar em uma posição de dependência emocional associada à síndrome da boazinha (priorizar o desejo de agradar ao outro mesmo em detrimento de suas próprias necessidades), ela não enxerga o contexto em que se encontra.

Com o passar do tempo, sua identidade e independência vão sendo destruídas, até não restar nada além de uma total dependência de seu parceiro. Devido à necessidade de rotina e estabilidade, que são características do indivíduo autista, mesmo descontentes em uma relação, podem acabar não conseguindo finalizar o relacionamento, pois a mudança é algo muito desconfortável e assustadora. Quando a relação não mais interessa ao narcisista, ele a abandona abruptamente, deixando graves impactos psíquicos na parceira, que, apesar de libertar-se da relação, encontra-se extremamente fragilizada emocionalmente.

Vale ressaltar que, para muitas mulheres autistas, os parceiros românticos atuam como guardiões sociais, fornecendo o desenvolvimento de amizades, uma vez que fornecem um "atalho" para uma vida social que acham difícil de construir para si mesmas (por exemplo, quando seus parceiros as apresentam a um grupo de amigos, em vez de terem que construir novas amizades sozinhas). A centralidade dos relacionamentos românticos na vida das mulheres autistas também contribui para os relacionamentos abusivos, visto que muitas delas descreveram seu parceiro romântico como sendo seu relacionamento mais importante. Para as mulheres autistas, seus parceiros representavam seu principal relacionamento social. Elas descreveram seus relacionamentos românticos como incrivelmente intensos e reconhecem que isso pode ser difícil para seus parceiros lidarem.

Esse tipo de relacionamento leva a repercussões negativas no bem-estar psicológico das mulheres autistas, desencadeando mecanismos disfuncionais a curto, médio e longo prazo. As consequências podem ser físicas e/ou emocionais, e a intensidade da apresentação de sequelas varia de indivíduo para indivíduo. Sintomas de ansiedade, depressão e traumas complexos são comumente descritos, além da intensificação dos desafios sensoriais e emocionais já enfrentados pela mulher autista.

Os desafios que tornam mais complexo o fim desses ciclos abusivos incluem, por exemplo, a tendência de permanecer em um relacionamento ruim por ser mais cômodo do que buscar um novo ou pelo fato de a pessoa ser a principal conexão com seu círculo social.

Algumas mulheres enfrentam dificuldades tanto para sair de situações de que não gostam quanto para aplicar aprendizados de uma experiência para outra.

Embora mulheres autistas enfrentem desafios únicos em relacionamentos abusivos, há estratégias eficazes para ajudá-las a reconhecer e se desvencilhar de ciclos abusivos. Existem alguns sinais de que a relação poderá tornar-se disfuncional desde o início. O afeto e o cuidado excessivos que precedem a fase de abandono e desvalor é uma de suas principais características.

Ações focadas na educação dos pais e escola têm impacto categórico, fornecendo ferramentas possíveis de serem utilizadas no dia a dia e aumentando a confiança dos cuidadores para abordarem o assunto em casa, que ainda é visto como tabu. Por meio da educação emocional, é possível ensinar habilidades aos jovens autistas e garantir que possam identificar precocemente os sinais de abuso.

De modo semelhante, intervenções específicas da terapia cognitivo-comportamental auxiliam a mulher autista a criar os alicerces para a estruturação de uma autoestima sólida e a construção de limites saudáveis. Além disso, grupos de apoio em comunidades de mulheres autistas podem proporcionar um espaço seguro para compartilhar experiências.

Diante de tudo o que foi descrito, faz-se necessário desviarmos de um modelo protecionista que engloba uma política assistencialista voltada apenas para aspectos superficiais da sexualidade, para um modelo cujo objetivo seja priorizar uma educação sexual abrangente e integral, bem como a formação da afetividade. É crucial compreender a perspectiva desses jovens e tentar entender melhor suas experiências, a fim de fornecer o suporte apropriado. Reconhecer a dinâmica que engloba esse processo é essencial para reduzir a vulnerabilidade dessas mulheres, tornando-as capazes de encontrar segurança emocional e desenvolver relações saudáveis, garantindo que meninas possam desfrutar de uma transição segura para a idade adulta e relacionamentos adultos positivos.

Referências

AMERICAN PSYCHIATRIC ASSOCIATION. *Diagnostic and statistical manual of mental disorders (DSM-5)*. Washington: APA Publishing, 2022.

BECK, J. S.; LUNDWALL, R. A.; GABRIELSEN, T.; COX, J. C.; SOUTH, M. Looking good but feeling bad: "camouflaging" behaviors and mental health in women with autistic traits. *Autism*, v. 24, n. 4, p. 809-821, 2020. Disponível em: https://pubmed.ncbi.nlm.nih.gov/32429817/. Acesso em: 28 fev. 2025.

GREENBERG, D. M. *et al.* The vulnerable narcissist in relationships. *Personality and Individual Differences*, v. 131, [s.n.], p. 57-62, 2018.

KOCK, E.; STRYDOM, A.; O'BRADY, D.; TANTAM, D. Autistic women's experience of intimate relationships: the impact of an adult diagnosis. *Advances in Autism*, v. 5, n. 1, p. 38-49, 2019. Disponível em: https://kclpure.kcl.ac.uk/ws/portalfiles/portal/106617991/Autistic_women_s_experience_of_KOCK_Accepted5January2019_GREEN_AAM.pdf. Acesso em: 28 fev. 2025.

RAJAN, T. *et al.* Autism and vulnerability to abuse: a systematic review. *Research in Autism Spectrum Disorders*, v. 91, n. 101860, [n.p.], 2022.

SCHRIBER, R. A. *et al.* The double empathy problem: implications for autism and relationships. *Social Cognitive and Affective Neuroscience*, v. 16, n. 2-3, p. 175-183, 2021.

SEDGEWICK, F.; CRANE, L.; HILL, V.; PELLICANO, E. The relationships of autistic and neurotypical women. *Autism in Adulthood*, v. 1, n. 2, p. 112-123, 2019. Disponível em: https://pubmed.ncbi.nlm.nih.gov/36601533/. Acesso em: 28 fev. 2025.

19

FAMÍLIAS ATÍPICAS
O AMOR INCONDICIONAL E O ADOECIMENTO SILENCIOSO

Em 2019, enquanto enfrentava o diagnóstico do meu filho, vivi o adoecimento silencioso que muitas famílias passam: o luto pelo ideal, o medo do futuro e o peso do desconhecido. O autismo não apenas desafiou minha formação médica, mas também expôs a fragilidade e a força de ser mãe em meio ao caos.

RINARA GROSSI, PAOLA FADUL
E RENATA ANICETO

Rinara Grossi, Paola Fadul e Renata Aniceto

Rinara (à esquerda) é médica pediatra, com ênfase em puericultura, desenvolvimento infantil e transtornos do neurodesenvolvimento. Pós-graduanda em Transtorno do Espectro Autista, ABA e Intervenção Precoce. Mãe do Bernardo e da Melissa.

Contatos:
www.drarinaragrossi.com.br
Instagram: @drarinaragrossi
33 3021 6491

Paola (ao centro) é pediatra pela Unoeste e Hospital Regional em Pres. Prudente/SP. Estágio de Neurologia Infantil pela Unesp. Pós-graduada em Psiquiatria da Infância e Adolescência pelo CBI of Miami.

Contatos:
Instagram: @drapaolafadul
65 99209 2993

Renata (à direita) é pediatra e hematologista pela FMUSP/SP. Pós-graduação em Trissomia do Cromossomo 21 pelo Cepec-SP. Certificação em Transtornos do Neurodesenvolvimento com ênfase em Autismo pela Certificação Thiago Castro. Secretária e membro do Departamento Científico de Pediatria Ambulatorial da SBP.

Contato:
Instagram: @dra.renataaniceto

Que bom que o BERA veio normal!

— Bom para quem? Se ele escuta, significa que ele é autista! Eu preferia um filho surdo a um filho autista. E agora, quem vai cuidar dele quando a gente morrer?

Essas palavras, que hoje soam absurdas, são ditas por muitas famílias e foram ditas por mim em 2019, durante uma conversa com meu marido, enquanto ainda enfrentávamos a peregrinação em busca do diagnóstico do nosso filho Bernardo. Naquele momento, eu já era pediatra e hematologista infantil, mas o autismo era algo totalmente novo em minha vida. Minha formação profissional parecia insuficiente diante da realidade que se apresentava. Naquele lugar, naquele dia, naquela hora, eu não era médica. Era apenas uma mãe. Uma mãe enlutada, perdida, com um diagnóstico recente e avassalador em mãos.

Na frustração de ter "perdido" o filho idealizado, proferi palavras que, até hoje, me envergonham. Primeiro, porque criar um filho surdo ou com perda auditiva não é, em nenhum momento, algo fácil. Segundo, porque não existe deficiência "melhor" ou "pior" do que outra. A surdez era uma realidade mais próxima e compreensível para mim do que o autismo. Talvez por isso eu tivesse a impressão de que seria mais fácil lidar com os desafios da perda auditiva do que com o desconhecido que o espectro autista representava. Ainda assim, jamais quis minimizar a luta das famílias ou da comunidade deficiente auditiva, que enfrenta desafios igualmente significativos.

Fizemos questão de compartilhar esse episódio porque ele reflete, com precisão, o impacto inicial que um diagnóstico pode ter sobre uma família. É um momento de luto, confusão e medo, que muitas vezes traz à tona sentimentos e pensamentos difíceis de admitir. Porém, é nesse turbilhão emocional que reside a essência deste tema tão relevante e pouco discutido: **famílias atípicas – o amor incondicional e o adoecimento silencioso**.

1. Do amor incondicional

O amor materno é um fenômeno complexo que envolve diversas regiões cerebrais e é mediado por hormônios específicos. Estudos de neuroimagem identificam as bases neurais do amor materno, destacando a ativação de áreas cerebrais associadas ao sistema de recompensa. A formação do vínculo entre mãe e filho é sustentada por uma interação de substâncias químicas no cérebro, como a ocitocina, a dopamina e a serotonina. Esses mecanismos neurais e hormonais não apenas promovem o cuidado materno, mas também são fundamentais para o desenvolvimento social e emocional da criança, destacando a relevância evolutiva do amor materno.

A ocitocina, conhecida como o "hormônio do amor", tem papel fundamental em estimular o cuidado materno e fortalecer a conexão emocional entre mãe e filho. Esse hormônio é liberado em resposta a estímulos do bebê, como o choro, e ativa circuitos de recompensa no cérebro, tornando os estímulos infantis mais gratificantes. A ocitocina trabalha junto com a dopamina, que é responsável por motivar a mãe a cuidar ativamente do filho e reforçar o prazer de estar com ele. Já a serotonina ajuda a regular comportamentos importantes para os cuidados maternos, como a amamentação, e contribui para garantir a sobrevivência do bebê. Essas substâncias agem em conjunto para promover o vínculo afetivo e o cuidado materno, fundamentais para o desenvolvimento saudável da criança e para coordenar os diferentes aspectos do comportamento materno, desde a motivação para o cuidado até a capacidade de enfrentamento do estresse.

No entanto, a maternidade é também permeada por desafios emocionais e sociais, especialmente quando envolve o diagnóstico de uma condição atípica, como o autismo. Explicar pela neurociência o amor de mãe pelo filho é mais simples que tentar traduzir em palavras o que sentimos desde a gestação.

Quando engravidamos, idealizamos uma viagem idílica: um passeio à praia em família, recheado de risadas, boas lembranças e dias felizes. Contudo, o diagnóstico de autismo transforma essa praia paradisíaca em um cenário deserto. O mesmo lugar que antes simbolizava sonho e alegria revela-se um espaço de vulnerabilidade, fragilidade e solidão. Assim como em uma praia deserta, é preciso ressignificar todo caminho da maternidade. Com a "perda" do filho idealizado, os pais de crianças com TEA frequentemente vivenciam um processo de luto ao receberem o diagnóstico.

Esse amor incondicional, contudo, é acompanhado de adaptações constantes. Os cuidadores tornam-se especialistas nas necessidades dos filhos, aprendendo a interpretar sinais não verbais e a encontrar formas alternativas de comunicação. Essas experiências, muitas vezes descritas como transformadoras, destacam a resiliência emocional e a capacidade de superação desses pais. Pequenas conquistas, como um sorriso ou uma interação inesperada, são frequentemente descritas como momentos de profunda alegria e significado (Battanta *et al.*, 2024).

2. Do adoecimento silencioso

Todos somos influenciados pelo contexto em que vivemos, e as relações estabelecidas dentro desse ambiente podem favorecer tanto o desenvolvimento de comportamentos saudáveis quanto o surgimento de processos adoecidos (Oliveira *et al.*, 2024). No caso de famílias com crianças diagnosticadas com Transtorno do Espectro Autista (TEA), o impacto emocional pode ser profundo, especialmente para os cuidadores principais, que frequentemente vivenciam níveis elevados de estresse em comparação com cuidadores de crianças com desenvolvimento típico. Entre os desafios enfrentados estão as manifestações clínicas do TEA, como hiperatividade, impulsividade, auto e heteroagressões, estereotipias e dificuldades significativas de comunicação e interação social. São comportamentos desgastantes no dia a dia e que estão diretamente relacionados ao comprometimento do bem-estar de toda família. Além disso, o alto custo das intervenções e a falta de suporte social adequado ampliam a sobrecarga emocional e física dessas famílias.

É importante notar que o amor não elimina as dificuldades estruturais e emocionais enfrentadas. Oliveira *et al.* (2024) descreveram os estágios emocionais vividos pelos pais após o diagnóstico de TEA. Inicialmente, ocorre o choque, marcado por sentimentos de desamparo e medo em relação ao futuro. A negação, um mecanismo de defesa frente à realidade da condição clínica do filho, surge como uma tentativa de lidar com a dor. Posteriormente, os sentimentos de raiva e culpa emergem, levando os pais a questionarem suas crenças e a se sentirem, erroneamente, responsáveis pelo transtorno. Esse estágio é marcado por uma busca incessante de explicações e soluções que possam justificar ou aliviar a situação.

Por fim, no estágio de reorganização, os pais começam a aceitar a realidade e se esforçam para compreender o diagnóstico e as necessidades específicas da criança. No entanto, mesmo nessa fase, a adaptação pode ser acompanhada por sentimentos de impotência e ansiedade diante das demandas constantes impostas pelo TEA, principalmente devido às dificuldades de interação e comunicação social da criança. Essa dinâmica leva muitos pais a vivenciarem o cotidiano dos filhos como se fosse o próprio, renunciando à sua individualidade e às atividades que antes compunham sua identidade. Nessa fase, embora ainda enfrentem grande estresse, as famílias ainda buscam compreender o TEA e reconhecer o filho na sua singularidade.

A maneira como as famílias enfrentam essas adversidades é o principal determinante de sua qualidade de vida. No entanto, Alves *et al.* (2022) apontam que o estresse dos cuidadores está menos relacionado à gravidade dos sintomas da criança e mais vinculado à ausência de recursos ambientais e sociais. Em muitos casos, o papel de cuidador recai predominantemente sobre as mães, que se tornam responsáveis por auxiliar a criança em atividades básicas e instrumentais do dia a dia. Esse papel, embora enraizado no amor e no desejo de proteção, pode rapidamente se transformar em uma sobrecarga. Essas mães frequentemente enfrentam mudanças abruptas na rotina, muitas vezes renunciando a carreiras, convívio social e autocuidado, enquanto se dedicam integralmente às demandas do filho. Essa renúncia contribui para sentimentos de frustração, angústia e, em muitos casos, ansiedade (Alves *et al.*, 2022).

A sobrecarga dos cuidadores não é apenas emocional, mas também física e financeira. Alves *et al.* (2022) apontaram que mães de crianças com TEA têm maior risco de desenvolver estresse parental, ansiedade e depressão em comparação com mães de crianças com outros transtornos ou desenvolvimento típico. O isolamento social, reforçado pelo estigma associado ao TEA, agrava ainda mais o sofrimento psicológico, levando muitas famílias a evitar espaços públicos e reduzir sua interação social. Esse isolamento é frequentemente iniciado no longo e desgastante processo de busca por diagnóstico. Durante entrevistas qualitativas, pais destacaram que um dos maiores desafios é a duração prolongada desse processo, que muitas vezes envolve longas esperas e múltiplas consultas. Para esses pais, o diagnóstico representa a esperança de uma explicação para os comportamentos desafiadores de seus filhos. Contudo, após o diagnóstico, muitos relatam a necessidade urgente de acompanhamento mais próximo e de um suporte adequado, tanto no âmbito emocional quanto no prático. Durante os processos, os pais sentem-se "diferentes" (ou deslocados e constrangidos) em interações sociais, enfrentando julgamentos e críticas que impactam a dinâmica familiar.

A renúncia das mães à vida profissional e ao autocuidado também contribui para o aumento do estresse (Alves *et al.*, 2022). Muitas se encontram em situações de insatisfação e isolamento, com poucos momentos de lazer ou realização pessoal. Chaim *et al.* (2019) destacaram a importância de criar oportunidades para que as famílias tenham momentos de lazer significativos, mesmo que breves, pois isso contribui para a melhoria da dinâmica familiar e para a satisfação geral com a vida. Estratégias que promovam a autonomia dos pais, aliadas a programas de capacitação parental, têm se mostrado eficazes para minimizar o impacto do estresse parental e criar um ambiente familiar mais equilibrado. O desequilíbrio gerado pelas demandas do cuidado pode levar a conflitos conjugais e a um distanciamento entre pais e outros filhos. Irmãos de crianças com TEA também enfrentam desafios emocionais, muitas vezes assumindo responsabilidades adicionais que podem impactar seu desenvolvimento.

O impacto de longo prazo no bem-estar dos cuidadores é preocupante. Muitos relatam que mesmo após os filhos alcançarem a vida adulta, os desafios persistem, com poucos serviços disponíveis para atender às necessidades de adultos autistas. Isso cria uma situação de vulnerabilidade dupla, em que os pais envelhecem sem suporte e enfrentam preocupações constantes sobre o futuro dos filhos.

Conclusão

O adoecimento silencioso dos cuidadores, especialmente das mães, reflete a complexidade emocional de lidar com o diagnóstico e os desafios diários do TEA. É um processo, muitas vezes, invisível à sociedade e que exige atenção, empatia e ações concretas para garantir que essas famílias não apenas sobrevivam, mas possam encontrar formas de ressignificar sua jornada e construir uma convivência saudável e gratificante.

A partir desses dados, que novo mundo desejamos para os vários "Bernardos" e suas famílias?

- O movimento começa com a inclusão por meio da capacitação da sociedade sobre as reais necessidades dessas famílias. Criam-se redes de informação e apoio nas comunidades como igrejas, serviços de saúde, escolas, universidades e mercado de trabalho.
- Protocolos adequados e baseados em evidências envolvendo consultas médicas e tratamento terapêutico em todos os serviços de saúde públicos e privados, acolhendo as famílias como parte indispensável do tratamento.
- Acesso mais fácil e sem burocracia a benefícios governamentais, como a medicamentos, principalmente para mães solo, que precisam de recursos e apoio.
- A diminuição da sobrecarga de tarefas, principalmente para as mães, associada à garantia de tratamento para seus filhos, é essencial para a saúde e o bem-estar da família, além de contribuir para o melhor desenvolvimento das pessoas autistas.

É essencial que estudos futuros explorem o impacto cumulativo do cuidado em contextos diversos, permitindo soluções mais personalizadas e efetivas. A compreensão mais ampla desse fenômeno é um passo crucial para transformar a experiência dessas famílias, promovendo um ciclo de suporte, resiliência e crescimento conjunto.

Referências

ALVES, J. S.; GAMEIRO, A. C. P.; BIAZI, P. H. G. Estresse, depressão e ansiedade em mães de autistas: revisão nacional. *Revista Psicopedagogia*, v. 39, n. 120, p. 412-424, 2022. Disponível em: https://pepsic.bvsalud.org/scielo.php?pid=S0103-84862022000300011&script=sci_abstract. Acesso em: 28 fev. 2025.

BATTANTA, N. K. *et al.* Autism spectrum: parent's perspectives reflecting the different needs of different families. *BCM Pediatrics*, v. 24, n. 439, 2024. Doi: https://doi.org/10.1186/s12887-024-04912-x. Acesso em: 24 jun. 2025.

CHAIM, M. P. M.; COSTA NETO, S. B.; PEREIRA, A. F.; GROSSI, F. R. S. Qualidade de vida de cuidadores de crianças com transtorno do espectro autista: revisão da literatura. *Cadernos de Pós-Graduação em Distúrbios do Desenvolvimento*, v. 19, n. 1, p. 9-34, 2019. Disponível em: https://pepsic.bvsalud.org/scielo.php?script=sci_arttext&pid=S1519-03072019000100002. Acesso em: 28 fev. 2025.

OLIVEIRA, A. P. F.; ALVES, L. S.; PAIXÃO, G. M.; VIEIRA, A. C. S.; ROCHA, M. L. C.; CORRÊA, V. A. C. Sobre as ocupações de pais de crianças com Transtorno do Espectro Autista. *Cadernos Brasileiros de Terapia Ocupacional*, v. 32, [s.n.], [n.p.], 2024. Disponível em: https://www.scielo.br/j/cadbto/a/Rj4pnrVyh3Pt9MnJ9pkNZtM/?lang=pt. Acesso em: 28 fev. 2025.

20

O AUTISMO EM LOCAIS DE DIFÍCIL ACESSO ÀS TERAPIAS

FLEXIBILIZAÇÃO DAS TERAPIAS E O PAPEL DOS PAIS DIANTE DESSA DIFICULDADE

Este capítulo apresenta estratégias e práticas cientificamente embasadas para flexibilizar o tratamento em locais de difícil acesso, além de destacar o papel essencial dos pais na aplicação de intervenções terapêuticas, promovendo o desenvolvimento da criança, ainda que com recursos limitados.

JÉSSICA SOARES, LORENA BARRETO E LUCIANY MARTINS CHAVES

Jéssica Soares, Lorena Barreto e Luciany Martins Chaves

Jéssica (à esquerda) é médica pela Faculdade Integral Diferencial (Facid), com título de pediatria pela SBP. Pós-graduanda em Transtorno do Espectro Autista, Desenvolvimento Infantil e Psiquiatria Infantil. Certificação em Transtornos do Neurodesenvolvimento com foco em autismo.

Contatos:
drajessicatorres@hotmail.com
Instagram: @drajessicatorres

Lorena (ao centro) é médica pela UFPI, com residência em pediatria pela mesma instituição. Diretora clínica do Hospital Infantil Lucídio Portela (Hilp), atua como pediatra no Centro Integrado de Reabilitação do Piauí e coordena o Projeto Atrofia Muscular Espinhal no estado. É pós-graduada em Neuropediatria.

Contatos:
lorena_patricia@hotmail.com
Instagram: @dralorena_mesquita

Luciany (à direita) é médica pelo Instituto Presidente Antônio Carlos (ITPAC), com residência em pediatria pela UFBA. Pediatra e diretora clínica da Clínica Kids Pediatria (Piauí), também atua como plantonista da UcinCo do Hospital Regional Chagas Rodrigues. É pós-graduada em Abordagem Integral do TEA e TDAH, além de UTI Pediátrica e Neonatal.

Contatos:
dralucianychaves@hotmail.com
Instagram: @dra.lucianychaves

Maria notava algo diferente em Heitor desde os dois anos. Ele falava poucas palavras, parecia não ouvir quando chamado, não interagia bem com outras crianças, fazia movimentos repetitivos com as mãos, tapava os ouvidos diante de sons altos, e a família quase não saía de casa devido à agitação dele em lugares cheios. Preocupada, Maria procurou o médico do postinho, que encaminhou Heitor ao neuropediatra. Após dois anos de espera, a consulta finalmente aconteceu e confirmou a suspeita: Heitor, agora com quatro anos, foi diagnosticado com autismo. Com o diagnóstico, surge outra preocupação: "O médico disse que as terapias vão mudar a vida do meu filho, mas onde vou conseguir tudo isso?"

A família vive em uma cidade de 20 mil habitantes, onde a fila para terapias pelo SUS pode levar anos. Terapias particulares seriam uma opção, mas há falta de profissionais capacitados, tanto no serviço público quanto no privado. Essa realidade reflete a de muitas famílias brasileiras, especialmente em regiões remotas e com poucos recursos.

O Transtorno do Espectro Autista (TEA) tem crescido rapidamente, e no Brasil existem cerca de 2 milhões de pessoas com autismo, distribuídas entre grandes centros e áreas rurais. Porém, o acesso às terapias não acompanha esse crescimento, prejudicado pela falta de profissionais e infraestrutura em regiões afastadas (Anteza *et al.*, 2017).

O desafio do acesso às terapias em regiões remotas

O diagnóstico de autismo exige intervenções que transformam a vida da criança e aprimoram habilidades sociais, comunicativas e comportamentais (Sandbanck *et al.*, 2023). A terapia padrão ouro é a Análise do Comportamento Aplicada (ABA), associada a terapias como fonoaudiologia, terapia ocupacional e psicopedagogia, indicadas conforme os prejuízos identificados no diagnóstico e acompanhamento. A ausência dessas terapias pode gerar sérios prejuízos para a criança e grande impacto familiar (Ault *et al.*, 2021). Contudo, o acesso a essas intervenções é um desafio em regiões interioranas, especialmente no Norte e Nordeste, devido à escassez de profissionais, infraestrutura precária e altos custos, agravados pela necessidade de deslocamentos. Isso leva as famílias a enfrentarem abandono e buscarem alternativas com recursos limitados.

Entendendo a situação de Maria e flexibilizando terapias

Já sabemos que Maria vive em uma área remota, com difícil acesso às terapias. Para compreender suas limitações e soluções possíveis, analisemos dois contextos familiares:

No **cenário A**, é mãe de mais duas crianças, com renda familiar de um salário mínimo, já que apenas o marido trabalha. Sua situação reflete a realidade de muitas famílias em regiões afastadas, que enfrentam desafios econômicos e estruturais para acessar alternativas terapêuticas.

Acesso a programas gratuitos

Diante dessas limitações, uma solução viável são cursos on-line gratuitos que capacitam os pais, oferecendo informações sobre autismo, direitos das crianças com TEA e intervenções mediadas pelos pais. Estratégias simples e práticas permitem que pais como Maria promovam o desenvolvimento dos filhos no ambiente doméstico. De acordo com Parson *et al.* (2019), essas intervenções melhoram significativamente habilidades sociais, comunicativas e adaptativas, mesmo com recursos limitados. Maria pode começar assistindo a esses cursos e aplicando rotinas estruturadas e atividades que incentivem a comunicação e a autorregulação de Heitor.

O básico bem feito

Conforme Maria for recebendo informações, ela vai entender que o "básico bem feito" se refere à aplicação consistente e eficaz de intervenções simples e acessíveis no dia a dia da criança com autismo. Trata-se de garantir que os aspectos fundamentais do desenvolvimento sejam trabalhados com regularidade e qualidade, mesmo em cenários com recursos limitados. Essa estratégia inclui:

- **Estruturação de rotinas**: estabelecer uma rotina diária previsível com horários organizados e suporte visual (cronogramas e pictogramas), ajudando a reduzir a ansiedade e promover comportamentos adaptativos.

- **Rotina de sono**: priorizar uma boa rotina de sono, essencial para o sucesso de outras intervenções. Crianças descansadas aprendem melhor, interagem mais e participam ativamente.
- **Estímulo à independência**: desenvolver habilidades básicas, como alimentação, higiene, vestir-se e brincar, usando modelagem e divisão de tarefas em passos simples.
- **Interação lúdica estruturada**: brincadeiras como jogos de turnos, quebra-cabeças e atividades sensoriais estimulam interação social, coordenação motora e cognição.
- **Redução de sobrecarga sensorial**: criar ambientes calmos e organizados para minimizar estímulos excessivos, proporcionando segurança e conforto.

Benefício de Prestação Continuada (BPC)

Uma das possibilidades disponíveis para famílias de baixa renda é requisitar o Benefício de Prestação Continuada (BPC), previsto na Lei Orgânica da Assistência Social (LOAS), que oferece um salário mínimo mensal a crianças com deficiência, incluindo TEA, desde que a renda familiar *per capita* seja igual ou inferior a 1/4 do salário mínimo. Com o BPC, Maria pode:

- **Investir em terapias on-line**: plataformas digitais oferecem acompanhamento remoto com profissionais como fonoaudiólogos e terapeutas ocupacionais, possibilitando intervenções realizadas em casa com orientação direta.
- **Participar de capacitações para pais**: cursos gratuitos ou pagos ensinam estratégias terapêuticas baseadas em evidências, permitindo que Maria atue como mediadora no desenvolvimento de Heitor.

No **cenário B**, Maria tem melhores condições financeiras, mas enfrenta a ausência de profissionais especializados na região. Apesar de poder custear o tratamento, terapias presenciais são inviáveis. Assim, intervenções mediadas pelos pais tornam-se a solução mais eficiente.

Com recursos disponíveis, Maria pode investir em terapias on-line com profissionais especializados, que a treinam para aplicar intervenções em casa. A telemedicina possibilita:

- **Orientação personalizada** para aplicação de estratégias.
- **Monitoramento contínuo** do progresso com ajustes necessários.
- **Suporte remoto** para dúvidas e execução correta das técnicas.

De acordo com Sutherland *et al.* (2019), intervenções conduzidas pelos pais, com suporte profissional remoto, apresentam resultados tão eficazes quanto as terapias tradicionais presenciais.

Treinamento de aplicadores terapêuticos locais

Outra alternativa para flexibilizar terapias, quando há recursos financeiros, é o treinamento de pessoas da comunidade ou profissionais sem formação acadêmica específica para atuarem como aplicadores terapêuticos. Esse modelo capacita professores, cuidadores ou membros da comunidade para implementar intervenções estruturadas sob orientação de especialistas, mesmo sem formação avançada em autismo.

Como funciona o treinamento

- **Teleorientação**: especialistas oferecem conteúdos teóricos e práticos para o ensino de intervenções básicas.
- **Programas presenciais ou on-line**: materiais didáticos acessíveis, como vídeos, guias e demonstrações práticas.
- **Supervisão periódica**: aplicadores recebem feedback e ajustes de profissionais experientes.

Benefícios do modelo

- Ampliar a oferta de terapias em áreas com escassez de profissionais qualificados.
- Capacitar pessoas da comunidade para suporte contínuo às famílias.
- Reduzir custos e deslocamentos, levando a intervenção para o ambiente domiciliar ou escolar.
- Criar uma rede de apoio local entre profissionais, educadores e cuidadores.

Estudos, como os de Ingersoll *et al.* (2020), mostram que intervenções aplicadas por pessoas treinadas trazem resultados positivos no desenvolvimento social, comportamental e comunicativo de crianças com TEA.

Intervenções mediadas pelos pais: a solução ao alcance de todos

As intervenções mediadas pelos pais são baseadas em capacitar os responsáveis para que eles apliquem estratégias terapêuticas no cotidiano de seus filhos. Elas são acessíveis, eficazes e têm o potencial de transformar o desenvolvimento da criança com TEA.

Como funciona o treinamento dos pais

O treinamento dos pais pode ser realizado de diversas formas:

- **Aulas e orientações on-line**: profissionais ensinam, por videoconferências, como aplicar as intervenções no ambiente familiar.
- **Cursos gravados e materiais educativos**: os pais têm acesso a guias, vídeos explicativos e materiais práticos.
- **Monitoramento remoto**: a evolução da criança é acompanhada regularmente, com ajustes feitos conforme necessário.

Os pais são ensinados a implementar técnicas baseadas em evidências científicas, como:

- **Reforço positivo**: elogiar e recompensar comportamentos desejados para reforçar o aprendizado.
- **Comunicação funcional**: utilizar cartões de comunicação, imagens ou gestos para ensinar a criança a expressar suas necessidades.
- **Rotinas estruturadas**: criar previsibilidade no dia a dia com cronogramas visuais.
- **Brincadeiras estruturadas**: incorporar atividades lúdicas, como jogos de turnos, quebra-cabeças e brincadeiras sensoriais que desenvolvem habilidades motoras e sociais.

Benefícios das intervenções mediadas pelos pais

As intervenções mediadas pelos pais trazem vantagens inquestionáveis, especialmente em cenários de recursos limitados:

- **Estímulo contínuo**: as práticas são aplicadas no ambiente familiar, garantindo consistência e frequência.
- **Resultados positivos no desenvolvimento**: melhoras significativas na comunicação, interação social e habilidades adaptativas da criança (Kasari *et al.*, 2021).
- **Empoderamento dos pais**: os responsáveis se tornam agentes ativos no tratamento, fortalecendo o vínculo familiar.
- **Redução de custos**: estratégias aplicadas em casa diminuem a dependência de terapias presenciais, muitas vezes inacessíveis.

O papel da escola no processo terapêutico

Além das intervenções aplicadas em casa, a escola pode ser uma importante aliada no desenvolvimento da criança com TEA. Professores capacitados e ambientes adaptados complementam as estratégias terapêuticas implementadas pelos pais.

Medidas que podem ser adotadas incluem:

- Capacitação dos educadores para reconhecer as necessidades da criança e aplicar adaptações pedagógicas.
- Implementação de rotinas estruturadas com recursos visuais e previsíveis.
- Criação de ambientes inclusivos, com espaços sensoriais e atividades adaptadas para promover a interação e o aprendizado.

Quando há uma parceria ativa entre pais e escola, os benefícios terapêuticos se multiplicam, garantindo uma abordagem integrada e consistente para a criança.

Considerações finais

Para famílias como a de Maria, a falta de acesso às terapias não compromete necessariamente o desenvolvimento da criança. Intervenções mediadas pelos pais, somadas ao BPC, telemedicina e programas de capacitação, são soluções acessíveis e eficazes que possibilitam grandes avanços no desenvolvimento de crianças com TEA.

Com conhecimento, orientação profissional e apoio escolar, os pais tornam-se protagonistas no processo terapêutico, transformando o ambiente familiar em um espaço de aprendizado contínuo.

Mesmo com barreiras geográficas, é possível oferecer às crianças com autismo oportunidades reais de crescimento, autonomia e qualidade de vida.

Anexo: cursos gratuitos

- **"Autismo para todos"**: no YouTube, pelo canal Dr. Thiago Castro. Disponível em: youtube.com/@dr.thiagocastro.
- **"Capacitação de pais por vídeos"**: no YouTube, pelo canal Teamm Unifesp. Disponível em: youtube.com/@teammunifesp9735.
- **"Capacitação em Análise do Comportamento Aplicada (ABA) voltada ao Transtorno do Espectro do Autismo (TEA) para Pais, Cuidadores e Educadores"**: https://pr.avasus.ufrn.br/local/avasplugin/cursos/curso.php?id=67.
- **"Nutrição na Criança Autista"**: https://avasus.ufrn.br/local/avasplugin/cursos/curso.php?id=208.

Referências

ANTEZA, E. *et al.* Desafios no tratamento do Transtorno do Espectro Autista em regiões remotas. *Revista Brasileira de Psicologia*, v. 7, n. 4, [n.p.], 2017.

AULT, M. *et al.* Evidence-based practices for autism spectrum disorders. *Journal of Autism Research*, v. 11, n. 2, [n.p.], 2021.

KASARI, C. *et al.* Parent-mediated interventions for children with autism spectrum disorders. *Developmental Psychology*, v. 57, n. 3, [n.p.], 2021.

PARSON, J. *et al.* Parent-implemented interventions for young children with autism. *Early Child Development*, v. 15, n. 6, [n.p.], 2019.

SANDBANCK, J. *et al.* The importance of early intervention for autism. *Autism Research International*, v. 22, n. 1, [n.p.], 2023.

SUTHERLAND, R. *et al.* Telehealth interventions for families with autism spectrum disorders. *Telemedicine Journal*, v. 14, n. 7, [n.p.], 2019.

INGERSOLL, B. *et al.* Training community-based providers for autism interventions. *Journal of Community Psychology*, v. 48, n. 5, [n.p.], 2020.

21

SELETIVIDADE ALIMENTAR E RIGIDEZ COGNITIVA

O DUPLO DESAFIO NO AUTISMO E SEU IMPACTO NA VIDA DE CRIANÇAS E ADOLESCENTES

Os desafios da seletividade alimentar e da rigidez cognitiva são comuns no autismo. O objetivo deste texto é apresentar sinais, sintomas e impactos dessa dupla comorbidade em crianças e adolescentes com autismo. Destaca-se a importância do diagnóstico e da intervenção precoce especializada para a redução de prejuízos enfrentados nas atividades diárias, no processo de escolarização e na inclusão social.

KAREN DE ALBUQUERQUE MENDONÇA MELO E KEDNA KARLA FERREIRA DA SILVA MACAU

Karen de Albuquerque Mendonça Melo

Contatos
drakaren.albuquerque@hotmail.com
Instagram: @drakarenalbuquerque
79 99938 4497

Médica pela Universidade Tiradentes (Unit) com uma formação que reflete sua dedicação à saúde infantil. Pós-graduada em Pediatria, UTI Pediátrica e Psiquiatria, além de pós-graduanda em Psiquiatria da Infância e da Adolescência. Possui aprimoramento em Autismo pelo CBI of Miami, certificação em Autismo (CTC III) e formação em Transtornos do Neurodesenvolvimento (TND III). Autista e mãe atípica, sua vivência tem sido uma poderosa motivação para aprofundar seu cuidado com crianças atípicas.

Kedna Karla Ferreira da Silva Macau

Contatos
kednaferreiramacau@gmail.com
Instagram: @dra.kedna.macau
85 99842 1420

Professora universitária há 15 anos, pedagoga e psicopedagoga clínica e hospitalar. Possui mestrado e doutorado em Educação pela Universidade Federal da Paraíba (UFPB) e formação em Transtornos do Neurodesenvolvimento (TND II e III) com o Dr. Thiago Castro. Atua na psicopedagogia clínica, com foco no neurodesenvolvimento da aprendizagem, auxiliando na superação dos desafios das crianças no contexto escolar. Também é parecerista da Revista Interdisciplinar *Práticas Educativas, Memórias e Oralidades* (Rev. Pemo/UECE).

Você conhece os impactos da seletividade alimentar e rigidez cognitiva no dia a dia de crianças e adolescentes com Transtorno do Espectro Autista (TEA)? Conheça as diferenças entre seletividade alimentar, dificuldade alimentar e Transtorno Alimentar Restritivo Evitativo (Tare).

Um breve relato: uma história real

Kaliane nasceu saudável, a termo. Recebeu muito amor e leite materno. Mas, logo nos primeiros dias de vida, apresentava dificuldades com a "pega da mama". Chegou, então, a esperada introdução alimentar! Aceitava bem os alimentos, porém, em alguns momentos apresentava o reflexo GAG (reflexo de vômito) exacerbado, e evoluía para vômito. Mas continuava se alimentando de forma saudável, com os mais diversos alimentos. Até que, aos 14 meses de idade, parou de aceitar os alimentos e apresentava comportamentos que chamavam a atenção da sua mãe:

- Apego excessivo a um objeto de cor azul.
- Recusa em se aproximar de crianças que não faziam parte do círculo familiar.
- Ecolalias.

Essas eram, até então, as principais preocupações acerca do seu desenvolvimento. A cada novo sintoma, um universo desconhecido se apresentava, e o mesmo som ecoava, insistindo em pedir calma para uma mãe que se encontrava aflita... E diziam: cada criança tem seu tempo! Não se conformando com essas respostas, e mesmo sem um diagnóstico, foram iniciadas intervenções terapêuticas com a fonoaudiologia e, após alguns meses sem evolução, foi iniciada também a psicologia. Foram anos de tentativas, buscas por respostas. Aos quatro anos de idade, ainda alimentando-se exclusivamente de fórmula infantil e rejeitando os outros alimentos, finalmente veio o diagnóstico de Tare. Assim, foi iniciada também a terapia nutricional. Os anos passavam, e a angústia da sua família aumentava. Todos à sua volta questionavam se ela ainda não comia. Alguns culpavam a mãe, outros culpavam a criança. Afinal, que frescura não comer! Deixa com fome! Dá um chocolate! Mas, mal se sabia o quanto a família de Kaliane já havia tentado... O tempo continuava passando e os sinais e sintomas se intensificando:

- As ecolalias continuavam.
- A esquiva diante de crianças desconhecidas.
- Chorava para não ir à escola.
- Apresentava desconforto ao pentear o cabelo.
- Sensibilidade ao cortar as unhas.
- Aparentemente, não sentia dor da mesma forma que as demais crianças.
- O apego excessivo a objetos específicos, a necessidade de previsibilidade e a rigidez de sua rotina continuavam chamando a atenção.

A mãe já havia questionado sobre o Autismo, mas, apenas aos seis anos de idade veio o diagnóstico. Hoje, aos sete anos, ela aceita 18 alimentos diferentes. A rigidez cognitiva ainda impacta significativamente nesse processo. É comum que durante uma semana só aceite determinado alimento. Na semana seguinte, outro alimento. Atualmente, realiza terapias direcionadas, mas os desafios ainda são muitos.

E você, já identificou algum desses sinais e sintomas do autismo e da dificuldade alimentar no seu filho, paciente ou aluno? A seguir, você encontrará conhecimentos com evidência científica, sobre essa temática, que podem contribuir na prática familiar, clínica e escolar.

Poda neural e seletividade alimentar

Segundo a Sociedade Brasileira de Pediatria (2024a), o processo de poda neuronal que ocorre na criança entre um ano até três anos de idade, pode ser a causa de perdas de habilidades previamente adquiridas em crianças autistas. A seletividade alimentar dentro do TEA envolve mecanismos complexos, que vão desde o desconforto sensorial até a dificuldade com a formação do bolo alimentar, lateralização da língua e mastigação. Além disso, a criança que falava e parou de falar durante o período da poda neural chama mais atenção do que aquela que comia e passou a rejeitar a maioria dos alimentos.

Diferenças entre seletividade, dificuldade alimentar e TARE

É comum os pais queixarem-se sobre a seletividade alimentar dos seus filhos. O Quadro 1 apresenta as diferenças entre seletividade e dificuldade alimentar.

Quadro 1. Seletividade × dificuldade alimentar	
Seletividade alimentar	**Dificuldade alimentar**
Crianças sadias	Crianças com comprometimento do estado nutricional
Redução na quantidade e variedade de alimentos consumido	Recusa categoria de alimentos (textura, sabor, aparência)
Tolera novos alimentos no prato	Comportamento de fuga, luta ou medo quando apresentado a novos alimentos
Seleciona alimentos e os consome por tempo determinado	Não aceita diferentes formas de apresentação dos alimentos
Participa de refeições em família	Refeição realizada geralmente em momentos diferentes da refeição em família
Requer de 20 a 25 exposições para aceitar novos alimentos	Requer mais de 25 exposições para aceitar novos alimentos

Fonte: Adaptado de Sociedade Brasileira de Pediatria (2024b, p. 80).

Crianças com seletividade alimentar de maneira geral são sadias, mas apresentam preferências por determinados alimentos. Já a dificuldade alimentar está relacionada a desconfortos, falta de habilidades, e/ou características sensoriais e físicas que impedem a criança de comer, ou seja, não se trata de uma escolha.

E, no extremo desse desafio, existe o Transtorno Alimentar Restritivo Evitativo (Tare), que segundo o critério A dos critérios diagnósticos do DSM-V-TR é definido como:

> [...] perturbação alimentar [...] associada a um (ou mais) dos seguintes aspectos: [...] perda de peso (ou insucesso em [...] ganho de peso esperado [...]). [...] deficiência nutricional significativa. [...] dependência de alimentação enteral ou suplementos nutricionais orais. [...] interferência marcante no funcionamento psicossocial (American Psychiatric Association, 2023, p. 376).

O Tare envolve um padrão persistente de ingestão alimentar limitada e evitação de certos alimentos devido a questões emocionais, comportamentais ou sensoriais – podendo afetar o crescimento e o desenvolvimento, e está associado a um risco maior de deficiências nutricionais. O DSM-V-TR traz ainda o TEA como fator de risco para o desenvolvimento do Tare, e ressalta as limitações funcionais e dificuldades sociais, gerando um impacto negativo no funcionamento familiar. Desse modo, a seletividade alimentar pode ser um comportamento normal, a dificuldade alimentar pode indicar problemas de processamento ou adaptação, enquanto o Tare envolve um distúrbio mais grave, com prejuízos significativos à saúde.

Relação entre dificuldade alimentar e rigidez cognitiva

Em crianças atípicas, as dificuldades alimentares costumam ser um desafio. Todavia, quando esta dificuldade está associada à rigidez comportamental, como é vista frequentemente em crianças com TEA, o desafio torna-se ainda maior. Ao falarmos em rigidez cognitiva, nos referimos à tendência de agir sempre da mesma forma, e a dificuldade de adaptação a novas demandas, ou seja, "a inflexibilidade cognitiva [...] pode levar ao aumento do estresse e da ansiedade em indivíduos com TEA, desencadeando crises com diferentes intensidades" (Avila & Almohalha, 2024, p. 273).

É comum, no autismo, a presença de sensibilidade oral, dificuldade sensorial, disfunções mastigatórias, ou mais de um desses mecanismos, resultando na dificuldade em experimentar novos alimentos. Essa experiência torna-se ainda mais difícil em uma criança com repertório alimentar extremamente restrito, como observamos no Tare. Necessitando de um trabalho contínuo de terapeutas, escola e família, além de um planejamento contínuo de práticas nutricionais, evitando que essa criança se torne um adolescente ainda mais inflexível e com comprometimento físico decorrente de *déficits* nutricionais.

Desafios na rotina e nas interações sociais

O ato de comer vai além da simples necessidade biológica, é uma prática enraizada nas interações sociais e culturais. As refeições servem como momentos de conexão, celebração e trocas. Para aqueles que possuem dificuldades alimentares, os prejuízos vão além de sua saúde, impactando também em suas relações sociais, pois é comum:

- Não ir à casa de primos ou amigos pelo fato de comer um número restrito de alimentos.
- Apresentar dificuldades em permanecer na escola ou outros locais por longos períodos.
- Datas comemorativas e aniversários podem tornar-se eventos aversivos, uma vez que sua dificuldade se torna ainda mais evidente.

Não podemos esquecer que essa criança pode sofrer impactos na sua saúde mental, uma vez que, ao se perceber diferente, sofre com as dificuldades de participar das confraternizações e de compartilhar os momentos de alimentação com seus pares. Essa exclusão afeta seu bem-estar emocional e seu senso de pertencimento.

Implicações no desenvolvimento físico e nutricional

Durante a infância, ocorrem os maiores avanços no desenvolvimento físico, cognitivo e comportamental. Por isso, é essencial uma alimentação diversificada, que garanta um estado nutricional adequado para o pleno potencial de seu desenvolvimento global (Santana & Alves, 2022).

Impactos nutricionais negativos podem repercutir até a adolescência e vida adulta. A infância é o momento crucial para a estimulação nutricional, visando à aceitação dos diversos grupos. Portanto, "neste período é necessária a realização de consultas periódicas com o objetivo de monitoração do crescimento e desenvolvimento e de vigilância de alguns distúrbios nutricionais" (Sociedade Brasileira de Pediatria, 2024b, p. 81).

O *Child Eating Behaviour Questionnaire* (CEBQ) é uma ferramenta amplamente utilizada para avaliar os comportamentos alimentares das crianças, permitindo identificar o grau de dificuldade e orientar a instituição de uma terapia nutricional personalizada e eficaz (Peuckert *et al.*, 2024).

No acompanhamento dessas crianças, faz-se necessária a investigação da baixa ingesta de algumas vitaminas (A, C, E, D, B1, B2, B6, B9 e B12), e minerais (cálcio, zinco, magnésio e cobre). Dentre estes, destacam-se ferro, zinco e vitamina A, os quais estão relacionados com limitações do crescimento e do desenvolvimento infantil por sua presença em vias metabólicas importantes (Santana & Alves, 2022).

As consequências da deficiência de micronutrientes na infância vão desde o comprometimento potencial do crescimento físico e neuropsíquico até o aumento nas taxas de morbimortalidade.

Estratégias de intervenção

A suplementação é a alternativa mais imediata diante das dificuldades alimentares. Entretanto, não soluciona o fator causal, sendo necessária a intervenção multiprofissional. Essas crianças podem apresentar alterações no processamento sensorial, dificuldades comportamentais, problemas gastrointestinais e fatores relacionados ao alimento como textura, sabor, cor, temperatura e consistência. Cada alimento deve ser introduzido com cautela em um ambiente calmo e acolhedor.

A terapia nutricional deve ser constante e replicada em ambiente domiciliar. Precisa estar associada à integração sensorial, terapia psicológica e terapia fonoaudiológica no intuito de orientar mastigação, lateralização da língua e deglutição adequadas. Nesse contexto, é fundamental o papel de pais e educadores, oferecendo à criança apoio e confiança no processo complexo da alimentação.

Dificuldade alimentar: estratégias para promover a inclusão na sala de aula

É essencial lembrar que crianças com dificuldades alimentares não vão consumir um novo alimento por terem sido deixadas com fome. Rejeitar determinados alimentos não é uma escolha. Os professores precisam desse conhecimento para desenvolver estratégias inclusivas na sala de aula, como:

- **Ficha de apresentação da criança com as restrições e preferências alimentares**: para que, ao mudar de ano, a equipe já esteja preparada para lidar com seus desafios.
- **Criar estratégias de aproximação com a criança que gere identificação**: como, por exemplo, dividir o alimento que a criança aceita comer.
- **Mediar os momentos de interação em festas de aniversários**: favorecendo sua participação.
- **Oferecer um ambiente calmo, seguro**: que permita que aquela criança não se sinta pressionada, e sim confortável.

Conforme apresentado, geralmente fala-se em seletividade alimentar, todavia, é importante compreender que muitas dessas crianças na verdade apresentam dificuldades alimentares mais complexas e, em alguns casos, até o Tare. Reconhecer essas diferenças é fundamental para oferecer um suporte personalizado a cada criança, promovendo um ambiente de compreensão e estímulo para que possam superar seus desafios alimentares de maneira saudável, eficaz e inclusiva.

Referências

AMERICAN PSYCHIATRIC ASSOCIATION. *Diagnostic and statistical manual of mental disorders (DSM-5)*. Washington, DC: APA Publishing, 2022.

AVILA, M. P. A.; ALMOHALHA, L. O cuidado familiar frente a rigidez comportamental de crianças com transtorno do espectro do autismo. *In*: ALMOHALHA, L. (org.). *Vigilância do desenvolvimento infantil típico e neurodiverso*: conceituação e processos inclusivos. 1. ed. São Paulo: Editora Científica Digital, 2024. v. 2.

PEUCKERT, M. Z. *et al.* Tradução e adaptação transcultural do Children's Eating Behaviour Questionnaire (CEBQ) para o Brasil. *Scientia Medica*, Porto Alegre, v. 34, n. 1, p. 1-14, 2024. Disponível em: https://revistaseletronicas.pucrs.br/scientiamedica/article/view/45338. Acesso em: 28 fev. 2025.

POSTORINO, V. *et al.* Clinical differences in children with autism spectrum disorder with and without food selectivity. *Appetite*, v. 92, [s.n.], p. 126-132, 2015. Disponível em: https://pubmed.ncbi.nlm.nih.gov/25998237/. Acesso em: 28 fev. 2025.

SANTANA, P. S.; ALVES, T. C. H. S. Consequences of food fussiness on nutritional status in childhood: a narrative review. *Research, Society and Development*, v. 11, n. 1, p. e52511125248, 2022. Disponível em: https://rsdjournal.org/index.php/rsd/article/view/25248. Acesso em: 31 dez. 2024.

SOCIEDADE BRASILEIRA DE PEDIATRIA. Departamento Científico de Pediatria do Desenvolvimento e Comportamento. *Manual de orientação*. São Paulo: Sociedade Brasileira de Pediatria, n. 176, 2024a.

SOCIEDADE BRASILEIRA DE PEDIATRIA. *Manual de alimentação*: orientações para alimentação do lactente ao adolescente, na escola, na gestante, na prevenção de doenças e segurança alimentar. São Paulo: Sociedade Brasileira de Pediatria, 2024b.

TAYLOR, C. M.; EMMET, P. M. Picky eating in children: causes and consequences. *Proceedings of the Nutrition Society*, v. 78, n. 2, p. 161-169, 2019. Disponível em: https://pubmed.ncbi.nlm.nih.gov/30392488/. Acesso em: 28 fev. 2025.

22

A IMPORTÂNCIA DO DIAGNÓSTICO PRECOCE DE ALERGIAS EM CRIANÇAS COM TRANSTORNO DO ESPECTRO AUTISTA (TEA)

Crianças com TEA têm alta prevalência de alergias, as quais podem agravar sintomas comportamentais, distúrbios do sono e irritabilidade. O caso de G. B. L. mostra que tratar alergias melhora lesões, sono e comportamento. O manejo precoce, com dieta, controle ambiental e acompanhamento, é essencial para qualidade de vida e desenvolvimento.

CLAUDIA LOBO CESAR,
KÁTISSA FEITOSA
E MARLANA KUSAMA

Claudia Lobo Cesar, Kátissa Feitosa e Marlana Kusama

Claudia (à direita) é pediatra (SBP) há 39 anos e alergologista/imunologista (SBAI) há 30 anos. Com experiência familiar em TDAH e TEA, possui certificação Thiago Castro e cursa pós-graduação em TEA, Neuropsicofarmacologia e ABA (Iepsis). Coautora do livro *Espectro autista feminino* e fundadora do grupo "TEAbraço".

Contatos:
draclaudialobo1@gmail.com
Instagram: @dra.claudialobooficial

Kátissa (ao centro) é médica pediatra pela UFRN e pós-graduanda em Neuropediatria pelo IBCMED. Mãe de dois filhos incríveis com TDAH: um médico de 26 anos e uma princesa de sete. Avó de um baby de dez meses, tia de muitos e apaixonada pela família. Cuidar é minha essência. Cada paciente é parte da minha família.

Contatos:
drakatissafeitosa@gmail.com
Instagram: @drakatissafeitosa

Marlana (à esquerda) é médica pediatra, com residência médica no Hospital Pequeno Príncipe (2011). Pós-graduanda em psiquiatria infantil pelo IBCMED. Professora de Medicina da Unisul Pedra Branca, atua na área com enfoque nos transtornos do neurodesenvolvimento.

Contatos:
marlanakusamapediatra@gmail.com
Instagram: @dra.marlanakusama

G. B. L., dois anos e quatro meses, foi encaminhado por uma alergista com diagnóstico de dermatite atópica grave, asma e rinite alérgica, além de suspeita de Transtorno do Espectro Autista (TEA). A criança apresentava coceira intensa, irritabilidade, lesões cutâneas recorrentes (eczema) com infecção secundária, além de comportamentos característicos do TEA, como baixa reciprocidade social, hiperfoco, rituais inflexíveis e auto/heteroagressão. Após o tratamento específico para a infecção e o controle das alergias, incluindo a redução expressiva da coceira, houve cicatrização total das lesões cutâneas. Os pais relataram ainda uma melhora significativa no comportamento, nas crises de agressividade e na qualidade do sono.

Esse caso clínico ilustra a relevância do diagnóstico precoce e do tratamento adequado das alergias em crianças com TEA, mostrando como o manejo dessas condições pode impactar positivamente não apenas a saúde física, mas também o comportamento e o desenvolvimento emocional. Este capítulo tem como objetivo explorar a interseção entre alergias e TEA, destacando os mecanismos subjacentes e os benefícios de uma abordagem integrada.

A alergia é definida como uma resposta exagerada do sistema imunológico a substâncias inofensivas (alérgenos), como alimentos, ácaros, pólen ou medicamentos. Essa resposta é mediada por anticorpos, células imunológicas e mediadores inflamatórios, que podem desencadear sintomas como coceira, erupções cutâneas, dificuldade respiratória e inflamações. Embora comum na população geral, a prevalência de doenças alérgicas em crianças com TEA é significativamente maior, como no caso das alergias alimentares cuja incidência é de 20 a 25% nessas crianças, em comparação a 5 a 8% na população em geral, como apontado no estudo de Mohammed Al-Beltagi, publicado no *World Journal of Clinical Pediatrics* em 2021.

Em um periódico publicado na revista europeia de dermatologia pediátrica em abril de 2021, os autores concluíram que crianças com dermatite atópica apresentaram maiores proporções de depressão/tristeza; sentimentos de preocupação; dificuldades emocionais/comportamentais; Transtorno de Déficit de Atenção e Hiperatividade (TDAH); e a incidência de autismo foi de 1,9% vs. 0,9% em crianças sem DA.

Caso clínico: D. S. P., seis anos e três meses, sexo masculino

Histórico clínico

- **Queixa principal**: pneumonia de repetição com três internações, sendo duas em UTI.
- **Antecedentes respiratórios**: com um ano, teve bronquiolite. Posteriormente: quadros de infecções respiratórias virais (Ivas) de repetição, sem uso regular de medicação inalatória (broncodilatadores e/ou corticoides). Episódios iniciavam com espirros e tosse intensa, acompanhados de: sensação de "querer dormir" (segundo relato da criança); transpiração excessiva; cianose e insuficiência respiratória (saturação de O_2 em torno de 86%), levando a internações em UTI. Alta hospitalar com antibióticos e corticoides sistêmicos, sem introdução de broncodilatadores.

História familiar

- Pai asmático.
- Mãe com rinite alérgica.
- Primo com diagnóstico de autismo nível 3.

Desenvolvimento neuropsicomotor

- Atrasos motores.
- Atraso na linguagem: discurso não funcional e não fluido aos seis anos.
- Pouca interação social.
- Não reconhece emoções maternas (tristeza ou raiva).
- Dificuldade em expressar sentimentos.
- Pobre contato visual.
- Estereotipias motoras.
- Seletividade alimentar importante.
- Alinhamento de brinquedos.
- Presença de sinais clínicos compatíveis de asma brônquica e rinite alérgica.
- Radiografias: hiperinsuflação pulmonar, sem sinais de pneumonia.
- Suspeita de transtorno do espectro autista (TEA).
- Pneumonias de repetição (provavelmente associadas à asma não tratada adequadamente).

Condutas inicialmente adotadas

- Medicações.
- Corticoide inalatório.
- Broncodilatador inalatório.
- Anti-histamínico oral.
- Medicações tópicas nasais.
- Controle ambiental para alérgenos.
- Encaminhamento para avaliação neuropsicológica.
- Orientações aos pais sobre os diagnósticos e o manejo.

Exames solicitados

- Teste alérgico: sensibilização altíssima aos ácaros.

Segunda consulta: 12/08/2024

Evolução (relato dos pais):

- Ausência de novas internações.
- Melhora significativa na qualidade do sono.
- Criança mais animada ao acordar.
- Redução de crises de choro e conflitos familiares.
- Professora relatou: menor sonolência e melhora no comportamento escolar.

Avaliação neuropsicológica

Diagnósticos confirmados:

1. Transtorno do Espectro Autista (TEA).
2. Transtorno de Déficit de Atenção e Hiperatividade (TDAH).

Discussão do caso

1. **Aspectos respiratórios**: a asma brônquica foi inadequadamente tratada até a primeira consulta, contribuindo para pneumonias de repetição e internações. Introdução de medicação inalatória e controle ambiental resultaram em significativa melhora clínica.
2. **Aspectos neuropsiquiátricos**: sinais de TEA e TDAH estavam presentes, mas não haviam sido diagnosticados anteriormente. As dificuldades de comunicação e interação social associadas ao TEA dificultaram a expressão dos sintomas, o que pode ter contribuído para o subdiagnóstico.

3. **Intervenções multidisciplinares**: a introdução de abordagens combinadas (controle ambiental, medicação e suporte educacional) promoveu melhoras significativas no bem-estar e no comportamento.

Tanto esse como o primeiro caso clínico destacam a importância do diagnóstico precoce e multidisciplinar em pacientes com TEA e comorbidades alérgicas.

A coexistência de alergias e TEA não é meramente casual. Evidências científicas sugerem que fatores genéticos, imunológicos e ambientais contribuem para a sobreposição, entre essas condições:

1. **Semelhanças genéticas**: variantes genéticas que influenciam a regulação imunológica e a inflamação, como genes relacionados à produção de citocinas, foram associadas tanto ao TEA quanto às alergias (Al-Beltagi, 2021; Arenella *et al.*, 2023).
2. **Alterações no sistema imunológico**: crianças com TEA frequentemente apresentam maior produção de citocinas pró-inflamatórias, que também são observadas em indivíduos com alergias. Esse estado de hiperatividade imunológica pode intensificar os sintomas de ambas as condições (Al-Beltagi, 2021; Arenella *et al.*, 2023).
3. **Neuroinflamação**: estudos recentes sugerem que a neuroinflamação – inflamação crônica no sistema nervoso central – desempenha um papel relevante no TEA. Essa condição pode ser agravada por alergias, devido à liberação de mediadores inflamatórios que atravessam a barreira hematoencefálica (Al-Beltagi, 2021; Arenella *et al.*, 2023).
4. **Disbiose intestinal**: o desequilíbrio da microbiota intestinal, comum em crianças com TEA, está associado ao desenvolvimento de sensibilidades alimentares e inflamação sistêmica. O eixo intestino-cérebro, que conecta a saúde intestinal à função cerebral, é fundamental para entender a interação entre essas condições (Nemet, *et al.*, 2022).

Os sintomas de alergias em crianças com TEA podem ser confundidos com comportamentos típicos do autismo, atrasando o diagnóstico. Contudo, a identificação e o manejo precoce das alergias podem trazer benefícios significativos, incluindo:

- **Redução de sintomas comportamentais**: estudos como o de Xu *et al.* (2018) indicam que a eliminação de alérgenos alimentares pode reduzir irritabilidade, agressividade e dificuldades de atenção em crianças com TEA.
- **Melhora na qualidade do sono**: a resolução de sintomas como prurido e dor abdominal contribui para um sono mais reparador, que é essencial para o desenvolvimento infantil (Al-Beltagi, 2021).
- **Maior conforto geral**: a diminuição de manifestações alérgicas melhora o bem-estar da criança, facilitando sua participação em terapias e atividades diárias (Al-Beltagi, 2021).

Sinais de alerta e diagnóstico

Os sintomas de alergias em crianças com TEA podem ser mascarados por comportamentos típicos do autismo, como crises de nervosismo, estado de alerta constante ou ações de autoestimulação. Por isso, é essencial que cuidadores e profissionais estejam atentos a sinais como:

- Problemas gastrointestinais persistentes (diarreia, constipação ou dor abdominal).
- Erupções cutâneas inexplicadas ou prurido intenso.
- Sintomas respiratórios frequentes, como tosse ou congestão nasal.
- Alterações comportamentais após a ingestão de certos alimentos.

O diagnóstico envolve uma abordagem multidisciplinar, com a realização de testes alérgicos específicos, avaliação de sensibilidades alimentares e acompanhamento especializado (Lyall *et al.*, 2015).

Estratégias de manejo

O manejo das alergias em crianças com TEA deve ser personalizado e integrado, considerando suas necessidades individuais. Entre as estratégias mais eficazes, estão:

1. **Dietas de eliminação**: identificação e exclusão de alimentos alergênicos para evitar reações adversas.
2. **Tratamento medicamentoso**: uso de anti-histamínicos, corticosteroides de preferência inalatórios ou imunoterapias, conforme necessário.
3. **Acompanhamento nutricional**: garantir uma dieta equilibrada e adequada às necessidades específicas da criança (Mulle *et al.*, 2013).
4. Controle ambiental adequado a cada caso.
5. Educação sobre a doença alérgica para pacientes e familiares e orientação com relação aos cuidados gerais.

O manejo precoce de alergias em crianças com TEA é fundamental para melhorar sua qualidade de vida e favorecer um desenvolvimento saudável. A compreensão das interações genéticas, imunológicas e ambientais entre essas condições fornece insights valiosos para um tratamento integrado. Profissionais de saúde, educadores e cuidadores desempenham papéis essenciais na identificação e no manejo dessas condições, garantindo que cada criança receba o cuidado adequado para atingir seu pleno potencial.

Referências

AL-BEITAGI, M. Autism and medical comorbidities. *World Journal of Clinical Pediatrics*, v. 10, n. 3, p. 15-28, maio 2021. Disponível em: https://pubmed.ncbi.nlm.nih.gov/33972922/. Acesso em: 9 jan. 2025.

ARENELLA, M. *et al.* Genetic relationship between the immune system and autism. *Brain, Behavior, & Immunity-Health*, v. 34, p. 100698, 2023. Disponível em: https://www.sciencedirect.com/science/article/pii/S2666354623001126. Acesso em: 9 jan. 2025.

HOU, A.; SILVEBERG, J. Predictors and age-dependent pattern of psychologic problems in childhood atopic dermatitis. *Pediatric Dermatology*, v. 38, n. 3, p. 606-612, 2021. Disponível em: https://onlinelibrary.wiley.com/doi/abs/10.1111/pde.14588. Acesso em: 9 jan. 2025.

LYALL, K. *et al.* Asthma and allergies in children with autism spectrum disorders: results from the CHARGE study. *Autism Research*, v. 8, n. 5, p. 567-574, 2015. Doi: 10.1002/aur.1471. Acesso em: 27 jun. 25.

MULLE, J. G.; SHARP, W. G.; CUBELLS, J. F. The gut microbiome: a new frontier in autism research. *Current Psychiatry Reports*, v. 15, n. 2, p. 1-9, fev. 2013. Disponível em: https://pmc.ncbi.nlm.nih.gov/articles/PMC3564498/. Acesso em: 15 jan. 2025.

NAVIAUX, R. K. Metabolic features of the cell danger response. *Mitochondrion*, v. 16, n. 7, p. 7-17, maio 2014. Disponível em: https://pubmed.ncbi.nlm.nih.gov/23981537/. Acesso em: 9 jan. 2025.

NEMET, S. *et al.* Early childhood allergy linked with development of attention deficit hyperactivity disorder and autism spectrum disorder. *Pediatric Allergy and Immunology*, v. 33, n. 6, 2022. Disponível em: https://onlinelibrary.wiley.com/doi/full/10.1111/pai.13819. Acesso em: 9 jan. 2025.

XU, G. *et al.* Association of food allergy and other allergic conditions with autism spectrum disorder in children. *JAMA Network Open*, v. 1, n. 2, p. e180279-e180279, 2018. Disponível em: https://jamanetwork.com/journals/jamanetworkopen/article-abstract/2683952. Acesso em: 9 jan. 2025.

23

PEQUENOS PASSOS, GRANDES CONQUISTAS

CRIANÇAS COM TEA NÍVEL I PODEM ALCANÇAR A INDEPENDÊNCIA?

Este capítulo aborda estratégias para desenvolver autonomia e independência em crianças com TEA nível I, equilibrando habilidades funcionais e emocionais. Destaca o papel das famílias e educadores na criação de oportunidades estruturadas e no uso de reforço positivo. Mostra como esses esforços fortalecem a confiança e preparam as crianças para inclusão e participação na sociedade.

GLAUCE PEREZ, JÚLIA CASTILHO E KELLY PLACIDINO

Glauce Perez, Júlia Castilho e Kelly Placidino

Glauce (à esquerda) é terapeuta ocupacional, com mais de 22 anos de experiência no atendimento a crianças e adolescentes com autismo, TDAH e outras condições do neurodesenvolvimento. Diretora clínica do Centro Ocupacional Integrar (RJ) e mãe atípica, possui pós-graduações em Autismo, ABA, Acupuntura, Inteligência Parental e Neuropsicopedagogia, além de certificação em Integração Sensorial pela USC.

Contatos:
glauceperez@gmail.com
Instagram: @glauceperez.21
21 98843 6085

Júlia (ao centro) é terapeuta ocupacional graduada pela Faculdade de Ciências Médicas de Minas Gerais. Atua há 20 anos na área de desenvolvimento infantil em seu consultório em Belo Horizonte (MG). Especializou-se em atendimentos a crianças com transtornos do neurodesenvolvimento. Mestre em Psicologia pela Universidade Federal de Minas Gerais (UFMG), especialista em Gestão em Saúde pela Fiocruz e em Saúde Mental pela UFMG.

Contatos:
ju_castilho@hotmail.com
Instagram: @tojuliacastilho
31 99147 1428

Kelly – CRM-PR 40.545 (à direita) – é médica graduada pela Universidade Estadual de Ponta Grossa em 2018, com formação em autismo pela Certificação Thiago Castro e especializada em Transtornos do Neurodesenvolvimento, com ênfase em TEA e TDAH. Pós-graduada em Pediatria Integrativa e extensão em Suplementação Pediátrica. Pessoa autista e com TDAH, teve seu diagnóstico tardio aos 34 anos; vivenciou os desafios de diagnósticos equivocados e os prejuízos dos transtornos não tratados. Hoje, dedica-se a ajudar pacientes a alcançar qualidade de vida e autoconhecimento.

Contatos:
kellyplacidino89@gmail.com
Instagram: @dra.kellyplacidino
41 99626 9590

Introdução aos conceitos de autonomia e independência

O desenvolvimento da autonomia e da independência em crianças com Transtorno do Espectro Autista (TEA) nível I é um dos pilares fundamentais para prepará-las para os desafios cotidianos e promover uma participação ativa na sociedade. Este capítulo explora como essas competências, quando trabalhadas de forma estruturada e adaptada, podem fortalecer a autoestima, a confiança e a funcionalidade dessas crianças, capacitando-as a se tornarem mais autônomas e independentes.

A autonomia refere-se à capacidade de tomar decisões e exercer controle sobre a própria vida, envolvendo escolhas e responsabilidades compatíveis com a idade e o desenvolvimento de cada criança. Já a independência diz respeito à habilidade de executar tarefas e atividades sem assistência direta. Ambos os conceitos, embora distintos, se complementam na construção de habilidades práticas e emocionais, essenciais para o crescimento e a inclusão social.

Para crianças com TEA nível I, desafios como rigidez de pensamento, dificuldades de comunicação e hipersensibilidade sensorial podem impactar diretamente a capacidade de desenvolver essas competências. No entanto, estratégias específicas, como suporte visual, instruções claras e reforço positivo, possibilitam a aquisição progressiva dessas habilidades.

Investir na promoção da autonomia e independência vai além do aspecto funcional. Trata-se de abrir caminhos para que as crianças experimentem a autogestão, enfrentem desafios e aprendam a se adaptar a diferentes situações. Inspirada na abordagem proposta por Anne Cronin Mosey (1981), a independência funcional pode ser compreendida como a habilidade de organizar, planejar e executar ações que tenham sentido para a vida diária da criança. Esse princípio orienta o uso de intervenções personalizadas e adaptadas às necessidades individuais.

Por meio de exemplos práticos e estratégias baseadas em evidências, este capítulo destaca como pais, educadores e terapeutas podem colaborar para capacitar as crianças no desenvolvimento de habilidades essenciais. Dessa forma, buscamos oferecer ferramentas que não apenas promovam o crescimento pessoal dessas crianças, mas também incentivem sua inclusão social e sua participação ativa na construção de um futuro mais autônomo e promissor.

Desenvolvimento da autonomia e independência em crianças com autismo

O autismo é um espectro amplo, com manifestações variadas, tornando o impacto na autonomia tanto um desafio quanto uma oportunidade para novas abordagens. Individualizar o ensino garante estratégias adequadas às necessidades e aos ritmos de cada criança.

Estratégias de ensino individualizadas podem incluir:

- **Avaliação de habilidades e dificuldades**: um diagnóstico cuidadoso das habilidades e desafios da criança deve ser a base para a elaboração de um plano de intervenção. Isso pode envolver testes de habilidades cognitivas, motoras, sensoriais, comunicativas e sociais, além da observação direta no contexto escolar e familiar.
- **Adaptação das atividades**: o profissional pode sugerir adaptações nas atividades cotidianas para que elas se tornem acessíveis. Por exemplo, se uma criança tem dificuldades motoras finas, como amarrar o cadarço, pode-se utilizar sapatos com velcro enquanto se trabalha a habilidade de amarrar de maneira gradual.
- **Uso de suportes visuais e estruturados**: muitas crianças com autismo respondem bem a suportes visuais (como quadros de rotina ou cartões de escolha), que ajudam na compreensão e na execução das atividades. Isso pode ser útil na promoção de tarefas de autocuidado, organização e outras habilidades de vida independente.
- **Ensino de habilidades funcionais**: focar em habilidades que sejam diretamente aplicáveis ao cotidiano da criança, como vestuário, alimentação e higiene pessoal. A inclusão de atividades práticas e repetitivas reforça a aprendizagem e permite que a criança experimente e aprimore sua autonomia de maneira gradual.

Fatores que influenciam o desenvolvimento da autonomia

O desenvolvimento da autonomia em crianças com autismo é influenciado por fatores sensoriais, comunicativos, motores e emocionais, que interagem de forma complexa, impactando diretamente a aquisição de habilidades independentes.

Habilidades sensoriais

As dificuldades sensoriais são características frequentemente presentes em autistas. Eles têm sensibilidades aumentadas ou diminuídas a estímulos sensoriais, como luzes, sons, texturas e sabores. Isso pode tornar atividades cotidianas, como se vestir, tomar banho ou comer, mais desafiadoras, e devem ser tratadas com um terapeuta ocupacional.

Por exemplo, uma criança com hipersensibilidade a tecidos pode ter dificuldades em usar certos tipos de roupas ou em realizar atividades como escovar os dentes. A adaptação do ambiente (como a escolha de tecidos suaves ou a criação de um ambiente tranquilo) pode facilitar o desenvolvimento da autonomia, em conjunto com atendimentos terapêuticos.

Comunicação

Dificuldades de comunicação – sejam elas em relação à linguagem verbal ou não verbal – podem afetar a independência da criança em várias situações. A capacidade de se expressar de forma clara e eficaz é crucial para pedir ajuda, fazer escolhas ou manifestar preferências.

Para crianças não verbais ou com dificuldades de fala, o uso de Sistemas Alternativos e Aumentativos de Comunicação (Saac), como o Sistema de Comunicação por Troca de Figuras (Pecs) ou tecnologia assistiva, pode ser essencial para aumentar sua independência nas interações diárias.

Habilidades motoras

O desenvolvimento das habilidades motoras finas e grossas pode influenciar diretamente a capacidade da criança em realizar atividades cotidianas de forma independente. A dificuldade motora pode prejudicar tarefas como abotoar roupas, manusear utensílios ou mesmo caminhar por terrenos irregulares.

Fatores emocionais

A regulação emocional é outro fator importante. Crianças com autismo frequentemente enfrentam dificuldades em reconhecer e lidar com suas emoções, o que pode gerar comportamentos de frustração e resistência durante o processo de aprendizagem de habilidades de vida independente.

Trabalhar a gestão emocional e ensinar a criança a identificar e expressar suas necessidades de maneira apropriada (como por meio de linguagem ou gestos) pode ajudá-la a enfrentar situações que envolvem desafios emocionais e, assim, a desenvolver maior independência.

Planejamento de atividades para promover a autonomia

Desenvolver a autonomia em crianças com TEA nível I requer planejamento intencional e a criação de oportunidades práticas para aprender e consolidar novas habilidades. Esse processo envolve desde a identificação das necessidades específicas da criança até a aplicação de estratégias adaptadas para garantir seu progresso. Atividades do dia a dia oferecem inúmeras oportunidades para ensinar habilidades essenciais. Entre elas, podemos destacar:

- **Vestir-se**: ensinar a criança a escolher e colocar as roupas na ordem correta, utilizando recursos visuais, como cartões com imagens que mostram o passo a passo.
- **Higiene pessoal**: práticas como escovar os dentes, lavar as mãos e pentear o cabelo podem ser ensinadas por meio de demonstrações repetidas e reforços positivos.
- **Organização de objetos**: separar brinquedos por categoria ou organizar materiais escolares são atividades que incentivam o planejamento e a organização.
- **Alimentação**: incentivar a criança a montar seu próprio prato ou preparar lanches simples, como sanduíches, fortalece a independência alimentar.

Adaptação de tarefas e oportunidades de escolha

Para facilitar o aprendizado, é importante dividir as tarefas em pequenos passos. Por exemplo, ao ensinar a escovar os dentes, cada etapa pode ser demonstrada e repetida até que a criança domine o processo. Também é fundamental oferecer opções para que a criança exerça o poder de escolha, como decidir a ordem das atividades ou selecionar os materiais que deseja usar.

Jane Nelsen (2007) destaca que a motivação infantil está profundamente ligada à oportunidade de escolha e participação durante o aprendizado. Essa abordagem incentiva o senso de controle e fortalece a autoconfiança.

Ensino de habilidades funcionais e práticas

Além das tarefas básicas, é essencial ensinar habilidades funcionais que preparem a criança para lidar com situações do cotidiano. Isso inclui:

- **Habilidades de autocuidado**: ensinar como tomar banho, secar-se e vestir-se.
- **Higiene**: introduzir rotinas diárias, como cortar unhas e lavar o rosto.
- **Organização pessoal**: criar rotinas visuais e usar calendários ou lembretes para ajudar na gestão do tempo.
- **Participação em tarefas domésticas**: atividades como arrumar a cama, ajudar a preparar refeições e guardar objetos podem ser adaptadas para promover a responsabilidade e a independência.

Essas práticas não apenas ensinam habilidades essenciais, mas também ajudam a criança a se sentir mais capaz e integrada em seu ambiente.

O papel da família na promoção da autonomia

A família desempenha um papel central na construção da autonomia em crianças com TEA nível I, fornecendo a base para o aprendizado e a aplicação de habilidades cotidianas.

Pais e cuidadores atuam como modelos e facilitadores, guiando o processo de aprendizagem. Conforme os ensinamentos de Jane Nelsen (2007), as crianças tornam-se responsáveis quando têm oportunidades reais de exercer a responsabilidade, e não apenas quando são ensinadas verbalmente sobre isso. Isso destaca a importância de envolvê-las em tarefas práticas desde cedo, permitindo que experimentem, errem e aprendam com o processo. Ferramentas visuais, como quadros de rotina e listas de tarefas, também ajudam na organização e na compreensão das atividades, reforçando a consistência no aprendizado.

A parceria entre família e escola é igualmente essencial. Reuniões com professores e o uso de diários de comunicação ajudam a alinhar estratégias e manter a continuidade entre os ambientes. Conforme a American Occupational Therapy Association (2015), "intervenções colaborativas entre casa e escola promovem maior generalização das habilidades aprendidas".

Promover a autonomia exige paciência, repetição e reforço positivo. Celebrar pequenos avanços motiva a criança a continuar aprendendo, enquanto elogios específicos fortalecem a autoconfiança. Os pais também devem ser orientados a lidar com frustrações e a reforçar a persistência diante dos desafios. Conforme destaca Winnie Dunn (2001), ao considerar as particularidades sensoriais e cognitivas da criança, é possível favorecer não apenas sua independência nas tarefas do dia a dia, mas também seu desenvolvimento emocional e social.

Ao oferecer suporte emocional e prático, a família fortalece as competências da criança e cria um ambiente acolhedor e motivador para seu crescimento.

Pequenos passos, grandes conquistas

Este capítulo abordou a importância de promover a autonomia e a independência em crianças com TEA nível I, destacando como estratégias estruturadas e reforço positivo podem impulsionar o desenvolvimento dessas habilidades fundamentais. Por meio de exemplos práticos, exploramos a relevância de suportes visuais, adaptações e o papel ativo das famílias na criação de oportunidades para fortalecer a confiança e a funcionalidade dessas crianças.

A problemática inicial, centrada na possibilidade de crianças com TEA nível I alcançarem maior independência, foi respondida com a apresentação de intervenções práticas e embasadas cientificamente. Demonstramos como a combinação de suporte emocional e técnicas estruturadas pode capacitar as crianças a enfrentar desafios diários e participar de forma mais ativa na sociedade.

Perspectivas futuras incluem a necessidade de mais pesquisas sobre ferramentas tecnológicas e abordagens personalizadas que complementem as estratégias já existentes. Além disso, políticas públicas e programas educacionais inclusivos podem ampliar as oportunidades para essas crianças, promovendo um ambiente ainda mais acolhedor e adaptado às suas necessidades.

Encerramos este capítulo com um convite à reflexão e à ação. Desenvolver a autonomia e a independência em crianças com TEA não é apenas uma meta prática, mas também um ato de inclusão e respeito pela diversidade humana. Cada pequeno passo dado por essas crianças representa uma grande conquista rumo à autoconfiança e à participação plena na sociedade. Que possamos, juntos, continuar construindo caminhos para um futuro mais inclusivo e promissor.

Referências

AMERICAN OCCUPATIONAL THERAPY ASSOCIATION (AOTA). Estrutura da prática da terapia ocupacional: domínio & processo. *Revista de Terapia Ocupacional da Universidade de São Paulo*, São Paulo, v. 26, p. 1-49, 2015.

DUNN, W. *Living sensationally*: understanding your senses. London: Jessica Kingsley Publishers, 2001.

MOSEY, A. C. *Frameworks for practice in occupational therapy*. Philadelphia: J.B. Lippincott Company, 1981.

NELSEN, J. *Disciplina positiva*. São Paulo: Manole, 2007.

24

AUTISMO FEMININO

POR QUE OS SINTOMAS AFLORAM NA ADOLESCÊNCIA?

Recentemente, muito se tem estudado acerca das particularidades do autismo feminino, até então desconhecidas. A influência hormonal na sintomatologia feminina é extremamente relevante. Diante disso, tantos casos do espectro feminino passam despercebidos pela infância, mas afloram na adolescência.

CRISTIANE DEMETRIO DE AQUINO,
JÚLIA VITÓRIA CASTRO
E DRA. FÁTIMA SAFATLE

Cristiane Demetrio de Aquino, Júlia Vitória Castro e Dra. Fátima Safatle

Cristiane (à esquerda) é médica, pediatra pela Sociedade Brasileira de Pediatria, especialista em transtornos do neurodesenvolvimento, pós-graduanda em Neuropediatria e Autismo. CEO da Clínica NinoKids.

Contatos:
www.clinicaninokids.com.br
dracristianedemetrio@gmail.com
Instagram: @dra.cristianedemetrio
@clinica.ninokids
11 99706 5566

Júlia (ao centro) é médica, pós-graduada em Pediatria e especialista em transtornos do neurodesenvolvimento. Autista de diagnóstico tardio, atua em espectro feminino ao longo da vida. Atende no formato de telemedicina para todas as localidades.

Contatos:
drajuliacastro@icloud.com
Instagram: @dra.juliavitoria
62 99996 0902

Fátima (à direita) é médica neurologista. *Fellowship* de neurologia geral (Madrid). Certificação em transtorno do espectro autista. Coautora do livro *Espectro autista feminino*.

Contatos:
Instagram: @dra.fatimasafatle
19 99469 5995

Doutora, eu já percebia algumas questões na infância, mas agora, na adolescência, piorou muito! O que está acontecendo?

Essa queixa é frequente nos consultórios de neurodesenvolvimento e leva muitas meninas a receberem o diagnóstico de autismo nessa fase da vida. Embora o Transtorno do Espectro Autista (TEA) tenha sido historicamente associado ao sexo masculino, estudos recentes mostram que essa percepção reflete vieses nos critérios diagnósticos e diferenças na forma como o autismo se manifesta em mulheres.

Quando o autismo feminino não é diagnosticado, as máscaras que as meninas aprendem a usar se tornam prisões silenciosas, afetando sua saúde mental e emocional, tornando a jornada de autoconhecimento e aceitação ainda mais desafiadora.
Demetrio, Castro & Safatle.

O autismo é mais comum em meninos?

Se alguém lhe dissesse: "Imagine uma criança autista", o que viria à sua mente? Para a maioria, provavelmente, um menino que não fala, não olha nos olhos, enfileira os carrinhos e balança as mãos.

A literatura aponta que, na infância, a cada 100 diagnósticos de autismo, 15 são em meninas. Na idade adulta este número é 33 para cada 100. Esse dado sugere a existência de diagnósticos tardios e até de subdiagnósticos em mulheres.

Entre os fatores que dificultam a identificação precoce do autismo feminino, destacam-se a Teoria da Proteção Biológica e questões sociais. A primeira refere que, para meninas manifestarem o transtorno, elas precisariam de uma maior carga de fatores genéticos e epigenéticos. Já no social, comportamentos esperados nas meninas, como organização e padronização, causam estranhamento quando presentes em meninos.

Meninas têm comprovadamente uma maior proporção de neurônios-espelho, o que facilita a imitação de comportamentos sociais e contribui para uma maior habilidade de "mascarar" características típicas do autismo. Até a adolescência, recebem apoio de familiares, professores e colegas para as interações, o que auxilia na manutenção de um bom desempenho social. Com frequência elegem uma amiga com quem se identificam e, ainda que involuntariamente, copiam suas falas e trejeitos. Na infância, o ambiente ainda não exige um "protagonismo", mas seguimento de regras, que para as autistas é algo fácil de ser feito.

No ambiente escolar, costumam ser vistas como alunas tímidas, introspectivas e até exemplares. A tendência ao QI superior facilita o aprendizado de habilidades sociais, favorecendo para que passem despercebidas. Além disso, seus interesses restritos são mais próximos ao esperado para a idade e os comportamentos estereotipados frequentemente se voltam à organização de objetos e brinquedos, interpretados de forma positiva.

O que muda com a puberdade?

Estudos apontam que fatores hormonais femininos poderiam atenuar a manifestação dos sintomas na infância. No entanto, durante a puberdade, o aumento da testosterona nos ciclos menstruais pode intensificá-los.

A adolescência é um período marcado por mudanças importantes, como a busca por autonomia e a formação de uma identidade própria. Nesse momento, as interações sociais tornam-se mais complexas e o ato de mascarar os comportamentos pode não ser suficiente. Podem surgir comorbidades como ansiedade, depressão e fobias, que tanto levam ao diagnóstico quanto podem resultar em subdiagnóstico, já que as consequências, e não a causa, passam a ser tratadas.

Nessa fase, as pressões sociais também aumentam. Enquanto outras meninas se ajustam aos novos papéis sociais, muitas adolescentes autistas se sentem perdidas, percebendo que seus interesses e comportamentos não correspondem às expectativas. Com esse esforço por aceitação, sua identidade pode ser abafada, levando à introspecção e ao isolamento.

Participar ativamente de situações sociais exige grande esforço, resultando em distanciamento ou em exaustão intensa. A dificuldade em identificar e expressar emoções, uma condição conhecida como alexitimia, é comum e pode intensificar esses desafios. Os interesses típicos das colegas de mesma idade já não fazem sentido para elas, colocando-as em um dilema: anular-se para se encaixar ou aceitar ficar sozinha.

Uma questão de extrema relevância é a dificuldade de entender os sinais do ambiente, piadas e metáforas, revelando certa ingenuidade, embora em outros momentos possam demonstrar uma fala rebuscada. Essas adolescentes podem ser alvo de bullying, piadas ou mesmo abuso sexual pela dificuldade de leitura do ambiente. Em um questionário aplicado de forma anônima, nove em cada dez mulheres autistas relataram terem sido vítimas de algum tipo de abuso. Somente 25% delas denunciaram esses abusos, pelo receio de julgamento social ou de serem desacreditadas. Pela dificuldade de iniciar amizades e vínculos, muitas vezes optam por relacionamentos no mundo virtual, o que pode aumentar o risco de abuso.

Diagnóstico tardio e seus impactos

O principal fator que contribui para o diagnóstico tardio é a camuflagem social. Esconder estereotipias, disfarçar interesses restritos e esforçar-se para parecer neurotípica cobram um alto custo emocional. Ao longo dos anos, esse esforço constante pode levar a um acúmulo de estresse que, sem o suporte adequado, frequentemente resulta em isolamento social e burnout. A sensação de inadequação, somada à pressão de atender às expectativas externas, geram um impacto significativo na saúde mental.

Muitas meninas no espectro também apresentam uma necessidade de agradar e fazer tudo corretamente, um comportamento apelidado de "síndrome da boazinha". Esse esforço para cumprir até mesmo as menores tarefas diárias resulta em exaustão, levando-as a buscar isolamento como forma de autorregulação. Mulheres autistas, já na vida adulta, frequentemente relatam experiências marcadas por esse padrão. Uma frase comum entre elas é: "É como atuar todos os dias. Em algum momento você esquece quem realmente é. Eu me sinto sugada".

O diagnóstico tardio também tem repercussões práticas. Meninas autistas enfrentam, com frequência, dificuldades acadêmicas e profissionais devido à sobrecarga sensorial e emocional não reconhecida. Além disso, o esforço para manter relacionamentos sociais e atender às normas neurotípicas gera um ciclo de baixa autoestima e maior vulnerabilidade emocional.

Além das alterações emocionais, também é alta a incidência de transtornos alimentares. Comportamentos característicos do espectro autista, como fixação por controle, rotinas rígidas, seletividade alimentar ou a repetição de um único alimento, podem ser erroneamente interpretados como sinais de um transtorno alimentar clássico, quando, na verdade, são manifestações do autismo.

Uma estatística alarmante é quanto às taxas de suicídio em mulheres no espectro. Um grande estudo sueco constatou que mulheres autistas sem deficiência intelectual, que percebem com maior facilidade suas dificuldades, têm um risco de suicídio 14 vezes maior que o grupo-controle. Uma em cada cinco mulheres autistas que percebem sua dificuldade tentam suicídio.

Eu tentei suicídio três vezes [...]. Eu estava passando por muitos problemas e dificuldades, me sentia uma menina defeituosa e sem futuro. Lembro de chegar chorando da escola no final da infância e na pré-adolescência porque eu não tinha amigos, porque tinham implicado comigo, porque eu não queria mais ir. Lembro de chorar depois de voltar da faculdade por ter pego ônibus cheios e estar exausta com todos aqueles estímulos. Lembro de desejar estar morta todos os dias por sentir que não pertencia a lugar nenhum. Tudo isso poderia ter sido evitado se eu soubesse do meu diagnóstico.

(Alice Casimiro, 27 anos, autista,
autora da página do Instagram @alicenopaisdoautismo)

A camuflagem ao longo da vida

Na primeira infância, meninas camuflam comportamentos copiando pessoas ao seu redor. Quando se encontram sozinhas, podem aparentar comportamento atípico, por não ter mais a quem copiar. Durante a fase escolar, em que as interações se desenvolvem baseadas em brincadeiras e com orientação de professores, elas aprendem rapidamente como agir e por isso não demonstram grande dificuldade.

Quando brincar já não basta e precisam conversar, manifestar seus interesses pessoais e sua personalidade, as dificuldades se evidenciam. Muitas adaptam o seu comportamento para se adequar aos grupos e podem migrar entre eles, na tentativa de encontrar seu lugar no mundo. Não é raro relato de mulheres no espectro que já na vida adulta estão começando a descobrir do que realmente gostam, tendo até então apenas se adequado aos interesses dos seus pares.

Na vida adulta, o mascaramento já foi bem estabelecido e é algo que se torna tão estrutural, que muitas mulheres não se dão conta de que o fazem. Mas uma consequência é unânime: o cansaço excessivo após as interações, por mais simples que sejam, como um dia normal de estudos ou trabalho.

A camuflagem social, enquanto estratégia de sobrevivência, traz consequências. Estudos mostram que mulheres autistas que se camuflam por longos períodos enfrentam maior risco de desenvolver transtornos emocionais, como estresse crônico e burnout. Sintomas físicos também podem surgir e levar a mais diagnósticos secundários, como crises de enxaqueca ou dores pelo corpo que se assemelham à fibromialgia.

Caminhos para melhorar o diagnóstico

Para mudar essa realidade, é essencial adaptar os critérios diagnósticos ao "fenótipo feminino" do autismo, reconhecendo suas especificidades. Embora os critérios para diagnóstico ainda sejam os mesmos, as nuances referentes ao espectro feminino exigem um olhar atento e treinado a observar características que muitas vezes são mais sutis.

Além disso, conscientizar profissionais e famílias é um passo crucial. Professores, pediatras e psicólogos precisam estar atentos às diferenças de manifestação do autismo em meninas.

Ao procurar por ajuda, meninas e mulheres esbarram na invalidação de suas queixas. Estudos apontam que os mesmos sintomas levantam a suspeita do TEA em homens, mas não em mulheres. A capacitação de profissionais pode evitar que meninas autistas recebam diagnósticos incorretos ou atrasados e auxiliar a compreenderem melhor as nuances do espectro feminino.

Conclusão

O diagnóstico do autismo em meninas e mulheres continua sendo um desafio, mas os avanços nas pesquisas têm iluminado um caminho importante para compreender suas particularidades.

A adolescência emerge como um momento crítico, em que as mudanças hormonais e sociais intensificam sintomas antes mascarados. É nessa fase que muitas meninas autistas enfrentam dificuldades em se adaptar às demandas crescentes de autonomia e interações complexas, levando a comorbidades como ansiedade e depressão. Embora o mascaramento social possa ter ajudado a manter uma aparência de adaptação na infância, seu custo emocional, com consequências como burnout e isolamento, torna evidente a importância de reconhecer e validar as experiências dessas meninas.

A construção de critérios diagnósticos mais inclusivos e ferramentas específicas para o "fenótipo feminino" do autismo oferece uma esperança concreta para identificar precocemente essas jovens e oferecer o suporte necessário. Essa abordagem não apenas melhora a qualidade de vida das meninas autistas, mas também as ajuda a se reconectarem com sua identidade, oferecendo um futuro em que possam viver com mais autenticidade e menos exaustão.

Referências

BOURSON, L.; PREVOST, C. Characteristics of restricted interests in girls with ASD compared to boys: a systematic review of the literature. *European Child & Adolescent Psychiatry*, v. 33, n. 4, p. 987-1004, abr. 2024. Disponível em: https://pubmed.ncbi.nlm.nih.gov/35644857/. Acesso em: 15 jan. 2025.

CASIMIRO, A. Autismo e suicídio: quando o leve não é tão leve. *A Menina Neurodiversa*, 23 jul. 2019. Disponível em: https://ameninaneurodiversa.wordpress.com/2019/07/23/autismo-e-suicidio-quando-o-leve-nao-e-tao--leve/. Acesso em: 9 jan. 2025.

HIRVIKOSKI T *et al.* Individual risk and familial liability for suicide attempt and suicide in autism: a population-based study. *Psychological Medicine*, v. 50, n. 9, p. 1463-1474, jul. 2020. Disponível em: https://pubmed.ncbi.nlm.nih.gov/31238998/. Acesso em: 15 jan. 2025.

KLEIN, J.; KRAHN, R.; HOWE, S.; LEWIS, J.; MCMORRIS, C.; MACOUN, S. A systematic review of social camouflaging in autistic adults and youth: implications and theory. *Development and Psychopathology*, v. 7, p. 1-15, out. 2024. Disponível em: https://pubmed.ncbi.nlm.nih.gov/39370528/. Acesso em: 9 jan. 2025.

LAI, M. C.; BARON-COHEN, S.; WHEELWRIGHT, S. The "camouflage" hypothesis: a theory of autism and depression. *Psychological Medicine*, v. 47, n. 9, p. 1490-1500, 2017.

LOOMES, R.; HULL, L.; MANDY, W. P. L. What is the male-to-female ratio in autism spectrum disorder? A systematic review and meta-analysis. *Journal of the American Academy of Child & Adolescent Psychiatry*, v. 56, n. 6, p. 466-474, jun. 2017. Disponível em: https://pubmed.ncbi.nlm.nih.gov/28545751/. Acesso em: 15 jan. 2025.

VAN DER CRUIJSEN, R.; MURPHY, J.; BIRD, G. Alexithymic traits can explain the association between puberty and symptoms of depression and anxiety in adolescent females. *PloS One*, v. 14, n. 1, p. e0210519, 2019. Disponível em: https://journals.plos.org/plosone/article?id=10.1371/journal.pone.0210519. Acesso em: 9 jan. 2025.

ZUCKERMAN, K. E.; KUHLTHAU, K. A. Feeding issues in children with autism spectrum disorder: the role of sensory processing and behavioral issues. *Journal of Autism and Developmental Disorders*, v. 49, n. 5, p. 1850-1859, 2019.

25

QUANDO A DIFERENÇA VIRA ALVO

O IMPACTO DO BULLYING NO AUTISTA

O bullying reúne agressões repetidas, verbais, físicas ou psicológicas, que causam sofrimento. Pessoas com Transtorno do Espectro Autista (TEA) são mais vulneráveis e podem precisar de ajuda para reconhecer essa situação. Compreender o TEA e promover campanhas de conscientização são ações fundamentais para combater preconceitos e cultivar a inclusão, o respeito e a empatia.

DANIELE OLIVEIRA,
DÉBORA COSTA DA SILVEIRA SILVA
E LUCIANA LASSAROTE BRESSANI

Daniele Oliveira, Débora Costa da Silveira Silva e Luciana Lassarote Bressani

Daniele (à esquerda) é mãe atípica e médica. Pós-graduada em Pediatria e Neuropediatria (IBCMED) e pós-graduanda em Transtorno do Espectro Autista e Desenvolvimento Infantil (Child Behavior Institute of Miami). Certificação em Autismo com o Dr. Thiago Castro. Após o diagnóstico de autismo do meu filho João Gabriel venho sempre buscando um cuidado mais qualificado e humanizado.

Contatos:
ped.daniapol@gmail.com
Instagram: @dradanieleaoliveira
21 98732 5448

Débora (ao centro) é Médica pela Faculdade de Medicina do Vale do Aço e Pediatra pela Feluma - Hospital São José. Pós-graduanda em Saúde Mental Infantil (Feluma) e Pediatria Integrativa (Ciclos), com aprimoramento em suplementação pediátrica. Formação em Transtornos do Desenvolvimento e Certificação em Autismo com o Dr. Thiago Castro.

Contatos:
debymed@hotmail.com
Instagram: @dradebora.pediatra
31 99761 9451

Luciana (à direita) é Médica Pediatra, especialista em Pediatria pelo Instituto da Criança do Hospital das Clínicas da FMUSP. Detém o título de Especialista em Pediatria pela SBP e AMB. Aluna da certificação Thiago Castro e sócia da clínica Casa Habilitar.

Contatos:
Instagram: @dralucianalassarote
@casahabilitar

O bullying é uma realidade cruel para muitas crianças, mas para os autistas, ele frequentemente assume formas invisíveis, difíceis de identificar. Ao invés de agressões físicas ou verbais, o bullying contra essas crianças se manifesta por meio da exclusão, isolamento social e exploração das dificuldades de comunicação e interação. O agravante é que, muitas vezes, os adultos não percebem ou não sabem como intervir.

Essas crianças, com vivências sensoriais, emocionais e sociais distintas dos colegas neurotípicos, enfrentam um mundo pouco preparado para acolher sua singularidade. O bullying, portanto, se torna uma ameaça contínua à sua identidade e autoestima, além dos desafios que já enfrenta.

Neste capítulo, abordaremos as formas de bullying que afetam as crianças autistas, os impactos psicológicos e emocionais da violência e as estratégias possíveis para criar um ambiente mais inclusivo e acolhedor.

O que é o bullying

O bullying é uma forma de violência caracterizada por intimidação e perseguição **frequente e persistente**, geralmente em ambientes escolares, mas também em outros contextos. Pode se manifestar como agressões físicas, verbais, psicológicas, sociais e cyberbullying. As vítimas, muitas vezes consideradas "diferentes" ou "anormais", são padrões de grupos e se tornam alvos vulneráveis.

Essa exclusão e rotulagem têm consequências graves, especialmente para crianças e adolescentes com desenvolvimento atípico, afetando seu bem-estar emocional, social e psicológico, e prejudicando seu desenvolvimento global.

Formas de bullying

Os tipos mais comuns de bullying incluem o físico, verbal, relacional ou social, e o cyberbullying.

O **bullying físico** envolve agressões diretas, como socos, chutes e o roubo de pertences. O bullying verbal se manifesta por insultos, apelidos pejorativos e boatos. Meninos tendem a ser mais expostos ao bullying físico, enquanto meninas enfrentam mais bullying indireto, como boatos e exclusão. O bullying verbal é mais comum entre crianças mais velhas e adolescentes.

O **bullying relacional** ou social ocorre com a exclusão intencional de um indivíduo. Esse tipo de bullying se torna mais prevalente na puberdade, quando a aprovação dos pares é crucial.

O **cyberbullying** é uma forma mais recente, realizada on-line, com agressões, difamações e a publicação de conteúdos ofensivos, como imagens embaraçosas, por meio de e-mails, mensagens, sites e redes sociais.

Vulnerabilidades

Crianças com TEA são até **quatro vezes mais propensas** a sofrer bullying do que seus colegas neurotípicos. As principais características do TEA, como variabilidade comportamental e dificuldades de comunicação e interação social, dificultam a defesa da criança, tornando-a mais vulnerável, já que não intimidam o agressor. O TEA, assim, aumenta as chances de ser vítima de bullying, prejudicando a saúde e a qualidade de vida da criança, que enfrenta vulnerabilidades que afetam diversos aspectos de sua vida.

- **Hipersensibilidade sensorial**: sons altos, iluminados ou texturas desconfortáveis podem amplificar as reações sensoriais, intensificando a sensação de vulnerabilidade emocional.
- **Desafios sociais**: a interação social é uma das áreas mais desafiadoras para muitas crianças autistas. Elas podem ter dificuldade na interpretação de expressões verbais, tons de voz ou normas sociais, ou que podem resultar em isolamento ou exclusão por parte dos colegas. Essa dificuldade em estabelecer conexões torna-se mais suscetível ao bullying e à exclusão social.
- **Dificuldades de comunicação**: embora algumas crianças autistas sejam verbalmente comunicativas, outras dificuldades significativas se expressam. Essa limitação pode gerar frustrações e dificultar a sinalização de necessidades, desconfortos ou situações de abuso. A falta de comunicação eficaz pode aumentar a dependência dos cuidadores e a exposição a situações de risco.
- **Desafios cognitivos e acadêmicos**: as crianças autistas frequentemente possuem estilos de aprendizagem diferentes e dificuldades para se adaptarem aos métodos tradicionais de ensino, o que pode prejudicar seu desempenho acadêmico. A falta de compreensão por parte dos educadores sobre as necessidades específicas dessas crianças pode agravar esses desafios, contribuindo para a sensação de inadequação e fracasso.

- **Influência do ambiente**: o ambiente pode ser um fator determinante no bem-estar de uma criança autista. Ambientes com excesso de estímulos ou rotinas imprevisíveis podem causar grande desconforto. Além disso, a falta de acesso a recursos protegidos, como terapias e apoio educacional, pode limitar o desenvolvimento dessas crianças e aumentar sua exposição a situações adversas.

Identificar e compreender essas vulnerabilidades é essencial para oferecer suporte eficaz. Criar ambientes acolhedores, promover a educação inclusiva, trabalhar a empatia social e oferecer estratégias de autorregulação são práticas fundamentais. Além disso, fortalecer as habilidades individuais da criança e fornecer suporte emocional são ferramentas essenciais para ajudá-las a lidar com os desafios diários.

É urgente a capacitação e formação sobre o tema bullying para professores, familiares e alunos, especialmente para aqueles com TEA, a fim de garantir uma abordagem mais eficaz e sensível para combater essa prática.

Impactos emocionais e psicológicos

Mais de 40% das crianças e jovens autistas, especialmente nas escolas, apresentam consequências decorrentes das experiências de sofrimento vivenciadas, como baixa autoestima, baixa produtividade e até mesmo evasão escolar. O bullying pode agravar ainda mais a situação psicológica, provocando estresse, medo, depressão e, em casos extremos, pensamentos suicidas, como resultado desse processo.

As crianças autistas enfrentam frequentemente dificuldades em identificar, expressar e regular suas emoções, o que pode levar a episódios de ansiedade, frustração e crises emocionais, especialmente em ambientes desconhecidos ou imprevisíveis.

É fundamental considerar o bullying como um problema grave e urgente. As escolas precisam criar um ambiente onde se valorize a amizade, a solidariedade e o respeito à diversidade, promovendo a inclusão e o bem-estar de todos os alunos.

Intervenções e estratégias para tornar um ambiente mais acolhedor

O TEA afeta significativamente as áreas de interação social e linguagem, com diferentes níveis de comprometimento nas habilidades dessas áreas. Essa característica pode dificultar a capacidade das pessoas com autismo de evitar ou lidar com situações de bullying. Para enfrentar esse problema, especialmente em relação ao autismo, é fundamental adotar estratégias eficazes e bem planejadas.

Uma abordagem central é a implementação de instruções baseadas no conhecimento sobre fatores de risco e proteção, que são medidas indicadas para prevenção e redução do bullying. Além disso, é essencial investir em ações de conscientização para que a sociedade compreenda o que é o autismo, reconhecendo e respeitando as diferenças.

Nas escolas, é crucial implementar políticas antibullying claras, com foco na inclusão, promovendo ambientes acolhedores e seguros para todos os alunos. A promoção do treinamento de habilidades sociais para pessoas com TEA também é uma estratégia eficaz, ajudando a identificar, enfrentar e denunciar situações de bullying. No entanto, o ideal é que essas iniciativas sejam desenvolvidas de forma conjunta, pois pesquisas demonstram que a combinação dessas abordagens gera resultados mais sólidos e sustentáveis.

O envolvimento da família também é fundamental. Orientar os pais a identificar os sinais de bullying e oferecer apoio emocional aos filhos é essencial. Reforçar a importância do diálogo aberto dentro de casa pode fortalecer a confiança e a capacidade de lidar com situações desafiadoras.

O combate ao bullying exige um esforço coletivo. Somente por meio da reflexão, da conscientização e do compromisso com a construção de uma cultura inclusiva e respeitosa será possível proteger as pessoas autistas, garantindo que vivam em um ambiente seguro, acolhedor e livre de discriminação. A transformação da sociedade começa com cada um de nós. Juntos, podemos construir um mundo mais empático, justo e acolhedor para todos.

Lei Brasileira de Inclusão

Em julho de 2015, foi sancionada a Lei Brasileira de Inclusão (LBI) – Lei n. 13.146, também conhecida como Estatuto da Pessoa com Deficiência, que entrou em vigor em janeiro de 2016. O objetivo dessa lei é garantir e promover, em condições de igualdade, o exercício dos direitos e das liberdades fundamentais das pessoas com deficiência, buscando garantir sua inclusão social e a plena cidadania.

De acordo com a legislação, considera-se pessoa com deficiência aquela que apresenta impedimento de longo prazo de natureza física, mental, intelectual ou sensorial.

Os principais direitos garantidos por esta lei incluem: o direito à igualdade e à não discriminação, ao atendimento prioritário, ao direito à vida, à habilitação e à reabilitação, à saúde, à educação, à moradia, ao trabalho e à assistência social. Além disso, são assegurados direitos à Previdência Social, à cultura, ao esporte, ao turismo e ao lazer, ao transporte e à mobilidade, à acessibilidade, ao acesso à informação e à comunicação, e à tecnologia assistiva, que abrange dispositivos, técnicas e processos capazes de promover assistência, reabilitação e melhoria da qualidade de vida das pessoas com deficiência. A lei também garante o direito à participação na vida pública e política, ao acesso à ciência e tecnologias e ao acesso à justiça, com o reconhecimento de igualdade perante a lei.

Esse estatuto representa uma grande conquista para as pessoas com deficiência, mas, apesar dos avanços legais, ainda existe um grande desrespeito ao cumprimento desses direitos. Essa falta de efetividade no cumprimento da lei dificulta a plena e efetiva participação das pessoas com deficiência na sociedade, em igualdade de condições com os demais cidadãos.

Lei antibullying

A Lei n. 13.185/2015, que entrou em vigor em fevereiro de 2016, instituiu o Programa de Combate à Intimidação Sistemática (bullying). Ela estabelece que, além de clubes e agremiações recreativas, as escolas também devem adotar medidas de conscientização, prevenção e combate ao bullying.

Essa legislação é considerada um marco importante, pois define, delimita e institucionaliza as características do bullying. De acordo com o § 1º da Lei n. 13.185/2015, "considera-se intimidação sistemática (bullying) todo ato de violência física ou psicológica, intencional e repetitiva, que ocorre sem motivação evidente, praticada por indivíduo ou grupo, contra uma ou mais pessoas, com o objetivo de intimidá-las ou agredi-las, causando dor e angústia à vítima, em uma relação de desequilíbrio de poder entre as partes envolvidas" (Brasil, 2015).

Em 2024, a Lei n. 14.811/2024, sancionada pelo presidente Luiz Inácio Lula da Silva, incluía os crimes de bullying e cyberbullying no Código Penal. A transcrição a seguir detalha os novos dispositivos legais:

- **Intimidação sistemática (bullying)** art. 146-A. Intimidar sistematicamente, individualmente ou em grupo, mediante violência física ou psicológica, uma ou mais pessoas, de forma intencional e repetitiva, sem motivação evidente, por meio de atos de intimidação, humilhação, discriminação ou ações verbais, morais, sexuais, sociais, psicológicas, físicas, materiais ou virtuais: Pena – multa, se a conduta não constitui crime mais grave.
- **Intimidação sistemática virtual (cyberbullying)** parágrafo único. Se a conduta for realizada por meio de redes de computadores, redes sociais, aplicativos, jogos on-line ou qualquer outro meio digital, ou transmitida em tempo real: "Pena – reclusão, de 2 (dois) a 4 (quatro) anos, e multa, se a conduta não constituir crime mais grave" (Brasil, 2024).

Essas modificações representam um avanço significativo na proteção contra o bullying e o cyberbullying, trazendo consequências legais mais claras para os infratores e buscando um ambiente mais seguro para as vítimas de intimidação.

Referências

BANDEIRA, C. M.; HUTZ, C. S. Bullying: prevalência, implicações e diferenças entre os gêneros. *Revista Semestral da Associação Brasileira de Psicologia Escolar e Educacional*, v. 1, p. 35-44, jan./jun. 2012.

BRASIL. *Lei Brasileira de Inclusão (LBI)*. Lei n. 13.146/2015, também conhecida como Estatuto da Pessoa com Deficiência. Disponível em: https://www.planalto.gov.br/ccivil_03/_ato2015-2018 /2015/lei/l13146.htm. Acesso em: 18 dez. 2024.

BRASIL. *Lei Brasileira 14811/24*: criminalização do bullying e do cyberbullying. Disponível em: https://www.planalto.gov.br/ccivil_03 /_ato2023-2026/2024/lei/l14811.htm. Acesso em: 20 dez. 2024.

FARRINGTON, D. P. The importance of risk factors for bullying perpetration and victimization. *Jornal de Pediatria*, v. 96, n. 6, p. 667-669, 2020.

LEÃO, F. Autismo: os 13 pontos mais importantes que você precisa saber em 2024. *INCB Instituto de Neurociências de Brasília*, sem data. Disponível em: https://incb.com.br/13-pontos-autismo. Acesso em: 10 jan. 2025.

PONTE, A. B. M.; ARAÚJO, L. S. Vivências de mães no cuidado de crianças com transtorno do espectro autista. *Revista do NUFEN*, v. 14, n. 2, p. 1-15, 2022.

REIS, K. F. *et al. O bullying e sua correlação com a intolerância e incompreensão do autista nas escolas*. Disponível em:https://publicacoes.unifimes.edu.br/index.php/coloquio/artigo /view /2753. Acesso em: 18 dez. 2024.

SANTOS, A. A. D. *et al.* O olhar da família e da escola para a criança com transtorno do espectro autista – TEA. *Revista Liberum Accessum*, v. 2, n. 2, 2020.

SEGE, R. D. Violência entre pares e prevenção da violência. *IPEA. Atlas da violência*, 2024.

26

AVALIAÇÃO PSICOLÓGICA E APLICAÇÃO DE TESTES E ESCALAS NA INVESTIGAÇÃO DO DIAGNÓSTICO DO TRANSTORNO DO ESPECTRO AUTISTA

A proposta deste capítulo nasceu das dúvidas frequentes que recebo diariamente em meu consultório. Muitas famílias que buscam avaliação não compreendem como se dá o processo de avaliação psicológica ou quais passos devem ser seguidos após sua conclusão. Essas famílias e crianças enfrentam dificuldades e desgaste emocional, mas com uma orientação precisa conseguem alcançar melhor qualidade de vida.

PATRÍCIA CUNHA

Patrícia Cunha

Contatos
patypsicol2017@gmail.com
45 99805 4272

Psicóloga graduada pelo Universitas – Centro Universitário de Itajubá (2004), com especialização em Psicopedagogia. Atua na Clínica Blua, realizando avaliações para crianças, adolescentes e adultos. Busca aprendizado constante e oferece refúgio genuíno no processo avaliativo, que pode transformar vidas. Dedica sua missão ao seu sobrinho Henrique da Cunha Lapezyk e à família, que encontrou novo significado após o diagnóstico.

A importância da avaliação no diagnóstico do Transtorno do Espectro Autista

A avaliação é um recurso essencial no diagnóstico do Transtorno do Espectro Autista (TEA), cuja própria nomenclatura já indica ampla diversidade de manifestações. O termo "**espectro**" reflete a variedade de sintomas e níveis de comprometimento, o que torna indispensável uma análise cuidadosa para confirmar ou refutar as hipóteses levantadas. Além disso, a avaliação proporciona aos pais e cuidadores uma compreensão mais aprofundada sobre o funcionamento específico da criança, permitindo que eles ofereçam o suporte necessário para o seu desenvolvimento.

A proposta de realizar uma avaliação psicológica pode surgir tanto por encaminhamento médico como por iniciativa própria dos responsáveis, buscando esclarecer dúvidas iniciais. Quando solicitada por um médico, a avaliação geralmente inclui a aplicação de testes ou escalas padronizadas, que auxiliam na investigação diagnóstica. Contudo, o profissional responsável pela avaliação tem autonomia para utilizar outros instrumentos que julgar pertinentes, enriquecendo a análise e oferecendo uma visão mais ampla do caso.

Após a conclusão da avaliação, é essencial retornar ao médico com o laudo psicológico, permitindo que sejam feitos os encaminhamentos terapêuticos e educacionais necessários. Esse processo, no entanto, é muitas vezes acompanhado de dúvidas e angústias, especialmente devido à falta de informação sobre o tema. Por isso, é fundamental que os profissionais envolvidos ofereçam suporte e utilizem uma linguagem clara e acessível, reduzindo a ansiedade da família e tornando o percurso mais acolhedor e informativo.

A avaliação psicológica vai além de um simples diagnóstico: ela é uma ferramenta poderosa para compreender o desenvolvimento cognitivo, emocional e comportamental do indivíduo. A partir da queixa inicial, o processo avaliativo é cuidadosamente planejado, envolvendo a seleção de instrumentos adequados e uma análise detalhada da trajetória de vida do avaliado. Esse mapeamento das habilidades e dificuldades permite o planejamento de intervenções terapêuticas específicas e eficazes, ajustadas às necessidades de cada pessoa, garantindo um acompanhamento mais assertivo e humanizado.

De acordo com a Resolução n. 31/2022 do Conselho Federal de Psicologia (CFP, 2022, p. 1):

> A Avaliação Psicológica é um processo estruturado de investigação de fenômenos psicológicos, composto de métodos, técnicas e instrumentos, com o objetivo de prover informações à tomada de decisão, no âmbito individual, grupal ou institucional, com base em demandas, condições e finalidades específicas.

Estratégias e etapas da avaliação psicológica no psicodiagnóstico infantil

A avaliação psicológica envolve diversas estratégias organizadas em etapas sucessivas, incluindo entrevista de anamnese, observação de comportamentos, aplicação de testes e atividades lúdicas. Todo o processo ocorre em um número limitado de sessões, com um planejamento estruturado que contempla início, meio e fim.

O processo inicia-se com uma consulta de anamnese, que tem como principal objetivo compreender os motivos que levaram a família a buscar a avaliação e estabelecer um vínculo de confiança entre todos os envolvidos. Nessa fase, os responsáveis fornecem informações detalhadas sobre o desenvolvimento da criança, desde o período gestacional até o momento atual. São investigadas áreas como desenvolvimento motor, comunicação, cognição, comportamento e aspectos socioemocionais, compondo uma visão ampla e integrada sobre a criança.

Nas sessões subsequentes, as atividades lúdicas desempenham um papel central e podem ser conduzidas de forma livre ou guiada, dependendo dos recursos escolhidos, como jogos, livros, desenhos ou brinquedos. Esses momentos são fundamentais para fortalecer o vínculo e o engajamento com o avaliador. Além disso, entende-se que a brincadeira é a principal linguagem da criança, independentemente de ser oralizada ou não. Por meio do brincar, a criança expressa sua relação com o mundo, tornando-se um recurso indispensável no psicodiagnóstico.

Como destacado por Moura, Santos & Marchesini (2021, p. 25), a utilização de atividades lúdicas permite ao avaliador acessar aspectos fundamentais do funcionamento emocional, cognitivo e social da criança, favorecendo uma compreensão mais profunda e humanizada no processo de avaliação:

> Assim, a brincadeira pode ser classificada como uma das protagonistas no desenvolvimento da criança e de suas funções psicológicas, desde capacidades de imitação, atenção, memória e imaginação até a solidificação de habilidades socioemocionais por meio da interação da criança com o outro e com o meio.

Considerando as características centrais do TEA na infância, a avaliação psicológica permite observar e descrever aspectos fundamentais, como comunicação social, brincar simbólico, condutas ritualísticas, funções executivas e outros conjuntos sintomatológicos que compõem o espectro.

Ao longo de todo o processo avaliativo, é crucial dedicar atenção aos detalhes que emergem nas interações. Gestos, expressões faciais, padrões de respiração e reações, sejam elas verbais ou não verbais, revelam tentativas de comunicação e expressam a forma singular da criança de ser e estar no mundo. Esses sinais sutis, muitas vezes perceptíveis apenas a um avaliador atento e empático, fornecem informações valiosas para a compreensão do caso.

O diagnóstico do TEA é, essencialmente, clínico e baseado em observações comportamentais, bem como na história de desenvolvimento da pessoa avaliada. Instrumentos de triagem, escalas e testes padronizados são ferramentas cientificamente reconhecidas e fundamentais nesse processo, contribuindo para uma análise criteriosa e fundamentada. Além disso, é possível recorrer a fontes complementares para ampliar a coleta de dados.

A escolha dessas fontes deve ser cuidadosamente contextualizada à individualidade de cada criança. Aspectos como idade, escolaridade, nível de alfabetização, presença ou ausência de linguagem, comprometimento motor e outras condições associadas precisam ser considerados para garantir uma avaliação personalizada e eficaz (CFP, 2022). Esse enfoque integrado e humanizado assegura que a avaliação vá além do diagnóstico, promovendo uma compreensão ampla e profunda do funcionamento da criança.

Ferramentas de avaliação no diagnóstico do Transtorno do Espectro Autista (TEA)

Na investigação do Transtorno do Espectro Autista (TEA), diversas ferramentas são empregadas para garantir uma análise criteriosa e fundamentada.

A **Escala Protea-R**, por exemplo, utiliza o brincar como método avaliativo, abrangendo tanto atividades lúdicas livres quanto semiestruturadas. O avaliador observa e interage com a criança, analisando comportamentos sociocomunicativos, a qualidade da brincadeira e a presença de movimentos repetitivos e estereotipados. Com 17 itens que avaliam a frequência e a qualidade dos comportamentos, essa escala é alinhada aos critérios do *Manual Diagnóstico e Estatístico de Transtornos Mentais* (DSM-5) e é indicada para crianças de 24 a 60 meses de idade (Bosa & Salles, 2018).

Já a **Escala de Responsividade Social (SRS-2)** é um questionário composto por 65 itens, preenchido pelos pais, responsáveis ou professores da criança. Essa escala avalia a intensidade dos comportamentos associados ao TEA em áreas como percepção social, cognição social, comunicação social, motivação social e padrões restritos ou repetitivos. É adequada para crianças a partir de dois anos e seis meses (Constantino & Gruber, 2020).

Outro instrumento amplamente reconhecido é a **Escala de Observação para o Diagnóstico do Autismo (Ados-2)**, indicada para crianças a partir de 12 meses de idade. Por meio de atividades lúdicas, essa escala permite a observação de comportamentos significativos que auxiliam no diagnóstico do TEA, abrangendo diferentes idades e níveis de desenvolvimento (Rutter, 2023).

Antes do encerramento da avaliação psicológica, o profissional dedica-se à elaboração do laudo, documento que reúne e organiza todas as informações coletadas, validando ou refutando a hipótese diagnóstica. O processo culmina na sessão devolutiva, momento final da avaliação, em que o laudo é apresentado e explicado. Essa etapa inclui a leitura detalhada dos resultados, com o suporte de gráficos e tabelas, oferecendo à família uma compreensão clara e acessível das conclusões obtidas.

A importância da sessão devolutiva e da avaliação psicológica no diagnóstico precoce

De acordo com o Conselho Federal de Psicologia (2022), é fundamental que toda avaliação psicológica, seja realizada presencialmente ou on-line, inclua uma sessão devolutiva para esclarecer o conteúdo do laudo psicológico. Todo indivíduo avaliado tem o direito de receber explicações claras e completas em um momento específico para esse propósito. O laudo deve ser fundamentado nas informações coletadas durante o processo avaliativo, analisadas à luz da literatura científica e apresentado com linguagem acessível e compreensível para a pessoa avaliada e sua família. O objetivo é comunicar os resultados do processo psicológico de forma clara, além de fornecer orientações sobre os próximos passos a serem seguidos.

O diagnóstico precoce é essencial para promover um desenvolvimento mais pleno e um prognóstico positivo. Quanto mais cedo se identifica o

TEA ou outros desafios, maior é a possibilidade de intervenções eficazes que contribuam para a qualidade de vida da criança. Por outro lado, um diagnóstico tardio pode trazer prejuízos significativos ao desenvolvimento, agravando sintomas e ampliando a necessidade de suporte ao longo da vida (Silva & Gomes, 2023).

A avaliação psicológica tem como finalidade oferecer um entendimento aprofundado sobre o avaliado, possibilitando decisões mais assertivas que favoreçam sua qualidade de vida, sua autonomia e sua inclusão. Para que esse processo seja eficaz, é imprescindível criar um ambiente acolhedor, seguro e apropriado à faixa etária da criança, promovendo sua participação ativa e espontânea durante a avaliação.

Mais do que um diagnóstico, a avaliação psicológica representa uma oportunidade valiosa de compreender o desenvolvimento da criança em todas as suas dimensões. Ela atua como uma ferramenta que conecta as "peças soltas" do quebra-cabeça do comportamento e das habilidades, oferecendo caminhos para intervenções transformadoras que podem impactar positivamente a vida da criança e de sua família.

Referências

BOSA, C. A.; SALLES, J. F. *PROTEA-R*: sistema de avaliação da suspeita de Transtorno do Espectro Autista. São Paulo: Vetor, 2018.

CONSELHO FEDERAL DE PSICOLOGIA (CFP). *Cartilha avaliação psicológica*. Brasília: Conselho Federal de Psicologia, 2022. Disponível em: https://site.cfp.org.br/wp-content/uploads/2022/08/cartilha_avaliacao_psicologica1.pdf. Acesso em: 28 fev. 2025.

CONSELHO FEDERAL DE PSICOLOGIA (CFP). *Resolução n. 31, de 15 de dezembro de 2022*. Diretrizes para a realização de Avaliação Psicológica no exercício profissional da psicóloga e do psicólogo. Brasília: Conselho Federal de Psicologia, 2022. Disponível em: https://bit.ly/3RnvujC. Acesso em: 28 fev. 2025.

CONSTANTINO, J. N.; GRUBER, C. P. *SRS-2*: Escala de Responsividade Social. Trad. Lisandra Borges. 2. ed. São Paulo: Hogrefe, 2020.

MOURA, A. M.; SANTOS, B. M. L.; MARCHESINI, A. L. S. O brincar e sua influência no desenvolvimento de crianças com transtorno do espectro autista. *Cadernos de Pós-Graduação em Distúrbios do Desenvolvimento*, São Paulo, v. 21, n. 1, p. 24-38, 2021. Disponível em: https://pepsic.bvsalud.

org/scielo.php?script=sci_arttext&pid=S1519-03072021000100003. Acesso em: 1 mar. 2025.

RUTTER, M. *et al*. *ADOS-2*: Escala de Observação para o Diagnóstico do Autismo. 2. ed. São Paulo: Hogrefe, 2023.

SILVA, A. V.; GOMES, M. L. Os desafios do diagnóstico psicológico precoce do Transtorno do Espectro Autista (TEA). *Revista de Casos e Consultoria*, v. 14, n. 1, p. 1-15, 2023. Disponível em: https://periodicos.ufrn.br/casoseconsultoria/article/view/31093. Acesso em: 1 mar. 2025.

27

TECNOLOGIAS ASSISTIVAS E AUTISMO

CAPACITANDO CRIANÇAS PARA UM DESENVOLVIMENTO PLENO

As tecnologias assistivas desempenham papel crucial no desenvolvimento de habilidades e funções executivas em crianças com diferentes necessidades. Elas proporcionam soluções para superar desafios de comunicação, tornando o aprendizado mais dinâmico e personalizado. Neste capítulo, exploraremos como essas ferramentas podem ser usadas para apoiar o neurodesenvolvimento do seu filho.

DR. JAMSON BARRETO
E DR. RICARDO MENEZES SALGADO

Dr. Jamson Barreto

Contatos
jamson.med@gmail.com
Instagram: @dr.jamsonbarreto
11 93326 4524

Graduado em Medicina pelo Centro Universitário Serra dos Órgãos (Unifeso, Teresópolis, RJ). Pediatra pelo Hospital Universitário de Jundiaí (SP) e neonatologista pela Escola Paulista de Medicina da Universidade Federal de São Paulo (EPM/Unifesp). Pós-graduado em Neurologia Infantil pela Afya Educação Médica. Membro titular da Sociedade Brasileira de Pediatria (SBP) nas áreas de Pediatria e Neonatologia. Professor assistente da Faculdade de Medicina da Universidade Tiradentes (Unit) em Estância (SE).

Dr. Ricardo Menezes Salgado

Contatos
ricardomenezessalgado@gmail.com
Instagram: @dr.ricardomenezes
35 98871 7170

Ph.D. em Modelos Inteligentes, com mestrado e pós-doutorado pela Universidade Estadual de Campinas (Unicamp). Atualmente, é acadêmico de Medicina na Universidade Professor Edson Antônio Velano (Unifenas) e Professor associado na Universidade Federal de Alfenas (Unifal-MG), na área de Inteligência Computacional. Líder de um grupo de pesquisa em Inteligência Artificial Aplicada à Saúde e Neurociência, atua com análise de dados, IA e suas aplicações no contexto da saúde.

Atualmente, as tecnologias assistivas têm se tornado poderosas aliadas no desenvolvimento das habilidades e das funções executivas em crianças com diferentes necessidades. Elas englobam uma ampla gama de ferramentas que facilitam o aprendizado, a comunicação e a inclusão, oferecendo soluções personalizadas para cada criança. Com o avanço dessas tecnologias, muitas dificuldades que antes pareciam intransponíveis podem ser superadas, especialmente quando se trata do autismo. O Transtorno do Espectro Autista (TEA), que afeta diretamente a comunicação e a interação social, é uma condição que, muitas vezes, torna o desenvolvimento da linguagem um grande desafio. Para essas crianças, as tecnologias assistivas podem ser a chave para melhorar a expressão verbal e a compreensão, promovendo uma comunicação eficaz.

Neste capítulo, vamos explorar como as tecnologias assistivas podem apoiar o neurodesenvolvimento em crianças com TEA. A ideia é mostrar como essas ferramentas ajudam a superar barreiras de comunicação e tornam o aprendizado mais envolvente, divertido e adaptado às necessidades individuais de cada criança. Nosso objetivo é que você, pai ou cuidador, entenda, de forma clara e prática, como essas tecnologias funcionam, como integrá-las no dia a dia e como elas podem complementar os tratamentos tradicionais. Além disso, discutiremos os direitos e as garantias a essas ferramentas, como acessá-las, a fim de garantir que todas as crianças tenham as mesmas oportunidades. Vamos oferecer a você um guia completo para aproveitar o potencial das tecnologias assistivas para suporte ao desenvolvimento infantil.

Tecnologias assistivas: como elas podem me ajudar?

As tecnologias assistivas são um conjunto de produtos, dispositivos e sistemas projetados para auxiliar indivíduos a melhorar suas capacidades funcionais e superar barreiras relacionadas ao aprendizado, essenciais para apoiar crianças com TEA, ao oferecer soluções inovadoras que melhoram a comunicação, a interação social e a autonomia.

Essas ferramentas incluem desde sistemas de comunicação aumentativa e alternativa (CAA), que auxiliam crianças com dificuldades na fala a expressar suas necessidades e pensamentos, até aplicativos educacionais interativos, que estimulam o aprendizado, a socialização e a compreensão de conceitos fundamentais. Além disso, o uso dessas tecnologias está em constante evolução, incorporando recursos baseados em realidade aumentada e outras inovações tecnológicas, a fim de ampliar significativamente as possibilidades de intervenção e adaptação às necessidades individuais de cada criança com TEA.

Além da CAA, existem diversas outras tecnologias assistivas que podem ser aplicadas para o desenvolvimento de crianças com TEA. Entre elas, destacam-se **aplicativos educacionais** que ajudam na aprendizagem de vocabulário, leitura e escrita, e **dispositivos de comunicação eletrônica** que convertem texto em fala ou imagens em palavras. A realidade aumentada (RA) cria ambientes virtuais que simulam situações do dia a dia e ajudam no aprendizado de habilidades sociais. Já os **jogos e brinquedos educacionais interativos** tornam o processo de aprendizagem mais envolvente, enquanto **tecnologias de assistência à mobilidade**, como cadeiras de rodas motorizadas, promovem a autonomia das crianças. Além disso, dispositivos como **sensores de emoções** e **tecnologia de estimulação multissensorial** ajudam no controle de aspectos emocionais e sensoriais, frequentemente desafiadores para indivíduos com TEA.

Essas tecnologias assistivas, quando aplicadas de maneira integrada e personalizada, podem melhorar significativamente a qualidade de vida das crianças com TEA, proporcionando novas formas de aprendizado, comunicação e interação social.

Ferramentas que auxiliam na inclusão social

Existem diversas tecnologias assistivas que podem ajudar crianças com TEA a melhorar habilidades de comunicação, interação social, aprendizagem e até mesmo o controle emocional. Além de inovadoras, essas ferramentas têm mostrado resultados significativos na vida das crianças, ajudando-as a se desenvolver de maneira mais eficiente e inclusiva.

Comunicação Aumentativa e Alternativa (CAA)

A Comunicação Aumentativa e Alternativa (CAA) é uma das tecnologias mais comuns para crianças com dificuldades na fala. Ferramentas de CAA incluem dispositivos que permitem a comunicação por meio de imagens, símbolos, palavras ou até textos digitais, transformando-os em fala. Esses dispositivos são fundamentais para crianças que não conseguem se expressar verbalmente, mas que possuem habilidades cognitivas e motoras para compreender e utilizar símbolos.

Estudos científicos demonstraram que o uso da CAA pode promover grandes avanços na comunicação e na expressão emocional de crianças com TEA. Esses dispositivos também ajudaram as crianças a expressar melhor suas necessidades e sentimentos, reduzindo frustrações e comportamentos desafiadores, como agressividade ou agitação.

Aplicativos educacionais (AE)

Outro exemplo importante de tecnologia assistiva são os aplicativos educacionais. Eles são projetados para ajudar no desenvolvimento de habilidades como leitura, escrita e compreensão de conceitos. Eles são interativos e muitas vezes utilizam jogos e animações para manter as crianças engajadas, proporcionando uma forma divertida de aprender.

Pesquisas científicas recentes indicam que esses aplicativos são eficazes no apoio ao aprendizado e no desenvolvimento do vocabulário e habilidades de comunicação de forma mais rápida do que com métodos tradicionais de ensino, com a capacidade de se adaptar, de acordo com a necessidade de cada criança.

Realidade aumentada (RA)

A realidade aumentada é uma tecnologia inovadora que cria ambientes virtuais interativos, nos quais a criança pode visualizar e interagir com elementos digitais inseridos no mundo real. Para crianças com TEA, a RA pode ser usada para simular situações sociais e de aprendizagem, ajudando-as a entender comportamentos e interações do dia a dia de maneira controlada e segura.

Estudos sobre uso de RA mostraram que ela pode ser uma ferramenta poderosa no ensino de habilidades sociais e na redução da ansiedade. Por meio da RA, crianças com TEA foram capazes de praticar interações sociais, como cumprimentar outras pessoas ou entender expressões faciais, em um ambiente sem pressões sociais reais, resultando em uma melhora significativa na interação social e na redução de comportamentos repetitivos.

Direitos que garantem inclusão e acesso igualitário

No Brasil, a Lei Brasileira de Inclusão (Lei n. 13.146/2015) assegura que crianças com TEA tenham acesso a tecnologias assistivas, que são essenciais para seu desenvolvimento, comunicação e autonomia. Trata-se de uma legislação importante que garante a inclusão de pessoas com deficiência, bem como crianças com autismo, em todos os aspectos da vida, desde a educação até a participação social.

A lei prevê que essas tecnologias, incluindo dispositivos CAA e aplicativos educacionais, sejam disponibilizadas gratuitamente para famílias que não podem adquiri-las, garantindo que o governo forneça os recursos necessários por meio de programas públicos, a fim de promover o acesso de todas as crianças às ferramentas de tecnologias disponíveis.

Como exercer seus direitos e garantir o acesso?

Para garantir os direitos de uma criança com TEA, é crucial que pais ou cuidadores conheçam o processo de acesso a tecnologias assistivas. O primeiro passo é obter um diagnóstico completo, feito por uma equipe multidisciplinar, que pode ser composta por médicos, psicólogos, psicopedagogos, terapeutas ocupacionais e outros profissionais capazes de identificar as necessidades específicas da criança. Com essa avaliação, devem-se buscar informações sobre programas públicos como o Sistema Único de Saúde (SUS) e o Instituto Nacional do Seguro Social (INSS), que fornecem tecnologias assistivas, incluindo dispositivos de CAA e aplicativos de ensino.

Após identificar as tecnologias necessárias, formalize o pedido junto à Secretaria de Saúde ou Centro de Reabilitação do seu município, apresentando o relatório médico e dos demais profissionais que avaliaram seu filho. Caso enfrente dificuldades, a Defensoria Pública pode auxiliar na garantia desses direitos, intercedendo para que as ferramentas necessárias sejam acessíveis à criança.

Evidências científicas: um impacto positivo

As tecnologias assistivas têm mostrado sua eficiência como ferramenta no apoio ao desenvolvimento de crianças com TEA. Ao longo dos anos, diversos estudos científicos têm investigado como essas tecnologias podem beneficiar as crianças com TEA, melhorando suas habilidades de comunicação, aprendizado, interação social e até mesmo autonomia. Dispositivos de CAA, como os sistemas de fala, têm melhorado a comunicação de crianças não verbais ou com dificuldades de fala. Estudos demonstraram que a maioria das crianças com TEA que utilizaram CAA apresentaram um aumento de repertório da fala e maior interesse em interação social, confirmando que essas tecnologias promovem tanto a expressão verbal quanto a socialização.

Além disso, aplicativos educacionais e jogos interativos também têm impacto positivo no comportamento social das crianças com TEA. Pesquisas indicam que, após o uso de tecnologias assistivas, as crianças demonstraram aumento nas interações sociais e diminuição em comportamentos repetitivos, devido à apresentação de maneiras criativas e envolventes que as tecnologias usam para acessar o interesse das crianças.

No âmbito do desenvolvimento cognitivo e educacional, as tecnologias assistivas têm mostrado resultados notáveis. Crianças com TEA que utilizam programas educacionais digitais personalizados apresentam taxas de retenção de aprendizagem mais altas em comparação com métodos tradicionais, especialmente quando os programas incorporam imagens e vídeos.

A ciência confirma que as tecnologias assistivas são realmente eficazes e têm um impacto significativo na redução de comportamentos desafiadores dessas crianças, tais como crises de oscilação de humor, comportamentos restritivos e repetitivos. Além disso, o uso de tecnologias assistivas aumenta a autonomia das crianças com TEA, permitindo-lhes realizar atividades diárias com mais independência. Isso contribui não apenas para o desenvolvimento da criança, mas também para a qualidade de vida das famílias, proporcionando um ambiente mais equilibrado, com menos estresse para os pais e cuidadores e melhor adaptação ao ambiente escolar.

As tecnologias assistivas transformam a vida de crianças com TEA, ampliando o desenvolvimento da comunicação, interação social e autonomia. Desde dispositivos de CAA até aplicativos educacionais e sistemas de monitoramento de comportamento, essas ferramentas têm mostrado resultados promissores em ajudar as crianças a superar desafios que, muitas vezes, parecem insuperáveis. O interessante é que, com o avanço das tecnologias, essas soluções estão a cada dia mais acessíveis, proporcionando a essas crianças oportunidades de crescimento e de aprendizado que antes eram limitadas.

Para os pais e cuidadores, a utilização dessas tecnologias representa uma esperança de poder ver seus filhos alcançarem habilidades importantes, que podem transformá-los em adultos cada vez mais independentes e seguros. Ao incorporar essas ferramentas no dia a dia, muitas crianças têm demonstrado melhorias significativas na comunicação, na regulação emocional e/ou na redução de comportamentos desafiadores.

As tecnologias assistivas ajudam crianças com TEA a se integrarem melhor à sociedade e à família, promovendo inclusão social. Elas criam um ambiente onde há mais empatia e compreensão, facilitando interações sociais mais inclusivas e ricas em possibilidades para crianças com dificuldades de comunicação.

Referências

CAÑETE, R.; PERALTA, E. Assistive technology to improve collaboration in children with ASD: state-of-the-art and future challenges in the smart products sector. *Sensors, Basel, Switzerland*, v. 22, n. 21, p. 8321, 2022. Disponível em: https://pubmed.ncbi.nlm.nih.gov/36366019/. Acesso em: 1 mar. 2025.

IANNONE, A.; GIANSANTI, D. Breaking barriers-the intersection of AI and assistive technology in autism care: a narrative review. *Journal of Personalized Medicine*, v. 14, n. 1, p. 41, 2023. Disponível em: https://pubmed.ncbi.nlm.nih.gov/38248742/. Acesso em: 1 mar. 2025.

KLAVINA, A. *et al.* The use of assistive technology to promote practical skills in persons with autism spectrum disorder and intellectual disabilities: a systematic review. *Digital Health*, v. 10, [s.n.], p. 20552076241281260, 2024. Disponível em: https://journals.sagepub.com/doi/full/10.1177/20552076241281260. Acesso em: 1 mar. 2025.

O'NEILL, S. J.; SMYTH, S.; SMEATON, A.; O'CONNOR, N. E. Assistive technology: understanding the needs and experiences of individuals with autism spectrum disorder and/or intellectual disability in Ireland and the UK. *Assistive Technology®, the official journal of RESNA*, v. 32, n. 5, p. 251-259, 2020. Disponível em: https://pubmed.ncbi.nlm.nih.gov/30668926/. Acesso em: 1 mar. 2025.

SYRIOPOULOU-DELLI, C. K.; GKIOLNTA, E. Review of assistive technology in the training of children with autism spectrum disorders. *International Journal of Developmental Disabilities*, v. 68, n. 2, p. 73-85, 2022. Disponível em: https://pmc.ncbi.nlm.nih.gov/articles/PMC8928843/. Acesso em: 1 mar. 2025.

28

O PAI QUE FICA

Neste capítulo, falaremos sobre a paternidade, compartilhando algumas experiências pessoais, incluindo a de ser pai atípico. Citaremos dados sobre a ausência paterna no Brasil e suas possíveis consequências. Entenderemos que paternidade vai além do sentimento de amar, destacando a importância da presença paterna no desenvolvimento das crianças. A mensagem final é sobre o significado e importância de ser um "pai que fica".

DIEGO FONSECA DE NEGREIROS

Diego Fonseca de Negreiros

Contatos
drdiegonegreiros@gmail.com
Instagram | TikTok: @dr.diegonegreiros
Linktree: dr.diegonegreiros
67 98177 3772

Graduação em Medicina pelo Centro Universitário São Lucas (RO), com especialização em Pediatria pelo Hospital Cassems Campo Grande (HCCG), no estado do Mato Grosso do Sul. Experiência e vivência em preceptoria acadêmica médica no Instituto de Ciências Biológicas da Universidade de São Paulo (ICB-USP). Formação e certificação em Neurodesenvolvimento com foco em autismo.

Começarei este capítulo falando sobre meu pai e minhas origens. Falar sobre paternidade para mim é algo agradável, sei que para muitos, infelizmente, tal tema traz lembranças ruins. Eu, felizmente, fui agraciado com um pai presente, um pai protetor, um pai educador, um pai que soube e sabe até hoje exercer a paternidade em sua mais bela essência. Agradeço por ter tido um pai que sempre será minha referência, não raro paro e penso: o que o papai faria nessa situação?! Eu tive um exemplo e hoje, em certa medida, como pai, sou uma extensão do amor que recebi enquanto filho. Deveria ser essa a regra, mas sei pesarosamente que não.

Nessa trajetória de filho, a paternidade me escolheu, isso mesmo, me tornei pai escolhido pelas circunstâncias da vida, antes que eu pudesse planejar, me preparar ou me estabelecer. Você pode pensar que para a maioria das pessoas acontece da mesma forma, já que grande parte dos filhos no Brasil não são planejados, mas gostaria de reservar algumas linhas para contar como me tornei pai.

Sou pai de três. Junto com minha esposa Karine, compartilho a árdua e prazerosa tarefa de criá-los e educá-los. Desde que começamos a namorar, conversávamos e queríamos ter três filhos. A seu modo, a vida e Deus nos presentearam com Henrique, hoje com 14 anos, Cauê, com seis anos, e Eduarda, com dois anos.

Em fevereiro de 2010, com dois anos de namoro, e eu ainda no primeiro ano da faculdade, ganhamos um sobrinho, o Henrique. Quando ele estava com nove meses de vida, os primeiros sinais de atraso começaram e nossa busca por diagnóstico também. O que eu ainda não sabia naquele momento era que, quando ele começasse a falar, aos cinco anos de idade, me chamaria naturalmente de pai.

A vida transformou um sobrinho em filho, e eu em um pai escolhido. Não sei precisar o exato momento em que o Henrique passou a ser nosso filho, mas garanto que foi um processo tão natural quanto uma gestação. Contudo, os muitos exames, as terapias, os médicos e as longas horas de sala de espera levaram da gente o dia do nascimento. Somos uma família atípica, sou pai atípico.

Henrique é autista, atualmente no nível de suporte dois, além disso tem uma síndrome genética (alteração no cromossomo 12) que conferiu a ele algumas situações como hipotonia, atraso na fala, algumas discretas dismorfias faciais e epilepsia. Além disso, nosso lindão, como costumo chamá-lo, foi diagnosticado com TDAH. Descrevendo o diagnóstico, parece um desafio enorme, e realmente é, mas nossa família tem se organizado como engrenagens, em que cada um desempenha seu papel, com sua importância e função, para que o Henrique e todos se desenvolvam da melhor forma.

Eu como pai, sendo presente, consigo consolidar as emoções e oferecer segurança. A mãe é o alicerce de toda nossa rotina e o ponto de alívio das tensões. Os irmãos dividem o cuidado e o companheirismo. Ainda nesse funcionamento, entram as terapias e os acompanhamentos, que fazem parte do processo, e não do todo.

Para mim, ser pai atípico é ter a honra de viver em um mundo singular: é desafiador, difícil, árduo, porém engrandecedor. Paternidade é viver um sentimento constante de querer prover tudo o que é necessário para ver a evolução dos filhos. Por vezes, me frustro, me sinto inseguro e me pego pensando: "e quando eu não estiver mais aqui?", porém não transpareço, pois sei que não posso esmorecer, então sigo na missão de ser pai. A paternidade se faz no dia a dia, o vínculo se cria no amar diariamente. Lembrando que amor não é apenas um sentimento: amar é atitude, é ação.

A insegurança faz parte da nossa essência humana, o medo de falhar, a dúvida do que é certo e se estamos fazendo o melhor são sentimentos com os quais convivemos diariamente, especialmente quando se trata da educação de filhos.

Entretanto, não podemos ignorar o fato de que os dias difíceis, para nós pais atípicos, são muito mais presentes. São crises diárias, tratamentos, médicos, comportamentos sociais inadequados, despesas altas e toda a pressão das outras áreas da vida que se juntam a todos esses sentimentos, nos trazendo muitas vezes o sentimento de impotência. Porém, há o que ser feito, há que se perseverar.

O desafio é: como lidar com todos esses sentimentos e com a frustração? Diferentemente de quando trato alguma enfermidade médica, para isso eu não tenho uma prescrição que vá "curar" os sintomas. O que eu ouso fazer aqui é compartilhar o que funciona para mim e que talvez contribua para você.

Procuro estabelecer pequenos objetivos diários, como estimular mais a parte motora dele jogando bola. Por vezes, na correria, não concluo tal objetivo, porém sempre persisto, não me deixo levar por frustrações. Nunca perco o foco, que é ver meu filho evoluir, sem me esquecer de que ele depende do meu empenho diário para crescer e se desenvolver.

Quando o Henrique me escolheu como pai, eu aprendi uma lição importante: a paternidade é uma escolha que se faz todos os dias. Eu preciso acordar todos os dias e escolher ser pai dos meus filhos, e não apenas o genitor. Cuidar, prover, brincar, corrigir, alimentar, estabelecer vínculos, tomar decisões: todas essas são escolhas feitas por amor. O vínculo se cria no dia a dia, e o exemplo educa. Não é uma escolha fácil ser o pai que fica, ainda mais quando se tem um desafio maior que o típico. Existe um ditado popular que faz muito sentido para pais atípicos e gostaria de citar: "É justo que muito custe o que muito vale, e nada vale mais que nossos filhos".

Um artigo da Agência IBGE, de 4 de junho de 2020, informa que a maior parte dos cuidadores, independentemente do motivo, são mulheres. Elas dedicam em média dez horas por semana a mais que os homens aos afazeres domésticos ou ao cuidado de pessoas, segundo o artigo de Julia Galvão (2024), publicado no *Jornal USP*. Ou seja, as mulheres são as principais chefes de famílias e assumem tanto o cuidado da casa quanto dos filhos, enquanto a figura paterna se ausenta cada vez mais dos lares, o que pode ser bem maior, proporcionalmente, quando falamos de crianças com deficiência. Contudo, Trentin (2012) afirma que o pai tem papel fundamental na formação do indivíduo, do seu caráter, dos seus valores, sendo uma das principais referências da criança. Dessa forma, segundo a autora, se o pai não exerce suas funções parentais, o desenvolvimento biopsicossocial fica prejudicado, o que pode acarretar em perdas na formação da personalidade do indivíduo, facilitando comportamentos antissociais.

Eizirik e Bergmann (2005) corroboram, ao afirmar que a ausência paterna pode trazer repercussões importantes no desenvolvimento emocional da criança e do adolescente. Nesse sentido, Montgomery (1998) aponta ainda que crianças com ausência do pai têm duas vezes mais probabilidade de repetir o ano escolar e maior dificuldade de aprendizado; e que crianças que apresentam comportamento violento nas escolas têm 11 vezes mais chance de não viver na companhia do pai do que crianças que não têm comportamento violento.

Aprendemos com a ciência que nós, pais, temos um papel de suma importância no desenvolvimento biopsicossocial e no caráter dos nossos filhos. Quando falamos de crianças com autismo, que é um comprometimento do desenvolvimento neurossensorial, é fácil deduzir que a figura desse pai presente é de extrema importância para o processo evolutivo.

Não podemos esperar que nossos filhos evoluam tão somente com terapias de fala, ocupacional, psicologia, com o ABA, e todas as outras disponíveis. Essas continuam sendo de suma importância para o crescimento/desenvolvimento e autonomia de nossos filhos, mas não nos exime de atuarmos como principais responsáveis pela evolução dos nossos pequenos.

O que eu aprendi sendo pai de uma criança e hoje adolescente com autismo? Aprendi a esperar sem ser passivo, a ter força quando estou exausto, que fazer escolhas simples são difíceis, que o cantar parabéns pode não ser tão agradável quanto para a maioria, que comida não é só para alimentar, que som e luz incomodam quando não são controlados. Aprendi a controlar crises mesmo querendo chorar, que ele é mais forte do que eu, sem qualquer sombra de dúvidas, que não existem limites definidos do que podemos ou não alcançar, a responder milhões de vezes a mesma pergunta, a lidar com desrespeito até de quem está próximo.

Como um pai atípico, vivi coisas inimagináveis e precisaríamos de muito mais tempo para contar a vocês o que Henrique me ensinou ao longo desses anos. Isso foi só uma pequena parte.

Eu fui escolhido para essa missão de ser o pai do meu lindão, escolhi aceitar e ficar. Decidi que seria "o pai que fica". Henrique não é meu filho biológico, é meu filho do coração, fato que nada muda o amor e a missão que me foi dada. Sou consciente das minhas falhas e defeitos, mas posso garantir que tento fazer o meu melhor para que ele, seus irmãos e minha esposa possam viver bem. Tenho assumido o compromisso junto com a minha família de lutar por uma sociedade que possa minimamente entender o jeito atípico de ser.

Concluindo, gostaria de fazer uma reflexão. Se você se propôs a ler esse capítulo sobre pais que ficam, é porque, de alguma forma, você está com seu filho ou procurando estar. Posso afirmar, sem medo de errar, que ganhei muito mais ficando, mesmo com todos desafios, do que se tivesse escolhido me ausentar. Ganhei como pessoa e como ser humano.

Sejamos aguerridos e atuantes, sejamos pais que se posicionam, os **pais que ficam**. Com isso, certamente, faremos a diferença no caminho e no futuro deles. Portanto, seja você o exemplo para os seus filhos, do homem ou mulher que você quer que eles sejam no futuro.

Referências

AGÊNCIA IBGE. Em média, mulheres dedicam 10,4 horas por semana a mais que os homens aos afazeres domésticos ou ao cuidado de pessoas. *Agência IBGE*, 4 jun. 2020. Disponível em: https://agenciadenoticias.ibge.gov.br/agencia-sala-de-imprensa/2013-agencia-de-noticias/releases/27877-em-media-mulheres-dedicam-10-4-horas-por-semana-a-mais-que-os-homens-aos-afazeres-domesticos-ou-ao-cuidado-de-pessoas. Acesso em: 9 jan. 2025.

EIZIRIKI, M.; BERGMANN, D. S. Ausência paterna e sua repercussão no desenvolvimento da criança e do adolescente: um relato de caso. *Revista de Psiquiatria do Rio Grande do Sul*, v. 26, n. 3, [n.p.], 2004. Disponível em: https://www.scielo.br/j/rprs/a/VL5NfS6HGGr99Z9td3374FM/. Acesso em: 2 mar. 2025.

GALVAO, J. Nove em cada dez dos cuidadores domiciliares são mulheres. *Jornal USP*, 31 jan. 2024. Disponível em: https://jornal.usp.br/radio-usp/nove-em-cada-dez-dos-cuidadores-domiciliares-sao-mulheres/. Acesso em: 9 jan. 2025.

MONTGOMERY, M. Breves comentários. *In*: SILVEIRA, P. *Exercício da paternidade*. Porto Alegre: Artes Médicas, 1998. p. 113-118.

TRENTIN, A. C. *Adolescentes em conflito com a lei e a família*: um estudo interdisciplinar. 2012. 18 f. Dissertação (Mestrado em Ciências Criminais) – Pontifícia Universidade Católica do Rio Grande do Sul, Porto Alegre, 2012.

29

AUTISMO E VACINAS
DO MITO À VERDADE

Neste capítulo, você encontrará orientações verdadeiras sobre a segurança das vacinas e a desmistificação da relação entre vacina e TEA.

EUZANETE MARIA COSER,
MICHELLE ANTONIA M. ALVES F. CARNEIRO
E ANDRESSA AZEVEDO BORACINI

Euzanete Maria Coser, Michelle Antonia M. Alves F. Carneiro e Andressa Azevedo Boracini

Euzanete (à direita) é pediatra e infectologista pediátrica, graduada em Medicina pela Universidade Federal do Espírito Santo (UFES), com residência em Pediatria no Hinsg e em Infectologia no Hospital Universitário Cassiano Antonio Moraes (Hucam), ambos em Vitória (ES). Coautora do livro *Tratado de Pediatria* da Sociedade Brasileira de Pediatria (SBP) e membro do Departamento Científico de Imunização da SBP. Atende em consultório particular, presencialmente e via telemedicina.

Contato:
Instagram: @draeuzanetecoser

Michelle (ao centro) é pediatra, graduada em Medicina pela Universidade para Desenvolvimento do Estado e da Região do Pantanal (Uniderp), com residência em Pediatria pela Associação Beneficente Santa Casa de Campo Grande (MS). Docente do curso de Medicina da Uniderp. Atende em consultório particular.

Contato:
Instagram: @dramipediatra

Andressa (à direita) é pediatra e oncologista pediátrica, graduada em Medicina pela Universidade de Taubaté, com residência médica em Pediatria no Hospital Infantil Cândido Fontoura (HICF) e em Oncologia Pediátrica na Universidade Federal de São Paulo (Unifesp). Atende em consultório particular, presencialmente e por telemedicina.

Contato:
Instagram: @draandressaazevedo

Se eu vi mais longe, foi por estar sobre ombros de gigantes.
(Isaac Newton, que proferiu esta máxima referindo-se que a ciência é uma construção coletiva)

Ao iniciar a leitura deste capítulo, não se assuste. Falaremos sobre o elefante na sala, afinal, todos o vemos, não podemos ignorá-lo e precisamos fazer algo, certo? O elefante é o mito que criaram acerca da relação entre vacina e o TEA, e nada melhor do que informação de qualidade para ajudar a entender de onde veio toda essa história e por que ela não deve seguir adiante.

Os casos de crianças atípicas começaram a ser descritos por volta de 1798, quando Victor de Aveyron relatou o caso do seu filho adotivo, uma criança que tinha comportamento agressivo, uma forma diferente de se alimentar, que não socializava e não brincava. Nesse mesmo ano, Edward Jenner iniciou o processo de investigação científica das vacinas, ao tentar explicar e justificar uma vacina para a varíola. Ou seja, antes mesmo do início das vacinas, já tínhamos descrição de casos de crianças autistas.

Apenas no século XIX foram produzidas pela primeira vez as vacinas contra a cólera aviária e a doença da raiva, por Louis Pasteur e Robert Koch. Naquele momento, já havia hesitação vacinal, mas com os bons resultados a população passou a aceitar melhor a imunização, pois houve redução das doenças.

Já no início do século XX, a descrição do caso de Amala e Kamala, duas irmãs indianas que viviam em um orfanato e também apresentavam comportamentos atípicos, soou como um alerta para a base genética do TEA.

Na década de 1980, Lorna Wing, mãe de uma criança autista, atuou no processo de ruptura entre a esquizofrenia e o autismo. Também foi publicado o DSM-III, que indica quando o autismo entra como um transtorno global do desenvolvimento, sendo diferenciado das síndromes esquizofrênicas.

Em 1998, Andrew Wakefield, médico inglês, publicou na *The Lancet*, uma renomada e influente revista do mundo científico, um estudo que sugeriu uma ligação entre a vacina contra sarampo, caxumba e rubéola (também conhecida como tríplice viral) e o autismo. Esse artigo descrevia o caso de 12 crianças que apresentaram distúrbios gastrointestinais e prejuízos no neurodesenvolvimento, descrevendo uma "nova síndrome" de autismo e doença intestinal, na qual todas as crianças iniciaram repentinamente os sintomas após a realização da vacina. Essa publicação alarmante repercutiu com uma queda importante na taxa de vacinação, trazendo questionamentos sobre a segurança das vacinas.

No entanto, o estudo apresentava metodologia questionável, com inúmeros vieses e fraudes, que foram investigadas e publicadas pelo jornalista Brian Deer (2004). Além de contar com uma amostra pequena, posteriormente descobriu-se que as crianças foram pré-selecionadas, sem grupo-controle e baseado na lembrança e nas crenças dos pais, que acreditavam que seus filhos desenvolveram autismo após a vacina.

As famílias das 12 crianças do estudo foram "encaminhadas" ao médico por meio de um advogado, que preparava um processo contra os fabricantes da vacina tríplice viral e precisava demonstrar um vínculo entre a vacina e o autismo, capaz de justificar o processo.

O médico também recebeu dinheiro do advogado antes mesmo de o trabalho ser publicado. Nove meses antes da publicação do artigo, Wakefield solicitou a patente de uma vacina única contra o sarampo, mostrando também seu próprio interesse pessoal, pois a mesma só teria sucesso se a tríplice viral fosse desacreditada. Nenhuma escala de avaliação neuropsicológica foi aplicada e, além disso, o médico britânico alterou os diagnósticos das crianças. Algumas famílias já tinham preocupação em relação ao desenvolvimento neurológico dos seus filhos antes mesmo da realização da vacina, e meses depois o diagnóstico de autismo foi descartado em algumas delas.

Após a investigação do Conselho Geral de Medicina (CGM) do Reino Unido, Wakefield teve sua licença médica cassada e, apenas após essa decisão, a revista *The Lancet* fez uma retratação e reiterou que as conclusões dos estudos eram falsas. A questão é que os boatos já haviam se espalhado e a retratação não teve a mesma repercussão.

Com a dúvida pairando sobre a segurança das vacinas, outros questionamentos e hipóteses surgiram, como, por exemplo, a associação do mercúrio presente no timerosal, usado como conservante nas vacinas, e a associação do alumínio presente nas vacinas como causa do autismo. Nenhuma das hipóteses foi comprovada cientificamente.

A questão é que somos expostos ao alumínio diariamente e 95% dessa exposição tem origem alimentar. Além disso, o alumínio também é encontrado em cosméticos, produtos de higiene, antiácidos e analgésicos. O alumínio é utilizado nas vacinas para aumentar sua imunogenicidade e a quantidade de alumínio contida em uma vacina é insuficiente para aumentar o seu nível no organismo. A quantidade de alumínio presente nas vacinas pode variar entre 0,3 e 1,5 mg por dose. Considerando todo o calendário vacinal, a quantidade máxima de alumínio que uma pessoa recebe por meio das vacinas é de aproximadamente 15 mg.

Em comparação, estima-se que ingerimos cerca de 8 mg de alumínio por dia, ou seja, em apenas dois dias somos expostos a quantidade de alumínio presente em todas as vacinas que serão realizadas durante toda a vida de uma pessoa. Vale ressaltar que, até o momento, nenhum estudo comprovou a ligação entre a neurotoxicidade do alumínio e vacinas. Portanto, ao avaliarmos a quantidade de alumínio contido nas vacinas, não existe nenhuma razão para correlacionar alumínio e autismo.

Em 2013, o DSM-V trouxe a atual definição do transtorno do espectro autista e seus critérios. Logo em seguida, em 2014, foi publicado no *The Journal of the American Medical Association* (Jama) um estudo com mais de dois milhões de pacientes, que apontou o fator genético como importante causa do autismo (Sandin *et al.*, 2014).

Paralelamente, o mundo científico realizou inúmeras pesquisas e publicações em revistas médicas conceituadas, provando que a vacina tríplice viral e outras vacinas não causam autismo. Um estudo importante foi publicado em 2015 no Jama (Jain *et al.*, 2015), no qual os pesquisadores utilizaram dados de 95.727 crianças norte-americanas no período entre 2001 e 2012, cuja análise mostrou que a vacinação com uma ou duas doses da tríplice viral não apresentava relação com o autismo.

A esta altura você já entendeu que a vacina não é um agente associado à causalidade no TEA e isso já é maravilhoso. Então, vamos ressaltar a importância de manter a vacinação em dia, especialmente das crianças autistas.

A vacina é um produto biológico que, de maneira segura, induz resposta imune a fim de conferir proteção contra uma infecção e/ou doença, em uma exposição subsequente ao patógeno. Para ativar o sistema imune, a vacina deve conter antígenos derivados do patógeno, podendo ser o próprio, ou produzidos sinteticamente para representar componentes deste patógeno.

As vacinas antecipam o contato do corpo com microrganismos causadores de determinadas doenças, como se estivessem ensinando nosso corpo a lutar contra vírus e bactérias que estiverem chegando. Assim, quando entramos em contato com os vírus e as bactérias contra os quais nos vacinamos, o sistema imunológico é ativado e células de defesa são enviadas para eliminar a infecção. Resultado: ou a doença não se instala, ou se desenvolve de forma bem leve. Uma pequena dose de vacina gera, dentro de pouco tempo, uma grande resposta do organismo vacinado, produzindo a resposta imunológica ou imunidade.

Antes de as vacinas serem consideradas prontas para serem aplicadas, elas percorrem um longo caminho de pesquisas, testes em laboratórios, testes toxicológicos e testes pré-clínicos em animais, com a finalidade de verificar a segurança. Depois, são realizados estudos clínicos em seres humanos, comprovando a segurança, a capacidade de resposta do sistema imune e a eficácia da vacina. Somente quando todo o percurso de desenvolvimento é realizado com sucesso, a vacina recebe autorização para ser produzida, respeitando regras de segurança e higiene rigorosíssimas, quando finalmente poderão ser aplicadas.

As vacinas estão entre as maiores conquistas da medicina e da ciência. Graças a elas, doenças que antes matavam milhares de pessoas, principalmente crianças, deixaram de existir ou reduziram muito a sua incidência. Poucas ações e investimentos em saúde trouxeram retorno tão eficaz e transformador na sociedade quanto a vacinação.

Estudos comprovam que, com exceção da água potável, nenhuma outra descoberta, nem mesmo os antibióticos, produziram um efeito tão grande na redução da mortalidade, no crescimento da população mundial e na sua longevidade.

O Brasil tem um dos melhores programas de vacinação do mundo. O Programa Nacional de Imunização (PNI) tem a função de cuidar de todo o processo de vacinação no país, com calendários de vacinação para cada fase da vida. Todas as vacinas recomendadas são gratuitas, abrangendo um grande número de doenças.

Além das vacinas dos calendários do PNI, há outras recomendadas pela Sociedade Brasileira de Pediatria (SBP) e pela Sociedade Brasileira de Imunizações (SBIm), disponíveis na rede privada, oferecendo um upgrade de proteção contra algumas doenças. Como exemplo, destaca-se a proteção ampliada contra pneumococo, que é uma bactéria causadora de otite, sinusite, pneumonia, bacteremia e meningite por pneumococo, com proteção ampliada em 50%

no número de sorotipos. Outro exemplo é a vacina contra HPV, que amplia em mais de 20% a proteção contra o câncer do colo do útero. A proteção contra meningites meningocócicas amplia a proteção para os sorotipos A, B, W e Y, além de manter a proteção contra o sorotipo C. Por fim, algumas vacinas combinadas, disponíveis na rede privada, proporcionam um menor número de injeções e menos efeitos colaterais.

A importância da vacinação vai além da proteção específica para cada doença. A vacinação favorece a redução da resistência bacteriana, pois quem está vacinado adoece menos e toma menos antibiótico. Vacinas também protegem contra o câncer: a vacina contra hepatite B protege contra o câncer do fígado e a vacina contra o HPV protege contra o câncer do colo do útero.

Desse modo, o grande desafio atual não é mais questionar o papel das imunizações na promoção da saúde, mas sim ampliar tanto as faixas etárias a serem vacinadas como as doenças que podem ser imunopreveníveis.

Cabe, então, a toda a sociedade apoiar, por meio da educação, da informação e da conscientização, ações que promovam o alcance das imunizações a todas as comunidades do mundo, estabelecendo as prioridades a partir das realidades e necessidades locais.

Sempre que possível, dar preferência para as vacinas combinadas, a fim de reduzir o número de injeções. É importante lembrar que dose aplicada não é dose perdida: mesmo com atraso vacinal, não é necessário recomeçar, somente adequar as doses subsequentes.

Pacientes com doenças crônicas ou situações especiais são os que mais se beneficiam com a vacinação, pois podem ter risco aumentado para algumas doenças imunopreveníveis. Todos sabemos como as doenças desregulam as crianças com TEA, e como pode ser difícil fornecer antibiótico oral ou outros medicamentos para esses pequenos. Se estiverem adequadamente vacinados, irão adoecer menos, tomar menos medicamentos, perder menos dias de terapias e de escola.

Investir em um cartão de vacinação ampliado produz um excelente custo-benefício. Importante dizer que o controle de infecções imunopreveníveis, ou sua eliminação, requer cobertura vacinal e consequentemente indução de imunidade protetora em uma proporção suficiente da população, que permita a diminuição de susceptíveis e a circulação do patógeno entre humanos. Ou seja, cada um de nós precisa fazer a sua parte. Vacina boa é vacina no braço. Além disso, não existe vacina contra arrependimento.

A vacinação pode ser vítima do próprio sucesso, já que reduz a percepção da doença. A fim de acabar com a falsa percepção, cabe a cada um de nós elucidar a verdade, expulsar o elefante da sala e contribuir para uma sociedade mais saudável.

Referências

DEER, B. Focus: MMR – the truth behind the crisis. *The Sunday Times*, 22 fev. 2004. Disponível em: https://briandeer.com/mmr/lancet-deer-2.htm. Acesso em: 2 mar. 2025.

GOULLÉ, J. P.; GRANGEOT-KEROS, L. Aluminum and vaccines: current state of knowledge. *Medécine et Maladies Infectieuses*, v. 50, n. 1, p. 16-21, 2020. Disponível em: https://pubmed.ncbi.nlm.nih.gov/31611133/. Acesso em: 2 mar. 2025.

JAIN, A.; MARSHALL, J.; BUIKEMA, A.; BANCROFT, T.; KELLY, J. P.; NEWSCHAFFER, C. J. Autism occurrence by MMR vaccine status among US children with older siblings with and without autism. *Jama*, v. 313, n. 15, p. 1534-1540, 2015. Disponível em: https://jamanetwork.com/journals/jama/fullarticle/2275444. Acesso em: 2 mar. 2025.

LORD, C. *et al.* Autism spectrum disorder. *Nature Reviews Disease Primers*, v. 6, n. 5, p. 1-23, 2020. Disponível em: https://pubmed.ncbi.nlm.nih.gov/30078460/. Acesso em: 2 mar. 2025.

POLLARD, A. J.; BIJKER, E. M. A guide to vaccinology: from basic principles to new developments. *Nature Reviews Immunology*, v. 21, n. 2, p. 83-100, 2021. Disponível em: https://www.nature.com/articles/s41577-020-00479-7. Acesso em: 2 mar. 2025.

SANDIN, S.; LICHTENSTEIN, P.; KUJA-HALKOLA, R.; LARSSON, H.; HULTMAN, C. M.; REICHENBERG, A. The familial risk of autism. *Jama*, v. 311, n. 17, p. 1770-1777, 2014. Disponível em: https://pubmed.ncbi.nlm.nih.gov/24794370/. Acesso em: 2 mar. 2025.

SOCIEDADE BRASILEIRA DE IMUNIZAÇÕES (SBIm). *Calendário vacinal SBIm 2024/2025*. São Paulo: Sociedade Brasileira de Imunizações, 2024. Disponível em: https://sbim.org.br/calendario-de-vacinacao. Acesso em: 9 jan. 2025.

WAKEFIELD, A. J. *et al.* Ileal-lymphoid-nodular hyperplasia, non-specific colitis, and pervasive developmental disorder in children. *The Lancet*, v. 351, n. 9103, p. 637-641, 1998. Disponível em: https://www.thelancet.com/journals/lancet/article/PIIS0140673697110960/fulltext. Acesso em: 2 mar. 2025.

30

PLANO DE ENSINO INDIVIDUALIZADO (PEI) E PLANO DE DESENVOLVIMENTO INDIVIDUAL (PDI)

DA ELABORAÇÃO À PRÁTICA

Este capítulo aborda a importância do Plano de Ensino Individualizado (PEI) e do Plano de Desenvolvimento Individual (PDI) como ferramentas de suporte no processo de desenvolvimento e inclusão escolar. Esses dois instrumentos são indispensáveis para assegurar os direitos básicos dos cidadãos com TEA. O PEI é um documento que tem como objetivo organizar de modo acessível as práticas de intervenção e aprendizagem.

JOCEMARA DA ROSA, ANA CAROLINA OLIVEIRA FARIA E PATRÍCIA DE FIGUEIREDO TAVARES LINHARES

Jocemara da Rosa, Ana Carolina Oliveira Faria e Patrícia de Figueiredo Tavares Linhares

Jocemara (à esquerda): mentora de terapeutas, pedagoga, neuropsicopedagoga e proprietária do Centro de Desenvolvimento Jocemara da Rosa. Especialista em Transtornos do Neurodesenvolvimento, com formação no Modelo TEACCH – Recursos Aplicados e Manejo Comportamental no Autismo e em VB_MAPP. Palestrante para pais e profissionais.

Contatos:
jocedarosa1@gmail.com
Instagram: @jocemara.darosa
55 99163 4756

Ana Carolina (ao centro): psicóloga, pedagoga, especialista em Psicopedagogia, em Intervenção Precoce Baseada no Modelo Denver. Tem formação em Transtorno do Neurodesenvolvimento (TND). Diretora clínica da @criar e crescer. Além de palestrante, atua como psicóloga de intervenção precoce, psicopedagoga com foco em dificuldades de aprendizagem e na formação de profissionais da educação.

Contatos:
carolfaria028@gmail.com
Instagram: @carolfariagv

Patrícia (à direita): neuropsicopedagoga clínica, especialista em aprendizagem e TNDs. Formações em ABA, neurociências, TDAH e autismo feminino. Atua com avaliação e intervenção neuropsicopedagógicas, orientação de famílias e palestras para pais e profissionais.

Contatos:
patriciafigueiredoneuropp@gmail.com
Instagram: @patricia_neuropp
33 98869 0718

Um dos pilares fundamentais para a construção de uma sociedade mais justa e equitativa é a utilização de ferramentas que assegurem qualidade no desenvolvimento de pessoas atípicas. Dentre as possibilidades existentes, duas são primordiais, o Plano de Ensino Individualizado (PEI) clínico e o educacional/institucional.

O PEI é um documento que transcende sua função administrativa, tornando-se um instrumento de transformação no ambiente escolar e clínico. É essencialmente um planejamento estratégico, que orienta a prática clínica e pedagógica com base nas necessidades específicas de cada pessoa. Ele busca garantir que as barreiras de desenvolvimento e do aprendizado sejam mitigadas, promovendo a evolução plena da pessoa atípica. Mais do que um registro, é um compromisso que une escola, família e equipe multiprofissional em prol do progresso e do bem-estar.

Este capítulo explora a relevância do PEI, detalhando suas características, seus objetivos, aspectos semelhantes e diferentes entre estes dois documentos tão relevantes, além de contextualizá-los à luz das legislações que embasam a sua obrigatoriedade no ambiente escolar no Brasil. Entre as normativas mais relevantes, destaca-se a Lei Brasileira de Inclusão (Lei n. 13.146/2015), que traz a exigência do Plano de Ensino Individualizado (PEI) no art. 28 do capítulo IV, do direito à educação, criando um espaço de ensino colaborativo.

Ao longo da leitura, você encontrará uma análise prática e teórica sobre como o PEI pode ser implementado de forma eficaz, garantindo que cada pessoa seja atendida de maneira personalizada no ambiente clínico e escolar. Este capítulo se propõe a ser uma ponte entre a teoria e a prática, oferecendo subsídios para que educadores e profissionais clínicos possam criar ambientes verdadeiramente adaptados, em que a aprendizagem e o desenvolvimento sejam direitos exercidos em sua plenitude.

Temos duas definições de Plano de Ensino Individualizado que visam orientar a prática no contexto diário da pessoa atípica, tanto no ambiente clínico quanto no ambiente escolar. O PEI clínico – também conhecido como Plano de Intervenção Terapêutico (PIT) e Plano de Intervenção Clínico (PIC) – inicia-se com uma avaliação de linha de base que visa identificar as habilidades, fragilidades e barreiras da pessoa atípica, em que o profissional de cada área deve avaliar para definir os objetivos de curto, médio e longo prazo, bem como as estratégias e linhas metodológicas que serão utilizadas durante o período de intervenção.

O PEI escolar é um instrumento de planejamento das ações pedagógicas voltados para que o aluno tenha acesso a aprendizagens necessárias ao seu desenvolvimento. O objetivo central do PEI é assegurar que o estudante tenha acesso à educação de qualidade, promovendo seu pleno desenvolvimento acadêmico, social e emocional.

Alguns elementos são indispensáveis para considerarmos que um PEI é aplicável e de qualidade. No decorrer deste capítulo, cada item será apresentado em detalhe para que você possa analisar esse documento além da estrutura física dele.

No contexto brasileiro, o Plano de Ensino Individualizado (PEI) encontra respaldo na legislação educacional, que garante o direito à educação inclusiva para todos os alunos. A Lei Brasileira de Inclusão (LBI) – Lei n. 13.146, de 6 de julho de 2015 – é um dos marcos legais mais importantes nesse sentido. De acordo com a LBI, a educação deve ser oferecida sem discriminação e com o apoio adequado, considerando as necessidades específicas dos alunos. Essa lei reforça o direito dos alunos com TEA a um atendimento educacional especializado, com a devida adaptação do currículo, com metas e objetivos alinhados às suas necessidades. E é exatamente o que o PEI busca proporcionar.

O aluno com TEA tem, por lei, o direito de ser atendido em um ambiente educacional que respeite suas especificidades e favoreça seu aprendizado. Isso inclui o direito à educação de qualidade, que vai além do simples acesso à escola, garantindo o acesso ao currículo e uma formação integral, considerando suas condições cognitivas, emocionais e sociais.

O PEI deve ser, portanto, uma ferramenta utilizada pela escola para garantir que o aluno tenha a oportunidade de aprender de acordo com suas capacidades e interesses.

A responsabilidade da instituição educacional na implementação do PEI é ampla e envolve vários aspectos. Deve assegurar que o aluno tenha acesso ao currículo de forma adaptada e personalizada, respeitando suas fragilidades e potencialidades. A escola não deve apenas elaborar um plano de ensino individualizado, mas também precisa adequar o ambiente, tornando-o acolhedor, propiciando tanto a adaptação física do espaço quanto a sensibilização de toda a comunidade escolar.

É fundamental que os profissionais envolvidos nessa elaboração sejam capacitados por meio de formação continuada de professores e demais funcionários da escola, treinamentos sobre abordagens pedagógicas inclusivas e métodos de ensino diferenciados.

Em paralelo ao PEI institucional, o PEI clínico é um documento igualmente importante, desenvolvido dentro do contexto terapêutico, visando identificar e diminuir as fragilidades do paciente no que diz respeito ao seu desenvolvimento cognitivo, motor, social e emocional.

O PEI clínico oferece um mapa de estratégias específicas, de forma a orientar as intervenções, levando em consideração os aspectos individuais como fragilidades na comunicação, habilidades sociais, dificuldades motoras, comportamentais e outras necessidades específicas que influenciam diretamente seu desempenho de vida diária, acadêmica e social.

Ao integrar o PEI clínico ao PEI institucional, temos uma visão mais ampla, com um planejamento articulado que garante que as estratégias estejam alinhadas com as necessidades do sujeito em todos os âmbitos de sua vida, resultando em uma intervenção mais eficaz.

É importante destacar que a implementação do PEI não é um processo estático, mas dinâmico, que requer reavaliações contínuas, conforme as necessidades do paciente/aluno.

No âmbito clínico, o PEI é desenvolvido com base em uma avaliação detalhada do desenvolvimento do paciente por meio de protocolos validados cientificamente, além de anamnese detalhada. Esse plano é elaborado visando a uma intervenção focada no crescimento global do sujeito, com ênfase no desenvolvimento de habilidades sociais, emocionais e cognitivas.

No contexto escolar, o PEI Institucional visa proporcionar adaptação do currículo e estratégias pedagógicas que permitam ao aluno com TEA ter acesso ao conteúdo de forma adaptada às suas necessidades. Esse documento deve ser desenvolvido em colaboração com a equipe pedagógica, considerando as particularidades do aluno dentro da dinâmica escolar, oferecendo suporte contínuo para seu progresso. Em ambos os casos, a avaliação constante e os ajustes periódicos são fundamentais.

Tanto no contexto clínico quanto no institucional, é fundamental que o PEI seja elaborado com base em uma avaliação detalhada e ajustada de acordo com as necessidades do indivíduo. O envolvimento da família, a colaboração entre os profissionais e a análise constante do progresso do paciente/aluno são essenciais para que o documento seja realmente eficaz.

Para a construção do PEI, é necessário considerar algumas etapas, independentemente da estrutura física de organização que o modelo de documento apresenta. Há sete componentes básicos que devem ser considerados em um Plano de Ensino/Educacional Individualizado mensurável. E eles respondem às perguntas:

- *Quem?* Dados de identificação, relato de sua vivência em todas as esferas e contextos.
- *O quê?* Qual a habilidade específica, comportamento ou aprendizagem será alcançada?
- *Como?* De que maneira a habilidade será atingida?
- *Onde?* Em que ponto/situação a habilidade deverá ser conquistada? Considere em qual contexto a habilidade deve ser dominada: ela é ensinada de forma individual e independente, ou é abordada em diversas situações para garantir sua generalização?
- *Quando?* Quando a habilidade será alcançada? (até o final do primeiro trimestre/quanto tempo em meses).
- *Com?* Com que nível de sucesso? (pelo menos x vezes durante o dia).
- *Qual?* Que medida será usada para mensurar o progresso (planilhas ou lista de verificação), com observação do profissional/professor.

Estes 7 componentes estão distribuídos dentro de 4 etapas de organização.

1. **Perfil do aluno**: esta etapa tem como finalidade conhecer o aluno, compreendendo quais são as competências desta criança e suas reais necessidades.
2. **Metas/objetivos de curto, médio e longo prazo**: no momento de definir metas, entenda o que você, profissional/educador, pretende alcançar com este PEI.
3. **Planos de ação**: com as metas definidas, é necessário estabelecer planos de ação que deixem claro como e quando as atividades serão desempenhadas a fim de alcançar o objetivo final.
4. **Avaliação**: por fim, nesta etapa é necessário que o educador realize um registro avaliativo do estudante a partir das metas alcançadas.

A avaliação não serve somente para mensurar a aprendizagem e desenvolvimento da criança, mas também para modelar o uso da metodologia e dos recursos a serem utilizados para cada caso. Ela precisa ser registrada por meio de relatórios, gráficos e descritivos.

A seguir, apresentamos algumas semelhanças e diferenças entre o PEI clínico e o educacional:

Semelhanças	Diferenças
• Dados de identificação. • Perfil da criança (histórico). • Avaliação de base. • Definição de objetivos de curto, médio e longo prazo. • Abordagem metodológica e recursos que serão utilizados. • Protocolo de conduta. • Mensuração dos avanços. • Relatórios. • Participação da família.	• Instrumentos utilizados na avaliação de base. • A elaboração do PEI educacional é realizada pelo professor regente com o apoio do professor do Atendimento Educacional Especializado (AEE) e da equipe pedagógica. • O PEI clínico tem sua elaboração realizada pelos profissionais de diferentes áreas envolvidos na intervenção.

O protocolo de conduta é um item fundamental em ambos os documentos, pois aborda condutas e procedimentos de como intervir com a pessoa autista em diversas situações. A proposta desse recurso sempre será baseada na função do comportamento inadequado que o paciente ou aluno emite em diversos contextos. O embasamento científico é norteado na literatura científica da ABA. Os procedimentos devem ser seguidos pela equipe, pela família e pela escola do aprendiz.

Para manejo do comportamento agressivo no TEA, é fundamental que os profissionais da equipe façam análises constantes e alterações nos manejos clínicos quando for necessário. As instruções são dadas à família periodicamente com base nas melhores evidências científicas disponíveis.

Esse protocolo constitui-se em um instrumento que confere segurança e efetividade de modo organizado, sistematizado e acessível a todos. Para sua eficácia, os profissionais envolvidos devem seguir o mesmo processo de intervenção e orientação, assim como devem conduzir a família/escola nas mesmas condutas propostas, reduzindo o comportamento-problema do paciente/aluno.

Referências

BRITES, L.; ALMEIDA, R. P. *Educação baseada em evidências*: o que todo professor precisa saber. Londrina: NeuroSaber, 2021.

COSENZA, R.; GUERRA, L. B. *Neurociência e educação*: como o cérebro aprende. Porto Alegre: Artmed, 2011.

CUNHA, E. *Autismo na escola*: um jeito diferente de aprender, um jeito diferente de ensinar. Rio de Janeiro: Wak Editora, 2015.

HUDSON, D. *Dificuldades específicas de aprendizagem*: ideias práticas para trabalhar com dislexia, discalculia, disgrafia, dispraxia, TDAH, TEA, síndrome de Asperger e TOC. Petrópolis: Vozes, 2019.

31

O IMPACTO DA NUTRIÇÃO MATERNA NO DESENVOLVIMENTO DO CÉREBRO

NUTRIENTES ESSENCIAIS PARA TRANSFORMAR O FUTURO DO SEU FILHO

Neste capítulo, exploramos como cada refeição feita durante a gestação e até mesmo antes da concepção pode se tornar um investimento valioso no futuro do seu filho. Veremos como cada cápsula de suplemento pode contribuir significativamente para o desenvolvimento do cérebro dele. Abordaremos os segredos da Nutrologia, oferecendo explicações claras para mães e uma técnica base sólida para profissionais que desejam compreender o impacto da nutrição em transtornos de neurodesenvolvimento.

CLÁUDIA CAMPODÔNICO
E JOYCE BORBA MARQUES

Cláudia Campodônico

Contatos
www.pediatraclaudia.com.br
@draclaudiacampodonico
27 99247 2627

Médica graduada pela Universidade Severino Sombra (RJ, 2004), com residência em Pediatria pela Universidade Federal de Juiz de Fora (UFJF) e especialização em Hematologia Pediátrica pelo Hospital Infantil Nossa Senhora da Glória (Vitória/ES). Entusiasta da pediatria humanizada, dedica-se a oferecer um cuidado integral e individualizado à infância, priorizando a prevenção e promovendo o desenvolvimento infantil saudável. Seu trabalho é guiado por um olhar atento, com ênfase na suplementação individualizada e no propósito de transformar a experiência pediátrica em um suporte completo e acolhedor para crianças e suas famílias.

Joyce Borba Marques

Contatos
www.drajoyceborba.com
@dra.joyceborba
11 94513 9817

Médica formada pela Faculdade de Ciências Médicas de Juiz de Fora, com pós-graduação em Atenção Básica e Saúde da Família pela Universidade Federal de Minas Gerais e residência em Pediatria pela Santa Casa de Misericórdia de Juiz de Fora e Nutrologia Pediátrica pela Universidade Federal de São Paulo. Certificada por Thiago Castro em Transtornos do Neurodesenvolvimento, atua no cuidado de crianças há mais de 10 anos de forma integral. Atua com foco em seletividade alimentar, obesidade, suplementação infantil, autismo e TDAH.

Os primeiros 1.100 dias: uma orquestra em formação

A gravidez é um período de profundas mudanças para mãe e bebê. A formação do cérebro do bebê, que começa nas primeiras semanas, depende dos nutrientes fornecidos pela mãe, sendo essencial para funções como pensamento, memória e comportamento.

Esse desenvolvimento pode ser comparado a uma sinfonia única. A mãe atua como coordenadora, fornecendo os nutrientes, enquanto o cérebro do bebê é o maestro, que utiliza esses "instrumentos" em harmonia, guiando seu desenvolvimento.

Nos primeiros 1.000 dias de vida, o cérebro cresce rapidamente, criando milhões de conexões por segundo. Esse período é uma oportunidade única para moldar o futuro do bebê, garantindo que cada escolha nutricional afine a música do neurodesenvolvimento.

No entanto, a falta de nutrientes como ferro, colina, ácido fólico, entre outros, pode comprometer essa sinfonia, afetando o equilíbrio do metabolismo e o pleno desenvolvimento cerebral.

Exploraremos os nutrientes mais importantes para o cérebro, como instrumentos que ajudam a compor essa sinfonia, e, entenderemos como cada escolha ajusta ou desafina a música que seu bebê tocará ao longo da vida.

Ácido fólico: a base da orquestra cerebral

Formar o cérebro é como construir uma orquestra. Desde o início da gestação, o ácido fólico atua como arquiteto, criando a base para o desenvolvimento cerebral. Ele é essencial para formar o tubo neural, origem do cérebro e medula espinhal, sua falta pode causar graves defeitos morfológicos, como a espinha bífida. Estudos demonstram que a suplementação de ácido fólico reduz significativamente esses riscos (Tsang, Sandalinas & De-Regil, 2015).

O ácido fólico participa da divisão celular e da formação de células nervosas, garantindo adequadas estruturas cerebrais. É como fornecer os instrumentos certos para cada músico, assegurando que a "música" do cérebro se desenvolva sem interrupções. A deficiência de ácido fólico nessa fase pode afetar conexões neurais e prejudicar a comunicação cerebral. Além disso, ele é vital para a síntese de DNA e para a formação de células sanguíneas, sustentando o crescimento físico e o desenvolvimento cognitivo. Níveis baixos estão associados a maior risco de transtornos como autismo e atrasos no desenvolvimento (Liu *et al.*, 2018).

Sem essa base, o cérebro pode desenvolver-se de forma comprometida, resultando em falhas nas conexões neuronais. É como se a música começasse desafinada. Sem os alicerces corretos, o desenvolvimento do cérebro pode ser prejudicado e as conexões entre as células nervosas podem não se formar da maneira adequada, prejudicando a comunicação entre as diferentes partes do cérebro.

- **Recomendações práticas**: mulheres grávidas ou tentando engravidar devem tomar 400 mcg de ácido fólico/dia, desde antes da concepção até a 12ª semana (Tsang, Sandalinas & De-Regil, 2015). Em casos de histórico de defeitos do tubo neural, o médico pode ajustar a dose.
- **Fontes alimentares**: espinafre, couve, rúcula, brócolis, aspargos, lentilhas, grão-de-bico, feijões, laranja, morango, manga, kiwi, amendoim, sementes de girassol, nozes, abacate, ovos e fígado.

Iodo: o regente do desenvolvimento

O iodo é o regente da orquestra cerebral, coordenando os neurônios para um desenvolvimento harmônico. Essencial na produção dos hormônios tireoidianos, ele regula o crescimento, o desenvolvimento cerebral e o metabolismo. Sem iodo, a "orquestra cerebral" pode desafinar, elevando o risco de distúrbios cognitivos e de neurodesenvolvimento, como o TEA (Zimmermann, 2009). Durante a gestação, o iodo é vital para a maturação cerebral, e sua deficiência pode causar danos permanentes, afetando aprendizado, memória e desenvolvimento motor (Laurberg *et al.*, 2010).

Em resumo, essa é uma das principais causas de deficiência intelectual e problemas no desenvolvimento cognitivo infantil, é como perder a batuta do regente, deixando os neurônios sem direção para executar a música cerebral.

- **Fontes alimentares**: o iodo está presente em alimentos como peixes (salmão, atum), frutos do mar (camarões, ostras), algas marinhas (nori, kombu) e no sal iodado, leite e ovos.
- **Gestação**: a necessidade aumenta na gravidez e lactação, sendo essencial garantir a ingestão adequada para proteger o desenvolvimento do bebê.
- **Deficiências regionais**: em áreas com solo pobre em iodo, considere alimentos fortificados ou suplementação sob orientação médica.

Algas são opções para vegetarianos/veganos, mas devem ser consumidas com cuidado.

Faça exames regulares para ajustar a ingestão conforme necessário.

Colina: o piano que sustenta a harmonia cerebral

Nessa orquestra, a colina é como o piano: o instrumento que sustenta e equilibra a melodia tocada pelo cérebro do bebê. Essencial para a produção de acetilcolina, neurotransmissor responsável pela comunicação neuronal, ela contribui para a formação do hipocampo, região ligada à memória e aprendizado (Blusztajn & Mellott, 2012).

A ingestão adequada de colina durante a gestação melhora funções cognitivas e reduz riscos de transtornos do neurodesenvolvimento.

A colina sustenta a harmonia cerebral, garantindo equilíbrio e eficiência na sinfonia do desenvolvimento do bebê.

Garantir uma ingestão adequada de colina é como dar ao cérebro do bebê as ferramentas necessárias para compor uma melodia forte e harmoniosa, essencial para o aprendizado, a memória e o bem-estar emocional ao longo da vida. Deficiências podem comprometer a plasticidade cerebral e a criação de conexões neuronais cruciais (Yan *et al.*, 2012).

- **Fontes alimentares**: gemas de ovos, fígado, soja, carne magra e amendoim.

O consumo diário de ovos pode ajudar a suprir grande parte dessa necessidade. Para mães vegetarianas ou veganas, é importante priorizar fontes vegetais e considerar a suplementação.

Ferro: o tambor que ritma a sinfonia cerebral

Estudos mostram que a deficiência de ferro nos primeiros 1.000 dias de vida pode causar alterações irreversíveis no desenvolvimento cerebral, com atrasos no aprendizado e no comportamento (Grantham-McGregor *et al.*, 2007).

A hemoglobina, depende do ferro para sua produção, e faz o transporte de oxigênio para todas as células do corpo, especialmente para o cérebro em crescimento. Durante a gestação, se houver deficiência de ferro na mãe, o cérebro do bebê pode não receber a quantidade necessária de oxigênio, o que impacta diretamente no seu desenvolvimento (Steer *et al.*, 1992).

O ferro é como o tambor da orquestra, quando falta ferro, a música perde o ritmo, ou seja, há prejuízo na plasticidade cerebral, no controle emocional e na interação social, no desenvolvimento cognitivo e motor, na imunidade e no aprendizado.

A deficiência de ferro interfere na produção de neurotransmissores e estudos mostram que crianças de mães com níveis baixos de ferro durante a gestação apresentam maior prevalência de hiperatividade, dificuldade de atenção e no aprendizado (Beard, 2001; Konofal, 2004).

Imagine o ferro como a energia que faz os músicos da orquestra cerebral tocarem em sintonia. Quando ele está deficiente, a dopamina – o maestro da motivação – e a serotonina – a regente da calma – perdem o ritmo, o que pode resultar em dificuldades de foco e em problemas para regular as emoções.

Sabia que o ferro também tem papel crucial no sono do bebê? Ele auxilia na regulação da produção de melatonina, o hormônio que controla o ciclo do sono e vigília. Quando os níveis de ferro estão baixos, o ciclo do sono pode se desorganizar, tornando-se mais fragmentado e instável – algo que muitos pais conhecem bem (Konofal *et al.*, 2008).

Então, garantir níveis adequados de ferro durante a gravidez não apenas protege o desenvolvimento cerebral do bebê, mas também promove um equilíbrio emocional e cognitivo essencial para o futuro da criança. Sem ferro, a comunicação entre os neurônios fica prejudicada, afetando funções essenciais como atenção, memória e aprendizado (Beard, 2001; Konofal, 2004).

- **Fontes alimentares**: carnes magras, feijão, lentilha e vegetais de folhas escuras.

Para maximizar a absorção, combine esses alimentos com fontes de vitamina C, como frutas cítricas.

A suplementação deve ser orientada por um profissional de saúde, especialmente no segundo e terceiro trimestres, quando a demanda fetal aumenta.

Vitamina B12: o violino que afina as conexões neurais

A vitamina B12 é como o violino: um instrumento essencial para garantir harmonia e precisão na sinfonia cerebral. Fundamental para a formação da bainha de mielina, a "corda" que envolve os neurônios, esse nutriente assegura a transmissão rápida e eficiente dos sinais cerebrais.

A deficiência de vitamina B12 torna as conexões neurais lentas e descoordenadas, prejudicando o desenvolvimento cognitivo e emocional, especialmente em crianças com autismo (Frye *et al.*, 2013).

Garantir níveis adequados de vitamina B12 é essencial para afinar as conexões cerebrais do bebê, construindo uma base sólida para o aprendizado, a comunicação e o equilíbrio emocional.

- **Fontes alimentares**: carnes, ovos, peixes e laticínios.

A suplementação é indispensável para mães veganas ou vegetarianas, pois o bebê depende das reservas maternas durante a gestação e a amamentação.

- **Avaliação precoce**: mulheres que desejam engravidar devem checar os níveis de vitamina B12 e suplementar, se preciso, especialmente com histórico familiar de autista ou neurodivergente.

Vitamina D: o holofote que ilumina a sinfonia cerebral

Nessa orquestra em desenvolvimento, a vitamina D é o refletor que ilumina os músicos e suas partituras. Sem ela, o cérebro do bebê pode perder a direção, comprometendo a harmonia entre os neurônios, dificultando o desenvolvimento social e cognitivo.

Esse nutriente, além de regular a expressão dos genes, também facilita a comunicação neuronal, necessária para funções como aprendizado, linguagem e habilidades sociais.

Na deficiência de vitamina D, é como se o holofote apagasse, prejudicando a capacidade do cérebro de orquestrar conexões neurais eficientes e isso pode aumentar o risco de transtornos do neurodesenvolvimento, incluindo o autismo (Siracusano *et al.*, 2020).

Na gestação, a deficiência de vitamina D está associada a maiores riscos de parto prematuro e dificuldades no desenvolvimento cognitivo e emocional do bebê. Esse nutriente também é crucial para a formação de conexões neurais em áreas do cérebro responsáveis pela comunicação e regulação emocional, impactando diretamente a base do aprendizado e das interações sociais.

- **Recomendações práticas**: garanta a exposição ao sol de forma segura e regular.
- **Fontes alimentares**: peixes gordurosos, laticínios fortificados e ovos.

Ômega-3: o óleo que mantém os instrumentos afinados

O ômega-3 é como o óleo que mantém os instrumentos da orquestra cerebral afinados, permitindo que a melodia flua com clareza e harmonia. A alimentação ou suplementação adequada é o único caminho para incorporar esse nutriente essencial e oferecer ao cérebro do bebê as condições ideais para um desenvolvimento pleno e saudável.

Esse nutriente é essencial para a formação das membranas celulares dos neurônios, garantindo que as mensagens cerebrais sejam transmitidas de maneira eficiente e coordenada. Sem ele, as conexões se tornam desorganizadas, prejudicando habilidades como memória, aprendizado e regulação emocional.

Durante a gestação, o ômega-3 desempenha um papel vital no desenvolvimento da visão, das conexões emocionais e da maturação cerebral do bebê. Sua ausência pode ser comparada a um instrumento desafinado na orquestra: as notas estão presentes, mas a harmonia se perde, comprometendo habilidades cruciais e aumentando o risco de transtornos como o autismo (Huang *et al.*, 2022).

O DHA não só se integra às membranas neurais, sendo essencial para a mielinização e a transmissão sináptica (Koletzko *et al.*, 2007), como também exerce uma potente ação anti-inflamatória, modulando mediadores derivados de eicosanoides (Calder, 2015). Além disso, estudos de coorte de alto risco demonstram que uma maior ingestão materna de ômega-3, especialmente DHA, está associada a uma menor probabilidade de transtornos do espectro do autismo nos filhos (Huang *et al.*, 2020).

- **Fontes alimentares**: peixes gordurosos, como salmão, sardinha e atum, são as melhores fontes de ômega-3. Para opções vegetais, priorize sementes de linhaça, chia e nozes, embora sua conversão em DHA seja limitada.

A orquestra do futuro começa com a nutrição materna

A nutrição e a suplementação materna durante a gestação garantem que cada instrumento tenha uma execução perfeita da sinfonia cerebral do bebê. Quando a mãe adota uma dieta rica e equilibrada, o risco de deficiências nutricionais diminui significativamente, criando as bases necessárias para o desenvolvimento saudável do cérebro.

Os nutrientes não são apenas "peças" para o crescimento físico, eles desempenham papéis fundamentais na construção de um cérebro funcional e resiliente. Como explorado ao longo deste capítulo, nutrientes são os pilares essenciais na formação de conexões cerebrais, no equilíbrio emocional e na prevenção de transtornos do neurodesenvolvimento, incluindo o autismo.

O papel da mãe na gestação vai então muito além do ato de se alimentar, ao cuidar de sua nutrição, ela impacta diretamente a sinfonia que seu filho tocará ao longo da vida. Essa intervenção positiva promove um desenvolvimento cognitivo robusto, fortalece as bases emocionais e reduz riscos associados a desafios neurocomportamentais.

Assim como uma orquestra depende de cada instrumento afinado para criar harmonia, o cérebro do bebê depende de cada nutriente para funcionar em seu potencial máximo. Garantir essa afinação é mais do que uma escolha alimentar; é um presente que molda o futuro.

Importante

A suplementação deve sempre ser realizada com orientação médica, garantindo doses adequadas e seguras. Além disso, uma dieta equilibrada, composta por alimentos ricos em vitaminas e minerais, como proteínas de origem animal e vegetal, legumes, vegetais folhosos, leguminosas e grãos integrais.

Referências

BEARD, J. L. Iron biology in immune function, muscle metabolism and neuronal functioning. *J Nutr*, v. 131, n. 2S-2, p. 568S-580S, 2001.

BLUSZTAJN, J. K.; MELLOTT, T. J. Choline nutrition programs brain development via DNA and histone methylation. *Cent Nerv Syst Agents Med Chem*, v. 12, n. 2, p. 82-94, 2012.

CALDER, P. C. Long-chain n-3 polyunsaturated fatty acids and inflammation: their role in cellular membrane composition and eicosanoid formation. *Prostaglandins, Leukotrienes and Essential Fatty Acids*, 2015. Doi: 10.1016/j.plefa.2015.02.002.

FRYE, R. E. *et al.* Vitamin B12 deficiency in pregnancy: A concern for maternal and fetal health. *Nutr Res.*, v. 33, n. 9, p. 764-772, 2013.

GRANTHAM-MCGREGOR, S. *et al.* Developmental potential in the first 5 years for children in developing countries. *The Lancet*, v. 369, n. 9555, p. 60-70, 2007.

HUANG, Y. *et al.* Maternal polyunsaturated fatty acids and risk for autism spectrum disorder in the MARBLES high-risk study. *Autism*, v. 24, n. 5, p. 1191-1200, 2020. Doi: 10.1177/1362361319877792.

HUANG, Y. *et al.* Omega-3 supplementation during pregnancy and its impact on neurodevelopment in offspring. *Nutrients*, v. 14, n. 5, p. 979, 2022.

KOLETZKO, B. *et al.* The roles of long-chain polyunsaturated fatty acids in pregnancy, lactation and infancy: review of current knowledge and consensus recommendations. *Journal of Perinatal Medicine*, v. 35, n. 1, p. 5-14, 2007.

KONOFAL, E. Iron deficiency in children with attention-deficit/hyperactivity disorder. *Pediatrics*, v. 114, n. 2, p. e226-e229, 2004.

KONOFAL, E. *et al.* Iron deficiency and sleep disorders in children. *Pediatrics*, v. 121, n. 6, p. e1202-e1209, 2008.

LAURBERG, P. *et al.* Thyroid function and mental development: the effects of iodine deficiency during pregnancy. *J Clin Endocrinol Metab.*, v. 95, n. 4, p. 1997-2005, 2010.

LIU, Y. *et al.* Maternal folate intake and the risk of autism spectrum disorders in offspring: a systematic review and meta-analysis. *Eur J Nutr.*, v. 57, n. 8, p. 2959-2968, 2018.

SIRACUSANO, M. *et al.* Vitamin D deficiency and autism spectrum disorder. *Current Pharmaceutical Design*, v. 26, n. 21, p. 2460-2474, 2020. Doi: 10.2174/1381612826666200415174311. Acesso em: 25 jun. 2025.

STEER, P. J. *et al.* Maternal haemoglobin concentration and the outcome of pregnancy: a systematic review. *The Lancet*, v. 339, n. 8798, p. 1387-1393, 1992.

TSANG, B.; SANDALINAS, F.; DE-REGIL, L. M. Folate supplementation in women of reproductive age. *The Cochrane Database of Systematic Reviews*, v. 2015, n. 6, 2015.

YAN, J. *et al.* Maternal choline intake modulates maternal and fetal biomarkers of choline metabolism in humans. *Am J Clin Nutr*, v. 95, n. 5, p. 1060-1071, 2012.

ZIMMERMANN, M. B. Iodine deficiency. *Endocrine Reviews*, v. 30, n. 4, p. 376-408, 2009.

32

E QUANDO NÃO É AUTISMO? DOENÇAS NEUROLÓGICAS COM MANIFESTAÇÕES SIMILARES

Condições como doenças genéticas e metabólicas podem mimetizar o Transtorno do Espectro Autista (TEA), dificultando o diagnóstico assertivo. Este capítulo aborda como diferenciá-las, ajudando pais, cuidadores e profissionais a reconhecer sinais, buscar o diagnóstico correto e garantir o melhor cuidado para as crianças.

DRA. FERNANDA DIAS ALMEIDA,
DRA. PAULA MONTEIRO
E DR. RICARDO MENEZES

Dra. Fernanda Dias Almeida, Dra. Paula Monteiro e Dr. Ricardo Menezes

Dra. Fernanda (à esquerda) é médica formada pela Furg, especialista em Neurologia pela ABN e neurologista pela UFCSPA, onde também cursa R4 em Neurologia Pediátrica. Mestre e doutora em Ciências da Saúde pela Furg, é professora adjunta da disciplina de Clínica Médica I da Famed-Furg e docente titular da disciplina de Propedêutica na Ucpel.

Contatos:
dra.fernanda.al@gmail.com
Instagram: @dra.fernanda.almeida
53 99157 7944

Dra. Paula (ao centro) é médica pediatra pelo Hospital das Clínicas da Universidade Federal de Pernambuco e neuropediatra pelo Hospital Universitário Oswaldo Cruz (PE). Preceptora do serviço de pediatria e neuropediatra no Hospital Universitário Walter Cantídio (CE). Pós-graduada em acessibilidade, diversidade e inclusão.

Contatos:
dra.paulamonteiro.neuroped@gmail.com
Instagram: @dra.paulamonteiro_
85 99107 6232

Dr. Ricardo (à direita) é Ph.D. em Modelos Inteligentes, mestre e doutor pela Unicamp, e atualmente acadêmico de Medicina. Professor Associado de Inteligência Computacional na Unifal-MG e líder de grupo de pesquisa em IA aplicada à Saúde e Neurociência, com expertise em dados, inteligência artificial e saúde.

Contatos:
ricardomenezessalgado@gmail.com
Instagram: @neurointeligencia
35 98871 7170

Várias condições de saúde podem apresentar sintomas semelhantes àqueles recorrentes em caso de autismo, o que pode causar confusão no diagnóstico. Embora o Transtorno do Espectro Autista (TEA) seja frequentemente de causa multifatorial, comumente poligênica, outras patologias como doenças genéticas raras ou alterações metabólicas podem levar a comportamentos similares ao TEA. A boa notícia é que muitas dessas condições têm tratamento e, ao tratar a causa, os sintomas podem melhorar ou até desaparecer.

Neste capítulo, vamos explorar algumas condições que imitam o autismo, explicando como identificá-las e diferenciá-las do TEA. O objetivo é ajudar pais e cuidadores a reconhecer os sinais e buscar o diagnóstico correto, garantindo o melhor cuidado para as crianças. Apresentaremos casos clínicos para ilustrar e tornar a explicação prática e acessível.

Deficiência de Creatina (DC)

A DC é uma condição rara que pode gerar sintomas semelhantes ao TEA. A creatina é uma substância que fornece energia às células, especialmente as do cérebro e músculos. A DC gera falta de energia no cérebro e isso afeta o comportamento e o desenvolvimento cognitivo. Existem três tipos, que trarão padrões diferentes de sintomas. No entanto, no geral, **encontraremos: atraso no desenvolvimento, dificuldades intelectuais, distúrbios do movimento e epilepsia**. O diagnóstico se faz com exames bioquímicos, ressonância magnética com espectroscopia e testes genéticos (Von Figura *et al.*, 2019). Para entender um pouco mais, vamos falar dos irmãos **Enzo e Henrique**.

Enzo foi diagnosticado com TEA aos três anos. Ele demorou para andar e balançava as mãos desde cedo. A família buscou tratamento com terapias, mas Enzo não apresentou grandes melhorias. Na verdade, seu quadro piorou, chegando a ficar encurvado e contraído por horas. Com a falta de resposta no tratamento do TEA, os médicos investigaram outras comorbidades. Aos seis anos, os resultados dos exames evidenciaram que **Enzo** apresentava uma mutação genética que afetava a síntese de creatina. O tratamento de **Enzo** foi feito com dieta e reposição de creatina, e os movimentos anormais melhoraram. Porém, o atraso cognitivo e social de **Enzo** não teve a mesma resposta, provavelmente pela DC não tratada durante a primeira infância.

No caso de seu irmão **Henrique**, o desfecho foi bem diferente. Como os pais já conheciam a condição genética de **Enzo, Henrique** foi diagnosticado com DC de forma precoce e teve um acompanhamento desde os primeiros meses de vida, o que possibilitou um desenvolvimento sem atrasos e necessidade de terapias intensivas. Nesse caso, podemos ver a importância de se examinar as condições que geram sintomas similares ao TEA.

Distrofia Muscular de Duchenne (DMD)

A DMD é uma doença genética que afeta principalmente meninos e causa fraqueza muscular progressiva. Ocorre por mutação no gene responsável pela produção de distrofina, uma proteína crucial para o funcionamento dos músculos e que também afeta regiões como o hipocampo e o córtex cerebral. Os sintomas motores são intensos e iniciam entre os dois e três anos de idade e incluem dificuldade para andar, quedas frequentes, andar nas pontas dos pés e perda de força muscular. A doença pode afetar também os músculos respiratórios e cardíacos, podendo ocasionar também déficits cognitivos, atrasos de linguagem e sintomas de TEA, devido à instabilidade neuronal e prejuízo na plasticidade sináptica. **Como é uma condição progressiva, seu diagnóstico precoce é essencial para postergar a rápida evolução e programar tratamento** (Araujo *et al.*, 2018). Vamos entender um pouco mais com nosso paciente **Lucas.**

Lucas é um menino de cinco anos levado à consulta pela mãe. Ele apresentava dificuldades para andar e correr e caía com frequência, preferia brincar sozinho e tinha dificuldade em interagir com outras crianças. Também foi observado uma leve hipertrofia nos músculos das panturrilhas. A avaliação psicológica mostrou dificuldades para se comunicar e fazer contato visual, além de apresentar comportamentos repetitivos, como girar brinquedos e se interessar por coisas muito específicas. Esses sinais fizeram os médicos pensarem no TEA.

A investigação prosseguiu com outros exames. O nível de creatina fosfoquinase (CPK) estava elevado e a pesquisa genética evidenciou o diagnóstico de DMD. Embora Lucas apresente fenótipo de autismo, a confirmação do diagnóstico de DMD foi essencial para início de corticoterapia e avaliação para terapia específica para sua mutação.

Síndrome de Rett (SR)

A SR é uma condição genética que afeta principalmente meninas e causa uma perda gradual de habilidades motoras e de comunicação. Ela é causada por mutações no gene MECP2, essencial para o desenvolvimento do cérebro. **A síndrome traz dificuldades em movimentos, perda de habilidades motoras, especialmente a função manual, problemas com a fala e comportamentos repetitivos**. A SR pode ser confundida com o autismo, especialmente em crianças pequenas (Fu *et al.*, 2020). O tratamento engloba o manejo dos sintomas, reabilitação e, atualmente, o Trofinetide, medicação desenvolvida para tratar os sintomas centrais da síndrome, reduzindo a neuroinflamação e apoiando a função sináptica. Vamos analisar o caso da pequena **Ana**.

Ana é uma menina de quatro anos que foi levada à consulta. Desde os seis meses Ana começou a perder habilidades, como andar e se comunicar, que ela já tinha adquirido. A partir dos 18 meses, **Ana** parecia estar "desaprendendo". Os médicos notaram que **Ana** fazia movimentos repetitivos, como "lavar de mãos", e tinha dificuldade para manter o equilíbrio com aparente fraqueza muscular. Também apresentava limitação na interação social e pouco contato visual, recebendo diagnóstico de TEA.

Pela regressão, realizou exames genéticos e mostrou mutação no gene MECP2, confirmando SR. A identificação da mutação genética foi essencial para concluir o diagnóstico e iniciar tratamento adequado.

Síndrome Perisylviana (SP)

A SP é uma condição que afeta áreas do cérebro responsáveis pela linguagem e movimentos orofaciais, podendo causar dificuldades no desenvolvimento motor e na fala. **O paciente costuma apresentar dificuldades em comunicação e comportamentos repetitivos, o que pode ser confundido com TEA**. Embora as dificuldades de fala se pareçam com o autismo, na SP há intenção comunicativa e importante alteração motora da orofacial, com engasgos e excesso de saliva. Pode ocorrer quadro de epilepsia associado. O diagnóstico é feito por meio de ressonância magnética de encéfalo (RME) e o tratamento é multidisciplinar. Em casos de epilepsia, também controle medicamentoso (Halász & Szũcs, 2023). **João**, nosso pequeno paciente, vai nos contar sobre a SP.

João, três anos, sempre apresentou dificuldades na fala e vinha com pioras na interação com os colegas. Seus pais notaram que ele evitava brincar com outras crianças e gostava de atividades repetitivas. **João** tinha dificuldade para mastigar e engasgava. Preocupados com o TEA, os pais o levaram ao médico. Após exames bioquímicos e uma ressonância magnética, **João** foi diagnosticado com SP congênita, que afeta a fala e a deglutição. Embora seus sintomas fossem parecidos com o autismo, o tratamento e a intervenção multidisciplinar ajudaram a melhorar sua comunicação, interação e alimentação.

Síndrome de Landau-Kleffner (SLK)

A SLK é uma forma rara de epilepsia que se caracteriza por regressão da linguagem previamente adquirida e crises epilépticas, geralmente entre dois e sete anos. É causada por atividade epiléptica intensa na região cerebral associada à linguagem (córtex temporal), que pode ocorrer mesmo sem crises visíveis (epilepsia subclínica). **Além da perda de linguagem, os sintomas incluem alterações comportamentais, dificuldades de comunicação** e crises epilépticas motoras ou não motoras ("paradas comportamentais", momentos em que a criança parece ficar desconectada, sem reagir ao que está acontecendo ao seu redor). O tratamento inclui medicamentos anticonvulsivantes, corticoides ou imunomoduladores, além de terapias fonoaudiológicas para reabilitação da linguagem. Em casos refratários, a estimulação do nervo vago ou cirurgia podem ser consideradas (Muzio, Cascella & Khalili, 2020). Vamos analisar o caso da paciente **Vitória**.

Vitória, uma menina de cinco anos, apresentou desenvolvimento normal até dois anos, mas começou a perder habilidades de fala e a ter dificuldades para entender ordens e interagir. Os pais acharam que era apenas uma fase ou excesso de tela, mas perceberam que havia algo a mais acontecendo. Aos três anos, ela recebeu o diagnóstico de TEA e iniciou as terapias. No entanto, os pais perceberam episódios em que **Vitória** ficava olhando fixamente para o nada e não respondia quando a chamavam. Ela teve crises convulsivas durante a noite. Quando consultaram um neuropediatra, um eletroencefalograma (EEG) mostrou atividade epiléptica, especialmente durante o sono, o que confirmou o diagnóstico de SLK. Após a confirmação, **Vitória** começou o tratamento medicamentoso e o acompanhamento multiprofissional. Em poucos meses, ela controlou as crises, recuperou a fala e melhorou suas interações sociais.

Podemos ressaltar que nos casos associados à regressão de linguagem, é importante atentar para possibilidades como a SLK, destacando que intervenções adequadas podem resultar em uma resposta clínica muito positiva.

Encefalite Autoimune | Anti-NMDA (EAI)

A EAI é uma condição rara em que o sistema imunológico ataca o cérebro, causando inflamação. **Isso pode levar a sintomas como alterações no comportamento, dificuldades de fala, problemas motores, alucinações e convulsões. Geralmente, as manifestações incluem mudanças de personalidade e dificuldade de interação social, algo comum no TEA**. O que diferencia a EAI do TEA é a presença de sintomas como febre, convulsões, movimentos involuntários e o rápido aparecimento de sintomas neurológicos graves. O diagnóstico é feito por exames que buscam anticorpos contra o receptor NMDA (Dutra *et al.*, 2024). Vamos aprender com nossa paciente **Clara**.

Clara, de dois anos, sempre foi calma e bem desenvolvida. Porém, seus pais notaram mudanças em seu comportamento. **Clara** passou a evitar o contato visual, não queria brincar com a família, começou a balançar o corpo quando ouvia música e mostrou comportamentos repetitivos. Também parou de falar as palavras que já conhecia. Os pais pensaram em TEA, mas algo estava estranho: **Clara** ficava muito irritada e, às vezes, parecia "desligada", como se estivesse em outro lugar. A equipe médica investigou rapidamente com exames (EEG, RME e coleta de líquor). No líquor, o teste de anticorpos revelou que **Clara** tinha EAI. Com o tratamento rápido e intensivo com internamento e medicações, **Clara** obteve grandes melhoras, embora com sequelas cognitivas.

Ao diagnosticar-se o TEA, é fundamental que o profissional saiba reconhecer os sinais de alarme para prosseguir com a investigação de condições raras em seu diagnóstico diferencial (Tabela 1). A anamnese, o exame neurológico e o resultado de exames serão o guia para definir o futuro de cada paciente. A precisão no diagnóstico é essencial para que o paciente tenha o suporte adequado, pois sem a investigação apropriada pode-se atrasar o tratamento correto.

Portanto, é necessário que todos os casos sejam analisados com rigor técnico, garantindo que os cuidados sejam direcionados às necessidades de cada pessoa. Evidenciamos a necessidade de uma abordagem individualizada considerando todas as possibilidades para um diagnóstico preciso e um tratamento efetivo.

Tabela 1 – Sinais de Alarme

Atraso no desenvolvimento motor
Crises epilépticas associadas
Alterações severas no tônus muscular
Perda de habilidades adquiridas
Alterações abruptas de comportamento
Sintomas neurológicos focais como fraqueza, tremor ou paralisia
Alterações sistêmicas associadas
Má resposta ao tratamento
Alterações em exames complementares

Referências

ARAUJO, A. P. Q. C. *et al.* Brazilian consensus on Duchenne muscular dystrophy. Part 1 & 2: rehabilitation and systemic care. *Arquivos de Neuro-Psiquiatria*, v. 76, n. 7, p. 481-489, 2018. Disponível em: https://www.scielo.br/j/anp/a/Z7r33TyKbd3W3cMpDZWxCMQ/. Acesso em: 2 mar. 2025.

DUTRA, L. A. *et al.* Brazilian consensus recommendations on the diagnosis and treatment of autoimmune encephalitis in the adult and pediatric populations. *Arquivos de Neuro-Psiquiatria*, v. 82, n. 7, p. 1-15, 2024. Disponível em: https://www.scielo.br/j/anp/a/X4rrnygw43tryfbBp8Dvn8C/?lang=en. Acesso em: 2 mar. 2025.

FU, C. *et al.* Consensus guidelines on managing Rett syndrome across the lifespan. *BMJ Paediatrics Open*, v. 4, n. 1, p. e000717, 2020. Disponível em: https://bmjpaedsopen.bmj.com/content/4/1/e000717. Acesso em: 2 mar. 2025.

HALÁSZ, P.; SZUCS, A. Self-limited childhood epilepsies are disorders of the perisylvian communication system, carrying the risk of progress to epileptic encephalopathies – Critical review. *Frontiers in Neurology*, v. 14, [s.n.], p. 1092244, 2023. Disponível em: https://www.frontiersin.org/journals/neurology/articles/10.3389/fneur.2023.1092244/full. Acesso em: 2 mar. 2025.

MUZIO, M. R.; CASCELLA, M.; AL KHALILI, Y. Landau *Kleffner Syndrome*. Treasure Island (FL): StatPearls Publishing, 2020.

VON FIGURA, K. *et al.* Guanidinoacetate methyltransferase deficiency. *In*: VALLE D. L. *et al.* (eds.). *The online metabolic and molecular bases of inherited disease*. McGraw-Hill Education, 2019. Disponível em: https://ommbid.mhmedical.com/content.aspx?bookid=2709&sectionid=225083941. Acesso em: 8 jan. 2015.

33

A IMPORTÂNCIA DO AMBIENTE NO AUTISMO PARA APRENDIZAGEM, REGULAÇÃO EMOCIONAL E SENSORIAL

Ambientes terapêuticos e educacionais estrategicamente projetados promovem conforto, estimulam a autonomia e potencializam o desenvolvimento integral de habilidades, criando condições ideais para o aprendizado e o bem-estar dos indivíduos.

BRENDA MARVILA COSTA,
GIZELLE CRISTINA DA SILVA
E VIVIANE RODRIGUES

Brenda Marvila Costa, Gizelle Cristina da Silva e Viviane Rodrigues

Brenda (à esquerda): terapeuta ocupacional, Mestre em Ciências Fisiológicas, especialista em Neurociência da Reabilitação e Reorganização Sensorial no Autismo. Possui formação em Integração Sensorial de Ayres, Análise do Comportamento e atuação no desenvolvimento infantil e transtornos do neurodesenvolvimento.

Contatos:
brenda_marvila@hotmail.com
Instagram: @to.brendamarvila
22 99611 1313

Gizelle (ao centro): psicóloga, pedagoga, doutoranda e mestre em Ciências da Educação. Especialista em Neuropsicologia Clínica e Psicologia da Educação, atua em psicoterapia, avaliação e reabilitação neuropsicológica.

Contatos:
gizelleneuropsico@gmail.com
Instagram: @gizellecristina.neuropsicologa
69 98473 9104

Viviane (à direita): arquiteta e urbanista, especialista em Design de Interiores, com atuação em projetos de ambientes infantis, neuroarquitetura e inclusão, focando no bem-estar e na acessibilidade.

Contatos:
www.yaaharquiteturainfantil.com.br
Instagram: @vivianerodrigues.arq
11 95689 7712

Entendendo as necessidades emocionais no TEA e sua interface com o ambiente

Os vínculos emocionais de apego entre mães e bebês iniciam antes mesmo do nascimento, por meio do estabelecimento de afeto entre os pais e os contextos nos quais vivem. Assim, independentemente de condições neurobiológicas, ainda no ventre materno, as crianças experimentam sensações e sentimentos, além de compartilhar sobrecarga emocional.

O desenvolvimento emocional é um processo cognitivo complexo e gradativo, que se desenvolve a partir do aprendizado com o meio externo. As crianças aprendem comportamentos por meio da observação e da repetição. Desse modo, a construção do contexto familiar é de grande importância para o desenvolvimento psicossocial. Nesses termos, Castro (2022, p. 25) explica que o ambiente construído impacta diretamente no comportamento de crianças com Transtorno do Espectro Autista (TEA), facilitando ou limitando suas interações sociais e suas oportunidades de aprendizagem.

A inadequação do ambiente é a maior responsável pelas dificuldades vivenciadas pela criança e por seu núcleo familiar, aumentando significativamente as ocorrências de crises a partir da ausência de elementos capazes de proporcionar segurança à criança com TEA. Assim, a promoção de ambientes com maior previsibilidade e os suportes que envolvem rotinas predefinidas, são estratégias que auxiliam a redução de comportamentos desadaptativos e ansiosos, além de facilitar a autorregulação.

Importância de criar refúgios seguros para crianças com TEA

Na primeira infância, a família é o meio relacional básico e o principal agente de estimulação e pertencimento, do desenvolvimento de sentimento de segurança e suporte emocional, estabelecidos a partir dos vínculos afetivos e dos cuidados necessários ao crescimento e ao desenvolvimento. O engajamento e a interação familiar com qualidade permite a aquisição de habilidades e competências importantes para a estruturação emocional e a autonomia. De acordo com Castro (2022, p. 28), "as atividades de interação social realizadas junto ao núcleo familiar possibilitam o desenvolvimento de sua comunicação social e conferem-lhe a segurança emocional necessária à promoção de sua autoestima e de sua capacidade de autorregulação".

Sendo assim, a fragilidade nos vínculos familiares se torna um fator de risco para o desenvolvimento emocional, comportamental, cognitivo e psicossocial da criança, podendo resultar em prejuízos estruturais. À medida que os pais interagem nas necessidades, aprendem a lidar com as singularidades, e, aos poucos, vão se adaptando, compreendendo e apoiando seus filhos com TEA, a jornada se torna mais recompensadora, dado que a condição da criança com autismo é complexa e desafiadora. No entanto, ela pode ensinar aos pais e familiares lições grandiosas de superação, esperança, empatia e amor incondicional, possibilitando a transformação do vínculo familiar de maneira profunda e significativa.

Adaptações espaciais para promover o bem-estar sensorial

Anna Jean Ayres, terapeuta ocupacional criadora do método de Integração Sensorial de Ayres®, definiu a integração sensorial como "um processo neurobiológico que promove a capacidade de processar, organizar, interpretar sensações e responder de maneira apropriada ao ambiente" (Ayres, 2005, s.p). Em indivíduos com disfunção da integração sensorial, como vemos em maioria no transtorno do espectro autista, essas informações são recebidas e processadas de maneira desorganizada, gerando respostas hiper ou hipossensíveis. Essas respostas desorganizadas podem gerar diversos impactos no desenvolvimento da criança, como no comportamento, na aprendizagem e na adaptação social, influenciando suas interações com o ambiente e com outras pessoas.

Padrões sensoriais hipersensíveis são caracterizados por respostas exageradas aos estímulos sensoriais, como sensibilidade aumentada à luz, sons, texturas, cheiros ou sabores. No caso da hipersensibilidade, o mínimo de entrada sensorial pode desencadear uma resposta exagerada. Um ambiente com muitos estímulos pode gerar uma sobrecarga em pessoas hipersensíveis, desencadeando respostas emocionais e comportamentais consideradas inadequadas. Um ambiente pobre em estímulos pode, por outro lado, gerar uma busca desenfreada em pessoas hipossensíveis, o que também impacta tanto no comportamento quanto nas emoções.

O papel de salas de integração sensorial em terapias e no dia a dia

A teoria de Integração Sensorial de Ayres® ocorre na interação entre os sistemas sensoriais (auditivo, paladar, vestibular, proprioceptivo, tátil, visual e interocepção), promovendo informação integrada e permitindo, como produto final, comportamentos complexos (Schaaf & Mailloux, 2015). Em 2011, com o objetivo de garantir a eficácia e a consistência da intervenção, foi estabelecida uma medida de fidelidade para sua aplicação. A Medida de Fidelidade de Ayres garante que os profissionais sigam as diretrizes e princípios de Ayres de forma rigorosa, e ajuda a maximizar os benefícios para as crianças ao proporcionar um tratamento mais focado e adaptado às suas necessidades sensoriais.

Ela é particularmente útil em ambientes clínicos e educacionais onde a terapia de Integração Sensorial de Ayres® possa vir a ser aplicada, ajudando os terapeutas a verificar e melhorar a qualidade da intervenção sensorial, bem como escolher espaços físicos e os elementos estruturais que irão estabelecer o contexto da intervenção. Portanto, o espaço terapêutico deve ser um ambiente acolhedor, estimulante e adaptável, que proporcione estímulos sensoriais de maneira controlada, para ajudar as crianças a desenvolverem as habilidades motoras, a autorregulação e a percepção sensorial. O design deve se centrar na necessidade sensorial da criança, com uma variedade de atividades que atendam às diferentes necessidades sensoriais e com a flexibilidade necessária para adaptar o ambiente ao longo do tempo.

Elementos importantes na construção de uma sala de Integração Sensorial de Ayres®

Um ponto importante a se considerar na hora de montar uma sala sensorial é a acessibilidade. O ambiente deve permitir a entrada e a locomoção de indivíduos com diversos tipos de mobilidade e necessidades especiais, e deve contar com rampas, portas largas, móveis e interruptores em altura adequada. Por fim, outro item essencial é a segurança: o ambiente deve ser livre de objetos perigosos e os equipamentos como balanços e redes devem ser seguros e passar por manutenção periódica. O uso de antiderrapantes, bordas arredondadas, protetores de tomada, travas de portas e armários e fixadores são essenciais para evitar acidentes.

Para isso, podemos pensar isoladamente em cada sistema sensorial, como, por exemplo:

- **Iluminação adequada, para o sistema visual**: a iluminação, assim como o espaço físico, também deve ser ajustável. Luzes fortes ou fluorescentes podem ser desconfortáveis para pessoas com hipersensibilidade sensorial. A utilização de lâmpadas com cores ajustáveis ou que mudem de cor pode ajudar a criar um ambiente calmante ou estimulante.
- **Sons controlados, para o sistema auditivo**: a sala deve contar com isolamento acústico para diminuir os sons externos que possam distrair ou sobrecarregar o indivíduo. Caso não seja possível, evite sons agudos ou altos e dê preferência por sons suaves e músicas relaxantes.
- **Elementos táteis, para o sistema tátil**: tapetes, carpetes ou superfícies com texturas variadas podem proporcionar estímulos táteis importantes. A variedade ajuda a explorar diferentes sensações e desenvolver a percepção tátil. Além disso, invista em recursos, como almofadas e cobertores ponderados, pois o tato profundo e a sensação de "abraço" ajudam a organizar o sistema nervoso.
- **Cheiros e materiais gustativos, para o olfato e o paladar**: embora menos comuns, alguns materiais que envolvam cheiros suaves ou comestíveis podem ser usados, como óleos essenciais, difusores e brinquedos com cheiro.
- **Elementos para estimular o sistema vestibular**: balanços, redes, plataformas e cadeiras suspensas ajudam a estimular o sistema vestibular, que é responsável pelo equilíbrio e pela percepção do movimento. De forma linear ou pendular, desempenham função inibitória/calmante. Equipamentos como a cama elástica, por fornecerem estímulos desritmados, aumentam o alerta e desempenham função excitatória.
- **Elementos para estimular o sistema proprioceptivo**: é importante proporcionar exercícios ativos, pois os receptores desse sistema se encontram nas fibras e fusos musculares. Verifique se há espaço para que o indivíduo se movimente, possa pular, carregar objetos pesados ou se jogar em almofadas, isto é, que ofereça alguma fluidez de movimentação. Coletes sensoriais, almofadões, blocos espumados e colchonetes podem ser aliados nas atividades proprioceptivas.

A construção de salas de integração sensorial, projetadas com flexibilidade, segurança e adequação a cada perfil sensorial, proporciona uma base terapêutica eficaz.

O design inclusivo

O design inclusivo é uma abordagem fundamental na criação de ambientes que atendam às necessidades de indivíduos com diferentes habilidades e condições, como crianças com TEA. Esse tipo de abordagem prioriza a funcionalidade e o bem-estar de todos os usuários, promovendo inclusão, autonomia e desenvolvimento.

A colaboração entre arquitetos e profissionais de saúde é crucial para criar clínicas acolhedoras, escolas que promovam uma aprendizagem inclusiva e residências adaptadas às necessidades específicas de crianças com TEA. Essa conexão pode criar ambientes que não apenas atendam às necessidades físicas e sensoriais das crianças, mas que também promovam um estado emocional e cognitivo favorável ao aprendizado.

Diretrizes de design inclusivo: contribuições de Magda Mostafa para ambientes voltados ao TEA

A arquiteta Magda Mostafa é pioneira em projetos de arquitetura inclusiva para crianças com TEA com a criação do *Autism ASPECTSS™ Design Index*, uma metodologia baseada em sete critérios projetuais. Essa abordagem, usada tanto para projetar espaços quanto para avaliar a adequação de ambientes existentes, considera as necessidades sensoriais individuais e o modo como crianças autistas interagem com o ambiente (Mostafa, 2015).

Os critérios do *ASPECTSS™ Design Index* são:

1. **Acústica**: controle de ruídos para evitar distrações.
2. **Sequenciamento espacial**: organização lógica para facilitar o entendimento do espaço.
3. **Compartimentação**: padrões claros e previsíveis para reduzir a ansiedade.
4. **Espaço de escape**: áreas de refúgio para pausas sensoriais.
5. **Zoneamento sensorial**: separação de zonas com diferentes estímulos.
6. **Segurança**: prioridade na proteção física.
7. **Zonas de transição**: mudanças suaves entre áreas para minimizar impactos sensoriais.

Essa metodologia ajuda a criar ambientes verdadeiramente inclusivos e acolhedores para pessoas com TEA.

O ambiente é essencial para o desenvolvimento de indivíduos autistas, na medida em que influencia a regulação emocional e sensorial. Espaços bem planejados reduzem as sobrecargas, promovem segurança e favorecem o equilíbrio e o bem-estar. Arquitetos, educadores, terapeutas e famílias devem colaborar para criar ambientes inclusivos que estimulem o potencial individual, favorecendo o aprendizado, a autonomia e a qualidade de vida.

Referências

AYRES, A. J. What's sensory integration? An introduction to the concept. *In*: AYRES, A. J. *Sensory integration and the child*: 25th Anniversary Edition. Los Angeles: Western Psychological Services, 2005.

BRASIL. Ministério da Saúde. *Saúde da criança*: crescimento e desenvolvimento. Brasília: Ministério da Saúde, 2012.

CASTRO, M. R. *Habitar no espectro*: uma investigação acerca de espaços domésticos inclusivos a crianças com Transtorno do Espectro Autista. Fortaleza: Universidade de Fortaleza. Programa de Mestrado em Psicologia, 2022. 209 f. Dissertação (Mestrado em Psicologia) – Universidade de Fortaleza, Fortaleza, 2022.

GRANDIN, T.; PANEK, R. *O cérebro autista*: pensando através do espectro. 1. ed. Rio de Janeiro: Editora Record, 2015.

MILLER, L. J. *et al.* Concepts and controversies in sensory integration: a new approach to treatment for children with sensory processing disorders. *Journal of Sensory Studies*, 2007.

MOSTAFA, M. The autism ASPECTSS design index. *Aspectss*, 2015. Disponível em: https://www.autism.archi/aspectss. Acesso em: 27 dez. 2024.

ROLEY, S. S. *et al.* Sensory integration and praxis patterns in children with autism. *The American Journal of Occupational Therapy*, v. 69, n. 1, jan./fev., 2015. Disponível em: https://pubmed.ncbi.nlm.nih.gov/25553746/. Acesso em: 15 jan. 2025.

34

DIREITOS DOS AUTISTAS
TERAPIAS, INCLUSÃO ESCOLAR E BENEFÍCIOS

O objetivo deste capítulo é apresentar aos profissionais da área do Direito e às famílias atípicas os direitos dos autistas no âmbito da saúde e como promover seu acesso a terapias, educação inclusiva e benefícios. A participação ativa da sociedade como um todo é crucial para promover uma inclusão social efetiva.

MICHELE PEREIRA

Michele Pereira

Contatos
Instagram: @michelepereira.adv
71 98371 2324

Mãe atípica, advogada fundadora do escritório Michele Pereira Advocacia, com atuação em todo território nacional e com mais de 14 anos de experiência. O diagnóstico de autismo do seu filho Heitor foi o que lhe inspirou a se tornar ativista da causa autista e uma das maiores referências nacionais quando o assunto são os direitos dos autistas. Com especializações em áreas como inclusão e direitos das pessoas com deficiência, direito médico e da saúde, direito previdenciário, direito tributário e responsabilidade fiscal, formação TND II e III (formação em Transtornos do Neurodesenvolvimento - Thiago Castro), é Presidente da Comissão de Apoio às Pessoas com Deficiência da OAB/BA - Subseção Feira de Santana, palestrante, coautora do livro *Maternidade atípica* e mentora de advogados que desejam se especializar nos direitos dos autistas e tornar a sociedade mais justa e inclusiva.

Ao tratar dos direitos dos autistas, é importante ressaltar que diversas famílias têm dificuldade de promover as terapias para seu familiar autista, seja pela falta de conhecimento sobre seus direitos junto ao plano de saúde, seja pela falta de informação sobre a obrigação dos Municípios e Estados em fornecer as terapias necessárias por meio do SUS. Com o intuito de orientar essas famílias, vamos abordar especificamente quais são os principais direitos dos autistas quando o assunto é acesso a terapias.

Existem leis, decretos e resoluções na legislação brasileira que garantem aos autistas amplos acessos aos serviços de saúde, seja por meio do SUS ou do plano de saúde. Vale lembrar que possibilitar o acesso ao tratamento compreende: a) disponibilizar o tratamento adequado por meio de profissionais qualificados para realizar as intervenções; b) cumprir a carga horária estabelecida no laudo médico; e c) liberar o início das terapias com brevidade para fins de evitar prejuízos ao paciente. Desse modo, individualizar o tratamento é o primeiro passo para que seja alcançado um resultado eficiente, conforme veremos.

Direito à saúde – Garantia constitucional

O direito à saúde está previsto no art. 196, da Constituição Federal de 1988. O art. 196 estabelece: "A saúde é direito de todos e dever do Estado, garantido mediante políticas sociais e econômicas que visem à redução do risco de doença e de outros agravos e ao acesso universal e igualitário às ações e serviços para sua promoção, proteção e recuperação."

Conforme redação do art. 196, todas as pessoas, inclusive as pessoas com Transtorno do Espectro Autista (TEA), têm direito ao acesso universal e igualitário aos serviços de saúde, isso inclui consultas, exames, terapias e tratamentos necessários para o bem-estar e desenvolvimento dos autistas.

O acesso à saúde pode ser promovido pelo Estado, diretamente pelo SUS, ou por meio dos planos de saúde, cuja função do estado é regulamentar a atuação dos planos dentro do território nacional, pela Agência Nacional de Saúde Suplementar (ANS).

Outra legislação muito importante é a Lei n. 12.764/2012, que assegura o diagnóstico precoce, fundamental para iniciar intervenções que podem melhorar significativamente o desenvolvimento e a qualidade de vida das pessoas com TEA. Além de garantir o diagnóstico precoce, essa lei também garante atendimento multiprofissional e o acesso a medicamentos. O atendimento multidisciplinar compreende o atendimento de uma equipe multiprofissional que inclui médicos, psicólogos, terapeutas ocupacionais, fonoaudiólogos, fisioterapeutas, psicomotricista, neuropsicopedagogos, entre outros profissionais. O objetivo é proporcionar um atendimento integral que aborde todas as necessidades do indivíduo com TEA.

Terapias especializadas – Direito de todo autista, independentemente da idade

De acordo com a RN 465/2021, art. 6º da ANS, os autistas têm direito a realizar suas terapias por prestador apto a executar o método ou técnica indicados pelo médico assistente. Dessa forma, é possível ter acesso a terapias específicas, como Comunicação Aumentativa e Alternativa (CAA), Terapia Cognitivo-Comportamental (TCC), Análise do Comportamento Aplicada (ABA), equoterapia, musicoterapia, entre outras.

As intervenções terapêuticas devem ser fornecidas em qualquer fase da vida do autista, não se limitando aos autistas crianças. A legislação não cria nenhum tipo de impedimento ou classificação para que as terapias sejam fornecidas apenas aos menores de idade, dessa forma, ter acesso amplo às terapias também é um direito dos autistas adultos e idosos.

Vale destacar que é muito importante que os profissionais da saúde forneçam informações claras sobre o diagnóstico, opções de tratamento e prognóstico do paciente autista.

Prazo máximo para atendimento pelo plano de saúde

Algumas terapias possuem muitas demandas e com isso acabam gerando uma fila de espera para as famílias atípicas que possuem plano de saúde. Entretanto, vale destacar que os planos de saúde possuem um prazo limite para fornecer as terapias que o autista necessita. De acordo com a Resolução Normativa nº 566/2022 da ANS, os prazos são:

Consulta nas demais especialidades (neuropediatra, psiquiatra)	14 (catorze dias úteis)
Consulta/ sessão com fonoaudiólogo	10 (dez dias úteis)
Consulta/ sessão com nutricionista	10 (dez dias úteis)
Consulta/ sessão com psicólogo	10 (dez dias úteis)
Consulta/ sessão com terapeuta ocupacional	10 (dez dias úteis)
Consulta/ sessão com fisioterapeuta	10 (dez dias úteis)
Urgência e emergência	Imediato

Se o plano de saúde não disponibilizar o profissional apto conforme essa tabela para realizar o atendimento no município ou não conseguir cumprir os prazos mencionados, a família atípica tem o direito de:

- Indicar um profissional ou estabelecimento no mesmo município ou em municípios limítrofes, fora da rede conveniada do plano, para que o plano possa custear o atendimento integral mediante acordo entre as partes.
- Caso não haja profissional ou estabelecimento disponível no município onde o beneficiário procurou o atendimento, a operadora deverá garantir o atendimento em outro município, tendo, inclusive, que transportar o beneficiário até um prestador apto (pagar os custos do deslocamento) ou reembolsá-lo em algumas situações.

Os direitos dos autistas na área da saúde são fundamentais para assegurar uma vida independente, funcional e inclusiva.

Direito à educação inclusiva no ensino regular

Os direitos dos autistas na educação inclusiva são garantidos por várias leis e diretrizes, entre elas destacamos a Lei n. 9.394/1996 e a Lei n. 13.146/2015, que visam assegurar que pessoas com transtorno do espectro autista tenham acesso igualitário e justo à educação. A educação inclusiva é fundamentada na ideia de que todas as pessoas, independentemente de suas condições, têm o direito de aprender juntas, no mesmo ambiente, com apoio e adaptações necessárias.

Matrícula em escola regular pública ou particular – Recusa de matrícula gera multa

As Leis n. 13.146/2015 e n. 12.764/2012 garantem que pessoas com deficiência, incluindo autistas, têm o direito de ser matriculadas em escolas regulares, públicas ou particulares. A matrícula não pode ser recusada em razão da deficiência da pessoa (Brasil, 2012; 2024).

Neste passo, o art. 7º da Lei n. 12.764/2012 estabelece que "o gestor escolar, ou autoridade competente, que recusar a matrícula de aluno com transtorno do espectro autista, será punido com multa de 3 (três) a 20 (vinte) salários-mínimos" (Brasil, 2012).

Ocorrendo a recusa da matrícula, a família, com provas da recusa, deve procurar a delegacia mais próxima e registrar um boletim de ocorrência por discriminação, em seguida a escola deve ser denunciada junto à secretaria de educação do município, se a escola for municipal, ou junto à secretaria de educação do estado, se a escola for estadual. Para escolas particulares, a denúncia pode ser direcionada diretamente para o MEC, por meio dos canais de denúncia, ou para as secretarias de educação do Estado.

Todo autista tem direito ao acompanhante especializado independentemente do nível de suporte.

De acordo com a Lei n. 12.764/2012, o aluno autista tem direito ao acompanhante especializado em sala de aula, independentemente do nível de suporte, desde que comprove sua necessidade (Brasil, 2012). Esse profissional tem como objetivo auxiliar o aluno autista em suas atividades pedagógicas, garantindo sua participação plena e efetiva na escola. Esse acompanhamento pode ser individualizado, se o aluno necessitar, ou compartilhado com outros alunos autistas.

A análise no caso concreto vai estabelecer se o acompanhamento será individual ou compartilhado. Porém, vale destacar que essa análise deve ser feita pelo médico ou terapeutas que acompanham o autista, que após relacionarem as reais dificuldades do aluno, poderão direcionar para o acompanhamento individualizado ou não.

É obrigação das escolas pública e particular fornecer esse profissional. De acordo com a Lei n. 13.146/2015, as escolas não podem cobrar da família nenhum valor adicional para fornecer o acompanhante especializado, nem transferir para a família a responsabilidade de contratar o profissional (Brasil, 2015).

Direito ao PEI (Plano Educacional Individualizado) e a participação da família no ambiente escolar

O plano educacional individualizado é um instrumento utilizado para guiar as escolas e as famílias sobre quais estratégias serão adotadas para realizar o acompanhamento, desenvolvimento e aprendizagem de estudantes autistas com necessidades educacionais específicas. A Lei n. 13.146/2015 prevê que o PEI é um documento que deve ser elaborado pela escola com a participação da família e dos terapeutas que acompanham o aluno (Brasil, 2015). Ao contrário do que muitas escolas relatam, o PEI não é um documento exclusivo das escolas. Dessa forma, é direito da família ter uma cópia do PEI para acompanhar as estratégias da escola e o desenvolvimento do aluno.

Ademais, a Lei n. 9.394/1996 determina que os estabelecimentos de ensino, respeitadas as normas comuns e as do seu sistema de ensino, terão a incumbência de informar pai e mãe, conviventes ou não com seus filhos e, se for o caso, os responsáveis legais, sobre o rendimento dos alunos, bem como sobre a execução da proposta pedagógica da escola (Brasil, 1996).

Adaptação do currículo também faz parte da inclusão.

Adaptar as atividades do aluno autista é de fato promover a inclusão e possibilitar sua aprendizagem considerando suas dificuldades reais. A Lei de Diretrizes e Bases da Educação Nacional prevê que as escolas são obrigadas a oferecer métodos, técnicas, recursos educativos e organização específicos para atender às necessidades dos alunos com deficiência, incluindo autistas.

Nesse passo, a Lei n. 13.146/2015 proíbe que as escolas públicas ou particulares realizem a cobrança de valores adicionais de qualquer natureza em suas mensalidades, anuidades e matrículas no cumprimento dessas determinações (Brasil, 2015). Vale destacar que as adaptações não se restringem ao material didático do aluno, mas também abrangem o tempo de pausa entre as atividades, a possibilidade de o aluno autista realizar as avaliações em ambiente diferente dos demais, além de adaptações do espaço físico, etc. As adaptações devem ser feitas de acordo com as necessidades do aluno e têm como finalidade mantê-lo na sala de aula, possibilitando que ele tenha o maior aproveitamento e desenvolvimento possível.

Benefícios

Desconto em passagem aérea

Com base na Resolução n. 280/2013 da Agência Nacional de Aviação Civil (ANAC, 2013), o acompanhante de pessoas autistas tem direito a desconto de, no mínimo, 80% (oitenta por cento) na compra de passagem aérea. É importante dizer que para usufruir do desconto não é necessário comprovar renda.

Meia-entrada

Pessoas autistas têm direito ao pagamento de meia-entrada em eventos culturais, artísticos, esportivos e de lazer. A Lei n. 12.933/2013 é que garante esse direito e tem como objetivo promover a inclusão social, permitindo que pessoas com deficiência tenham maior acesso a atividades culturais e de entretenimento (Brasil, 2013).

Passe Livre

O Passe Livre para pessoas autistas é um benefício que garante a gratuidade no transporte coletivo interestadual para pessoas comprovadamente de baixa renda. Esse direito visa promover a inclusão social e facilitar o acesso dessas pessoas a diferentes regiões do país.

Isenção de impostos

Alguns estados e alguns municípios concedem isenção de IPVA e de IPTU para as pessoas com deficiência, inclusive autistas. Sempre que for solicitar qualquer tipo de isenção de imposto, prefira apresentar laudo emitido por médicos do SUS, pois em regra essa é uma exigência dos órgãos.

Referências

ANS. *Resolução Normativa n. 465*, de 24 de fevereiro de 2021. Dispõe sobre o ressarcimento ao Sistema Único de Saúde (SUS). *Diário Oficial da União,* Brasília, DF, 25 fev. 2021. Disponível em: https://www.in.gov.br/en/web/dou/-/resolucao-normativa-rn-n-465-de-24-de-fevereiro-de-2021-306209339. Acesso em: 2 mar. 2025.

ANS. *Resolução Normativa n. 566*, de 29 de dezembro de 2022. Dispõe sobre a garantia de atendimento dos beneficiários de plano privado de assistência à saúde. *Diário Oficial da União*, Brasília, DF, 29 dez. 2022. Disponível em: https://www.ans.gov.br/component/legislacao/?view=legislacao&task=textoLei&format=raw&id=NDM0MQ. Acesso em: 2 mar. 2025.

BRASIL. *Constituição da República Federativa do Brasil de 1988*. Brasília, DF: Senado Federal, 1988. Disponível em: https://www.planalto.gov.br/ccivil_03/constituicao/constituicao.htm. Acesso em: 3 mar. 2025.

BRASIL. *Lei n. 9.394, de 20 de dezembro de 1996*. Estabelece as diretrizes e bases da educação nacional. *Diário Oficial da União*, Brasília, DF, 23 dez. 1996. Disponível em: https://www.planalto.gov.br/ccivil_03/leis/l9394.htm. Acesso em: 26 dez. de 2024.

BRASIL. *Lei n. 12.764, de 27 de dezembro de 2012*. Institui a Política Nacional de Proteção dos Direitos da Pessoa com Transtorno do Espectro Autista. *Diário Oficial da União*, Brasília, DF, 28 dez. 2012. Disponível em: https://www.planalto.gov.br/ccivil_03/_ato2011-2014/2012/lei/l12764.htm. Acesso em: 2 mar. 2025.

BRASIL. *Lei n. 12.933, de 26 de dezembro de 2013*. Dispõe sobre o benefício do pagamento de meia-entrada para estudantes, idosos, pessoas com deficiência e jovens de 15 a 29 anos comprovadamente carentes em espetáculos artístico-culturais e esportivos. *Diário Oficial da União*, Brasília, DF, 27 dez. 2013. Disponível em: https://www.planalto.gov.br/ccivil_03/_ato2011-2014/2013/lei/l12933.htm. Acesso em: 2 mar. de 2025.

BRASIL. *Lei n. 13.146, de 6 de julho de 2015*. Institui a Lei Brasileira de Inclusão da Pessoa com Deficiência (Estatuto da Pessoa com Deficiência). *Diário Oficial da União*, Brasília, DF, 7 jul. 2015. Disponível em: https://www.planalto.gov.br/ccivil_03/_ato2015-2018/2015/lei/l13146.htm. Acesso em: 2 mar. 2025.

35

A COMPLEXA RELAÇÃO ENTRE O AUTISMO FEMININO E A DISFORIA DE GÊNERO

Neste capítulo, exploramos a jornada de Emily, uma adolescente com autismo que enfrenta disforia de gênero, abordando essa complexa interação que pode aumentar a angústia socioemocional. Com base científica robusta, o texto ressalta a importância de um cuidado inclusivo e empático.

GISELLE PENSADO,
LISANDRA RODRIGUEZ
E ANNA SUELLEN

Giselle Pensado, Lisandra Rodriguez e Anna Suellen

Giselle (à esquerda) é pediatra com pós-graduação em Neuropediatria e Transtorno do Espectro Autista, além da certificação Dr. Thiago Castro. Com sólida experiência no desenvolvimento infantojuvenil, sua missão é apoiar famílias na transformação de desafios em conquistas. É CEO da Clínica Luminã.

Contatos:
Instagram: @dra.gisellepensado
@clinicaluminasp

Lisandra (ao centro) é médica de família, mestranda em Neurociências, com diversas pós-graduações e certificação Dr. Thiago Castro. Educadora parental com ampla experiência no desenvolvimento infantojuvenil e idealizadora do Café com Emoção. Sua missão é promover o diagnóstico precoce e a intervenção eficaz.

Contato:
Instagram: @dra.lisandrarodriguez

Anna (à direita) é pediatra com residência pela FMT/AM e formação em transtornos do neurodesenvolvimento. Pós-graduada em Nutrição Materno-Infantil pelo Instituto Andrea Friques e pós-graduada em Autismo pela Faculdade Mar Atlântico. Possui certificação em Autismo com Dr. Thiago Castro.

Contato:
Instagram: @dra.annasuellensalazar

"A anatomia é o destino."
Sigmund Freud (Será?)

"Entender uma menina autista em sua plenitude não é apenas acolhê-la como ela é, mas também ajudá-la a se tornar tudo o que pode ser."
Rosânia Casagrande

Quando Emily, uma jovem de 15 anos, perguntou à sua mãe por que nasceu "errada", o silêncio que se seguiu foi o mais pesado. A dor de ver sua filha lutar com uma identidade que ela mesma não compreendia era visível, mas era naquele momento que começava a jornada para ajudá-la a se entender. À primeira vista, a pergunta de Emily parecia ser apenas mais uma manifestação de confusão adolescente, mas com o tempo ficou claro que seu sofrimento tinha raízes profundas, ligadas tanto à sua condição de autismo quanto à disforia de gênero, um tema ainda cercado por muitos estigmas e mal-entendidos.

No alto dos seus 15 anos, Emily tinha uma presença marcante: cabelo curto, roupas largas que ocultavam suas formas, e uma coleção de cicatrizes nos braços e pernas, marcas de uma batalha interna silenciosa. Reservada, enfrentava dificuldades para fazer amigos na escola e sentia-se deslocada em qualquer grupo. Seu intenso interesse por futebol e carros, frequentemente visto como "não feminino", aproximava-se de um hiperfoco e a afastava ainda mais das meninas de sua idade.

Esse desajuste social não se limitava apenas às suas escolhas pessoais. Emily tinha dificuldades de se conectar com os outros, sentia-se constantemente isolada, desconectada, e sua resistência a novos ambientes e mudanças exacerbava seu mal-estar. Era como se o mundo ao seu redor estivesse em constante movimento, mas ela estivesse presa em uma rotina rígida, incapaz de se adaptar. Os professores, que a viam todos os dias na escola, começaram a perceber mudanças: suas notas caíam, ela se ausentava das aulas e, mais alarmante, sua tristeza parecia dominar seus pensamentos e ações.

A mãe de Emily buscou ajuda quando sua filha começou a se isolar completamente, faltando às aulas e passando horas chorando no quarto. Suas notas despencaram, e os professores relataram dificuldades de adaptação e rigidez cognitiva: Emily apresentava resistência a aceitar explicações diferentes das que já conhecia ou a se adaptar a novas situações. Quando finalmente foi levada a uma consulta, seu pensamento, carregado por uma angústia que a assolava havia anos, se desfez em palavras: "Eu não sou uma garota, mas também não sou o que todo mundo acha que eu deveria ser".

Essa declaração revelou que Emily enfrentava não apenas os desafios do autismo, mas também a complexidade da disforia de gênero. Seus sintomas de ansiedade e depressão estavam intrinsecamente ligados à questão de identidade de gênero, intensificando suas dificuldades sociais e emocionais.

Entendendo a relação: identidade de gênero e autismo

A disforia de gênero e o autismo são condições que impactam profundamente a identidade e a percepção do próprio corpo e do mundo ao redor. Ambas envolvem uma desconexão significativa entre o indivíduo e os padrões sociais e expectativas que são frequentemente impostos pela sociedade. O que antes era classificado como Transtorno de Identidade de Gênero, que enfocava uma condição psicológica, passou a ser denominado disforia de gênero, enfatizando o sofrimento e o desconforto. Com isso, a identidade de gênero divergente deixou de ser considerada uma patologia em si mesma. A mudança do conceito, portanto, reflete as reais necessidades do indivíduo, sem patologizar sua identidade.

A Sociedade Brasileira de Pediatria, em seu texto sobre disforia de gênero, discorre a respeito da identidade de gênero, que geralmente começa a se formar entre dois e três anos de idade. Nessa fase, as crianças começam a se identificar como meninos ou meninas e a participar de brincadeiras relacionadas ao gênero. Entre seis e sete anos, elas têm consciência de que seu gênero permanecerá o mesmo ao longo da vida.

Quando nos voltamos ao público feminino, a interação entre identidade de gênero e autismo é um campo emergente na ciência, mas evidências robustas indicam que esses dois aspectos podem se entrelaçar de forma única. Meninas autistas, especialmente aquelas no nível 1 de suporte, frequentemente mascaram suas dificuldades sociais, o que pode levar a um desgaste emocional severo. Ao mesmo tempo, a introspecção característica do espectro muitas vezes resulta na rejeição de normas de gênero impostas pela sociedade, gerando sérios transtornos emocionais associados ao quadro.

Pesquisas globais indicam que até 15% das pessoas transgênero estão no espectro autista, em comparação a uma prevalência de cerca de 2% na população geral. Warrier *et al.* (2020) revelaram uma descoberta importante: meninas dentro do espectro apresentam de três a seis vezes mais chances de relatar questões relacionadas à identidade de gênero, quando comparadas a meninas neurotípicas. Essa diferença sugere que as meninas autistas podem enfrentar desafios únicos na compreensão e expressão de sua identidade de gênero, devido à forma como o autismo pode influenciar a percepção de si mesmas e a interação social. Esse dado ressalta a necessidade de maior atenção e suporte especializado para garantir que as meninas autistas recebam o cuidado adequado para explorar e compreender sua identidade de maneira saudável e respeitosa. No Brasil, embora os dados ainda sejam limitados, uma pesquisa nacional de 2022 apontou que 12% das crianças e adolescentes autistas apresentam questionamentos relacionados à identidade de gênero durante o acompanhamento clínico.

Esses dados destacam a necessidade de atenção por parte de famílias e profissionais de saúde, especialmente em contextos culturais, como o brasileiro, onde questões de gênero enfrentam resistência significativa.

Fatores biológicos e cognitivos

Estudos sugerem que níveis atípicos de hormônios sexuais, como a testosterona, durante o desenvolvimento fetal podem influenciar tanto o neurodesenvolvimento quanto a identidade de gênero. Além disso, a maneira como o cérebro autista processa informações e emoções pode intensificar o desconforto com o gênero designado.

Netherton & Coock (2020) mostraram que alterações estruturais e funcionais no cérebro, avaliadas em uma ressonância magnética funcional (FMRI), sugerem diferenças na conectividade entre regiões cerebrais envolvidas na percepção de si mesmo, como o córtex medial pré-frontal e a área insular, em indivíduos com disforia de gênero e TEA. Essas alterações podem refletir uma integração atípica de informações relacionadas a autoimagem e identidade de gênero, contribuindo para a dificuldade em alinhar percepções internas com expectativas externas. Essa desregulação também pode amplificar o desconforto associado à disforia de gênero, pois as regiões envolvidas desempenham um papel crítico na mediação da experiência subjetiva de si mesmo e da regulação emocional.

Nessa relação, os neurodivergentes também sofrem influência de hormônios. Muitas evidências indicam que desequilíbrios hormonais pré-natais podem influenciar tanto o neurodesenvolvimento associado ao TEA quanto a identidade de gênero. Estudos sugerem que a exposição diferencial a andrógenos no útero pode impactar regiões cerebrais como o hipotálamo, envolvido na regulação de gênero e comportamentos sexuais. Além disso, alterações nos níveis de estrógeno e progesterona durante o desenvolvimento fetal também foram associadas a modificações na conectividade cerebral e expressão de identidade de gênero.

A rigidez cognitiva, comum em muitas meninas autistas, frequentemente dificulta a aceitação de normas de gênero tradicionais. Emily, por exemplo, não entendia por que deveria gostar de maquiagem ou vestidos, quando o que realmente a fascinava eram motores e partidas de futebol. Meninas autistas costumam se sentir deslocadas das expectativas tradicionais de feminilidade, reforçando a sensação de inadequação. Combinado à dificuldade de formar conexões sociais, isso pode resultar em um ciclo de isolamento e autocrítica.

Reflexões para o cuidado inclusivo

A história de Emily não é única. Ela representa uma interseção de desafios vividos por muitas meninas autistas. Como profissionais, é essencial ir além dos diagnósticos e considerar a pessoa em sua totalidade, incluindo sua identidade de gênero. Para as famílias, o ponto de partida é a aceitação e o apoio incondicional.

É crucial educar a sociedade para acolher essas meninas sem julgamentos, reconhecendo que as questões de gênero são tão legítimas quanto qualquer outra necessidade emocional ou social. Cada menina no espectro que questiona sua identidade traz uma mensagem poderosa: "Quero ser quem eu sou, e não o que esperam de mim".

Sinais de disforia de gênero em uma criança ou adolescente com autismo

Nem todas as pessoas com autismo irão experimentar disforia de gênero, mas alguns sinais podem aparecer. Aqui estão alguns sinais que os pais podem observar:

- **Isolamento social**: se a criança já é mais reservada ou tem dificuldade em fazer amigos, pode se sentir ainda mais distante dos outros por não se encaixar no gênero esperado.

- **Desconforto com seu corpo**: a criança pode demonstrar incômodo com partes de seu corpo que não correspondem ao gênero que ela sente ser o correto.
- **Interesse por atividades "não tradicionais"**: o autismo pode intensificar interesses em atividades que não são normalmente associadas ao gênero da criança (como gostar de futebol se for uma menina, ou de maquiagem se for um menino). Isso pode fazer com que ela se sinta ainda mais desconectada de sua identidade de gênero.
- **Ansiedade e depressão**: a luta para compreender sua identidade de gênero, misturada com a dificuldade de lidar com o autismo, pode resultar em sentimentos de tristeza, ansiedade ou frustração.

Como ajudar seu filho

A melhor forma de apoiar seu filho é oferecendo um ambiente seguro e amoroso, onde ele possa se expressar livremente. Aqui estão algumas dicas:

1. **Ouça com empatia**: mostre que você está aberto para ouvir e entender o que seu filho está sentindo. Mesmo que você não compreenda completamente a situação, seu apoio é essencial.
2. **Valide os sentimentos dele**: é importante que seu filho saiba que seus sentimentos são válidos, seja sobre o gênero ou sobre as dificuldades com o autismo. Aceitar e respeitar o que ele está vivenciando ajuda a reduzir a ansiedade.
3. **Busque ajuda profissional**: um psicólogo ou terapeuta especializado pode ajudar seu filho a entender melhor suas emoções e identidade de gênero, além de trabalhar com as questões relacionadas ao autismo, como a rigidez cognitiva e dificuldades de adaptação.
4. **Tenha paciência**: o processo de autodescoberta pode ser longo. Lembre-se de que é um caminho individual e único para cada pessoa. Algumas crianças ou adolescentes podem precisar de mais tempo para entender quem são e o que querem.
5. **Eduque-se sobre os dois temas**: saber mais sobre disforia de gênero e autismo pode ajudá-lo a entender melhor o que seu filho está enfrentando. Quando você conhece mais sobre essas condições, fica mais fácil apoiar as necessidades dele de forma eficaz.

Enfim, chegamos ao fim desta jornada. Nossa Emily já percorreu um longo caminho, sucumbindo a uma opressão sentida por muito tempo. Sua história nos ensina que identidade de gênero e autismo não são limites, mas partes de um mosaico que forma quem ela é. Como sociedade, é nosso dever construir um ambiente onde meninas como Emily possam se sentir aceitas, livres para explorar e encontrar sua verdade.

O sexo biológico determina o papel e a identidade de gênero de uma pessoa. No entanto, a interseção entre disforia de gênero e autismo desafia essa perspectiva, evidenciando que a identidade de gênero é uma experiência complexa e multifacetada, especialmente em indivíduos neurodivergentes.

Referências

AMERICAN PSYCHIATRY ASSOCIATION. *DSM-IV-TR*: manual diagnóstico e estatístico de transtornos mentais. Porto Alegre: Artmed, 2002.

BARON-COHEN, S.; LUTCHMAYA, S.; KNICKMEYER, R. *Prenatal testosterone in relation to gender identity and autism*. Cambridge: MIT Press, 2024.

INSTITUTO INCLUSÃO BRASIL. Identidade de gênero e autismo: existem dois espectros? *Instituto Inclusão Brasil*, 21 maio 2022. Disponível em: https://institutoinclusaobrasil.com.br/identidade-de-genero-e-autismo-existem-dois-espectros/. Acesso em: 2 mar. 2025.

MENDONÇA, S. *Metamorfoses*: autismo e diversidade de gênero. Belo Horizonte: Páginas Editora, 2023.

NETHERTON, S.; COOCK, A. Neurobiological contributions to gender dysphoria: a review of fMRI and structural imaging studies. *Journal of Clinical Psychology and Psychiatry*, [s.v.], [s.n.], [n.p.], 2020.

PAPALIA, D. E.; OLDS, S. W.; FELDMAN, R. D. *Desenvolvimento humano*. Porto Alegre: Artmed, 2008.

STRANG, J. F. *et al.* Increased gender variance in autism spectrum disorders and attention deficit hyperactivity disorder. *Archives of Sexual Behavior*, v. 43, n. 8, p. 1525-1533, 2018. Disponível em: https://pubmed.ncbi.nlm.nih.gov/24619651/. Acesso em: 2 mar. 2025.

VAN DER MIESEN, A. I. R. *et al.* Gender identity and autism spectrum disorders: a narrative review. *International Review of Psychiatry*, v. 28, n. 1, p. 79-80, 2019.

WARRIER, V. *et al.* Autism and gender diversity: the role of overlapping factors. *Nature Communications*, v. 11, n. 3959, [n.p.], 2020.

36

O LABIRINTO DAS EMOÇÕES NO AUTISMO
UMA ABORDAGEM PRÁTICA

Neste capítulo, abordamos a complexidade das emoções no autismo, oferecendo uma bússola para transformar desafios em oportunidades de conexão e tornar o ambiente familiar mais acolhedor e propício ao desenvolvimento.

LISANDRA RODRIGUEZ,
GISELLE PENSADO
E GLAUCE PEREZ

Lisandra Rodriguez, Giselle Pensado e Glauce Perez

Lisandra (à esquerda) é médica de família, mestranda em Neurociências, com diversas pós-graduações e certificação Dr. Thiago Castro. Educadora parental com vasta experiência no desenvolvimento infantojuvenil e idealizadora do Café com Emoção. Suas missões são o diagnóstico precoce e a intervenção oportuna.

Contato:
Instagram: @dra.lisandrarodriguez

Giselle (ao centro) é pediatra com pós-graduação em Neuropediatria e Transtorno do Espectro Autista, além da certificação Dr. Thiago Castro. Com sólida experiência no desenvolvimento infantojuvenil, sua missão é ajudar famílias a transformar desafios em conquistas. CEO da Clínica Luminã.

Contatos:
Instagram: @dra.gisellepensado
@clinicaluminasp

Glauce (à direita) é terapeuta ocupacional, pós-graduada em Autismo e ABA, Educadora Parental, com certificação internacional em Integração Sensorial pela USC. Mãe atípica e diretora do Centro Ocupacional Integrar. Idealizadora do método TransformaTEA. Sua missão é acolher e apoiar mães de autistas com estratégias práticas e humanizadas.

Contato:
Instagram: @glauceperez.21

Educar é um ato de amor, mas também é ciência.
(Telma Abrahão)

Quando você cuida de alguém que realmente está precisando, você vira um herói. Porque o arquétipo de herói é a pessoa que, se precisar, enfrenta a escuridão e segue com amor e coragem porque acredita que algo pode ser mudado para melhor.
(Patch Adams)

Explorando o labirinto

Você já se perguntou por que o seu filho sente o que sente? As emoções são parte essencial da experiência humana. Elas moldam a maneira como percebemos o mundo e como nos conectamos uns com os outros. No entanto, para muitas crianças autistas, navegar pelo universo emocional pode ser como atravessar um labirinto sem mapa. Os caminhos são imprevisíveis, os atalhos parecem invisíveis e, muitas vezes, as saídas se mostram difíceis de encontrar. Essa jornada pode ser desafiadora tanto para as crianças quanto para os pais, mas também carrega oportunidades transformadoras de aprendizado e crescimento.

Compreender e acolher as emoções de uma criança autista requer paciência, conhecimento e ferramentas práticas. Mais do que identificar sentimentos, é necessário criar estratégias que promovam a comunicação emocional, a autorregulação e a conexão afetiva. A ciência tem nos mostrado que as emoções não são fixas – elas podem ser desenvolvidas, refinadas e guiadas para promover mais equilíbrio e segurança emocional.

Este capítulo oferece um olhar aprofundado sobre as emoções no autismo, destacando os desafios e os potenciais que elas trazem. O objetivo é tornar o desconhecido mais familiar e o complexo mais acessível. Afinal, as emoções, quando acolhidas e compreendidas, podem deixar de ser barreiras e se tornar pontes para o crescimento e a conexão.

Compreendendo as emoções no autismo

O processamento emocional no autismo é um tema amplamente estudado e que revela diferenças significativas na forma como o cérebro interpreta e responde aos estímulos emocionais. Estudos de neuroimagem têm mostrado que áreas específicas do cérebro, como a amígdala, o córtex pré-frontal e o giro fusiforme, desempenham papéis fundamentais nesse processamento.

A amígdala é responsável pela detecção de ameaças e pelo processamento de emoções intensas, como medo e raiva. Alterações na ativação dessa região em crianças autistas podem explicar respostas emocionais amplificadas ou, por outro lado, uma aparente falta de reação emocional.

O córtex pré-frontal, por sua vez, é essencial para a regulação emocional e o controle dos impulsos. Em crianças autistas, pesquisas indicam que essa região pode apresentar padrões de conectividade reduzidos com outras áreas do cérebro, dificultando a modulação das respostas emocionais. Isso pode levar a reações exageradas ou dificuldades em se recuperar de uma crise emocional.

Outro aspecto importante é o papel do giro fusiforme, que está envolvido no reconhecimento de faces e expressões emocionais. Crianças autistas frequentemente mostram menor ativação nessa área, o que impacta a capacidade de interpretar pistas sociais, como sorrisos ou franzidos de testa. Essa dificuldade contribui para a confusão em situações sociais e pode gerar respostas emocionais inadequadas ou mal compreendidas.

Estudos recentes como o de Uljarevic e Hamilton (2013) indicam que há desafios no reconhecimento de expressões faciais e sinais emocionais e destacam que crianças autistas apresentam maior dificuldade em identificar emoções básicas, como felicidade e tristeza, em rostos familiares e desconhecidos. Essa limitação compromete a empatia e a interpretação de intenções, o que torna desafiador prever e reagir emocionalmente às expectativas e interações sociais. Por exemplo: uma expressão de raiva pode ser interpretada como neutralidade.

Pesquisas de conectividade funcional sugerem que o cérebro autista possui menos sincronização entre diferentes áreas, o que prejudica a integração de informações emocionais e sensoriais. Isso significa que, enquanto uma criança neurotípica pode combinar rapidamente informações visuais, auditivas e emocionais para interpretar uma situação, uma criança autista pode processar esses elementos de forma fragmentada, levando a respostas emocionais desajustadas ou atrasadas. Dificuldades na autorregulação podem levar a respostas, tendo maior propensão a explosões de raiva ou crises (*meltdowns*), devido à hipersensibilidade sensorial ou desafios na comunicação. Esses comportamentos não são intencionais, refletem as diferenças neurológicas que tornam o cérebro autista único, singular.

Portanto, entender como o cérebro processa emoções no autismo é fundamental para desenvolver estratégias familiares eficazes e de apoio.

Figura 1: Emoções e estímulos sensoriais.
Fonte: Elaborada pelas autoras.

O processamento sensorial é um fator determinante para as respostas emocionais em crianças autistas. Muitos estímulos do ambiente, como sons, luzes, cheiros e texturas, podem ser percebidos de maneira intensa ou, em alguns casos, quase imperceptível. Essa variação na percepção sensorial afeta diretamente a forma como reagem emocionalmente às situações cotidianas.

A hipersensibilidade sensorial pode tornar certos estímulos opressores e insuportáveis, levando a crises emocionais e comportamentais. Por exemplo, uma luz fluorescente piscando ou o som de um aspirador de pó pode ser sentido como uma ameaça iminente, desencadeando reações como fuga ou gritos. Já a hipossensibilidade pode gerar comportamentos de busca por estímulos intensos, como girar repetidamente, realizar movimentos balançando as mãos ou pressionar objetos.

Essas respostas emocionais são, muitas vezes, mal interpretadas como birras ou desobediência, quando, na verdade, refletem uma tentativa de lidar com sensações desconfortáveis ou desorganizadas. Por isso, a compreensão dessas reações sensoriais é fundamental para criar ambientes seguros e acolhedores que minimizem os gatilhos emocionais.

Além de adaptar os ambientes, é importante ajudar a criança a desenvolver habilidades para lidar com estímulos sensoriais desafiadores. Estratégias como pausas sensoriais, uso de protetores de ouvido, texturas calmantes e brinquedos sensoriais podem ajudar na regulação emocional.

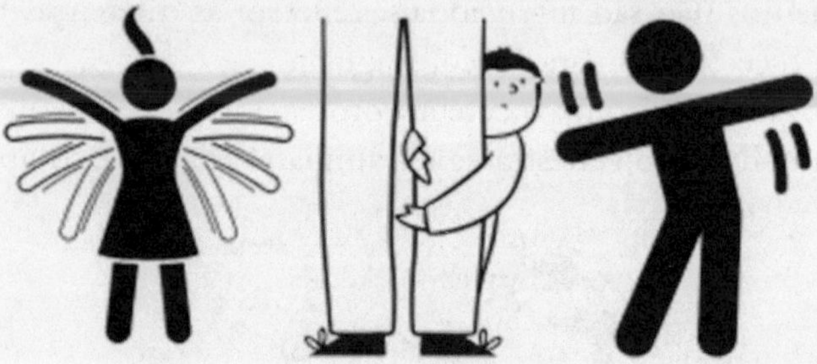

Figura 2: Desafios na expressão emocional.
Fonte: Elaborada pelas autoras.

Expressar emoções é um desafio significativo para muitas crianças autistas. A dificuldade em reconhecer e interpretar expressões faciais, tons de voz e linguagem corporal pode levar a mal-entendidos e barreiras sociais. Essas dificuldades, muitas vezes, resultam em frustração e ansiedade.

Além disso, comportamentos repetitivos ou estereotipados, como balançar o corpo ou bater as mãos, podem ser mal interpretados como sinais de descontrole emocional. Na realidade, esses comportamentos podem ser formas alternativas de comunicação emocional ou estratégias para lidar com o estresse e a sobrecarga sensorial.

Por isso, é essencial promover o desenvolvimento de habilidades emocionais por meio de ferramentas visuais, como tabelas de sentimentos, e histórias sociais que ensinem respostas adequadas para diferentes situações. Com paciência e prática, as crianças podem aprender a reconhecer e expressar emoções de maneiras mais compreensíveis e eficazes.

Acolhendo as emoções com empatia e respeito – abordagens práticas para implementar no ambiente familiar

1. **Validação emocional**: validar emoções significa reconhecer e aceitar os sentimentos da criança sem julgamentos. Frases como "Eu entendo que você está se sentindo frustrado" ou "Eu vejo que você está triste" ajudam a criar um ambiente de confiança e segurança emocional. Siegel (2012)

argumenta que a validação emocional fortalece a integração cerebral e melhora a capacidade de autorregulação.

Além disso, a validação emocional não elimina a necessidade de limites. É possível acolher os sentimentos sem aceitar comportamentos inadequados. Por exemplo, validar a frustração não significa permitir agressividade. Em vez disso, os pais podem ensinar alternativas saudáveis para lidar com esses momentos, como respirar fundo, usar palavras para expressar o que sente ou se afastar da situação até se acalmar.

2. Comunicação afetiva, traduzindo o mundo emocional: utilizar uma linguagem simples e visual é eficaz para explicar emoções. Ferramentas como cartões com rostos que representam diferentes sentimentos podem ser uma ferramenta auxiliar na identificação e na comunicação dos estados emocionais. Por exemplo: um quadro com imagens de rostos felizes, tristes ou zangados, para que a criança possa apontar como se sente.

3. Criando ambientes seguros, oferecendo segurança emocional: ambientes previsíveis e estruturados contribuem para a estabilidade emocional. Estabelecer rotinas e criar espaços seguros dentro de casa proporciona conforto e ajuda a reduzir episódios de desregulação emocional. Kranowitz (2005) recomenda a criação de "zonas de conforto sensorial", a fim de minimizar sobrecargas, com almofadas, luzes suaves e brinquedos calmantes, sendo um refúgio sensorial, tornando-se um espaço tranquilo para a criança se regular. Crianças autistas podem se sentir sobrecarregadas em ambientes imprevisíveis. Criar uma atmosfera de segurança, com rotinas estruturadas e mantendo horários previsíveis pode reduzir a ansiedade.

4. Lidando com crises emocionais: crianças autistas frequentemente enfrentam *meltdowns* (explosões emocionais) ou *shutdowns* (fechamento emocional) quando estão sobrecarregadas.

Nos casos de *meltdown* devemos reduzir estímulos, afastando a criança de ambientes barulhentos ou caóticos, evitando punições, pois embora seja desafiador, o *meltdown* não é birra, mas sim uma resposta a uma sobrecarga emocional ou sensorial. Devemos usar estratégias de regulação, tais como oferecer objetos sensoriais calmantes, como um cobertor ou brinquedo. As técnicas de respiração profunda (se a criança for receptiva) podem ser aliadas nesses momentos.

Nos casos de *shutdown,* devemos respeitar o silêncio e dar espaço para que a criança se recupere, oferecendo conforto não verbal e talvez até um abraço suave, ou apenas ficar por perto também pode ajudar.

5. Estratégias para fortalecer o vínculo familiar: o impacto emocional do autismo não afeta apenas a criança, mas toda a família. Fortalecer os laços familiares é essencial para promover um ambiente acolhedor e harmonioso. A comunicação aberta é uma ferramenta efetiva. Conversar com os outros membros da família sobre o autismo e os desafios emocionais ajuda a criar compreensão mútua. Por exemplo, explique aos irmãos que o comportamento da criança não é "birra", mas uma forma de comunicação.

Devemos enfatizar que momentos de conexão são um pilar importante na abordagem. Reservar um tempo exclusivo para atividades que a criança gosta, como brincar, desenhar ou ouvir música, é essencial para a regulação emocional.

O cuidado parental deve estar presente na vida cotidiana da família. Pais que cuidam de si mesmos têm mais energia para cuidar da criança. Pratique o autocuidado, separe momentos para relaxar e recarregar as energias.

6. Aplicando a ciência na realidade das famílias: lembre-se que cada criança é única, observe o que deixa a sua criança mais calma e segura. Também é importante ressaltar que é necessário trabalhar em parceria com profissionais, procurando apoio da equipe multidisciplinar. Eles podem ajudar a criar um plano individualizado. No entanto, esteja disposto a aprender e adaptar, pois o autismo traz aprendizado contínuo. O que funciona hoje pode não funcionar amanhã.

Transformando desafios em caminhos e encontrando a saída desse labirinto

As emoções no autismo são, de fato, um território complexo, mas também profundamente significativo. Compreender as raízes neurológicas das respostas emocionais permite que pais e cuidadores adotem abordagens práticas e embasadas na ciência, a fim de auxiliar no desenvolvimento emocional de seus filhos. O trabalho não é apenas sobre ensinar habilidades; trata-se de construir pontes para um entendimento mais profundo e uma conexão verdadeira.

Ao longo deste capítulo, exploramos como o processamento emocional diferenciado no autismo exige estratégias específicas para comunicação e regulação. Abordamos desde as bases neurobiológicas até as ferramentas práticas que ajudam a minimizar gatilhos sensoriais e a promover a autorregulação emocional. Essa abordagem integrada destaca que, apesar dos desafios, o desenvolvimento emocional é possível e transformador.

Esta jornada é um convite para abandonar fórmulas prontas e, em vez disso, abraçar um caminho de aprendizado contínuo. Cada pequeno avanço é uma vitória e cada momento de conexão é uma conquista que fortalece a relação familiar e promove o crescimento mútuo.

A verdadeira transformação ocorre quando as emoções deixam de ser fontes de medo e frustração para se tornarem instrumentos de conexão, aprendizado e fortalecimento. O labirinto das emoções pode, assim, ser atravessado com coragem, clareza e amor.

Lembre-se: você não está sozinho nessa jornada. Com paciência, apoio e amor, o caminho se torna mais claro.

Referências

FELIX, L.; MOREIRA, M. *Autismo*: estratégias científicas para ensino de reconhecimento de emoções no Transtorno do Espectro Autista. 1. ed. Brasília: Instituto Walden4, 2023. Disponível em: https://www.researchgate.net/publication/373598069_Autismo_estrategias_cientificas_para_ensino_de_reconhecimento_de_emocoes. Acesso em: 27 dez. 2024.

GRAY, C. *The new social story book:* revised and expanded. 15. ed. Arlington: Future Horizons, 2020.

MAZEFSKY, C. A.; PELPHREY, K. A.; DAHL, R. E. The importance of emotional and behavioral regulation in the context of autism spectrum disorders. *Child Development Perspectives*, v. 14, n. 1, p. 66-71, 2020. Disponível em: https://doi.org/10.1111/cdep.12328. Acesso em: 27 dez. 2024.

SIEGEL, D. J. *The whole-brain child:* 12 revolutionary strategies to nurture your child's developing mind. New York, NY: Delacorte Press, 2012.

TAKIUCHI, N. Autorregulação e o transtorno do espectro autista. *Autismo e Realidade*, 23 jul. 2024. Disponível em: https://autismoerealidade.org.br/2024/07/23/autorregulacao. Acesso em: 27 dez. 2024.

ULJAREVIC, M.; HAMILTON, A. Recognition of emotions in autism: a formal meta-analysis. *Journal of Autism and Developmental Disorders*, v. 43, n. 7, p. 1517-1526, 2013. Disponível em: https://doi.org/10.1007/s10803-012-1695-5. Acesso em: 27 dez. 2024.

37

O OUTRO FILHO

O CUIDADO COM O IRMÃO DA CRIANÇA AUTISTA

O diagnóstico de autismo em uma criança repercute diretamente nas relações e papéis de cada membro da família. Pouco se fala sobre os impactos do diagnóstico na perspectiva dos irmãos dessa criança. Neste capítulo, relatamos experiências vividas por algumas famílias, e publicações científicas recentes sobre o tema.

DRA. FÁTIMA SAFATLE
E DRA. ROBERTA OLIVEIRA SANTOS AMERICANO

Dra. Fátima Safatle

Contatos
Instagram: @dra.fatimasafatle
19 99469 5995

Médica neurologista pela Universidade Federal de São Paulo (Unifesp), com *fellowship* em Neurologia Geral no Hospital San Carlos (Madrid). Possui certificação em Transtornos do Neurodesenvolvimento e certificação em Transtorno do Espectro Autista (TEA). É coautora do livro *Espectro autista feminino*. Atua no diagnóstico, na intervenção no TEA e suas comorbidades e no acolhimento às famílias atípicas.

Dra. Roberta Oliveira Santos Americano

Contatos
Instagram: @robertaosamericano
31 98572 2944

Médica generalista pelo Imes, com certificação em Transtorno do Espectro Autista (TEA) e Transtornos do Neurodesenvolvimento. Atua em medicina de família e comunidade, unindo sua experiência como mãe de um lindo menino diagnosticado com TEA aos dois anos, ao conhecimento especializado na área. Pós-graduada em TEA pela Universidade Federal de Minas Gerais (UFMG), dedica-se ao atendimento e ao acolhimento de crianças autistas e seus pais no âmbito da atenção básica à saúde.

A relação entre irmãos é uma das mais longas e importantes da vida de uma pessoa.
(Cicirelli, 1995)

Apesar dos relevantes avanços no campo da inclusão e do surgimento de grandes redes de apoio para as mães atípicas, existe uma lacuna em relação ao suporte e ao acolhimento para os irmãos e irmãs de uma criança com diagnóstico de autismo.

Objetivamos aqui discutir desafios e, acima de tudo, entender onde e como os irmãos de crianças autistas podem ser mais bem apoiados. Os relatos aqui expostos refletem experiências reais presenciadas em nossa rotina de atendimento, além de dados científicos de amostragens específicas. Variáveis como o nível de suporte da criança, a configuração familiar, as condições socioeconômicas e demográficas são obstáculos à generalização dos achados.

O início de tudo

O diagnóstico de autismo em uma criança repercute na readaptação de papéis e ocasiona efeitos diversos no âmbito ocupacional, financeiro e das relações familiares. Frequentemente, toda a atenção dos pais passa a ser destinada a essa criança, sua intervenção, seus desafios e suas conquistas. Com a maior compreensão em relação às terapias do autismo, pais tornam-se cada vez mais protagonistas da intervenção da criança, a qual ocorre muitas vezes inclusive em ambiente domiciliar – o que indiretamente altera toda a configuração daquele lar. Tempo e recursos financeiros passam a ser canalizados para esse propósito. Enquanto isso, os outros filhos experimentam um sentimento de frustração, ditado tanto pela percepção de uma maior atenção dos pais, voltada ao irmão autista, quanto pela carga de sofrimento desses pais (Quatrosi *et al.*, 2023).

Em nossa experiência no acolhimento a essas famílias, observamos durante esse processo que parte dos irmãos de crianças autistas se mantêm somente como "espectadores", não participando diretamente do cuidado com a criança e muitas vezes desconhecendo sobre o tema. Outros assumem o papel de "coterapeutas/cuidadores", envolvendo-se com a busca de conhecimento e o auxílio do irmão, preocupando-se acentuadamente em relação ao seu futuro. Um terceiro grupo – geralmente irmãos mais novos de autistas que exigem menor nível de suporte – exibe comportamentos de revolta em relação aos pais e ao próprio irmão. Parte da gênese desses comportamentos parece estar relacionada à baixa percepção dos irmãos em relação às demandas e peculiaridades do "autismo leve".

> "[...] Tudo é para ele! Não posso gritar, que incomoda ele. Não posso ir nos aniversários porque ele fica chorando. Enquanto estou na escola o dia inteiro, ele só fica brincando com as "tias" [...] acho que meu pai só gosta de mim quando eu cuido dele" (G.B., sete anos).

Pelo fato de o autismo ser uma "deficiência oculta", essas crianças podem evitar falar sobre o tema com outras pessoas, pois "é complexo explicar às pessoas fora de seu convívio, a condição do irmão autista – por vezes não claramente percebida ou visível pelos outros – e fazer com que as pessoas compreendam as suas lutas e dificuldades". Consequentemente, irmãos de autistas relatam sentir-se menos amparados, quando comparados a irmãos de crianças com outros tipos de deficiência, em virtude da escassa percepção da sociedade em relação aos desafios impostos por um diagnóstico "invisível" (Quatrosi *et al.*, 2023).

Diante da necessidade de previsibilidade, rotina estruturada, prevenção de sobrecarga sensorial, dentre outras particularidades, existe adicionalmente certo grau de privação da socialização dos irmãos de crianças autistas, como citado no recente estudo de Libio *et al.* (2024), que indica que os irmãos relataram com frequência receio de convidar amigos a frequentarem sua residência por conta do risco de desencadearem uma crise na criança autista, ou mesmo por constrangimento com algum comportamento agressivo ou estereotipado.

A maior parte dos estudos mostra que nesses irmãos existe um aumento na prevalência de depressão, ansiedade e nível de estresse (Bellia *et al.*, 2024). O contexto escolar é especialmente desafiador a eles, seja pelo fato de o irmão autista ser alvo de bullying ou pelo receio do julgamento social por comportamentos como crises ou estereotipias (Angell *et al.*, 2012).

Comparando os sentimentos envolvidos nessa relação entre irmãos, Ward *et al.* (2013) e Quatrosi *et al.* (2023) citam que os irmãos mais novos de crianças autistas (principalmente meninos) sentiam falta de poder brincar com o irmão autista, e mencionavam frequentes conflitos e comportamentos agressivos entre eles. As meninas focavam mais nas dificuldades de relacionamento e comunicação do irmão autista. Irmãos adolescentes se apresentavam mais introspectivos, passando a desempenhar progressivamente um papel mais protetivo. Adultos, por sua vez, apresentavam atitudes voltadas às questões práticas e resolução de problemas, apesar de apresentarem níveis de sintomas depressivos e ansiosos em maior proporção, quando comparados com aqueles que possuíam irmãos com outro tipo de deficiência.

Em sua ampla revisão sobre o tema, Quatrosi *et al.* (2023, p. 12, tradução nossa) observaram que "os sintomas ansiosos de irmãos de autistas são maiores do que de irmãos de crianças com deficiência intelectual ou outros tipos de deficiência, devido à imprevisibilidade em relação ao comportamento da criança autista".

Ter um irmão autista ou com condições de saúde que exijam qualquer suporte gera maior carga de responsabilidade, bem como preocupações com o futuro do irmão. Paralelamente, desenvolve percepções e atitudes muito positivas em relação a empatia, inclusão e solidariedade, apesar do reconhecimento de sofrerem com uma menor atenção por parte dos cuidadores.

> "Foi difícil crescer no espaço entre o 'você entende' e 'ele precisa mais'. Eu não entendia o motivo de ele não conseguir fazer coisas que eu conseguia. Me lembro de desejar ser autista para que o mundo percebesse que eu estava ali. Nossos passeios vinham com um manual: onde sentar, o que evitar, quanto tempo ficar, qual o plano se ele tivesse uma crise... não era como nas outras famílias. Às vezes eu só queria sair sem pensar em nada. Mas eu fui entendendo que o mundo era mais intenso pra ele. E que eu precisava me adaptar..." (L. I., irmã de um autista nível 1 de suporte)

Angell *et al.* (2012) indicam que medo, um elevado sentido de responsabilidade, orgulho e amor sintetizam a experiência em ser irmão de uma criança autista. Dentre os participantes do estudo, quando questionados sobre eventuais desafios enfrentados na convivência com o irmão autista, aqueles menores de dez anos de idade citaram o isolamento como estratégia em situações conflitantes com os irmãos (por exemplo, trancar-se no quarto), em vez de exporem suas angústias aos pais ou amigos. Conforme cresciam, tendiam a buscar auxílio externo (amigos ou grupos de apoio), com os quais se sentiam mais à vontade para falar do tema do que com os próprios familiares. Esses achados reforçam a necessidade constante de os pais abordarem e validarem os sentimentos dos filhos.

O irmão "típico" e o subdiagnóstico

Há um forte componente genético no autismo e suas comorbidades. No recente estudo de Bellia *et al.* (2024), 22% dos irmãos de crianças autistas preencheram critérios diagnósticos para TEA. Outros 35% estavam no denominado "fenótipo ampliado" (possuíam dificuldades sociais ou comportamentos repetitivos e restritos, que não atendiam aos critérios de frequência ou gravidade para um diagnóstico de autismo) ou possuíam outros atrasos no desenvolvimento (questões cognitivas, de linguagem, motoras, emocionais ou regulatórias).

Achados foram consistentes com outros relatos sobre os desfechos de desenvolvimento em coortes de irmãos. É muito frequente que o irmão visto como "típico" também esteja dentro do espectro ou possua dificuldades relevantes que passem despercebidas, devido às atenções estarem voltadas à criança em intervenção. Somente 43% dos irmãos de crianças autistas não preenchiam critérios para transtornos de neurodesenvolvimento.

Muitos desses diagnósticos são feitos tardiamente, quando todos os prejuízos de cunho social, pessoal e profissional já foram estabelecidos pela falta de um olhar às suas necessidades. Gamliel *et al.* (2009) acompanharam o desenvolvimento de irmãos de crianças autistas, desde os quatro meses até os sete anos, constatando que mesmo que os marcos precoces de neurodesenvolvimento fossem normais, aos sete anos 40% dos irmãos de crianças autistas apresentaram dificuldades de cognição e linguagem. Conforme aumentava a exigência acadêmica, mais esses atrasos se manifestavam.

A equipe terapêutica como principal rede de apoio

A qualidade de vida dos irmãos de autistas é comprovadamente maior quando existe rede de apoio (Quatrosi *et al.*, 2023). Percebemos progressiva evolução de grupos de apoio para as mães, mas pouco existe rede de suporte para os irmãos.

É importante a equipe terapêutica considerar a criança autista como parte de um complexo de relações familiares, e a partir daí estabelecer um plano de intervenção adequado àquele cenário, contemplando potencialidades e limitações.

Ward *et al.* (2016) indicam que é desejável que a equipe terapêutica engaje essas crianças e seus irmãos em brincadeiras adequadas ao desenvolvimento mútuo, e oriente sobre estratégias de comunicação entre eles. Reforçamos a necessidade de monitorar continuamente o desenvolvimento socioemocional e pedagógico de crianças com histórico familiar de TEA.

Os pais como mediadores das relações familiares

Os pais necessitam de amparo emocional. Histórico familiar de depressão, ansiedade e outras comorbidades se associa fortemente com sintomas neuropsiquiátricos em seus filhos (Bellia *et al.*, 2024). É importante que abordem com os filhos as particularidades do diagnóstico do irmão, com vocabulário adequado à idade de cada um deles.

Angell *et al.* (2012) observaram que embora crianças tivessem dificuldade em explicar o autismo de um irmão, geralmente estavam cientes dos desafios, das características sensoriais e das expectativas sociais em relação a ele.

É importante citar que o conflito entre irmãos, independentemente de diagnóstico, é um fenômeno comum e pode ocorrer por diversas razões, como competição por atenção dos pais ou diferenças de personalidade. O fato de grande parte dos irmãos de crianças autistas possuírem também critérios para transtornos do neurodesenvolvimento (inclusive TEA) frequentemente subdiagnosticados, pode também impactar nas próprias questões socioemocionais e dificuldades em expressar angústias e sentimentos.

Segundo Sausse & Scelles (2017, tradução nossa), "o manejo parental adequado de conflitos familiares é fundamental para o estabelecimento de vínculos fraternos solidários, sobretudo quando há crianças com deficiência na família". Cabe aos pais o papel de conduzir a relação da criança com o irmão, objetivando amenizar eventuais repercussões socioemocionais inerentes ao diagnóstico e reforçando as experiências positivas entre os irmãos. Devem oportunizar atividades e brincadeiras que possibilitem o engajamento entre a criança autista e seu irmão, para que fortaleçam o genuíno vínculo fraterno, evitando a ambiguidade de uma relação de cuidador/coterapeuta. Essa complexa relação da criança autista e seu irmão, embora possa ser marcada por momentos de rivalidade e conflito, também é fonte de profundo aprendizado, apoio emocional e resiliência.

Esperamos que esse conhecimento seja fonte de amparo aos pais, possibilitando, em meio à jornada da criança autista em intervenção, ressignificar e conduzir de forma harmoniosa a relação entre esta criança e seus irmãos.

Os pais transmitem aos filhos mais do que palavras, transmitem sua própria história e as emoções que carregam.
(Melanie Klein)

Referências

ANGELL, M. E.; MEADAN, H.; STONER, J. B. Experiences of siblings of individuals with autism spectrum disorders. *Autism Research and Treatment*, v. 2012, n. 1, p. 949586, 2012. Disponível em: https://pmc.ncbi.nlm.nih.gov/articles/PMC3420668/. Acesso em: 4 mar. 2025.

BELLIA, G. *et al.* Family history of psychiatric conditions and development of siblings of children with autism. *Autism Research*, v. 17, n. 8, p. 1665-1676, 2024. Disponível em: https://pubmed.ncbi.nlm.nih.gov/38896553/. Acesso em: 4 mar. 2025.

GAMLIEL, I. *et al.* Developmental trajectories in siblings of children with autism: cognition and language from 4 months to 7 years. *Journal of Autism and Developmental Disorders*, v. 39, n. 8, p. 1131-1144, 2009. Disponível em: https://pmc.ncbi.nlm.nih.gov/articles/PMC2710494/. Acesso em: 4 mar. 2025.

LÍBIO, L.; BOSA, C. A. A adolescência de irmãos de indivíduos com transtorno do espectro autista. *Psicologia: Ciência e Profissão*, v. 44, [s.n.], p. e265589, 2024. Disponível em: https://www.scielo.br/j/pcp/a/XpY9jJfVB8f7sSDj75h7fBb/. Acesso em: 4 mar. 2025.

QUATROSI, G. *et al.* The quality of life among siblings of autistic individuals: a scoping review. *Journal of Clinical Medicine*, v. 12, n. 3, p. 735, 2023. Disponível em: https://pmc.ncbi.nlm.nih.gov/articles/PMC9918204/. Acesso em: 4 mar. 2025.

SAUSSE, S. K.; SCELLES, R. *The clinic of disability*: psychoanalytical approaches. Abingdon, UK: Karnac Books/Routledge, 2017.

WARD, B. *et al.* Sibling experiences: living with young persons with autism spectrum disorders. *Pediatric Nursing*, v. 42, n. 2, p. 69-76, 2016. Disponível em: https://pubmed.ncbi.nlm.nih.gov/27254975/. Acesso em: 4 mar. 2025.

38

AUTISMO E SAÚDE INTESTINAL

COMO A CONEXÃO INTESTINO-CÉREBRO PODE TRANSFORMAR O CUIDADO COM SEU FILHO

Você já parou para pensar que a saúde do intestino pode ser tão importante quanto a do cérebro? No autismo, essa conexão vai além de uma simples relação entre o que comemos e como nos sentimos. Neste capítulo, vamos desvendar como o eixo intestino-cérebro atua no autismo e como pequenas mudanças podem fazer diferença na vida da sua família.

ARIELE LEAL,
CARLA DOS ANJOS RIOS,
DAMARES DIAS MILHIM
E LISANDRA RODRIGUEZ

Ariele Leal, Carla dos Anjos Rios, Damares Dias Milhim e Lisandra Rodriguez

Ariele (primeira da esquerda para a direita) é médica pela Universidade Federal de Minas Gerais (UFMG), pediatra e gastroenterologista pediátrica pelo Hospital das Clínicas de Minas Gerais. Especialista em psiquiatria da infância e adolescência, possui certificação Thiago Castro em TEA.

Contatos:
arieleleal@hotmail.com
Instagram: @dra.ariele
31 99923 2325

Carla (segunda da esquerda para a direita) é pós-graduada em psiquiatria adulta e infantil, aluna da certificação Thiago Castro e da formação TND. Com um olhar acolhedor na saúde mental e no mundo atípico.

Contatos:
psiquiatriacarlarios@gmail.com
Instagram: @dra.carlarios

Lisandra (terceira da esquerda para a direita) é médica de família, mestranda em Neurociências e com diversas pós-graduações. Certificação Dr. Thiago Castro. Educadora parental com vasta experiência no desenvolvimento infantojuvenil. Idealizadora do Café com Emoção. Suas missões são o diagnóstico precoce e a intervenção oportuna.

Contato:
Instagram: @dra.lisandrarodriguez

Damares (quarta da esquerda para a direita) é médica pela Universidade Estadual de Londrina (UEL), com residência em Pediatria pelo Hospital Municipal Infantil Menino Jesus (HMIMJ-SP). Especialista em Nutrição Pediátrica pela Universidade de São Paulo, campus Ribeirão Preto (USP-RP), em Psiquiatria Infantil pela Afya e em Desenvolvimento e Comportamento. Possui a Certificação em Autismo Thiago Castro.

Contatos:
damaresmilhim@gmail.com
Instagram: @pediatradamares

O Transtorno do Espectro Autista (TEA) é uma condição neurológica caracterizada por atrasos no desenvolvimento e no comportamento, impactando a vida das crianças. Manifestações gastrointestinais são comuns entre os indivíduos com TEA e sua prevalência é significativamente alta (46-76%), em comparação com crianças não autistas (10-30%). As alterações mencionadas mais comuns são a constipação crônica, resultando em distensão abdominal, e a diarreia acompanhada de cólicas intestinais.

Recentemente, tem-se investigado a influência do microbioma intestinal e da disbiose (alterações no equilíbrio da flora bacteriana intestinal) sobre o comportamento e os sintomas do TEA, sugerindo que o eixo intestino-cérebro pode desempenhar um papel relevante nessa situação. Isso se dá por meio de uma rede complexa de comunicação que envolve o sistema nervoso entérico (SNE), o sistema nervoso central (SNC), o sistema imune, hormônios e neurotransmissores. O SNE, muitas vezes denominado "segundo cérebro", é uma rede extensa de neurônios que reside nas paredes do trato gastrointestinal e é capaz de operar de maneira semiautônoma, enviando sinais ao SNC e recebendo respostas.

Uma das vias principais de comunicação entre o intestino e o cérebro é o nervo vago, que transmite sinais entre esses dois órgãos, regulando funções como a digestão, a motilidade intestinal, a percepção da dor e as respostas emocionais. Além disso, os microrganismos presentes no intestino (microbioma) desempenham um papel crucial nesse processo.

O microbioma intestinal no autismo

A microbiota é caracterizada por conter o conjunto de diferentes linhagens de microrganismos em determinado ecossistema. Existem microbiotas em diferentes partes do corpo humano como, por exemplo, na pele, nas vias aéreas, no trato urogenital e, principalmente, no intestino e na boca.

A constituição do microbioma intestinal sofre influência de vários fatores: genéticos, alimentação materna, gravidez, tipo de parto, presença de aleitamento materno, qualidade dos alimentos consumidos na infância, uso de medicações, estresse e higiene.

Esses microrganismos desempenham funções que beneficiam os seres humanos, incluindo: regular a permeabilidade da barreira intestinal; desintoxicação e degradação de substâncias estranhas; produção de ácidos graxos de cadeia curta; síntese de vitaminas, absorção de nutrientes e síntese de aminoácidos. Além disso, atuam na produção de neurotransmissores e influenciam os níveis do fator neurotrófico derivado do cérebro, permitindo a produção de neurônios e a formação de novas sinapses. Essas sinapses, por sua vez, modulam o nervo vago e o sistema nervoso entérico.

Estudos recentes têm sugerido que crianças com TEA frequentemente apresentam características distintas em seu microbioma intestinal, com uma maior prevalência de disbiose.

A composição da microbiota de indivíduos com autismo abrange mais de 1.000 espécies distintas, em comparação com os 530 presentes em crianças típicas. Em contraste, esses indivíduos exibem maior prevalência de bacteroides e proteobactérias. Apesar da presença significativa de bacteroides, uma notável redução em gêneros fermentadores foram observados no intestino de crianças com TEA, que apresentam distúrbios gastrointestinais em comparação com controles saudáveis. No mesmo sentido, estudos mostram que bactérias do gênero Clostridium são encontradas em maior quantidade no intestino de pacientes com TEA (64,9%) em comparação aos neurotípicos (19,4%). Essas bactérias produzem metabólitos que têm potencial toxicidade para o organismo.

A disbiose pode levar à produção de metabólitos prejudiciais que afetam a função cerebral e o comportamento. Alguns estudos observaram que níveis alterados de certos tipos de bactérias intestinais – como firmicutes, bacteroidetes e proteobacteria – podem estar associados a sintomas mais intensos do TEA, incluindo dificuldades de comunicação, agressividade e comportamentos repetitivos.

Além disso, uma série de pesquisas indicam que a microbiota intestinal pode influenciar a função do sistema imune e a inflamação sistêmica, aspectos que têm sido implicados na fisiopatologia do autismo.

Qual a relação entre saúde intestinal e autismo?

A relação entre microbioma intestinal e os sintomas do TEA é mediada por diversos mecanismos complexos, que serão apresentados e descritos nas seções a seguir.

Comunicação imunológica

Nos primeiros instantes após o nascimento de um indivíduo, o sistema imunológico está intrinsecamente associado ao Trato Gastrointestinal (TGI). A comunicação entre o sistema imunológico e o eixo intestino-cérebro é fundamental para a modulação das respostas inflamatórias. Estudos têm mostrado que crianças com TEA podem apresentar uma ativação anormal do sistema imunológico, com níveis elevados de citocinas inflamatórias. Essas alterações podem ser influenciadas por desequilíbrios no microbioma intestinal, o que poderia afetar o desenvolvimento cerebral, exacerbando os sintomas do autismo.

Efeitos neuroquímicos

O microbioma intestinal tem a capacidade de influenciar a produção de neurotransmissores e hormônios como a serotonina, crucial para a regulação da emoção e do comportamento. Pesquisas indicam que disfunções na produção e no metabolismo desse neurotransmissor intestinal podem estar associadas ao autismo. Essas bactérias podem alterar o metabolismo da serotonina proveniente de células do trato gastrointestinal, já que o único precursor dessa molécula no intestino é o triptofano dietético. Apesar de utilizado em pequenas quantidades pelo organismo, sua produção depende da enzima triptofanase proveniente da microbiota, e qualquer alteração na disponibilidade desse aminoácido essencial ou na composição microbiana intestinal pode influenciar a atividade cerebral e os sintomas autistas, evidenciando essa via de comunicação entre o intestino e o cérebro.

Além disso, a produção de ácidos graxos de cadeia curta, que são produzidos pelas bactérias intestinais a partir da fermentação de fibras alimentares, também pode ter efeitos neuromoduladores, influenciando a função cerebral.

Aumento da permeabilidade intestinal

A integridade do epitélio intestinal é mantida pela microbiota e seus metabólitos. No entanto, nos indivíduos com TEA as preferências alimentares restritivas podem alterar essa diversidade microbiana e, com isso, aumentar a permeabilidade intestinal, resultando em constipação e dores abdominais.

Recentes revisões salientam que o aumento da permeabilidade intestinal pode levar ao aumento dos níveis de componentes microbianos intestinais no sangue, como, por exemplo, ácidos graxos, moléculas de lipopolissacarídeos e partículas de DNA e RNA microbiano, levando à inflamação e à produção de citocinas, que podem ativar cascatas bioquímicas de sinalização e comunicação intrínseca da microbiota-intestino-cérebro, como o eixo hipotálamo-hipófise-adrenal. A ativação desse eixo induziria inflamação sistêmica e no sistema nervoso central, com liberação de arginina vasopressina, considerada um biomarcador no TEA e responsável por afetar o comportamento social nesses indivíduos.

Alterações na barreira hematoencefálica e no sistema nervoso central

O microbioma intestinal também pode impactar a função da barreira hematoencefálica (BHE), a membrana protetora que impede a passagem de substâncias tóxicas e patógenos para o cérebro. Estudos sugerem que uma disbiose intestinal pode levar a uma permeabilidade aumentada da BHE, facilitando a entrada de substâncias inflamatórias e afetando negativamente o funcionamento do SNC. Isso pode contribuir para os sintomas neurológicos observados no TEA, como alterações cognitivas e comportamentais.

Implicações para o tratamento do autismo

Com base nas evidências emergentes sobre o papel do microbioma intestinal e do eixo intestino-cérebro no TEA, novas abordagens terapêuticas para as crianças com autismo estão sendo investigadas, a fim de restaurar o equilíbrio do microbioma. Entre essas abordagens, destacamos as principais nas seções a seguir.

Probióticos e prebióticos

Os prebióticos são definidos como substâncias que estimulam o crescimento de bactérias benéficas que já fazem parte da microbiota intestinal, desempenhando assim um papel crucial na modulação desse ecossistema microbiano.

A utilização de probióticos (bactérias benéficas) e prebióticos (substâncias que estimulam o crescimento de bactérias benéficas) pode ser uma estratégia eficaz para restaurar o equilíbrio da microbiota intestinal. Estudos têm mostrado que o uso de probióticos pode melhorar a função gastrointestinal, reduzir a inflamação sistêmica e, em alguns casos, atenuar os sintomas comportamentais no TEA.

Transplante de Microbiota Intestinal (TMI)

O transplante de microbiota intestinal (TMI) é um procedimento que envolve a transferência de fezes de um doador saudável para o intestino do receptor. Essa técnica pode ter impactos positivos na regulação da microbiota de crianças com TEA, levando à redução de sintomas gastrointestinais, comportamentais, restauração de metabólitos e função imune. No entanto, como é uma abordagem recente, ainda faltam evidências robustas e há necessidade de triagem rigorosa dos doadores, a fim de minimizar os riscos associados ao transplante.

Alguns estudos demonstraram melhorias significativas em vários sintomas, como: dor abdominal, constipação ou diarreia e refluxo gastroesofágico, além de uma melhoria substancial no humor, no comportamento, na expressão emocional e nas habilidades linguísticas após o tratamento.

Dieta e nutrição

A modulação da dieta também tem sido explorada como uma estratégia para melhorar o microbioma intestinal e os sintomas do TEA.

Dietas ricas em fibras, por exemplo, podem promover o crescimento de bactérias benéficas e a produção de ácidos graxos de cadeia curta, com efeitos anti-inflamatórios e neuroprotetores.

A grande dificuldade se dá pela presença de seletividade alimentar muito presente em alguns autistas.

Intervenções imunológicas

Dado o papel da inflamação no TEA, intervenções que modulam a resposta imunológica, como o uso de anti-inflamatórios ou suplementos que promovem a integridade da barreira intestinal, têm sido investigadas. No entanto, mais estudos clínicos devem ser feitos para determinar sua eficácia.

O eixo intestino-cérebro emergiu como uma área promissora, oferecendo novas perspectivas sobre os mecanismos subjacentes aos sintomas do TEA. Embora as evidências ainda sejam preliminares, até o momento as descobertas sugerem que o microbioma intestinal pode desempenhar um papel central na modulação dos sintomas autistas e poderá abrir novas fronteiras para o tratamento do autismo, proporcionando alternativas terapêuticas inovadoras e mais personalizadas para os pacientes.

Referências

ALAMOUDI, M. U. *et al.* Comparing the gut microbiome in autism and preclinical models: a systematic review. *Frontiers in Cellular and Infection Microbiology*, v. 12, [s.n.], p. 905841, 2022. Disponível em: https://www.frontiersin.org/journals/cellular-and-infection-microbiology/articles/10.3389/fcimb.2022.905841/full. Acesso em: 5 mar. 2025.

BRITO, A. *et al.* Autism spectrum and gastrointestinal health: screening on the influence of environmental factors on gastrointestinal problems. *Autism Research*, v. 17, n. 12, p. 2535-2546, 2024. Disponível em: https://onlinelibrary.wiley.com/doi/abs/10.1002/aur.3263. Acesso em: 5 mar. 2025.

CAMARGO, L. O. S. *A microbiota intestinal e o eixo intestino-cérebro no transtorno do espectro autista*. 2023. 24 f. Trabalho de Conclusão de Curso (Graduação em Nutrição) – Universidade Federal de São Paulo, Campus Baixada Santista, Santos, 2023. Disponível em: https://repositorio.unifesp.br/items/9f4893a1-97ab-43ad-8c3c-ec602741b40f. Acesso em: 13 jan. 2025.

DE ABREU, G. M. A.; ARISAWA, E. A. S. *Considerações sobre o eixo microbiota-intestino-cérebro em indivíduos com transtorno do espectro autista*: revisão. Anais do XXVIII Encontro Latino Americano de Iniciação Científica, XXIV Encontro Latino Americano de Pós-Graduação e XIV Encontro de Iniciação à Docência, São José dos Campos, Universidade do Vale do Paraíba, 2024, p. 1-6. Disponível em: https://www.inicepg.univap.br/cd/INIC_2024/anais/arquivos/RE_0986_0788_01.pdf. Acesso em: 13 jan. 2025.

HRNCIAROVA, J. *et al.* Modulation of gut microbiome and autism symptoms of ASD children supplemented with biological response modifier: a randomized, double-blinded, placebo-controlled pilot study. *Nutrients*, v. 16, n. 13, p. 1988, 2024. Disponível em: https://www.mdpi.com/2072-6643/16/13/1988. Acesso em: 13 jan. 2025.

IGLESIAS-VÁZQUEZ, L. *et al.* Composition of gut microbiota in children with autism spectrum disorder: a systematic review and meta-analysis. *Nutrients*, v. 12, n. 3, p. 792, 2020. Disponível em: https://pubmed.ncbi.nlm.nih.gov/32192218/. Acesso em: 5 mar. 2025.

LEMES, M. A. *et al.* Comportamento alimentar de crianças com transtorno do espectro autista. *Jornal Brasileiro de Psiquiatria*, v. 72, n. 3, p. 136-142, 2023. Disponível em: https://www.scielo.br/j/jbpsiq/a/t4CjvXxkH4VvL9q-GSZG8MDr/. Acesso em: 13 jan. 2025.

OLIVEIRA, A. L. *et al.* Influências microbiológicas do eixo intestino-cérebro no transtorno do espectro autista. *Revista Foco (Interdisciplinary Studies Journal)*, v. 17, n. 6, p. e5317, 2024. Disponível em: https://ojs.focopublicacoes.com.br/foco/article/view/5317. Acesso em: 5 mar. 2025.

39

COMO PREVENIR E GERENCIAR O ESTRESSE TÓXICO EM CRIANÇAS AUTISTAS

O estresse tóxico em crianças autistas pode impactar profundamente no desenvolvimento emocional e cognitivo, agravando desafios já presentes. Com amor, acolhimento e estratégias como rotinas previsíveis, ambientes tranquilos e terapias adequadas, é possível fortalecer a resiliência dessas crianças, promovendo equilíbrio, segurança e uma infância mais leve e feliz.

MARIZA BANDEIRA DE ARAÚJO
E FABÍOLA MOREIRA ALVARENGA

Mariza Bandeira de Araújo

Contatos
dra.marizabandeira@gmail.com
Instagram: @dra.marizabandeira

Mãe de dois filhos e profundamente conectada com o universo do desenvolvimento infantil, especialmente pelo desafio e aprendizado diário como mãe de uma criança atípica. Médica formada pela Universidade Federal do Ceará. Especialista em Medicina de Família e Comunidade e em Pediatria. Pós-graduada em Alergia e Imunologia pela Faculdade de Ciências Médicas e da Saúde de Juiz de Fora (FCMS/JF). Coordenadora da Emergência Pediátrica do Hospital Luis França (de 12/2022 até 08/2024). Certificação da Capacitação e Atualização em Autismo Dr. Thiago Castro. Formação Dr. Thiago Castro.

Fabíola Moreira Alvarenga

Contatos
fabiolaalvarengaped@yahoo.com
Instagram: @drafabiolaalvarenga

Médica Pediatra titulada pelo Hospital das Clínicas da Universidade Federal de Minas Gerais (UFMG), com formação também em Psicologia pela Pontifícia Universidade Católica de Minas Gerais (PUC-Minas). Especialista em Saúde Mental e atualmente cursando a Certificação em Autismo para Médicos Dr. Thiago Castro, além da Formação TND com os Drs. Thiago Castro e Raphael Rangel. Desde a formação em Psicologia até a especialização em Pediatria, foram de mais de 20 anos de estudos dedicados a uma visão integral da criança e ao acolhimento das famílias. Pediatra com atuação na rede particular e também no Sistema Único de Saúde (SUS), onde trabalha na atenção primária (Centro de Saúde) e na atenção secundária (Centro de Atenção Psicossocial – CAPS IJ), nos Municípios de Belo Horizonte (MG) e Lagoa Santa (MG), respectivamente. Esposa do Elimar e mãe dedicada do Luca.

O desenvolvimento infantil é o resultado de uma relação contínua entre biologia e o ambiente social. As conexões neurais são particularmente sensíveis nos primeiros anos de vida e podem ser danificadas durante períodos de estresse extremo e frequente.

Lidar com o estresse é uma habilidade essencial para o desenvolvimento de uma criança. Quando o sistema de resposta saudável ao estresse de uma criança é ativado, o corpo reage com aumento breve na frequência cardíaca e elevações leves na pressão arterial e nos níveis de hormônios relacionados ao estresse, como o cortisol.

O estresse positivo ocorre quando a criança enfrenta um desafio que é resolvido com o apoio de um cuidador atento, sendo uma parte fundamental e normal do crescimento saudável. Já o estresse tolerável envolve situações mais difíceis, como a perda de um ente querido ou um divórcio. Nesses casos, a presença de relacionamentos de apoio permite a regulação da resposta ao estresse.

Por outro lado, sem o suporte emocional necessário, pode surgir o estresse tóxico, caracterizado por uma ativação prolongada do eixo hipotálamo-hipófise-adrenal (HPA) e pela produção contínua de cortisol.

Exposições frequentes e elevadas a altos níveis de cortisol podem prejudicar o desenvolvimento cerebral, com alteração nas conexões sinápticas, redução do volume do cérebro, disfunção do sistema neuroendócrino e do sistema límbico. Além disso, aumenta o risco de doenças crônicas no futuro – hipertensão arterial sistêmica, diabetes mellitus, acidente vascular cerebral, ativação de doenças autoimunes; bem como favorece o aumento da incidência de transtornos neuropsiquiátricos, como depressão, transtorno de ansiedade generalizada, autismo e transtorno do déficit de atenção/hiperatividade.

Portanto, experiências prejudiciais e estresse tóxico são incorporados à arquitetura do cérebro em desenvolvimento, e estas "memórias" afetam múltiplos sistemas relativos à saúde física, mental, comportamento e capacidade de aprendizagem.

A resposta prolongada ao estresse também pode desregular o funcionamento do eixo HPA, levando não somente à produção excessiva de cortisol, como também a uma quantidade insuficiente deste hormônio. Níveis elevados de cortisol podem suprimir o sistema imunológico, aumentando o risco de infecções, enquanto níveis reduzidos podem prolongar a duração de processos inflamatórios no organismo.

O impacto do estresse tóxico nos circuitos de estresse pode ser expresso no nível molecular, deixando uma "marca" no genoma na forma de modificações epigenéticas que resultam em uma "incorporação" biológica de experiências da vida, determinando como os genes são ativados e desativados, e até mesmo se alguns genes se expressam ou não. Isso não apenas molda a trajetória de resultados futuros de saúde, mas também pode resultar em efeitos substanciais e duradouros na estrutura molecular dos genes. As alterações epigenéticas podem passar para as gerações futuras, resultando em desregulação multigeracional da resposta ao estresse.

Isso significa que os genes herdados não definem isoladamente o desenvolvimento futuro de uma criança, pois os fatores ambientais têm a capacidade de alterar o funcionamento dos genes herdados dos pais.

Está bem estabelecido que Experiências Adversas na Infância (ACEs) podem ter um impacto duradouro no desenvolvimento infantil e na saúde ao longo da vida. ACEs são eventos ou exposição contínua a circunstâncias além do controle de uma criança, que podem impactar o seu bem-estar negativamente e causar estresse tóxico.

Listamos dez experiências adversas extremas que podem acontecer na infância:

1. **Violência física**: refere-se a qualquer dano causado de forma intencional. Isso inclui hematomas, cortes ou fraturas.
2. **Abuso sexual**: envolve qualquer atividade sexual ou exploração de uma criança, incluindo exposição indevida, utilização de crianças em atividades de prostituição ou produção de material pornográfico.
3. **Abuso psicológico**: comportamentos que prejudicam a saúde mental ou emocional de uma criança. Exemplos: desvalorizar, rejeitar, ridicularizar, fazer acusações, intimidar, isolar socialmente, negar atenção emocional, ignorar por períodos prolongados.
4. **Negligência física**: não suprir suas necessidades básicas como alimentação, roupas, moradia ou cuidados médicos e a falta de supervisão adequada.
5. **Negligência emocional**: quando não se atende às necessidades emocionais de uma criança, incluindo a falta de suporte social ou assistência psicológica essencial.

6. **Convívio com transtornos mentais**: crescer com um parente que tem problemas de saúde mental pode ser desafiador. Dependendo do tipo de transtorno, os pais podem falhar em cuidar adequadamente da criança ou em ensinar comportamentos saudáveis.
7. **Parente encarcerado**: ter um pai ou parente próximo encarcerado pode gerar desafios significativos. Essa situação pode causar sentimentos de abandono ou trauma na criança, especialmente se o parente demonstrava comportamentos inadequados antes de ser preso.
8. **Violência contra a mãe**: presenciar atos de violência doméstica, especialmente contra a mãe, é profundamente traumático para uma criança. Isso ocorre porque, geralmente, a mãe é a principal figura de cuidado, e testemunhar a violência contra ela pode comprometer a sensação de segurança da criança.
9. **Uso de drogas ou álcool no lar**: os cuidadores podem negligenciar as necessidades da criança, criando um ambiente inseguro, além de haver risco de outros abusos ou violência associados ao consumo dessas substâncias.
10. **Separação ou divórcio**: algumas crianças são expostas a discussões entre os pais, tanto verbais quanto físicas. Em outros casos, podem ser ignoradas enquanto os pais lidam com seus próprios conflitos. Essas podem fazer a criança se sentir rejeitada ou dividida, além de impactar seu aprendizado de habilidades emocionais e de comunicação.

Indivíduos com Transtorno do Espectro Autista (TEA) têm uma taxa maior de experiências adversas na infância do que indivíduos com desenvolvimento típico (DT), e aqueles expostos a muitas ACEs apresentam risco significativamente maior de sintomas psiquiátricos, como ansiedade, depressão e aumento do risco ao suicídio.

Pesquisas epidemiológicas indicam que uma proporção significativamente maior de indivíduos com TEA experimentam ACEs em comparação com indivíduos DT. Uma meta-análise relatou uma razão de chances de 2:1, sugerindo que indivíduos com TEA são substancialmente mais propensos a encontrar ACEs do que indivíduos DT. A exemplo disso, os estudos sugerem que a taxa de divórcio é mais alta em famílias com crianças autistas.

Outros estudos têm consistentemente mostrado que crianças com TEA são mais frequentemente submetidas a várias formas de maus-tratos infantis, particularmente abuso físico e negligência, e essas crianças também são três a quatro vezes mais propensas a serem vítimas de bullying em comparação com indivíduos DT.

Vários pesquisadores argumentam que crianças com TEA podem vivenciar certos eventos como sendo mais traumáticos do que crianças com DT. Diferenças na percepção geral e no processamento de informações no TEA podem fazer com que esses indivíduos vejam vários eventos como traumáticos.

Crianças autistas frequentemente enfrentam desafios adicionais que podem desencadear o estresse tóxico. Entre esses fatores, estão a hipersensibilidade sensorial (como sons altos ou luzes brilhantes), dificuldades de comunicação ou incompreensão por parte das outras pessoas, mudanças na rotina, sobrecarga emocional e sociais, experiências de exclusão e bullying.

Além disso, ambientes escolares ou familiares que não entendem ou não respeitam as diferenças sensoriais e comportamentais podem criar situações constantes de sobrecarga emocional.

O estresse tóxico pode, ainda, prejudicar áreas do cérebro responsáveis por memória, controle emocional e habilidades sociais, como o hipocampo, amígdala e córtex pré-frontal, podendo agravar características já presentes no autismo, como dificuldade em regular emoções ou interagir socialmente.

Pesquisas demonstraram que indivíduos com TEA têm uma resposta mais lenta do cortisol à estimulação do hormônio adrenocorticotrófico em comparação com indivíduos com DT, sugerindo uma elevação atenuada do cortisol necessária para o enfrentamento eficaz do estresse. Tais descobertas indicam que a resposta do eixo HPA é comprometida no TEA, prejudicando a capacidade de montar uma resposta adequada ao estresse.

Entender as maneiras únicas nas quais indivíduos com TEA experimentam e respondem aos ACEs é fundamental para desenvolver intervenções e sistemas de suporte eficazes. Por exemplo, a maior sensibilidade ao estresse em indivíduos com TEA, conforme indicado por estudos do sistema nervoso autônomo e do eixo HPA, ressalta a necessidade de estratégias personalizadas de gerenciamento do estresse.

As Experiências Adversas na Infância (ACEs) podem se somar, gerando impactos significativos ao longo da vida, a menos que sejam neutralizadas por fatores de proteção. A resiliência, que é a habilidade de superar grandes desafios, desempenha um papel crucial nesse contexto. Relações positivas dentro da família e na comunidade são fundamentais para o fortalecimento da resiliência.

A resiliência surge de uma interação complexa entre a genética da criança, seu temperamento, vivências anteriores e os apoios sociais disponíveis. Entre os fatores de resiliência infantil que podem ser desenvolvidos, destacam-se a capacidade de avaliação positiva e as habilidades cognitivas e executivas. No âmbito doméstico, elementos como um estilo parental acolhedor e rotinas consistentes são essenciais.

Rotinas diárias, como horários regulares para dormir e momentos dedicados à leitura, ajudam a criar uma sensação de segurança para crianças pequenas, além de estabelecer bases importantes para o autocuidado, a autorregulação e a preparação para a escola. Estudos mostram que crianças em idade pré-escolar com rotinas domésticas bem estruturadas apresentam menor incidência de hiperatividade, problemas de atenção e conduta, além de demonstrarem comportamentos mais pró-sociais no início da vida escolar.

Entre as principais intervenções para prevenir o estresse tóxico e promover o bem-estar dessas crianças, temos:

1. **Ambiente estruturado e previsível**: criar rotinas claras e previsíveis é fundamental para ajudar a criança autista a se sentir segura e no controle de seu ambiente. Isso reduz a ansiedade e minimiza situações inesperadas que podem ser estressantes.
2. **Redução de estímulos sensoriais**: oferecer espaços sensoriais calmos, como locais silenciosos e iluminados de forma suave, pode ajudar a regular a criança, diminuindo os gatilhos de estresse.
3. **Desenvolvimento de habilidades de comunicação**: apoiar o desenvolvimento da comunicação, seja verbal ou por meio de métodos alternativos, permite que a criança expresse suas necessidades e emoções de forma mais eficaz, reduzindo o risco de frustração e sobrecarga.
4. **Terapias específicas**: intervenções como a Terapia Comportamental Aplicada (ABA), terapia ocupacional e terapias focadas em regulação emocional são essenciais para ajudar a lidar com situações estressantes de maneira saudável.
5. **Construção de relações seguras e afetuosas**: a confiança e o vínculo seguro ajudam a regular as emoções e fortalecem a resiliência da criança.
6. **Psicoeducação familiar**: ensinar os cuidadores sobre o impacto do estresse tóxico e como adaptar o ambiente no manejo do estresse da criança.

A maior vulnerabilidade ao estresse tóxico em crianças autistas exige atenção especial por parte de cuidadores, educadores e profissionais da saúde. Com um ambiente acolhedor, intervenções terapêuticas adequadas e suporte emocional consistente, é possível minimizar o impacto do estresse tóxico, promovendo um desenvolvimento saudável e mais qualidade de vida para a criança.

Referências

BERG, K. L. *et al.* Disparities in adversity among children with autism spectrum disorder: a population-based study. *Developmental Medicine & Child Neurology*, v. 58, n. 11, p. 1124-1131, 2016. Disponível em: https://doi.org/10.1111/dmcn.13161. Acesso em: 10 jan. 2025.

CENTER ON THE DEVELOPING CHILD AT HARVARD UNIVERSITY. *Três princípios para obter resultados melhores para as crianças e as famílias.* Cambridge: Center on the Developing Child, 2017. Disponível em: http://www.developingchild.harvard.edu. Acesso em: 10 jan. 2025.

HARPER, N. S.; FOELL, R. Child neglect: evaluation and management. *UpToDate*, 31 out. 2023. Disponível em: https://www.uptodate.com/contents/child-neglect-evaluation-and-management. Acesso em: 10 jan. 2025.

HOOVER, D. W.; KAUFMAN, J. Adverse childhood experiences in children with autism spectrum disorder. *Current Opinion in Psychiatry*, v. 31, n. 2, p. 128-132, 2018. Disponível em: https://doi.org/10.1097/YCO.0000000000000390. Acesso em: 10 jan. 2025.

JACOB, G. *et al.* Adverse childhood experiences: basics for the paediatrician. *Paediatrics & Child Health*, v. 24, n. 1, p. 30-37, 2019. Disponível em: https://academic.oup.com/pch/article/24/1/30/4961508. Acesso em: 10 jan. 2025.

MAGALHÃES-BARBOSA, M. C.; PRATA-BARBOSA, A.; CUNHA, A. J. L. Estresse tóxico, epigenética e desenvolvimento infantil. *Jornal de Pediatria*, v. 98, n. 1, p. 13-18, 2022. Disponível em: https://doi.org/10.1016/j.jped.2021.09.007. Acesso em: 10 jan. 2025.

OKUMURA, K. *et al.* Adverse childhood experiences exacerbate peripheral symptoms of autism spectrum disorder in adults. *Psychiatry and Clinical Neurosciences*, v. 78, n. 10, p. 580-587, 2024. Disponível em: https://doi.org/10.1111/pcn.13712. Acesso em: 10 jan. 2025.

SOCIEDADE BRASILEIRA DE PEDIATRIA. Departamento Científico de Pediatria do Desenvolvimento e Comportamento. O papel do pediatra na prevenção do estresse tóxico na infância. *SBP*, n. 3, p. 1-24, 3 jun. 2017. Disponível em: https://www.sbp.com.br/fileadmin/user_upload/2017/06/Ped.-Desenv.--Comp.-MOrient-Papel-pediatra-prev-estresse.pdf. Acesso em: 10 jan. 2025.

TAKEDA, T. *et al.* Impacts of adverse childhood experiences on individuals with autism spectrum disorder. *Current Opinion in Neurobiology*, v. 89, [s.n.], p. 102932, 2024. Disponível em: https://doi.org/10.1016/j.conb.2024.102932. Acesso em: 10 jan. 2025.

UNICEF. *Adverse Childhood Experiences (ACE) study*: research on adverse childhood experiences in Serbia. Belgrade: United Nations International Children's Emergency Fund, 2019. Disponível em: https://bit.ly/4cbr0X2. Acesso em: 10 jan. 2025.

40

ENDOCRINOLOGIA NO AUTISMO

Os estudos revelam cada vez mais que vários fatores relacionados aos sistemas neuronal, endócrino e imunológico desempenham um papel importante na fisiopatologia do autismo. Descreveremos, neste capítulo, as principais alterações hormonais que ocorrem em crianças e adolescentes com autismo.

ANA PAULA TAVARES BALBINOTI
E RENATA COELHO GOMES

Ana Paula Tavares Balbinoti

Contatos
anapaulabalbinoti@gmail.com
Instagram: @dra.anapaulabalbinoti
@bluapediatria

Médica formada pela Universidade Federal do Amazonas, com residência em Pediatria pelo Hospital de Taguatinga (DF). Endocrinologia Infantil pela Santa Casa de Misericórdia de São Paulo. Certificação em Transtorno do Espectro Autista e Transtornos do Neurodesenvolvimento.

Renata Coelho Gomes

Contatos
www.drarenatacoelho.com
contato@drarenatacoelho.com
Instagram: @dra.renata.coelho

Formada em Medicina pela Escola de Ciências Médicas de Volta Redonda (RJ), com residência em Pediatria no Hospital Evangélico de Curitiba (PR). Certificação em Transtorno do Espectro Autista e Transtornos do Neurodesenvolvimento. Pós-graduanda em Transtorno do Espectro Autista e Desenvolvimento Infantil.

Obesidade

Sobrepeso e obesidade em crianças são definidos como índice de massa corporal (IMC) entre os percentis 85 e 95 e maior ou igual ao percentil 95, respectivamente, para idade e sexo (Kuczmarski *et al.*, 2000).

De acordo com Sammels *et al.* (2022), crianças e adolescentes com Transtorno do Espectro Autista têm maior risco de ganho excessivo de peso e a prevalência de obesidade variou entre 7,9% e 31,8%.

Conforme Dhaliwal *et al.* (2019), o peso corporal é determinado pelo balanço energético, influenciado por fatores ambientais (amamentação, nutrição e uso de medicamentos), comportamentais (problemas de sono, seletividade alimentar, sedentarismo e acesso à televisão, computador, celular e videogame) e biológicos (genética, disfunção hormonal e metabólica, distúrbios metabólicos maternos e disbiose). A obesidade infantil tem sido associada a complicações da saúde, incluindo resistência à insulina, diabetes, doenças cardíacas e certos tipos de câncer.

Sammels *et al.* (2022) sugerem que precisamos tomar medidas em termos de prevenção da obesidade em crianças com autismo. Além disso, devemos intervir nos casos que já desenvolveram obesidade, incluindo-os em atividade física regular e orientando as famílias para que desenvolvam hábitos alimentares mais saudáveis.

Efeitos colaterais da risperidona e aripiprazol

Os medicamentos antipsicóticos podem induzir anormalidades cardiovasculares e metabólicas (como obesidade, hiperglicemia, dislipidemia e síndrome metabólica), que estão associadas a um risco aumentado de diabetes mellitus tipo 2 e doença cardiovascular (De Hert *et al.*, 2011).

Conforme Yu *et al.* (2024), a metformina pode atenuar significativamente o ganho de peso e outras alterações metabólicas em indivíduos que iniciam tratamento com medicamentos antipsicóticos. A associação desse tipo de medicamento com uma terapia adjuvante, ao iniciar o tratamento antipsicótico, deve ser considerada, pois pode reduzir os riscos mencionados, melhorando potencialmente a adesão ao tratamento e os resultados gerais do paciente.

Donna & Wirshing (2001) recomendam que pacientes tratados com antipsicóticos atípicos sejam monitorados a cada três meses em relação ao ganho de peso, metabolismo da glicose e lipidograma.

Nesse contexto, a risperidona e o aripiprazol são amplamente prescritos no Brasil e considerados antipsicóticos atípicos. A risperidona pode causar hiperprolactinemia. Os médicos precisam perguntar aos pacientes que tomam medicamentos antipsicóticos sobre possíveis efeitos colaterais sexuais e verificar os níveis de prolactina daqueles que apresentam sintomas e podem estar em risco de efeitos colaterais de curto e longo prazo da hiperprolactinemia (Aboraya *et al.*, 2004).

Segundo Fischer, Davids & Gatspar (2004), se comparado a outros antipsicóticos, o aripiprazol demonstrou um perfil favorável em relação aos efeitos colaterais: apenas pequenas alterações no peso corporal e nenhuma elevação de prolactina.

Puberdade

A puberdade é um processo fisiológico que se inicia após oito anos em meninas e nove anos e seis meses nos meninos. Segundo Liu (2024), crianças com TEA apresentam risco aumentado de desenvolver puberdade precoce em comparação com crianças não autistas. A avaliação cuidadosa e regular de sinais e sintomas de puberdade precoce em pacientes com TEA é importante e a detecção e o tratamento precoces podem reduzir as consequências psicológicas e físicas.

Mães, pais e/ou responsáveis por adolescentes com autismo passam por momentos desafiadores no período de puberdade, especialmente em relação ao desenvolvimento sexual, masturbação, autocuidado e higiene, além de outros tópicos importantes relacionados à sexualidade. No entanto, adolescentes com autismo têm o direito de serem tratados com respeito e acesso a informações sobre educação sexual para que possam cuidar bem de si mesmos (Sugini, Supratiwi & Gunarhadi, 2024).

De acordo com Ragaglia, Caputi & Bulgarelli (2023), a literatura enfatiza que a educação sexual deve iniciar o mais cedo possível e ser um processo contínuo, individualizado e personalizado. Ele sugere ainda que os seguintes temas sejam abordados: funções biológicas e reprodutivas relacionadas à puberdade; saúde sexual e higiene pessoal; habilidades necessárias para construir e manter relacionamentos românticos; autoproteção e autodefesa em relação ao sexo e à intimidade; e uso seguro da tecnologia para adquirir informações corretas sobre sexualidade. Em relação aos métodos de ensino, devem ser utilizadas descrições claras e concisas, instruções diretas e explícitas, explicações concretas com passo a passo, além de materiais visuais e realistas.

Em casos com deficiência intelectual, ocorrem muitas dificuldades na vida social devido aos comportamentos sexuais desafiadores e inadequados. Tais dificuldades devem ser abordadas, reduzidas ou tratadas. Os tratamentos tradicionais frequentemente falham e não melhoraram esses comportamentos (Yayalac & Gül, 2020).

Apesar das preocupações éticas, medicamentos que reduzem o desejo sexual são, às vezes, usados para reduzir o comportamento sexual inapropriado. Há relatos de casos em que os análogos de GnRH (hormônio liberador de gonadotrofina) podem ser benéficos em situações de comportamento sexual inapropriado e agressão em indivíduos com autismo. Entretanto, o uso de análogos de GnRH apresenta vários riscos, incluindo atraso no desenvolvimento puberal, diminuição da massa muscular e densidade óssea (Yaylaci & Gül, 2020).

Hipotireoidismo

A disfunção tireoidiana é frequentemente observada em crianças com TEA e o hipotireoidismo pode causar irritabilidade (Frye *et al.*, 2017).

Crianças cujas mães apresentaram hipotireoidismo mostraram taxas de TEA superiores em comparação às crianças de mães sem esse diagnóstico. O hipotireoidismo materno foi relacionado ao TEA tanto em meninos como em meninas. Para as mulheres diagnosticadas com hipotireoidismo durante a gravidez, níveis normais de hormônio estimulante da tireoide e tiroxina livre não demonstraram estar associados a um aumento no risco de TEA nas crianças (Getahun *et al.*, 2018).

Cortisol

De acordo com Muscatello e Cobertt (2018), as crianças com TEA frequentemente apresentam disfunções no eixo hipotálamo-hipófise-adrenal (HHA), tanto na resposta ao estresse quanto na regulação do ritmo diurno. Algumas crianças com TEA, apresentam hiper-resposta do cortisol à interação social e há evidências substanciais de níveis elevados de cortisol à noite, bem como de níveis mais baixos pela manhã.

Além disso, ao citar vários autores, afirmam que a disfunção crônica do eixo HHA no TEA provavelmente tem efeitos negativos significativos sobre a saúde física e mental, que o estresse crônico está relacionado a déficits cognitivos e a reatividade aumentada ao estresse está associada a uma maior prevalência de sintomas gastrointestinais.

Ocitocina e vasopressina

Segundo Caldwell (2017), a ocitocina e a vasopressina são importantes para modular interações sociais e entender a regulação neural do comportamento social.

Devido à associação entre esses hormônios e o comportamento humano, pesquisas têm sido desenvolvidas no sentido de elucidar os vários mecanismos envolvidos para possível tratamento dos sintomas do TEA.

Melatonina e vitamina D

A importância dos hormônios melatonina e vitamina D será abordada em outros capítulos deste livro.

Observamos, com esta revisão, a relevância e as particularidades do sistema endócrino no transtorno do espectro autista. Além disso, percebemos o comprometimento das pesquisas científicas para elucidar melhor os mecanismos envolvidos e suas consequências para as crianças com autismo.

Referências

ABORAYA, A. *et al.* Hyperprolactinemia associated with risperidone: a case report and review of literature. *Psychiatry (Edgmont)*, v. 1, n. 3, p. 29, 2004. Disponível em: https://pmc.ncbi.nlm.nih.gov/articles/PMC3010960/. Acesso em: 10 jan. 2025.

CALDWELL, H. K. Oxytocin and vasopressin: powerful regulators of social behavior. *The Neuroscientist*, v. 23, n. 5, p. 517-528, 2017. Disponível em: https://journals.sagepub.com/doi/full/10.1177/1073858417708284. Acesso em: 10 jan. 2025.

DE HERT, M. *et al.* Metabolic and cardiovascular adverse effects associated with antipsychotic drugs. *Nature Reviews Endocrinology*, v. 8, n. 2. p. 114-126, 2011. Disponível em: https://www.nature.com/articles/nrendo.2011.156. Acesso em: 10 jan. 2025.

DE VAAN, G. *et al.* Associations between cortisol stress levels and autism symptoms in people with sensory and intellectual disabilities. *Frontiers in Education*, v. 5, [*s.n.*], p. 540387, 2020. Disponivel em: https://www.frontiersin.org/journals/ education/articles/10.3389/feduc.2020.540387/full. Acesso em: 10 jan. 2025.

DHALIWAL, K. K. *et al.* Risk factors for unhealthy weight gain and obesity among children with autism spectrum disorder. *International Journal of Molecular Sciences*, v. 20, n. 13, p. 3285, 2019. Disponível em: https://www.mdpi.com/1422-0067/20/13/3285. Acesso em: 10 jan. 2025.

DONNA, A.; WIRSHING, M. D. Adverse effects of atypical antipsychotics. *The Journal of Clinical Psychiatry*, v. 62, n. 21, p. 7-10, 2001. Disponível em: https://www.psychiatrist.com/jcp/adverse-effects-atypical-antipsychotics-weight-gain-lipid-diabetes/. Acesso em: 10 jan. 2025.

FISCHER, B.; DAVIDS, E.; GASTPAR, M. Aripiprazole: a new atypical antipsychotic drug. *Fortschritte der Neurologie Psychiatrie*, v. 72, n. 9, p. 497-502, 2004. Disponível em: https://www.thieme-connect.com/products/ejournals/abstract/10.1055/s-2003-812530. Acesso em: 10 jan. 2025.

FRYE, R. E. *et al.* Thyroid dysfunction in children with autism spectrum disorder is associated with folate receptor autoimmune disorder. *Journal of Neuroendocrinology*, v. 29, n. 3, [n.p.], 2017. Disponível em: https://onlinelibrary.wiley.com/doi/abs/10.1111/jne.12461. Acesso em: 10 jan. 2025.

GETAHUN, D. *et al.* Association between maternal hypothyroidism and autism spectrum disorders in children. *Pediatric Research*, v. 83, n. 3, p. 580-588, 2018. Disponível em: https://www.nature.com/articles/pr2017308. Acesso em: 10 jan. 2025.

KUCZMARSKI, R. J. *et al.* CDC growth charts: United States. *Advance Data*, v. 8, n. 314, p. 1-27, 2000. Disponível em: https://pubmed.ncbi.nlm.nih.gov/11183293/. Acesso em: 10 jan. 2025.

LIU, Y. C. *et al.* The association between autism spectrum disorder and precocious Puberty: considering effect modification by sex and neuropsychiatric comorbidities. *J Pers Med*, v. 14, n. 6, p. 632, 2024. Doi: 10.3390/jpm14060632. Disponível em: https://www.mdpi.com/2075-4426/14/6/632. Acesso em: 2 jul. 2025.

MUSCATELLO, R. A.; CORBETT, B. A. Comparing the effects of age, pubertal development, and symptom profile on cortisol rhythm in children and adolescents with autism spectrum disorder. *Autism Research*, v. 11, n. 1, p. 110-120, 2017. Doi: 10.1002/aur.1879. Disponível em: https://pubmed.ncbi.nlm.nih.gov/29030905/. Acesso em: 2 jul. 2025.

RAGAGLIA, B.; CAPUTI, M.; BULGARELLI, D. Psychosexual education interventions for autistic youth and adults: a systematic review. *Education Sciences*, v. 13, n. 3, p. 224, 2023. Disponível em: https://www.mdpi.com/2227-7102/13/3/224. Acesso em: 10 jan. 2025.

SAMMELS, O. *et al.* Autism spectrum disorder and obesity in children: a systematic review and meta-analysis. *Obesity Facts*, v. 15, n. 3, p. 305-320, 2022. Disponível em: https://karger.com/ofa/article/15/3/305/825721/Autism-Spectrum-Disorder-and-Obesity-in-Children-A. Acesso em: 10 jan. 2025.

SANTOS, J. I. D.; YAMADA, R. S.; SPADA, F. Revisão bibliográfica: hipotireoidismo e gestação / Bibliographic review: hypothyroidism and pregnancy. *Brazilian Journal of Development*, v. 6, n. 6, p. 40059-40062. Doi: 10.34117/bjdv6n6-515. Disponível em: https://ojs.brazilianjournals.com.br/ojs/index.php/BRJD/article/view/12097. Acesso em: 2 jul. 2025.

SUGINI, S.; SUPRATIWI, M.; GUNARHADI, G. Teaching self-care and hygiene during puberty for adolescents with autism spectrum disorders. *Proceeding of International Conference on Special Education in South East Asia Region*, v. 3, n. 1, p. 433-441, 2024. Disponível em: https://educationcenter.id/journal/index.php/icsar/article/view/575. Acesso em: 10 jan. 2025.

YAYLACI, F.; GUL, A. Case report: a case of intellectual disability with inappropriate and challenging sexual behavior that was treated with GnRH analogues. *Psychopharmacology Bulletin*, v. 50, n. 2, p. 51, 2020. Disponível em: https://pmc.ncbi.nlm.nih.gov/articles/PMC7255840/. Acesso em: 10 jan. 2025.

YU, O. *et al.* Metformin co-commencement at time of antipsychotic initiation for attenuation of weight gain: a systematic review and meta-analysis. *Therapeutic Advances in Psychopharmacology*, v. 14, [s.n.], p. 20451253241255476, 2024. Disponível em: https://pmc.ncbi.nlm.nih.gov/articles/PMC11141220/. Acesso em: 5 mar. 2025.

41

O DIAGNÓSTICO DO AUTISMO NA SÍNDROME DE DOWN

Reconhecer o TEA em crianças com T21 pode mudar a vida das famílias. Neste capítulo, mudaremos a forma como enxergamos o diagnóstico de TEA na trissomia do cromossomo 21 (T21).

RENATA ANICETO,
BRUNA SUZARTE CAMPELO
E THAÍS CARDOSO GUERRA

Renata Aniceto, Bruna Suzarte Campelo e Thaís Cardoso Guerra

Renata (à esquerda) é Médica graduada pela Faculdade de Medicina do ABC, com residência médica em Pediatria e Hematologia pela Faculdade de Medicina da Universidade de São Paulo. Pós-graduação em Trissomia do cromossomo 21 pelo Cepec/SP. Certificação em Transtornos do Neurodesenvolvimento com ênfase em Autismo pela Certificação Thiago Castro. Secretária do Departamento Científico de Pediatria Ambulatorial da Sociedade Brasileira de Pediatria.

Contatos:
reaniceto@clespe.com.br
Instagram: @dra.renataaniceto

Bruna (ao centro) é médica graduada pela Universidade Federal do Estado do Rio de Janeiro (Unirio), com residência médica em Pediatria pelo Instituto Nacional Fernandes Figueira e em Neonatologia pela Perinatal. Mestre em Neurologia pela Unirio. Pós-graduação em Trissomia do cromossomo 21 pelo Cepec/SP. Doutoranda no Instituto D'Or de Pesquisa e Ensino (IDor).

Contatos:
brusuzarte@gmail.com
Instagram: @drabrunasuzarte

Thaís (à direita) é médica graduada pela Universidade Iguaçu, especialista em Pediatria pela Sociedade Brasileira de Pediatria e pela Associação Médica Brasileira. Docente de Saúde da Criança da Universidade Federal do Sul da Bahia (UFSB) e mestranda em Saúde, Ambiente e Biodiversidade pela mesma instituição.

Contatos:
dra_thaiscardoso@hotmail.com

A Síndrome de Down

A Síndrome de Down (SD) é uma alteração cromossômica comum que acomete um a cada 1.000 indivíduos. Trata-se de uma condição genética conhecida há mais de um século, desde que John Langdon Down apresentou uma descrição clínica da síndrome que, além do atraso no desenvolvimento neuropsicomotor, pode apresentar cardiopatia congênita (40%), alterações auditivas (50-70%), visuais (15-50%), distúrbios da tireoide (15%), alterações na coluna cervical (15%), obesidade, envelhecimento e problemas neurológicos (5-10%).

Os pacientes T21 têm excelente prognóstico, verificando-se um aumento na sua sobrevida devido à evolução com a estimulação precoce com fisioterapia e fonoterapia.

Epidemiologia do autismo na Síndrome de Down

Apesar de ser bastante estudada, a identificação do transtorno do espectro autista na SD é subestimada por existir uma dificuldade de compreender quais aspectos do fenótipo comportamental estão relacionados tanto à SD quanto ao autismo. Diniz *et al.* (2022) informam a variação na prevalência de 12% a 41% das crianças com SD e TEA.

Com essa variação importante de prevalência de TEA na SD, este capítulo contribui para um diagnóstico precoce ao propor orientações aos cuidadores e tratamento adequado para os pacientes.

Diagnóstico

O diagnóstico de TEA na população com SD geralmente é feito muito tarde ou até mesmo nunca. Devido ao impacto que o Transtorno do Espectro

Autista (TEA) pode ter em crianças com SD, e dada a dificuldade de realizar o diagnóstico neste grupo, nossa hipótese é que existem "sinais de alerta" identificáveis, que ajudariam a diagnosticar o TEA precocemente em crianças com Trissomia do 21 (T21) (Ortiz *et al.*, 2017).

São eles:

- Falta de sorriso social.
- Falta de atenção compartilhada.
- Falta de busca pelo colo.
- Pouco interesse pelo outro.
- Não aponta.
- Não imita.
- Não balbucia.

Ao analisar os critérios do DSM-V, teremos alterações mais evidentes dentro dos critérios A (comunicação verbal e não verbal; reciprocidade emocional e social; dificuldades de adaptação comportamental, assim como de compartilhar brincadeiras imaginárias) do que nos critérios B, que são compartilhados entre os dois diagnósticos. Portanto, os achados de estereotipias, ecolalias, comportamentos ritualísticos, interesses restritos, hiperfoco ou alterações sensoriais não auxiliam no diagnóstico porque podem ser inerentes à SD.

Vários estudos mostram que os indivíduos com TEA e SD têm maior retraimento social, comportamentos mais agressivos, maior ansiedade, pior engajamento social, níveis mais baixos de funcionamento adaptativo e mais comportamentos repetitivos e estereotipados (Diniz *et al.*, 2022).

Um dos diagnósticos diferenciais do autismo é a deficiência intelectual, mas vale ressaltar que tanto em crianças com SD quanto naquelas com TEA, a comorbidade de deficiência intelectual também é frequente. Esse diagnóstico diferencial se torna mais difícil à medida que o comprometimento cognitivo aumenta. Devido a essa complexidade, tem sido relatado que o diagnóstico de TEA em SD é feito em idades mais avançadas do que na população em geral.

Escalas diagnósticas

A discussão sobre quais critérios e instrumentos devem ser utilizados para diagnosticar o TEA na SD tem sido tema de alguns estudos, pois as ferramentas geralmente utilizadas foram validadas considerando indivíduos que não apresentam síndromes específicas, mas que apresentam diferentes níveis de desenvolvimento. Além disso, essas ferramentas não excluem indivíduos com transtornos funcionais, como os presentes na SD.

Os critérios diagnósticos mais utilizados como referência, segundo os estudos de revisão, foram os critérios do DSM. A maioria dos estudos incluídos em uma recente meta-análise utilizou como referência o DSM-IV e o DSM-IV-TR.

Também foi utilizado o *Archival Social Communication Questionnaire* (SCQ), instrumento de triagem já validado para uso em populações brasileiras, e o M-Chat. Ao utilizar esses instrumentos, é importante verificar, sempre que possível, os ajustes necessários para níveis mais baixos de funcionamento intelectual, como visto em casos de deficiência intelectual.

O *Autism Diagnostic Interview-Revised* (ADI-R) e o *Adapted Pre-Linguistic Autism Diagnostic Observation Schedule* (A-PL-ADOS) foram também usados como ferramentas. Este último é um instrumento para avaliar crianças e adultos não verbais com limitações intelectuais graves e profundas. Em uma amostra de 13 indivíduos que tinham SD com deficiências intelectuais graves, cinco preencheram o critério diagnóstico para autismo. Esse estudo, apesar de sua pequena amostra, demonstrou que nem todos os indivíduos que têm impedimentos intelectuais graves serão diagnosticados com TEA.

O diagnóstico clínico de TEA em SD não deve focar apenas nos resultados dos testes. A experiência clínica e a avaliação interdisciplinar permitirão maior compreensão sobre se há alguma diferença qualitativa no engajamento social e no comprometimento cognitivo, que justificaria o segundo diagnóstico de TEA em SD.

Ressaltamos a necessidade de avaliação e intervenção precoce nos casos de TEA associados à SD, pois estes serão determinantes para melhor desenvolvimento, qualidade de vida e inclusão social.

Diagnósticos diferenciais do TEA em T21

A T21 é a causa mais comum isolada de deficiência intelectual, e ocorre uma associação com transtornos do neurodesenvolvimento como TEA e Transtorno e Déficit de Atenção e Hiperatividade (TDAH). A prevalência de TEA na população com SD é maior que na população em geral, sendo de 10-18% contra 1%. Na T21, a apresentação fenotípica do TEA pode ser diferente, com menos afastamento social. A deficiência intelectual é presente nos pacientes com SD, podendo variar de moderada a severa. Variações genéticas e epigenéticas parecem influenciar essas diferenças na apresentação clínica. O processamento de visão espacial parece ser um ponto forte nos pacientes com T21, porém a memória verbal de curto prazo pode ser uma área de dificuldade. Algumas pesquisas indicam a correlação entre a presença de cardiopatia congênita ou de malformações do trato gastrointestinal com espasmos infantis e consequente atraso do desenvolvimento. O diagnóstico de uma cardiopatia congênita somada aos espasmos infantis (Síndrome de West) aparenta ter impacto negativo em todos os domínios do desenvolvimento.

Habilidade com vocabulário expressivo é um ponto forte nas crianças com SD, quando comparada a outros domínios de linguagem, como a gramática expressiva. Entretanto, atrasos em relação ao esperado para a idade cronológica na habilidade com linguagem receptiva são comuns. O estudo de Berglund, Eriksson & Johansson (2001) revela que 12% dos pacientes com T21 tiveram sua primeira palavra entre 12 e 23 meses, 80% entre 24 e 35 meses, e 90% entre 36-47 meses. O desenvolvimento subsequente de vocabulário também ocorre mais lentamente em crianças com SD que em crianças com desenvolvimento típico. Tal defasagem na linguagem expressiva se mantém, com evolução no início da adolescência e platô do desenvolvimento em torno de 16 anos. A habilidade da gramática expressiva tem um atraso importante relacionado ao uso de duas palavras combinadas, com a maioria das crianças com T21 só iniciando tal formação após três anos e meio.

O ponto fraco relacionado à gramática expressiva é percebido tanto na habilidade cognitiva não verbal, quanto na gramática receptiva também. Os desafios relacionados à gramática persistem até a vida adulta. Portanto, algumas questões relacionadas ao atraso de linguagem são inerentes ao neurodesenvolvimento da T21, e deve-se estar atento para não as confundir com diagnóstico de TEA, ou outro transtorno do neurodesenvolvimento.

Tratamento do TEA em T21

As terapias multidisciplinares que envolvem estímulo ao neurodesenvolvimento, manejo comportamental e educacional são as principais intervenções em pacientes com T21 e TEA. Em geral, alguns pediatras preferem indicar suporte terapêutico em crianças pequenas antes de pensar em uso de medicações. Porém, algumas pesquisas científicas demonstram que o manejo de sintomas mediados neurofisiologicamente com medicação pode evitar deterioração comportamental. Sintomas como irritabilidade, agressividade, alterações na atenção, desordens psiquiátricas associadas, problemas no sono, distúrbios motores, epilepsia são os alvos da intervenção farmacológica. A redução na intensidade, na severidade e na duração de tais comportamentos potencialmente permitirá subsequente neuromaturação e desenvolvimento de habilidades. O diagnóstico precoce, associado ao tratamento multidisciplinar, levou a melhores desfechos sociais e cognitivos.

O principal método de intervenção citado pelos pais de crianças com T21 em um estudo recente, de 2024, foi a Análise do Comportamento Aplicada (ABA, na sigla em inglês). Tal método teve boa efetividade em 37% das crianças. Assim sendo, a ciência ABA versa como uma medida terapêutica bastante relevante também nos pacientes com TEA e T21.

Realizar o diagnóstico de TEA em crianças com a Trissomia do cromossomo 21 é importante para a indicação de medidas comportamentais e terapêuticas que impactarão em uma melhor qualidade de vida. Porém, ainda são necessários mais estudos científicos para determinação de melhores ferramentas diagnósticas, assim como melhor conscientização de médicos e terapeutas.

Referências

BAUMER, N. T.; CAPONE, G. Psychopharmacological treatments in Down syndrome and autism spectrum disorder: state of the research and practical considerations. *American Journal of Medical Genetics*, v. 193, n. 4, p. e32069, 2023. Disponível em: https://pubmed.ncbi.nlm.nih.gov/37870763/. Acesso em: 5 mar. 2025.

BERGLUND, E.; ERIKSSON, M.; JOHANSSON, I. Parental reports of spoken language skills in children with Down syndrome. *J. Speech Lang. Hear. Res.*, v. 44, p. 179-191, 2001.

DINIZ, N. L. F. *et al.* Autism and Down syndrome: early identification and diagnosis. *Arquivos de Neuro-Psiquiatria*, v. 80, n. 6, p. 620-630, 2022. Disponível em: https://www.scielo.br/j/anp/a/B9cvNsZ5G86jFbj3CNmBnkS/. Acesso em: 5 mar. 2025.

LAGAN, N. *et al.* Multiorgan involvement and management in children with Down syndrome. *Acta Paediatrica*, v. 109, n. 6, p. 1096-1111, 2020. Disponível em: https://pubmed.ncbi.nlm.nih.gov/31899550/. Acesso em: 5 mar. 2025.

MOREIRA, L. M.; EL-HANI, C. N.; GUSMÃO, F. A. A síndrome de Down e sua patogênese: considerações sobre o determinismo genético. *Brazilian Journal of Psychiatry*, v. 22, n. 2, p. 96-99, 2000. Disponível em: https://www.scielo.br/j/rbp/a/XTSyqsLMHs56f4LmdznG4Vk/. Acesso em: 5 mar. 2025.

ORTIZ, B. *et al.* Early warning signs of autism spectrum disorder in people with Down syndrome. *International Medical Review on Down Syndrome*, v. 21, n. 1, p. 3-11, 2017. Disponível em: https://bit.ly/3DX1zfi. Acesso em: 5 mar. 2025.

SPINAZZI, N. A. *et al.* Autism spectrum disorder in Down syndrome: experiences from caregivers. *Journal of Autism and Developmental Disorders*, v. 54, n. 3, p. 1171-1180, 2024. Disponível em: https://pubmed.ncbi.nlm.nih.gov/36624226/. Acesso em: 5 mar. 2025.

THURMAN, A. J. *et al.* Defining expressive language benchmarks for children with down syndrome. *Brain Sciences*, v. 12, n. 6, p. 743, 2022. Disponível em: https://pubmed.ncbi.nlm.nih.gov/35741628/. Acesso em: 5 mar. 2025.

42

PRÁTICAS DA PSICOPEDAGOGIA NO AUTISMO

DIAGNÓSTICO, INTERVENÇÃO E A IMPORTÂNCIA DA INTEGRAÇÃO DA TRÍADE ESCOLA, TERAPIAS E FAMÍLIA

O atendimento psicopedagógico, aliado à integração da tríade escola, terapias e família é essencial para promover um ambiente inclusivo e estimular o aprendizado, garantindo o desenvolvimento e a qualidade de vida da criança com TEA.

FRANCIANI SIMONET,
GISELE ALBUQUERQUE
E LUANA CANALES

Franciani Simonet, Gisele Albuquerque e Luana Canales

Franciani (à direita) é psicopedagoga, neuropsicopedagoga e educadora especial. Mestranda em Saúde Coletiva, especialista em Coordenação Docente, Gestão Escolar, Autismo e Transtornos do Neurodesenvolvimento. Experiência em Comunicação Aumentativa e Alternativa (CAA) e na alfabetização de crianças não falantes.

Contatos:
franpsicosimonet@gmail.com
Instagram: @fransimonet_neuropsicopedagoga
51 99696 5928

Gisele (ao centro) é psicopedagoga, analista do comportamento e discente em fonoaudiologia.

Contatos:
gialbuquerquepsicopedagoga@gmail.com
Instagram: @gialbuquerquepsicopedagoga
17 98829 2715

Luana (à direita) é psicopedagoga, pós-graduada em Desenvolvimento Infantil, TDAH e Dislexia, com ênfase em Atendimentos em Autismo e TDAH.

Contatos:
luana.canales@hotmail.com
Instagram: @luana.canales
45 99977 4045

O atendimento psicopedagógico no contexto do autismo é uma prática que demanda sensibilidade e uma abordagem ampla e personalizada para atender às particularidades do processo de aprendizagem e desenvolvimento de cada criança. O primeiro passo para uma intervenção eficaz é a realização de uma avaliação abrangente, que considere aspectos cognitivos, emocionais e sociais do paciente. Essa análise permite a elaboração de um plano de intervenção que respeite as únicas necessidades e potencialidades de cada criança ou adolescente.

A colaboração com outros profissionais, como psicólogos, fonoaudiólogos, musicoterapeutas e terapeutas ocupacionais, é fundamental para um diagnóstico mais preciso e para uma intervenção mais eficaz. Essa atuação interdisciplinar garante que as intervenções sejam abrangentes e complementares, oferecendo ao paciente um suporte integral que engloba diferentes áreas do seu desenvolvimento. Além disso, o psicopedagogo busca desenvolver habilidades cognitivas, sociais e comunicativas, utilizando metodologias que se adequem ao perfil do paciente, como recursos visuais, jogos pedagógicos e atividades lúdicas. Essas ferramentas tornam o aprendizado dinâmico e adaptado às necessidades específicas de cada indivíduo com Transtorno do Espectro Autista (TEA).

A integração entre a escola, as terapias e a família se apresenta como um pilar essencial para o sucesso da intervenção psicopedagógica no autismo. O profissional atua como mediador entre essas três instâncias, promovendo uma comunicação eficaz e alinhando objetivos e estratégias entre todos os envolvidos no processo educativo e terapêutico. Essa abordagem colaborativa não só potencializa o desenvolvimento e a aprendizagem do indivíduo, mas também promove um ambiente mais inclusivo e acolhedor, no qual o paciente sente-se apoiado em todas as suas esferas de convívio.

No contexto escolar, é crucial que os educadores estejam preparados para lidar com as demandas específicas de alunos com TEA. Isso envolve a adaptação do currículo e a implementação de metodologias que favoreçam a inclusão e o desenvolvimento desses estudantes. A formação continuada dos professores em temas como autismo e práticas inclusivas é imprescindível para a promoção de um ensino de qualidade, que respeite as singularidades de cada aluno.

Ao mesmo tempo, a família desempenha um papel central nesse processo. Seu envolvimento ativo é essencial para a generalização das habilidades aprendidas e para o suporte emocional do indivíduo. Orientar e apoiar os pais em como reforçar as habilidades trabalhadas em *setting* terapêutico e escolar é um componente-chave para o sucesso da intervenção.

Entretanto, ainda existem desafios significativos na implementação de práticas inclusivas e na integração eficaz entre escola, terapias e família. A falta de recursos, a formação inadequada de profissionais e o preconceito são barreiras que precisam ser superadas para garantir uma educação verdadeiramente inclusiva. Apesar dessas dificuldades, ao focar no diagnóstico, na intervenção e na integração da tríade escola, terapias e família, desempenhamos um papel crucial na promoção do desenvolvimento pleno e na inclusão efetiva da pessoa com autismo.

Uma abordagem personalizada e colaborativa, que respeite as especificidades de cada indivíduo, é imprescindível para maximizar seu potencial e melhorar sua qualidade de vida. Essa integração só é eficaz quando todos os envolvidos assumem seu papel com responsabilidade e compromisso.

Terapias: potencializando habilidades e vencendo barreiras

As terapias são essenciais no desenvolvimento e na aquisição de habilidades específicas em indivíduos com TEA. Ao longo dos anos, avanços na ciência trouxeram diferentes abordagens terapêuticas, como Análise do Comportamento Aplicada (ABA), terapia ocupacional, fonoaudiologia, musicoterapia e intervenção psicopedagógica.

1. Principais abordagens terapêuticas

- **ABA (Análise Aplicada do Comportamento)**: trabalha na modificação de comportamentos por meio de reforços positivos e outras metodologias, promovendo o desenvolvimento de habilidades sociais, comunicativas e de autocuidado.

- **Terapia ocupacional**: foca na integração sensorial, progressiva motora fina e adaptação funcional, incentivando maior autonomia em tarefas diárias.
- **Fonoaudiologia**: aborda aspectos da comunicação expressiva e receptiva, desde a estimulação da linguagem verbal até a introdução de sistemas de comunicação alternativos.
- **Musicoterapia**: utiliza a música como ferramenta para desenvolver habilidades sociais, emocionais, cognitivas e motoras.
- **Psicopedagogia**: identifica dificuldades de aprendizagem e implementa estratégias que maximizem o potencial acadêmico e social do indivíduo.

2. Escola, espaço de inclusão e desenvolvimento

A escola desempenha um papel crucial na inclusão social e no desenvolvimento integral de crianças com TEA, oferecendo oportunidades de interação e de aprendizado por meio de práticas adaptadas. As práticas inclusivas na escola englobam esses pontos:

- **Adaptação curricular**: ajuste do conteúdo para atender às necessidades do aluno, como materiais visuais, redução da carga textual ou divisão de tarefas complexas, valorizando as potencialidades da criança.
- **Estruturas visuais**: cronogramas e pictogramas ajudam na organização da rotina, trazendo previsibilidade e segurança.
- **Sala de recursos multifuncionais**: espaços especializados com profissionais capacitados e materiais adaptados para potencializar o aprendizado.
- **Treinamento de professores**: capacitação para compreender o TEA, identificar necessidades específicas e aplicar estratégias pedagógicas inclusivas.

Integração com escola e família

Os terapeutas possuem formação técnica para treinar pais e professores em estratégias específicas, como reforços positivos e adaptações sensoriais. Eles também orientam sobre maneiras de estimular a criança por meio de brincadeiras. Os relatórios regulares auxiliam no alinhamento de objetivos e na adaptação das intervenções, garantindo consistência entre os ambientes. A elaboração conjunta de planos de ensino e estratégias é fundamental para minimizar as dificuldades da criança em diferentes contextos. Por exemplo, ao trabalhar habilidades sociais na terapia, a escola e a família devem criar oportunidades de interação para fortalecer o aprendizado e generalizar os conhecimentos.

3. Família, a base para o desenvolvimento emocional e social

A família é o principal alicerce no desenvolvimento da criança com TEA. Pais e cuidadores têm papel central na continuidade das terapias e na criação de um ambiente estruturado e acolhedor. O engajamento familiar é um diferencial importante para o progresso da criança. A seguir, elencamos as principais estratégias familiares:

- **Rotinas estruturadas**: criar um cronograma previsível, incluindo horários para atividades, terapias e descanso, reduzindo a ansiedade e promovendo segurança.
- **Treinamento parental**: participar de formações a fim de aprender técnicas de manejo comportamental e estimulação.
- **Participação ativa em terapias**: colaborar com os terapeutas na execução das atividades propostas.
- **Promoção de interações sociais**: organizar e participar de brincadeiras e eventos comunitários a fim de desenvolver habilidades sociais.

Os pais, ao compartilhar informações sobre o comportamento da criança em casa, ajudam terapeutas e professores a ajustarem disciplinas. A participação em reuniões escolares e terapêuticas fortalece a integração entre os contextos. Vamos apresentar agora um exemplo prático de integração: Pedro, uma criança com TEA, enfrenta desafios na comunicação e interação social. No ambiente terapêutico, o fonoaudiólogo ensina o uso de um aplicativo de comunicação alternativo. Na escola, os professores integram o aplicativo nas atividades diárias, incentivando Pedro a pedir materiais ou responder a perguntas. Em casa, os pais utilizam o mesmo recurso para organizar rotinas, como escolher o que comer ou brincar. Essa abordagem integrada promove consistência e confiança na comunicação em diferentes contextos.

Caso de sucesso

Este capítulo traz a prática dessa integração por meio da descrição de um caso de sucesso, destacando a metodologia utilizada e os resultados obtidos. Trata-se de uma criança de dez anos, diagnosticada com TEA e Transtorno de Déficit de Atenção e Hiperatividade (TDAH).

Em 2023, no segundo ano do ensino fundamental, sua rotina escolar se limitava a atividades de alfabetização básica e matemática simples, com pouco ou nenhum envolvimento no contexto pedagógico da turma. Sua interação era mais restrita. Em 2024, uma nova abordagem foi implementada, com o objetivo de promover avanços significativos no desenvolvimento e no processo de ensino-aprendizagem. A estratégia foi fundamentada na articulação da tríade escola, terapias e família sob a mediação da psicopedagoga.

Foi desenvolvido um plano anual, que incluiu reuniões mensais com a participação da psicopedagoga, família e equipe escolar (professora e coordenação pedagógica), observações na sala de aula pela psicopedagoga para identificar desafios e avanços, e supervisão da tutora escolar, com orientações pontuais baseadas em princípios da Análise do Comportamento Aplicada (ABA).

Durante as reuniões, diversos aspectos foram discutidos: comportamento e interação, alinhando família, escola e terapias a fim de identificar padrões comportamentais e promover ajustes consistentes; desenvolvimento acadêmico, com a professora compartilhando os conteúdos trabalhados em sala, enquanto a psicopedagoga sugeria adaptações e estratégias para ampliar o aprendizado; orientações interdisciplinares, mediadas pela psicopedagoga, garantindo que comportamentos, interações e aspectos da fala fossem considerados nas atividades escolares; e contribuições da família, que informavam sobre medicações, consultas e mudanças de rotina que poderiam influenciar no comportamento e no desenvolvimento da criança.

As observações na sala de aula permitiram verificar se as adaptações e as orientações estavam sendo seguidas, propor estratégias complementares para facilitar o aprendizado e auxiliar a tutora escolar em manejo comportamental e uso de materiais adaptados, como plano inclinado para escrita. A psicopedagoga atuava diretamente com a tutora, ajustando abordagens em tempo real quando necessário. Essa troca constante possibilitou a resolução de desafios diários e o aprimoramento das intervenções em sala de aula.

Ao final de 2024, os avanços foram notáveis. A criança tornou-se mais engajada em sala, interagindo com colegas e professores, demonstrou maior independência nas atividades escolares, foi capaz de acompanhar boa parte do conteúdo da turma, com atividades adaptadas, realizando provas em todas as disciplinas.

A atuação conjunta entre escola, terapias e família garantiu a coerência nas intervenções e a generalização das habilidades adquiridas. Este caso exemplifica o impacto positivo da integração da tríade escola, terapias e família mediada por uma psicopedagoga. O sucesso do trabalho não residiu em hierarquias, mas sim na colaboração interdisciplinar, que valorizou o papel de cada participante no desenvolvimento da criança. Os resultados evidenciam que, com comprometimento e ajustes constantes, é possível potencializar o aprendizado e promover o pleno desenvolvimento de crianças autistas.

Referências

BRASIL. *Lei n. 9.394, de 20 de dezembro de 1996*. Estabelece as diretrizes e bases da educação nacional. *Diário Oficial da União*, Brasília, DF, 23 dez. 1996. Disponível em: https://www.planalto.gov.br/ccivil_03/leis/l9394.htm. Acesso em: 5 mar. 2025.

CUNHA, E. *Autismo e inclusão*: psicopedagogia e práticas educativas na escola e na família. Rio de Janeiro: Wak, 2019.

DA SILVA, V.; CARDOSO, D.; CARDOSO, M. H. A família e a escola frente ao diagnóstico da criança: um estudo de caso sobre inclusão e autismo. *REIN! Revista Educação Inclusiva*, v. 7, n. 2, p. 18-33, 2022. Disponível em: https://revista.uepb.edu.br/REIN/article/view/510. Acesso em: 10 jan. 2025.

MENDES, M. L. S. R.; SILVA, R. M. S.; SILVA, R. S. O papel do psicopedagogo no processo de adaptação socioeducativa da criança com espectro do autismo. *Revista FT*, v. 28, n. 134, [n.p.], 2024. Disponível em: https://revistaft.com.br/o-papel-do-psicopedagogo-no-processo-de-adaptacao-socioeducativa-da-crianca-com-espectro-do-autismo/. Acesso em: 5 mar. 2025.

ORGANIZAÇÃO DAS NAÇÕES UNIDAS PARA A EDUCAÇÃO, A CIÊNCIA E A CULTURA (Unesco). Declaração de Salamanca sobre princípios, políticas e práticas na área das necessidades educativas especiais. *In*: BOSA, C. A. *Autismo*: atuais interpretações para antigas observações. Brasília: Unesco, 2002.

SILVA, V.; CARDOSO, D.; CARDOSO, M. H. A família e a escola frente ao diagnóstico da criança: um estudo de caso sobre inclusão e autismo. *Revista Educação Inclusiva*, v. 7, n. 2, p. 18-33, 2022. Disponível em: https://revista.uepb.edu.br/REIN/article/view/510. Acesso em: 5 mar. 2025.

43

O PRIMEIRO PASSO PARA UM TRATAMENTO DE EXCELÊNCIA COMEÇA NA AVALIAÇÃO

ENTENDENDO OS PILARES DA AVALIAÇÃO E INTERVENÇÃO INFANTIL DE QUALIDADE

A excelência no tratamento infantil começa com uma avaliação bem estruturada, humanizada e baseada em evidências. Os pilares descritos neste capítulo mostram que a avaliação é mais que um processo técnico: ela é a essência de um cuidado de qualidade, que respeita a singularidade da criança e a coloca no centro de todas as decisões. Ao dominar esses pilares, os profissionais garantem que cada intervenção seja significativa, eficaz e transformadora para a criança e sua família.

ISABELLE DIOGO
E LUCIANA BRESSANI

Isabelle Diogo

Contatos
isabellediogoneuropp@gmail.com
Instagram: @isabellediogo.neuropp
24 99931 3140

Pedagoga e neuropsicopedagoga, especialista em Neurociência e Educação, Terapia Familiar e Terapia ABA. Analista do Comportamento Aplicado, mestranda em Intervenção Precoce e estudante de Psicologia. Possui capacitação pela Academia do Autismo em Terapia ABA, selo de Aplicadora ABA e formação TND 1 e 3. Palestrante.

Luciana Bressani

Contatos
Instagram: @dralucianalassarote
@casahabilitar
24 98806 3956

Médica pediatra, formada na Faculdade de Medicina de Valença (RJ), com especialização em Pediatria pelo Instituto da Criança do Hospital das Clínicas da Faculdade de Medicina da Universidade de São Paulo (FMUSP). Especialista em Pediatria pela Sociedade Brasileira de Pediatria e Associação Médica Brasileira. Aluna da Certificação em Autismo do Dr. Thiago Castro. Sócia da Clínica Casa Habilitar.

O Transtorno do Espectro Autista (TEA) é um transtorno do desenvolvimento neurológico, caracterizado por dificuldades de comunicação e interação social e pela presença de comportamentos e/ou interesses repetitivos ou restritos. Esses sintomas configuram o núcleo do transtorno, mas a gravidade de sua apresentação é variável. Trata-se de um transtorno pervasivo e permanente, sem cura, ainda que a intervenção precoce possa alterar o prognóstico e suavizar os sintomas.

Quando pensamos em tratamento infantil de excelência, é fundamental reconhecer que sua base sólida comece pela avaliação. Mais do que um processo de coleta de informações, a avaliação é um momento crucial para construir uma compreensão ampla e individualizada sobre a criança, suas necessidades e seu contexto.

O estabelecimento de um vínculo entre o paciente, a família e o pediatra é muito importante no momento da revelação diagnóstica, visto que a qualidade das informações pode repercutir positivamente na forma como os familiares enfrentam o problema, encorajando-os a realizar questionamentos e a participar das tomadas de decisões relativas ao tratamento.

A intervenção precoce se baseia em várias modalidades de terapia com apoio multiprofissional, objetivando melhorar o desenvolvimento social e comunicativo da criança, além de preservar o desenvolvimento intelectual e melhorar a qualidade de vida da criança e da família.

O principal objetivo da avaliação é identificar os pontos fortes e as dificuldades da criança, ajudando a planejar intervenções individualizadas que promovam o desenvolvimento global. Além disso, a avaliação auxilia no monitoramento da evolução da criança e na adaptação de estratégias educacionais e terapêuticas, conforme a necessidade do caso.

Os pilares para uma avaliação de qualidade

Acolhimento e construção de relação

A qualidade da interação entre o profissional, a criança e sua família é determinante para o sucesso da avaliação. Criar um ambiente acolhedor e respeitoso promove confiança e facilita a comunicação.

- **Escuta ativa**: dar espaço para que os pais e cuidadores compartilhem suas perspectivas e preocupações.
- **Empatia**: demonstrar sensibilidade e cuidado ao abordar questões delicadas.
- **Respeito ao ritmo da criança**: adaptar-se ao tempo e às necessidades de cada criança.

Foco multidimensional

A criança deve ser avaliada em todas as dimensões que impactam em seu desenvolvimento, garantindo que a avaliação vá além dos sintomas, compreendendo o "todo" da criança, incluindo:

- **Aspectos cognitivos**: processos de atenção, memória, resolução de problemas e aprendizado.
- **Aspectos emocionais e comportamentais**: regulação emocional, interação social e respostas a estímulos.
- **Aspectos físicos e motores**: desenvolvimento motor fino e grosso, postura e coordenação.
- **Aspectos ambientais**: relações familiares, rede de apoio e dinâmica escolar.

Da avaliação à intervenção: os pilares para uma avaliação de excelência

Uma das autoras deste capítulo costuma verbalizar uma frase em suas palestras e cursos, frase essa que todos os dias faz arder seu coração: "não existe intervenção sem avaliação". Para iniciarmos bem, orientamos as famílias e profissionais de que, se quisermos desenvolver nossas crianças com a qualidade que elas merecem, precisamos nos capacitar e compreender que o plano de intervenção (ou plano terapêutico) é resultado de uma avaliação fidedigna e de boa qualidade com instrumentos padronizados.

Sabemos o quanto é desafiador realizar intervenções de qualidade em crianças de zero a seis anos, ainda mais quando falamos em crianças com transtornos do neurodesenvolvimento. A avaliação do desenvolvimento infantil é crucial para a elaboração de estratégias, com objetivo de promover o desenvolvimento adequado para nossas crianças.

Neste capítulo, você aprenderá como promover uma avaliação criteriosa e fidedigna, passando por todos os pilares. Essa orientação de fácil entendimento servirá para pais e profissionais.

Para que haja uma intervenção de qualidade, o ensino precisa ser baseado em evidências científicas. Sem uma correta e aprofundada avaliação não é possível realizar uma intervenção de qualidade. Nesse contexto, utilizamos em nossa prática clínica o *Manual do Inventário Portage Operacionalizado* (2020), de Williams e Aiello. Esse instrumento avalia crianças de zero a seis anos, em cinco habilidades: cognição, socialização, autocuidados, desenvolvimento motor e linguagem. São 580 comportamentos avaliados. A avaliação deve ser realizada individualmente, a partir do entendimento de que cada criança apresenta uma demanda diferente. Nas seções a seguir, apresentaremos os pilares para esta avaliação.

Entrevista inicial com a família

Chamamos esse momento de consulta clínica. Essa consulta é realizada somente com a família ou responsável da criança. É um momento de escuta, de acolhimento e de entendimento de cronologia, sobre como foi a gestação da mãe até o dia atual, considerando laudos médicos e relatórios de outros terapeutas, se houver. Saber sobre a rotina da casa também é importante. Entenda que se a família chegou até você é porque precisa de ajuda. Somos os agentes que promovem o desenvolvimento de qualidade para a criança e que, consequentemente, alcançarão essa família. Afinal, o profissional não trabalha sozinho: a família terá grande contribuição no processo. Nessa consulta, é possível aplicar escalas ou checklist que ajudarão o profissional em seu raciocínio clínico.

Construção de vínculo com a criança

Esse momento já faz parte da avaliação, mas gosto de pensar que precisamos aproveitar esse tempo para nos aproximarmos da criança, deixá-la explorar o ambiente e brincar. Qual brinquedo a criança usou mais tempo? Como é sua forma de brincar? Ela faz contato visual com o terapeuta? Tem atenção compartilhada? Entrega um objeto ou interage com o profissional? A criança senta, segue instruções, atende quando é chamada pelo nome? Precisamos cronometrar por quanto tempo a criança fica com cada item, chamamos de avaliação de preferência. O item de preferência será fundamental no processo de avaliação, pois iniciaremos a avaliação com o item de preferência e finalizaremos a avaliação com esse mesmo item. Portanto, aproveite o momento de vínculo para brincar, observar, entrar no mundinho da criança, ela precisa estar engajada e confiar em você.

Aplicação e correção dos instrumentos

O *Manual do Inventário Portage Operacionalizado* é composto por cinco habilidades. Portanto, as folhas de registro são separadas por habilidades. É fundamental que a sala esteja organizada antes de iniciar a avaliação, com itens que serão utilizados para cada habilidade, materiais de apoio como cronômetro, caneta, prancheta, brinquedos que fazem parte da avaliação, sem distratores. É fundamental observar se a criança está bem e disposta, para que a avaliação ocorra da melhor maneira possível. A quantidade de sessões depende da idade da criança e do quanto ela tem de prejuízos, geralmente entre cinco a seis sessões, podendo ser menos ou mais. Após a aplicação de todas as habilidades, será realizada a correção da folha de registro. Essa correção é feita manualmente, contabilizada para que tenhamos agora o gráfico do desempenho de habilidades da criança avaliada.

Os gráficos do desenvolvimento da criança são elaborados por meio da ferramenta Microsoft Excel. Apresentamos, a seguir, duas figuras ilustrativas de uma avaliação realizada com paciente, para que você entenda o quanto é importante ter gráficos em nossos relatórios.

A. R., dois anos e quatro meses, realizou avaliação do desenvolvimento infantil. A Figura 1 sinaliza grandes prejuízos, pois ele se enquadra na faixa etária de zero a um ano. Além da avaliação que registramos na folha de registro, é importante avaliar as habilidades básicas, como contato visual, seguir instruções, pareamento, sentar, aguardar, imitar e identificar. O profissional precisa identificar todos esses aspectos do desenvolvimento da criança e relatar em uma parte do relatório, como observação clínica. A análise do relatório ajudará o neuropediatra e outros profissionais que acompanharão a criança, sendo importante também para comparações futuras em reavaliações, nas quais será possível identificar os avanços da criança. A avaliação e a intervenção deverão ser registradas para acompanhar o desenvolvimento da criança.

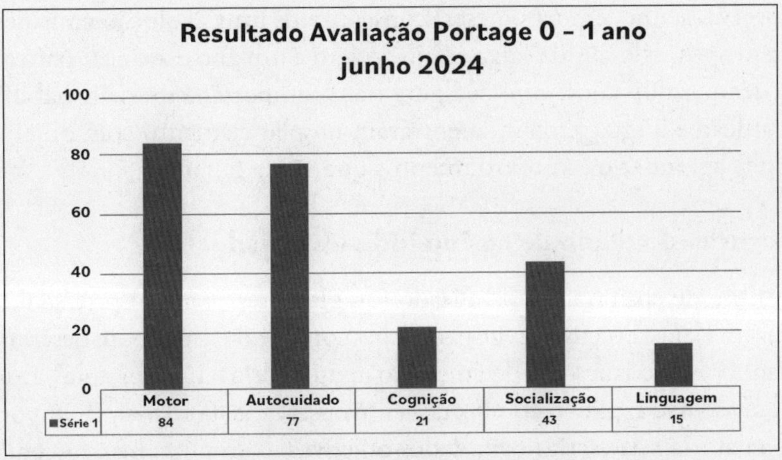

Figura 1: Gráfico do desempenho de habilidades.

Fonte: elaboração das autoras.

Foi elaborado o plano terapêutico com base nas informações do gráfico. A mãe da criança recebeu o plano terapêutico e foi instruída a estimular a criança em casa. Começamos a trabalhar, até que observei que, com quatro meses de terapia, a criança evoluiu a ponto de precisar de uma reavaliação.

Em outubro de 2024, foi realizada uma reavaliação para identificar os avanços da criança (Figura 2).

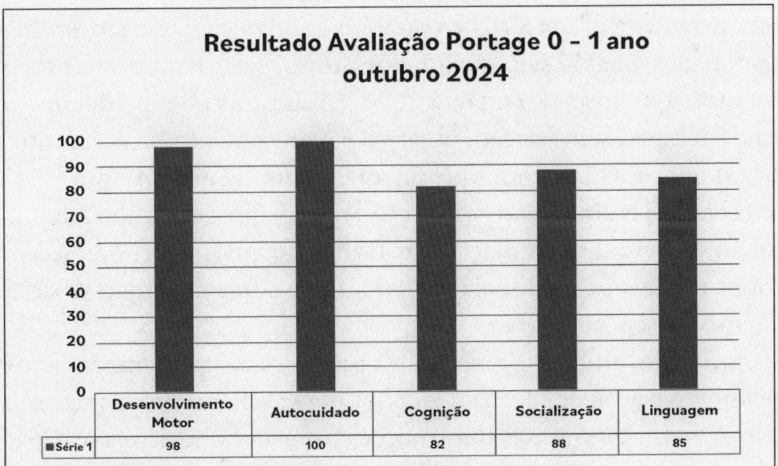

Figura 2: Gráfico da reavaliação.

Fonte: elaboração das autoras.

Observa-se que, em três meses, conseguimos uma evolução considerável, com a proposta de sair da faixa etária de zero a um ano e avançar para a faixa etária de um a dois anos. Porém, alguns itens comportamentais das habilidades de cognição e linguagem ainda entraram no planejamento com objetivo de a criança aprender os comportamentos que ainda faltam.

Construção do plano de ensino individualizado

O plano de ensino individualizado (ou plano terapêutico) precisa ter uma linguagem clara e objetiva. Evite expressões como "houve um bom desempenho da criança" ou "a criança teve desempenho insatisfatório na área motora". Esse tipo de expressão não explica o comportamento observado na criança. É importante que o relatório seja escrito com dados objetivos, com números, porcentagens de acertos ou erros e explicações do comportamento observado no avaliado.

Entrevista com devolutiva para os familiares

É uma consulta por meio da qual o profissional passa os resultados da avaliação, explica sobre o gráfico, os déficits e o plano terapêutico. Uma fala segura e confiante transmite segurança para a família. Esse é o momento de traçar objetivos para a família. Lembre-se: você não trabalha sozinho(a), a família, a escola e os outros profissionais fazem parte desse processo de desenvolvimento da criança.

Abordamos este tema que é tão importante para a sociedade, pois em nossos consultórios chega a 90% o número de crianças que estão em "terapia" e chegam para avaliação sem qualquer relatório, gráfico ou parecer de profissionais. Sim, a maioria das crianças que passam por nós "perderam" tempo realizando terapias sem função, objetivo e planejamento. Isso é muito sério, porque estamos lidando com o desenvolvimento de uma criança.

Muitas famílias ainda não compreendem esse processo, não sabem como funcionam as etapas de avaliação e reavaliação, quais instrumentos podem ser usados e quais profissionais poderão fazer parte do processo de desenvolvimento de seu filho(a).

Por outro lado, ainda existem muitos profissionais que também não têm o conhecimento e a capacitação adequados para avaliar uma criança. Por isso, trouxemos essas importantes informações para você que deseja se capacitar e aprender mais sobre o universo dos transtornos do neurodesenvolvimento, adquirindo o conhecimento para contribuir de forma eficaz com o desenvolvimento da criança e, consequentemente, ajudar às famílias.

Referências

HALE, L. W.; MARTIN, C. Autism spectrum disorder in children and adolescents: screening tools. *UpToDate*, 24 jan. 2024. Disponível em: https://www.uptodate.com/contents/autism-spectrum-disorder-in-children-and-adolescents-screening-tools. Acesso em: 5 mar. 2025.

SOCIEDADE BRASILEIRA DE PEDIATRIA. Manual de Orientação do Departamento Científico de Pediatria do Desenvolvimento e Comportamento. Transtorno do espectro do autismo. *SBP*, n. 5, abr. 2019. Disponível em: https://www.sbp.com.br/fileadmin/user_upload/21775c-MO_-_Transtorno_do_Espectro_do_Autismo.pdf. Acesso em: 5 mar. 2025.

WILLIAMS, L. C. A.; AIELLO, A. L. R. *Manual do inventário Portage operacionalizado*: avaliação do desenvolvimento infantil de crianças de 0 a 6 anos. Curitiba: Juruá, 2020.

44

O AUTISMO E OS TRANSTORNOS ESPECÍFICOS DE APRENDIZAGEM

O autismo e os transtornos específicos de aprendizagem englobam desafios importantes que influenciam o desenvolvimento acadêmico, social e emocional dos indivíduos. Neste capítulo, abordaremos os transtornos específicos de aprendizagem, como a dislexia, a discalculia e a disgrafia, que afetam habilidades específicas relacionadas ao aprendizado, mesmo sem comprometer a inteligência global.

MONIA GALASSO,
PAULA ANGÉLICA MOREIRA
E ANA CAROLINA OLIVEIRA FARIA

Monia Galasso, Paula Angélica Moreira e Ana Carolina Oliveira Faria

Monia (à esquerda) é graduada em Engenharia e Pedagogia. Neuropsicopedagoga. Formada em TND. Especializada em Neurociência, Educação Especial e Inclusiva, além de Análise do Comportamento Aplicada (ABA). Autora do artigo "Práticas pedagógicas para o ensino e aprendizagem do conceito de número na Educação Infantil".

Contatos:
monia.galasso@gmail.com
Instagram: @neuro.moniagalasso

Paula (ao centro) é graduada em Pedagogia, neuropsicopedagoga e psicopedagoga. Formada em TND e Análise do Comportamento (ABA). Especialista em Neurociência e Educação, Alfabetização e Letramento. Integrante do "Amigos da Rede CpE: Rede Nacional da Ciência e Educação" e fundadora do Espaço de Neurodesenvolvimento Paula Angélica.

Contatos:
paulaangelicamoreira@gmail.com
Instagram: @paulaangelicaneuropsico

Ana Carolina (à direita) é psicóloga e pedagoga, especialista em Psicopedagogia e Intervenção Precoce baseada no Modelo Denver (ESDM), além de formada em TND. Diretora clínica da @criarecrescergv. Atua em intervenção precoce, dificuldades de aprendizagem e formação de educadores, além de ser palestrante.

Contatos:
carolfaria028@gmail.com
Instagram: @carolfariagv

O Transtorno do Espectro Autista (TEA) é um distúrbio do neurodesenvolvimento que se manifesta por desvios no desenvolvimento típico, dificuldades nas áreas de comunicação e interação social, padrões repetitivos e estereotipados, bem como restrições em interesses e atividades. Um ponto que merece destaque é a predisposição que o TEA apresenta em relação às condições associadas, ou seja, as comorbidades observadas. Indivíduos com TEA frequentemente apresentam Transtornos de Aprendizagem (TAs). Essas condições coexistentes podem intensificar os desafios no desenvolvimento acadêmico e social.

Os TAs têm uma origem neurobiológica e não podem ser atribuídos exclusivamente a fatores culturais, socioeconômicos ou a métodos pedagógicos inadequados. Segundo o *Manual Diagnóstico e Estatístico de Transtornos Mentais*, 5ª edição (DSM-5), essas dificuldades persistem mesmo após intervenções educacionais apropriadas, indicando uma necessidade de avaliação por uma equipe multidisciplinar.

O DSM-5 utiliza tanto os termos "transtorno" quanto "distúrbio" para descrever essas condições, que afetam habilidades acadêmicas fundamentais. Os TAs são classificados como dificuldades na leitura, na matemática ou na expressão escrita. Essas dificuldades podem variar em gravidade e frequentemente envolvem o comprometimento de alguns processamentos cognitivos mais do que outros, como atenção, memória e habilidades fonológicas. Esse conceito reflete a complexidade das condições e reforça a importância de uma abordagem diagnóstica abrangente, envolvendo especialistas em saúde mental, pedagogos e outros profissionais.

Diante do exposto, o processo de diagnóstico de uma criança com suspeita de transtorno ou distúrbio de aprendizagem pode ser prolongado, uma vez que exige avaliações realizadas por diversos especialistas e a obtenção de um consenso entre eles. Isso se deve ao fato de que outros transtornos, não relacionados diretamente à aprendizagem, podem manifestar sintomas semelhantes.

Sobreposições e diferenças

As dificuldades acadêmicas podem ser secundárias ao TEA ou primárias nos TAs, a depender de sua origem e manifestação. No caso do TEA, as dificuldades acadêmicas geralmente decorrem de déficits centrais em comunicação social, interação e comportamentos restritivos. Essas características podem interferir na capacidade do aluno de participar plenamente das atividades escolares, resultando em desafios que são secundários ao transtorno principal.

Nos TAs como dislexia, disgrafia, disortografia e discalculia, as dificuldades acadêmicas são primárias, ou seja, constituem o núcleo do transtorno. Esses transtornos afetam diretamente algumas habilidades específicas de aprendizagem, como leitura, escrita ou matemática, sem necessariamente envolver déficits em outras áreas do desenvolvimento. Por exemplo, a dislexia implica dificuldades na decodificação de palavras, afetando a fluência e compreensão leitora, enquanto a discalculia envolve desafios na compreensão de conceitos numéricos e operações matemáticas.

É importante destacar que, embora o TEA e os TAs possam coexistir em alguns indivíduos, as intervenções devem ser direcionadas às necessidades específicas de cada condição, considerando se as dificuldades acadêmicas são uma consequência secundária do TEA ou uma manifestação primária de um TA.

Discalculia e autismo

Embora o DSM-5 relacione esse transtorno/distúrbio à dislexia, ele afeta especificamente as habilidades matemáticas. De acordo com Haberstroh & Schulte-Körne (2019), a discalculia é caracterizada por dificuldades persistentes em realizar cálculos aritméticos, levando a prejuízos significativos na vida escolar, profissional e cotidiana: crianças com discalculia podem demonstrar dificuldades como não conseguir identificar qual número é maior ou menor, interpretar o conceito de arredondamento, inverter números ao escrever valores extensos, reconhecer padrões numéricos ou estimar resultados.

Além disso, essas crianças frequentemente apresentam dificuldades para interpretar questões escritas, confundindo símbolos, sentindo ansiedade em situações de pressão e, por vezes, oferecendo respostas aleatórias ou demonstrando bloqueios cognitivos. Indivíduos autistas, devido às suas características neurocognitivas específicas, apresentam maior predisposição ao desenvolvimento de transtornos relacionados à aprendizagem matemática. Isso ocorre, em parte, por conta de diferenças no processamento de informações numéricas e em habilidades cognitivas gerais. As dificuldades no domínio da comunicação e da interação social, frequentemente observadas em pessoas com autismo, podem também impactar negativamente o desenvolvimento das habilidades matemáticas.

Essas limitações podem dificultar a compreensão de conceitos abstratos e a aplicação prática do conhecimento matemático, representando desafios significativos em ambientes educacionais. Tais dificuldades podem gerar frustração no contexto escolar, prejudicando não apenas o desempenho acadêmico, mas também afetando negativamente a autoestima e a confiança, reforçando a importância de estratégias educacionais personalizadas.

Disgrafia e autismo

A disgrafia afeta a habilidade motora fina e cognitiva necessária para a escrita, resultando em caligrafia ilegível, lentidão na produção textual e dificuldade em organizar ideias. Indivíduos com TEA frequentemente enfrentam desafios relacionados à disgrafia, que se manifesta na incapacidade de escrever de forma coerente, independentemente da habilidade de leitura. Essas dificuldades incluem a produção de letras com tamanho inadequado e espaçamento incorreto, além de erros na escrita de palavras, mesmo quando as instruções são fornecidas corretamente. Esses desafios costumam se manifestar no início do aprendizado da escrita.

Segundo estudos brasileiros, como o de Cypel (2016), estratégias como exercícios de motricidade fina e o uso de ferramentas tecnológicas (como teclados ou softwares educativos) são eficazes. No contexto internacional, Berninger & Wolf (2009) destacam que intervenções baseadas em treinamento motor e cognitivo ajudam a superar barreiras relacionadas à escrita. Intervenções que focam no aprimoramento da motricidade fina e no uso de tecnologias assistivas têm mostrado eficácia no suporte a indivíduos com disgrafia, especialmente quando associados a abordagens que consideram as necessidades específicas de pessoas autistas.

Dislexia e autismo

A dislexia é um transtorno específico da aprendizagem caracterizado por dificuldades persistentes na leitura, na decodificação de palavras e na fluência. Apesar de não estar associada a déficits intelectuais, sua origem é atribuída a alterações no processamento fonológico, como aponta Shaywitz (2003). Essas dificuldades impactam diretamente o desempenho acadêmico, sobretudo em disciplinas que exigem leitura e compreensão textual, frequentemente manifestando-se por meio de uma leitura lenta, problemas de decodificação, ortografia e escrita.

No Brasil, Capellini, Almeida & César (2017) ressaltam a eficácia da abordagem multissensorial no manejo da dislexia. Essa estratégia promove o aprendizado ao integrar estímulos visuais, auditivos e táteis, facilitando o desenvolvimento de habilidades por meio da utilização de múltiplos canais sensoriais. Internacionalmente, o programa Orton-Gillingham é amplamente reconhecido como uma metodologia eficaz e adaptável, baseada em uma progressão estruturada das habilidades fonológicas (Ritchey & Goeke, 2006). Quando a dislexia ocorre em comorbidade com outros transtornos do neurodesenvolvimento, como o TEA, os desafios podem ser intensificados. Nesses casos, as dificuldades linguísticas e os déficits na memória de trabalho tornam essencial o uso de intervenções personalizadas e integradas. Abordagens baseadas em evidências e adaptadas às necessidades específicas de cada indivíduo são fundamentais para assegurar avanços no desenvolvimento acadêmico e pessoal.

Disortografia e autismo: dificuldades no processamento da linguagem e ortografia

A disortografia é um transtorno de aprendizagem caracterizado por dificuldades específicas no domínio da escrita, em especial na ortografia. Essa condição impacta diretamente a capacidade de uma pessoa escrever palavras de forma correta, seguindo as regras ortográficas, e muitas vezes está associada a outras dificuldades de linguagem. Diferentemente de erros ortográficos ocasionais comuns no aprendizado, a disortografia se manifesta como um padrão persistente, mesmo quando há oportunidades de ensino e intervenção adequados. Essa dificuldade pode se apresentar isoladamente ou como parte de um quadro mais amplo, como dislexia ou transtornos do neurodesenvolvimento.

Os desafios enfrentados por indivíduos com disortografia podem incluir omissões, substituições ou inversões de letras, dificuldade com regras ortográficas complexas e problemas com a estruturação de palavras. No contexto do TEA, a disortografia não é uma característica intrínseca do diagnóstico, mas pode ocorrer de forma concomitante, principalmente devido às dificuldades de linguagem que frequentemente acompanham o autismo. Crianças com TEA podem apresentar déficits em habilidades fonológicas, pragmáticas ou semânticas, que são fundamentais para o desenvolvimento da escrita e da ortografia.

Além disso, a rigidez cognitiva e o estilo de processamento de informações característicos do TEA podem interferir na aplicação das regras ortográficas, já que o aprendizado dessas regras exige flexibilidade mental e generalização de conceitos. É comum que crianças autistas apresentem maior dificuldade em perceber nuances linguísticas, o que pode levar à persistência de erros ortográficos. A avaliação deve ser conduzida por uma equipe multidisciplinar, com foco em aspectos cognitivos, linguísticos e neuropsicológicos.

A disortografia, especialmente em crianças com TEA, apresenta desafios significativos, mas pode ser trabalhada com sucesso por meio de estratégias personalizadas e intervenções adequadas. Com uma abordagem multidisciplinar, é possível melhorar não apenas a escrita e ortografia, mas também a confiança e a autonomia da criança no ambiente escolar e social.

Oferecendo apoio

A educação desempenha um papel essencial no desenvolvimento integral de crianças e jovens, abrangendo os aspectos psíquico, intelectual, social e emocional. Nesse sentido, compreender as particularidades individuais dos alunos não deve ser encarado como uma limitação ou condição negativa que exige "correção", mas sim como um ponto de partida para adaptar e personalizar o processo de ensino-aprendizagem, respeitando as necessidades de cada estudante. Os TAs, especialmente em crianças com TEA, apresentam desafios significativos, mas podem ser trabalhados com sucesso por meio de estratégias personalizadas e intervenções adequadas. Após a realização do diagnóstico, o tratamento deve ser personalizado, considerando a gravidade do quadro clínico e as possíveis comorbidades associadas. As abordagens podem incluir intervenções terapêuticas específicas e, em alguns casos, a utilização de tratamento farmacológico direcionado. É importante destacar que a identificação e a intervenção precoces aumentam significativamente as chances de sucesso acadêmico e de melhor qualidade de vida na idade adulta.

Com uma abordagem multidisciplinar, é possível melhorar não apenas a escrita e ortografia, mas também a confiança e a autonomia da criança no ambiente escolar e social. Isso reforça a necessidade de um diagnóstico cuidadoso e de intervenções que integrem profissionais de saúde, educadores e familiares.

Referências

AMERICAN PSYCHIATRIC ASSOCIATION. *Manual diagnóstico e estatístico de transtornos mentais*: DSM-5. 5. ed. Porto Alegre: Artmed, 2014.

BERNINGER, V. W.; WOLF, B. J. *Teaching students with dyslexia and dysgraphia*: lessons from teaching and science. Baltimore, MD: Paul H. Brookes Publishing Co., 2009.

CAPELLINI, S. A.; ALMEIDA, J. R.; CÉSAR, A. A. R. Eficácia do Programa de Remediação da Leitura (PRL) em escolares com dislexia do desenvolvimento. *In*: CAPELLINI, S. A. (org.) *Transtornos de aprendizagem*: teoria, diagnóstico e intervenção. São José dos Campos: Pulso Editorial, 2017. p. 151-178.

CIASCA, S. M. *et al. Transtornos de aprendizagem*: neurociência e interdisciplinaridade. Ribeirão Preto: Book Toy, 2015.

CYPEL, S. O papel das funções executivas nos transtornos da aprendizagem. *In*: ROTTA, N.; OHLWEILER, L.; RIESGO, R. (orgs.). *Transtornos da aprendizagem*: abordagem neurobiológica e multidisciplinar. Porto Alegre: Artmed, 2006. p. 375-387.

FLETCHER, J. M. *et al. Learning disabilities*: from identification to intervention. New York, NY: Guilford Press, 2018.

HABERSTROH, S.; SCHULTE-KORNE, G. The diagnosis and treatment of dyscalculia. *Deutsches Arzteblatt International*, v. 116, n. 7, p. 107-114, 2019. Disponível em: https://doi.org/10.3238/arztebl.2019.0107. Acesso em: 21 dez. 2024.

HALLAHAN, D. P.; MURPHY, M. M. *Learning disabilities*: foundations, characteristics, and effective teaching. Boston, MA: Pearson Education, 2019.

RITCHEY, K. D.; GOEKE, J. L. Orton-Gillingham and Orton-Gillingham-based reading instruction: a review of the literature. *The Journal of Special Education*, v. 40, n. 3, p. 171–183, 2006. Doi: 10.1177/00224669060400030501. Acesso em: 25 jun. 2025.

SHAYWITZ, S. E. *Overcoming dyslexia*: a new and complete science-based program for reading problems at any level. New York: Alfred A. Knopf, 2003.

45

TREINAMENTO PARENTAL NO AUTISMO

REVISÃO LITERÁRIA DA EFICÁCIA DOS PAIS COMO COTERAPEUTAS

Este capítulo examina o impacto do treinamento parental, demonstrando como pais de crianças com TEA podem se tornar coterapeutas indispensáveis. Embasado em evidências científicas, estratégias e práticas, explora caminhos para fortalecer vínculos familiares e promover avanços no desenvolvimento infantil. Uma leitura essencial para entender como ciência e amor moldam, juntos, novas possibilidades.

DRA. ELLEN BERNARDO

Dra. Ellen Bernardo

Contatos
Instagram: @dra.ellenbernardo
18 99788 8901

Médica pós-graduada em Psiquiatria da Infância, Abordagem Integral no Autismo e TDAH, além de Transtornos do Neurodesenvolvimento. Integra o seleto grupo de médicos com Certificação Thiago Castro (CTC) e formação em TND. Realiza atendimentos presenciais em Campo Grande (MS) e Araçatuba (SP), além de oferecer consultas por telemedicina.

O Transtorno do Espectro Autista (TEA) é uma condição complexa e multifacetada, caracterizada por desafios nas áreas de interação social, comunicação e comportamentos restritivos ou repetitivos. Esses desafios, embora centrados na criança, afetam diretamente toda a dinâmica familiar, muitas vezes gerando sobrecarga emocional, insegurança e a sensação de inadequação nos pais e cuidadores.

No entanto, avanços científicos recentes têm mostrado que o envolvimento ativo dos pais é um elemento transformador no desenvolvimento de crianças com TEA. O **treinamento parental**, uma abordagem estruturada e baseada em evidências, capacita os cuidadores a se tornarem coterapeutas essenciais, promovendo mudanças concretas e sustentáveis no comportamento e no bem-estar da criança, ao mesmo tempo que fortalece os vínculos familiares.

Este capítulo apresenta uma revisão aprofundada sobre o treinamento parental, explorando seus fundamentos teóricos, benefícios práticos e aplicações no contexto do TEA. Fundamentado nos princípios da Análise do Comportamento Aplicada (ABA), o treinamento parental vai além das intervenções tradicionais, integrando ciência, prática e amor para transformar a rotina familiar e o futuro da criança.

O impacto sistêmico do TEA no contexto familiar

Quando uma criança recebe o diagnóstico de TEA, toda a família é diretamente impactada. Estudos mostram que pais de crianças com TEA apresentam níveis mais elevados de estresse, ansiedade e depressão, em comparação com pais de crianças com desenvolvimento típico (Hastings *et al.*, 2005). Essa sobrecarga é frequentemente ampliada por uma sensação de impotência diante das demandas específicas que o TEA apresenta.

O treinamento parental reconhece essa realidade e oferece uma abordagem prática e empática para apoiar as famílias. Ele não apenas reduz o estresse dos cuidadores, mas também cria um ambiente mais previsível e acolhedor para a criança, promovendo maior harmonia no núcleo familiar.

Fundamentos teóricos do treinamento parental

O treinamento parental é amplamente fundamentado nos princípios da ABA, uma abordagem que utiliza reforços positivos e estratégias baseadas em evidências para promover comportamentos desejados e reduzir aqueles que dificultam a interação e o aprendizado.

Integração com outras abordagens

Embora a ABA seja central no treinamento parental, outros modelos complementam essa abordagem, como:

- **Modelo Denver de Intervenção Precoce (ESDM)**: focado no desenvolvimento de habilidades sociais e comunicativas em crianças pequenas.
- **Modelo DIR/Floortime**: enfatiza a importância de construir relações emocionais significativas como base para o desenvolvimento.
- **Treinamento de mindfulness para pais**: oferece estratégias para reduzir o impacto emocional do diagnóstico no cuidador, promovendo maior resiliência emocional.

Essas abordagens tornam o treinamento parental uma ferramenta abrangente e adaptável às necessidades únicas de cada família.

Benefícios práticos do treinamento parental

1. Para a criança

O treinamento parental tem impactos diretos e mensuráveis no desenvolvimento infantil:

- **Habilidades comunicativas**: pais capacitados ajudam seus filhos a expressar necessidades e desejos de forma mais eficiente.
- **Interações sociais**: o reforço positivo e a modelagem promovem interações mais frequentes e significativas.
- **Comportamentos adaptativos**: incentiva respostas mais adequadas ao ambiente e reduz comportamentos que dificultam a convivência.

2. Para os pais

Os cuidadores também se beneficiam significativamente:

- **Aumento da confiança**: pais relatam maior segurança para lidar com situações do dia a dia.

- **Redução do estresse**: a aquisição de ferramentas práticas reduz a sobrecarga emocional.
- **Fortalecimento do vínculo familiar**: o envolvimento ativo no progresso da criança melhora as relações familiares.

3. Para a família

Além dos benefícios individuais, o treinamento parental promove maior coesão familiar:

- **Harmonia**: estratégias consistentes ajudam a equilibrar a dinâmica familiar.
- **Sustentabilidade**: as práticas aprendidas se integram ao cotidiano, prolongando os benefícios terapêuticos.

Estudos de caso e evidências científicas

Uma revisão publicada no *Journal of Autism and Developmental Disorders* (Bearss *et al.*, 2015) mostrou que o treinamento parental resultou em melhorias significativas no comportamento e na qualidade de vida de crianças com TEA. Pais que participaram desses programas relataram maior satisfação em suas interações e redução do estresse parental.

Kaminski *et al.* (2018) destacam que o treinamento parental não apenas beneficia as crianças, mas também fortalece a resiliência emocional dos cuidadores, criando um ciclo virtuoso de progresso e bem-estar familiar.

Implementação do treinamento parental

O sucesso do treinamento parental depende de uma aplicação estruturada, com etapas que incluem:

- **Avaliação inicial**: identificação de comportamentos-alvo e definição de metas específicas.
- **Educação dos pais**: workshops e sessões práticas para ensinar os fundamentos da ABA.
- **Treinamento prático**: orientação supervisionada para aplicar estratégias em cenários reais, como a casa ou a escola.
- **Monitoramento e revisão**: ajustes contínuos para otimizar os resultados e adaptar as práticas às necessidades da família.

O treinamento parental é uma intervenção transformadora que reafirma o poder do cuidado familiar no desenvolvimento de crianças com TEA. Ele reconhece que, mais do que profissionais ou técnicas, os pais e cuidadores são os protagonistas da história de seus filhos. Essa abordagem promove não apenas avanços concretos nas habilidades das crianças, mas também um renascimento da confiança e do equilíbrio dentro das famílias.

Para as crianças, o treinamento parental cria um ambiente de acolhimento e estímulo, onde elas podem desenvolver suas potencialidades com suporte consistente e amor incondicional. É uma oportunidade para os pais ressignificarem suas jornadas, superando os desafios com ferramentas práticas e reforçando os laços afetivos em cada pequena conquista.

Aos profissionais, o treinamento parental apresenta uma visão ampliada de sua missão. É uma oportunidade de criar uma rede de suporte que transcenda o consultório, impactando vidas de forma profunda e duradoura. Ao capacitar pais e cuidadores, os profissionais não apenas multiplicam o alcance de suas intervenções, mas também fortalecem as bases de uma transformação familiar sustentada e significativa.

Essa é uma jornada que exige coragem, persistência e aprendizado mútuo, mas que oferece recompensas inestimáveis. Cada passo dado é uma prova de que os desafios do TEA podem ser enfrentados com ciência, resiliência e amor. É um chamado para pais, cuidadores e profissionais trabalharem juntos, construindo um futuro no qual cada criança tem a oportunidade de florescer em um ambiente que valorize sua singularidade e seu potencial.

Referências

BEARSS, K. *et al.* Effect of parent training vs parent education on behavioral problems in children with autism spectrum disorder: a randomized clinical trial. *Journal of the American Medical Association*, v. 313, n. 15, p. 1524-1533, 2015. Disponível em: https://jamanetwork.com/journals/jama/fullarticle/2275445. Acesso em: 6 mar. 2025.

DAWSON, G. *et al.* Randomized, controlled trial of an intervention for toddlers with autism: the Early Start Denver Model. *Pediatrics*, v. 125, n. 1, p. e17-e23, 2010. Disponível em: https://pubmed.ncbi.nlm.nih.gov/19948568/. Acesso em: 6 mar. 2025.

HASTINGS, R. P.; BROWN, T. Behavior problems of children with autism, parental self-efficacy, and mental health. *American Journal on Mental Retardation*, v. 110, n. 3, p. 153-162, 2005. Disponível em: https://pubmed.ncbi.nlm.nih.gov/19948568/. Acesso em: 6 mar. 2025.

JOURNAL OF AUTISM AND DEVELOPMENTAL DISORDERS. Parent training interventions for parents of children with autism spectrum disorders: a review. *Journal of Autism and Developmental Disorders*, v. 45, n. 6, p. 1-15, 2015.

KAMINSKI, J. W.; VALLE, L. A.; FILENE, J. H.; BOYLE, C. L. A meta-analytic review of components associated with parent training program effectiveness. *Journal of Abnormal Child Psychology*, v. 36, n. 4, p. 567-589, 2018. Disponível em: https://pubmed.ncbi.nlm.nih.gov/18205039/. Acesso em: 6 mar. 2025.

46

GRUPOS SOCIAIS

MINIMIZANDO O IMPACTO DO *MASKING* NA CONSTRUÇÃO DA IDENTIDADE

O desejo de pertencer é uma das forças mais profundas da vida social. Esse anseio se intensifica no ambiente escolar, onde grupos se formam e normas implícitas determinam quem é aceito. Nesse contexto, muitas crianças e adolescentes autistas recorrem ao *masking*: o esforço consciente ou inconsciente de ocultar traços genuínos de sua personalidade para se encaixar socialmente e evitar rejeições.

EVELIN REINISCH, JULIANA RUSSANO E THIEME NOGUEIRA

Evelin Reinisch, Juliana Russano e Thieme Nogueira

Evelin (à esquerda): psicóloga, proprietária da clínica Espaço Reintegrar e especialista em Terapia Cognitivo-Comportamental, Análise do Comportamento Aplicada, Psicomotricidade, pós-graduanda em Neuropsicologia e Mestranda em Psicologia. Atua com foco em transtornos do neurodesenvolvimento infantojuvenil.

Contatos:
Instagram: @psi.evelinreinisch
67 99945 0344

Juliana (ao centro): neuropsicóloga infantojuvenil e escritora, especializada em diagnóstico infantil e saúde mental para crianças, pré-adolescentes e adolescentes, com capacitação avançada em neurociência, análise do comportamento e Terapia Cognitivo-Comportamental.

Contatos:
http://julianarussano.com.br/
Instagram: @neurointeligencia
35 99718 1754

Thieme (à direita): psicomotricista, formada em Educação Física e especialista em Neuropsicopedagogia, Psicomotricidade, Intervenção ABA, Aprendizagem, Desenvolvimento e Controle Motor. Tem formação em Transtornos do Neurodesenvolvimento. Casada com Dr. Artur e mãe da Noemí.

Contatos:
Instagram: @thieme_nogueira
85 99637 1628

Imagine um adolescente sentado em sala de aula. O professor faz uma pergunta simples, e ele sabe a resposta. Seu coração acelera, a mão quase se levanta, mas ele desiste no último instante. Uma voz sussurra em sua mente: "Melhor ficar quieto. Se eu errar, vão me julgar". Em outro momento, no intervalo, ele vê os colegas reunidos, mas não se aproxima. Os mesmos pensamentos ressurgem: "Se eu ficar sozinho, vão pensar que sou estranho. Melhor fingir que estou ocupado". Essa guerra interna representa um conflito silencioso entre o que ele realmente é e o que precisa ser.

Para adolescentes autistas, o *masking* pode ser ainda mais desgastante. Suas características naturais – como evitar contato visual ou usar movimentos repetitivos para regular a ansiedade – entram em conflito com as expectativas sociais. Esse esforço transforma cada interação social em um exercício extenuante de controle emocional e físico.

O *masking*, porém, não se limita a momentos pontuais. É um processo cotidiano que corrói a conexão do adolescente consigo mesmo. Aos poucos, a vontade dos outros passa a ser mais importante que a sua própria, e ele aprende a anular seus desejos em nome da aceitação. Sua identidade autêntica é colocada em segundo plano, presa em uma "caixa mental" que vai sendo esquecida.

Com o tempo, essa desconexão do eu torna-se evidente. Viver em função das expectativas alheias sufoca as emoções e cria a sensação de ser invisível para si mesmo. O adolescente que, mesmo entre amigos, sente uma solidão inexplicável pergunta-se: "se ninguém conhece quem eu sou de verdade, essas amizades são reais?" Esse ciclo de autossilenciamento alimenta sentimentos de inadequação e autorrejeição.

Os prejuízos físicos e emocionais do *masking*

Fisicamente, o *masking* cobra um preço. O esforço físico para se controlar acumula tensão no peito, nas costas, no maxilar. Ao final do dia, essa dor torna-se parte da rotina. De forma semelhante, aquele que controla a própria energia para se tornar adaptado pode sentir os ombros rígidos, a cabeça pesada e a coluna dolorida pelo esforço.

O *masking* transcende a simples adaptação. Ele reprime e remodela a identidade em formação, criando uma desconexão tão profunda que o adolescente pode acreditar que sua essência não é boa o suficiente. O que parece ser uma solução temporária para evitar rejeições se transforma em um ciclo contínuo de silenciamento.

O corpo, no entanto, não mente; registra cada emoção reprimida, cada tensão acumulada, cada esforço para se encaixar. As dores musculares e os movimentos rígidos são reflexos físicos de um esforço mental constante. Quando esse peso se torna insuportável, as consequências emocionais começam a emergir, abrindo espaço para discutir estratégias que permitam restaurar a autenticidade e minimizar os danos.

A ansiedade, a depressão, a síndrome de burnout, o esgotamento emocional e o isolamento são alguns dos impactos possíveis do *masking* na saúde mental. Além disso, esse processo dificulta a criação de laços profundos e apresenta desafios como dificuldades para interpretar nuances da linguagem corporal, expressões faciais e tons de voz, bem como dificuldades para compreender as regras sociais. Esses fatores podem levar ao isolamento social e à dificuldade de criar amizades.

A hipersensibilidade sensorial também pode causar desconforto em situações sociais, enquanto a concentração em interesses específicos pode limitar a participação em atividades e a conexão com as pessoas. Como consequência, a percepção de si mesmo como "diferente" ou a dificuldade em se encaixar em grupos sociais pode afetar significativamente a autoestima.

Movimentos estereotipados, linguagens não desenvolvidas, objetos de apego, ecolalias e hiperfocos frequentemente causam estranhamento social. Nessas situações, muitas vezes parece mais fácil evitar sair de casa do que enfrentar julgamentos. Essas dificuldades podem desencadear alterações psicológicas tanto na pessoa com autismo quanto em seus responsáveis. Pessoas autistas nem sempre apresentam atrasos na linguagem, mas sim dificuldades na comunicação. Isso significa que podem ter um bom repertório de palavras, mas não sabem utilizá-las de forma adequada, o que dificulta, em muitas situações, o diagnóstico precoce e as intervenções adequadas.

O papel da neurociência na compreensão do comportamento

Pesquisas neurocientíficas realizadas em pessoas autistas identificaram um desequilíbrio na capacidade de resposta do sistema de recompensa do cérebro aos estímulos sociais. Essas descobertas sugerem que pessoas com Transtorno do Espectro Autista (TEA) consideram a interação social menos gratificante do que aquelas que não possuem o transtorno, o que as torna menos interessadas em socializar, mesmo com seus cuidadores primários. No entanto, isso não significa que a pessoa autista não almeje ser aceita e valorizada pelas outras pessoas.

Diante desse impasse, a pessoa autista começa a perceber que existem regras sociais necessárias e comportamentos específicos para ser reconhecida socialmente. A partir daí, surgem duas opções: assumir sua própria identidade e correr o risco de não ser aceita, ou negar quem realmente é para obter aceitação.

Outro estudo de neuroimagem examinou as atividades cerebrais associadas à exclusão social e trouxe uma consideração muito importante: a ativação cerebral relacionada em uma rejeição social é equiparada à dor física, pois ambas compartilham uma base neuroanatômica comum. Quando essas áreas do cérebro são ativadas repetidamente, a pessoa sente-se inadequada, e o cérebro interpreta essa sensação como vergonha.

A sensação de vergonha social acontece quando uma pessoa sente que, pelo simples fato de ser ela mesma, pode perder o afeto das outras pessoas. O cérebro interpreta essa percepção como uma falta de pertencimento ou como uma falha em atender às expectativas alheias, o que leva ao temor de exclusão social. Dessa forma, o amor torna-se condicional: é necessário atender às expectativas dos outros para ser aceito. De acordo com estudos, essa condição gera dores no corpo e na alma.

Quando uma pessoa experimenta essa sensação de não pertencimento, entra em um estado de proteção conhecido como luta ou fuga – uma resposta automática do corpo a situações percebidas como ameaçadoras, provocando consequências emocionais e fisiológicas. Pesquisas mostram que a vergonha social pode gerar inflamações no organismo, aumento de cortisol, baixa imunidade, sentimento de culpa, compulsões, perda de autonomia e depressão. Com os níveis de cortisol elevados, a regulação emocional também se torna um desafio constante.

O cérebro humano é autoprotetivo, ou seja, busca proteger-se de situações altamente estressoras e dolorosas, mesmo que essa proteção resulte em um distanciamento da própria autenticidade. Nesse contexto, é muito comum que pessoas autistas recorram ao mascaramento social como uma tentativa de solucionar esse problema. Elas desenvolvem estratégias de comportamentos socialmente aceitáveis para se ajustarem às expectativas do grupo onde estão inseridas, com o objetivo de evitar a vergonha social.

O sentimento de vergonha, especialmente quando associado a uma infração real, é uma emoção intensa e duradoura. Para evitar essa ameaça emocional, muitas pessoas buscam o perfeccionismo social. Elas passam a imitar expressões faciais e gestos de outras pessoas, mesmo que não estejam alinhados com seus sentimentos; forçam o contato visual, apesar do desconforto; escondem comportamentos de autorregulação, como balançar as mãos ou falar sobre interesses específicos; evitam demonstrar emoções negativas, como ansiedade e desorganização; ensaiam respostas sociais prontas para resultados mais positivos.

No entanto, o *masking* é um processo complexo e difícil de sustentar por longos períodos, o que pode levar a crises emocionais e à perda da identidade pessoal, pois a pessoa se sente desconectada de quem realmente é. Toda essa adaptação é extremamente cansativa, pois se torna constante e ininterrupta, gerando uma sensação de desconexão com o eu autêntico. Com o tempo, a pessoa aprende a evitar a si mesma.

Identidade saudável e as relações sociais

Como essa dinâmica de adaptação geralmente começa na pré-adolescência e na adolescência – fases cruciais na busca de identificação pessoal e social –, todo esse processo influencia diretamente a formação da identidade, que é o conjunto de características e aspectos que tornam uma pessoa única no mundo.

A construção de uma identidade saudável é um processo fundamental para o desenvolvimento humano, promovendo senso de propósito e pertencimento. A identidade ajuda as pessoas a compreenderem quem são, como se conectam ao mundo, o que valorizam, como se relacionam e como tomam decisões. Fatores ambientais como família, escola, amizades e cultura desempenham papéis centrais na formação dessa identidade. Por meio dessa construção, desenvolvem-se autoconhecimento, autonomia, estabilidade emocional, pertencimento social e resiliência diante das dificuldades, o que contribui para prevenir o desenvolvimento de transtornos emocionais. No entanto, todo esse processo pode ser comprometido quando o *masking* entra em ação.

Recursos terapêuticos para a construção social

As dificuldades sociais podem ser significativamente minimizadas com suporte familiar, inserção na comunidade e intervenções comportamentais adequadas. Oferecer oportunidades de aprendizagem social é uma das estratégias mais eficazes para auxiliar pessoas com autismo. Inserir a pessoa em ambientes onde seus comportamentos, frequentemente considerados inadequados, são supervisionados e alterados por meio de modelos positivos pode ser uma oportunidade valiosa para o desenvolvimento de habilidades sociais.

Crianças e adolescentes que demonstram movimentos precisos e reações rápidas em determinadas situações frequentemente exercem uma influência positiva em diversas áreas, incluindo suas relações interpessoais. Dessa forma, encorajar esses alunos e/ou pacientes a realizar movimentos mais desafiadores, sob supervisão e orientação, é o primeiro passo para inseri-los em brincadeiras como esconde-esconde, pega-pega, caça ao tesouro, queimada, bicicleta e pique-esconde. Essas atividades facilitam sua integração em grupos sociais de maneira mais eficaz e prazerosa.

Ao interagirem com outras crianças e adultos, os grupos terapêuticos oferecem um ambiente enriquecedor e estruturado para o desenvolvimento de habilidades sociais, emocionais e cognitivas de forma natural e divertida. Para inserir uma pessoa em um grupo terapêutico, é essencial realizar uma avaliação de perfil cognitivo, comportamental e emocional, considerando fatores como idade, habilidades e preferências. Essa análise é fundamental para garantir que os integrantes do grupo contribuam de maneira positiva uns com os outros, evitando conflitos e resistências, facilitando o processo de integração e vínculo.

Os grupos terapêuticos proporcionam um ambiente acolhedor, reunindo pessoas com e sem diagnósticos, permitindo que ambas se socializem de maneira equilibrada e saudável. Esse processo requer cuidado e planejamento para alcançar resultados sociais mais significativos. É importante que os membros se sintam seguros para se expressarem livremente e se conectarem com os outros integrantes. O ideal é que vivenciem experiências em espaços preparados, com simulações próximas à realidade, para que possam, gradualmente, ser inseridos em ambientes naturais, maximizando as oportunidades de aprendizado.

Esses grupos proporcionam um ambiente favorável para estimular a comunicação, tanto verbal quanto não verbal, além da escuta ativa. Também favorecem a criação e a manutenção de amizades, a cooperação, a resolução de conflitos, o reconhecimento de emoções e o desenvolvimento de habilidades como empatia, flexibilidade, paciência e confiança. Dessa forma, o aprendizado com base em modelos sociais positivos, oferecido pelos grupos sociais terapêuticos, traz benefícios importantes para crianças e adolescentes com autismo, promovendo qualidade de vida, experiências sociais positivas e a formação de uma identidade saudável.

Referências

ASSUMPÇÃO JÚNIOR, F. B.; KUCZYNSKI, E. *Autismo infantil*: novas tendências e perspectivas. 2. ed. São Paulo: Editora Atheneu, 2015.

CALZA, C. K. F. Desempenho motor e seu impacto nas habilidades sociais. *In*: KERCHES, D. *Habilidades socioemocionais*: por que essas competências precisam ser desenvolvidas na primeira infância? São Paulo: Literare Books International, 2022.

DICKERSON, S. S.; GRUENEWALD, T. L.; KEMENY, M. E. When the social self is threatened: shame, physiology, and health. *Journal of personality*, v. 72, n. 6, p. 1191-1216, 2004.

FRANÇA, K. A. C. Desenvolvimento da linguagem típica e sinais de alerta no transtorno do espectro autista. *In*: KERCHES, D. *Habilidades socioemocionais*: por que essas competências precisam ser desenvolvidas na primeira infância? São Paulo: Literare Books International, 2022. p. 43.

KOHLS, G. *et al.* Reward system dysfunction in autism spectrum disorders. *Social cognitive and affective neuroscience*, v. 8, n. 5, p. 565-572, 2013.

47

A IMPORTÂNCIA DA EQUIPE TRANSDISCIPLINAR NO TRATAMENTO DO AUTISMO

O PAPEL DO TREINAMENTO PARENTAL

Este capítulo destaca a importância da equipe transdisciplinar no tratamento do TEA e do treinamento parental como ferramenta essencial. A colaboração entre profissionais e pais facilita intervenções eficazes, promovendo o desenvolvimento da criança. O treinamento capacita os pais a aplicar estratégias baseadas em evidências, reduzindo comportamentos desafiadores e fortalecendo vínculos familiares.

FERNANDA DIAS ALMEIDA,
GLAUCE PEREZ
E LUCIANA BALDINO LAGES

Fernanda Dias Almeida, Glauce Perez e Luciana Baldino Lages

Fernanda (à esquerda) é médica pela Universidade Federal do Rio Grande (Furg), neurologista e R4 em Neurologia Pediátrica pela Universidade Federal de Ciências da Saúde de Porto Alegre (UFCSPA), com título pela Academia Brasileira de Neurologia. Mestre e doutora em Ciências da Saúde pela Furg, professora na Furg e da Universidade Católica de Pelotas (UCPel). Especialista em TEA e Transtornos do Neurodesenvolvimento, com diversas formações na área.

Contatos:
dra.fernanda.al@gmail.com
Instagram: @dra.fernanda.almeida
53 99157 7944

Glauce (ao centro) é terapeuta ocupacional com 22 anos de experiência no atendimento a crianças e adolescentes com autismo e TDAH. Diretora clínica do Centro Ocupacional Integrar (RJ) e especialista em Neurodesenvolvimento. Certificação em Integração Sensorial pela University of Southern California. Mãe atípica.

Contatos:
glauceperez@gmail.com
Instagram: @glauceperez.21
21 98843 6085

Luciana (à direita) é médica formada pela Furg, com residência em Pediatria e pós-graduação em Saúde da Família pela mesma instituição. Especialista em Nutrologia Pediátrica pelo Boston College, certificada em Autismo e Transtornos do Neurodesenvolvimento. Professora de Pediatria e coordenadora de estágio na Furg.

Contatos:
lblages@gmail.com
Instagram: @pediatra.lucianalages
53 99953 0192

O Transtorno do Espectro Autista (TEA) é caracterizado por desafios em três principais áreas: **comunicação, socialização e comportamento**. Esses desafios podem se manifestar de maneira diversa em cada indivíduo, tornando o planejamento terapêutico um processo complexo e altamente personalizado.

Para atender às necessidades únicas de cada criança, o trabalho integrado de uma equipe transdisciplinar tem se mostrado uma das abordagens mais eficazes. Essa equipe envolve profissionais de diferentes áreas que desenvolvem juntos um plano terapêutico coeso, focado no desenvolvimento global da criança.

Paralelamente, a inclusão dos pais como parte ativa desse processo tem ganhado destaque. O treinamento parental, baseado em intervenções estruturadas e validadas cientificamente, capacita as famílias a aplicarem estratégias terapêuticas no dia a dia. Isso não apenas maximiza os ganhos terapêuticos, mas também fortalece o vínculo entre pais e filhos, além de promover maior autonomia no manejo dos desafios associados ao TEA (Bearss *et al.*, 2015; Koegel *et al.*, 2020).

A abordagem transdisciplinar: mais do que a soma das partes

No tratamento do TEA, a transdisciplinaridade é essencial para abordar as múltiplas áreas do desenvolvimento de maneira integrada. Diferentemente de modelos em que cada profissional trabalha de forma isolada, a abordagem transdisciplinar promove o compartilhamento de informações e o desenvolvimento de estratégias conjuntas. Esse modelo diminui redundâncias, previne conflitos de abordagem e proporciona um atendimento mais eficiente (Guralnick, 2016).

Por exemplo, um fonoaudiólogo pode trabalhar em conjunto com o terapeuta ocupacional para ajustar uma atividade de comunicação a um contexto sensorialmente favorável. Já o psicólogo pode colaborar com os professores na escola para adaptar práticas educativas que reduzam os comportamentos desafiadores. Essa sinergia só é possível quando os profissionais reconhecem a importância de compartilhar conhecimentos e integrar objetivos.

O papel dos pais na equipe

Os pais, frequentemente, são os primeiros a perceber os sinais de TEA em seus filhos e desempenham um papel insubstituível na equipe transdisciplinar. Sua inclusão como membros ativos não apenas valoriza sua experiência, mas também transforma a relação terapêutica em uma parceria colaborativa. Além disso, os pais são os principais responsáveis por implementar estratégias no ambiente doméstico, permitindo a generalização de habilidades aprendidas durante as sessões terapêuticas.

Essa dinâmica cria oportunidades naturais para reforçar comportamentos positivos e desenvolver a comunicação funcional. De acordo com Delahooke (2023), essa abordagem empática ajuda a criança a se sentir segura, o que é essencial para o aprendizado e para o desenvolvimento emocional.

Outro aspecto relevante é o papel dos pais na defesa dos direitos e necessidades de seus filhos. Eles frequentemente atuam como mediadores entre a criança e o sistema educacional, profissionais de saúde e outros contextos sociais. Essa advocacia é crucial para garantir o acesso a serviços apropriados e acomodações necessárias para o desenvolvimento pleno da criança.

Portanto, os pais não apenas complementam o trabalho dos profissionais, mas também ampliam o impacto das intervenções ao aplicá-las de forma consistente e sensível no cotidiano. Essa colaboração transforma os pais em agentes ativos no desenvolvimento dos filhos, reforçando a importância de uma parceria sólida entre família e equipe transdisciplinar.

Treinamento parental: capacitando os pais para o sucesso terapêutico

O treinamento parental consiste em ensinar aos pais técnicas baseadas em evidências científicas para lidar com os desafios comportamentais, promover o desenvolvimento de habilidades e melhorar a qualidade de vida da criança e da família como um todo.

Como funciona o treinamento parental?

Os programas de treinamento parental geralmente seguem etapas bem definidas:

1. **Identificação de necessidades**: avaliação inicial para entender os desafios específicos enfrentados pelos pais no dia a dia.
2. **Definição de metas**: estabelecimento de objetivos claros, como "ensinar a criança a pedir ajuda" ou "reduzir comportamentos agressivos".
3. **Treinamento prático**: os pais são ensinados a implementar estratégias em situações reais, como em momentos de alimentação, brincadeira ou durante as crises.
4. **Monitoramento e feedback**: os profissionais avaliam o progresso e ajustam as estratégias conforme necessário.

Principais estratégias ensinadas

1. **Reforço positivo**: encorajar comportamentos desejados por meio de recompensas, como elogios, atenção ou itens preferidos.
2. **Extinção de comportamentos inadequados**: ensinar os pais a ignorar comportamentos de busca de atenção, como birras, a fim de reduzir sua frequência.
3. **Ensino de comunicação funcional**: capacitar os pais para o uso de ferramentas como o Sistema de Comunicação por Troca de Figuras (Pecs) ou a linguagem de sinais para crianças não verbais.
4. **Estratégias de autorregulação**: técnicas para ajudar a criança a reconhecer e lidar com estímulos sensoriais excessivos, promovendo o autocontrole.

Impactos do treinamento parental no desenvolvimento infantil

Delahooke (2023) destaca que o fortalecimento do vínculo emocional entre pais e filhos cria um alicerce para o aprendizado e a autorregulação, promovendo o desenvolvimento de habilidades sociais e emocionais.

Benefícios para a criança

Estudos mostram que crianças cujos pais participam ativamente de treinamentos estruturados apresentam progressos significativos em áreas como:

- **Habilidades de comunicação**: pais treinados conseguem promover interações mais eficazes, aumentando o repertório comunicativo da criança (Ingersoll & Dvortcsak, 2019).

- **Comportamentos adaptativos**: o uso consistente de estratégias em casa ajuda a criança a lidar melhor com mudanças e demandas do ambiente.
- **Redução de comportamentos desafiadores**: intervenções domiciliares baseadas em Análise do Comportamento Aplicada (ABA) têm demonstrado eficácia na diminuição de comportamentos autolesivos e explosivos (Bearss *et al.*, 2015).

Benefícios para os pais

O treinamento parental também traz vantagens significativas para as famílias, incluindo:

- **Redução do estresse**: pais que compreendem as necessidades da criança relatam maior confiança e menos sentimentos de impotência.
- **Fortalecimento do vínculo**: a participação ativa no desenvolvimento da criança melhora a relação entre pais e filhos.
- **Empoderamento familiar**: o treinamento oferece ferramentas que tornam os pais mais independentes no manejo do TEA, reduzindo a dependência exclusiva de profissionais.

Estudos de caso: a aplicação prática do treinamento

Bearss *et al.* (2015) avaliaram o impacto de um programa de treinamento parental estruturado em 180 famílias de crianças com TEA. Os resultados mostraram que mais de 70% das crianças apresentaram melhorias em comportamentos desafiadores, enquanto os pais relataram maior confiança na aplicação de estratégias.

Outro exemplo é o estudo de Ingersoll & Dvortcsak (2019), que demonstraram como o ensino de imitação recíproca, por meio de brincadeiras guiadas, aumentou significativamente as interações sociais espontâneas em crianças não verbais.

Desafios e soluções na implementação

Desafios:

1. **Barreiras financeiras**: muitos pais não têm acesso a programas de treinamento devido a custos elevados.
2. **Tempo limitado**: famílias com agendas lotadas podem ter dificuldade em participar de sessões regulares.
3. **Resistência inicial**: alguns pais podem se sentir inseguros ou questionar sua capacidade de aplicar as estratégias ensinadas.

Soluções:

- **Plataformas on-line**: treinamentos virtuais permitem maior acessibilidade e flexibilidade.
- **Sessões personalizadas**: adaptar a carga horária e os conteúdos à realidade da família.
- **Grupos de suporte**: promover encontros entre pais para compartilhar experiências e fortalecer a motivação.

A integração de uma equipe transdisciplinar com o treinamento parental representa um dos pilares mais eficazes e transformadores no tratamento do TEA. Ao longo deste capítulo, exploramos como essa abordagem multidimensional, que une profissionais de diferentes áreas e capacitação parental, promove o desenvolvimento integral da criança e fortalece as dinâmicas familiares.

O modelo transdisciplinar destaca-se pela capacidade de integrar conhecimentos e criar estratégias coesas, adaptadas às necessidades específicas de cada criança. Esse formato colaborativo não apenas maximiza os ganhos terapêuticos, mas também reduz a fragmentação dos cuidados e evita abordagens contraditórias. Profissionais como terapeutas ocupacionais, psicólogos, fonoaudiólogos e educadores trabalham em sinergia para elaborar planos de intervenção abrangentes e adaptáveis. Essa abordagem multidisciplinar valoriza a complementaridade entre as áreas, destacando a importância de visões integradas no enfrentamento dos desafios complexos do TEA.

Nesse contexto, o treinamento parental emerge como uma ferramenta fundamental para garantir a continuidade das intervenções terapêuticas fora do ambiente clínico. Os pais, ao serem capacitados para aplicar estratégias baseadas em evidências científicas, tornam-se coterapeutas ativos no processo de desenvolvimento de seus filhos. Esse envolvimento promove a generalização de habilidades, reduz comportamentos desafiadores e fortalece os vínculos emocionais entre pais e filhos.

Os benefícios do treinamento parental são amplamente documentados. Crianças cujos pais participam ativamente desses programas demonstram avanços significativos em comunicação, interações sociais e habilidades adaptativas. Além disso, os pais relatam menor nível de estresse, maior confiança na implementação de técnicas e maior autonomia na gestão dos desafios diários.

Apesar dos benefícios comprovados, a implementação do treinamento parental ainda enfrenta desafios significativos, como barreiras financeiras, limitações de tempo e resistência inicial por parte das famílias. No entanto, soluções inovadoras, como programas on-line, sessões personalizadas e grupos de apoio, têm demonstrado ser eficazes para contornar essas dificuldades, tornando o treinamento acessível a um número maior de famílias.

O impacto positivo do modelo transdisciplinar e do treinamento parental vai além do desenvolvimento infantil. Ele também capacita os pais a atuarem como defensores e facilitadores do progresso de seus filhos, criando um ciclo virtuoso de aprendizagem e crescimento, contribuindo com o fortalecimento da resiliência familiar, promovendo um ambiente mais harmonioso e inclusivo.

A combinação entre o trabalho transdisciplinar e o treinamento parental não apenas transforma a experiência das crianças com TEA, mas também redefine o papel das famílias na jornada terapêutica. Representa um passo fundamental rumo à inclusão efetiva e ao bem-estar emocional e social das crianças, destacando-se como um caminho promissor e sustentável para a intervenção no autismo.

Referências

BEARSS, K. *et al.* Parent training in autism spectrum disorder: what's in a name? *Clinical Child and Family Psychology Review*, v. 18, n. 2, p. 170-182, 2015. Disponível em: https://pubmed.ncbi.nlm.nih.gov/25722072/. Acesso em: 6 mar. 2025.

DELAHOOKE, M. *Ler o corpo para entender a mente*: desafios da parentalidade. Traduzido por Lúcia Helena de Seixas Brito. São Paulo: Manole, 2023.

GURALNICK, M. J. Early intervention for children with intellectual disabilities: an update. *Journal of Applied Research in Intellectual Disabilities*, v. 30, n. 2, p. 211-229, 2016. Disponível em: https://onlinelibrary.wiley.com/doi/abs/10.1111/jar.12233. Acesso em: 13 jan. 2025.

INGERSOLL, B.; DVORTCSAK, A. *Teaching social communication to children with autism & other developmental delays*. New York: Guilford Press, 2019.

KOEGEL, L. K.; ASHBAUGH, K.; KOEGEL, R. L. *Pivotal response treatment and parent training for autism spectrum disorder*. Baltimore: Paul H. Brookes Publishing Co., 2019.

ZWAIGENBAUM, L. *et al.* Early identification and interventions for autism spectrum disorder: executive summary. *Pediatrics*, v. 136, n. 1, p. S1-S9, 2015. Disponível em: https://pubmed.ncbi.nlm.nih.gov/26430167/. Acesso em: 6 mar. 2025.

48

ALFABETIZAÇÃO, EMOÇÃO E MEDIAÇÃO EM SALA DE AULA

Este capítulo explora a inter-relação entre alfabetização, emoção e mediação em sala de aula. Destaca as necessidades dos estudantes com TEA e relata abordagens pedagógicas que integram as dimensões emocionais e a mediação, buscando refletir sobre como criar um ambiente educacional inclusivo, que favoreça o crescimento intelectual e emocional, permitindo um aprendizado mais completo e significativo para todos.

MARJORIÊ KLEIS FUCHS,
MA. MAÍSA AMARAL DIETRICH
E MARISA G. A. TOLEDO

Marjorie Kleis Fuchs, Ma. Maísa Amaral Dietrich e Marisa G. A. Toledo

Marjoriê (à esquerda) é graduanda em Pedagogia pela Universidade do Vale do Itajaí (Univali), com formação em ABA e Alfabetização. Atua na educação desde 2016 e foi pesquisadora e apresentadora no IV Congresso Internacional de Políticas Públicas para a América Latina (Cippal). Palestrante e aluna da formação TND II e III do Dr. Thiago Castro.

Contatos:
marjocurso@gmail.com
Instagram: @marjorie.fuchs
47 99291 3133

Maísa (ao centro) é mestre, psicopedagoga e neuropsicopedagoga, com atuação como pedagoga desde 1990. Pós-graduada em Didática, Ensino Superior, Gestão Escolar, Neurociência e Neuroeducação, ABA para o TEA e Psicomotricidade. Especialista nos Transtornos do Neurodesenvolvimento e suas comorbidades. Aluna da formação TND – Thiago Castro.

Contatos:
maisaamaral67@gmail.com
Instagram: @clinicasonhodosaber
19 98100 9339

Marisa (à direita) é psicopedagoga, neuropsicopedagoga, formada em Letras e em Pedagogia. Pós-graduada em Transtornos do Neurodesenvolvimento e AEE. Palestrante, com formação em ABA, Alfabetização e Consciência Fonológica. Atua na educação desde 2012 como professora de sala regular e de recursos multifuncionais, além de realizar atendimentos neuropsicopedagógicos. Aluna da formação TND – Thiago Castro.

Contatos:
marisaletras86@gmail.com
Instagram: @neuropsicopedagoga.marisa
12 99768 9898

O autismo é um dos transtornos mais discutidos na atualidade. Pesquisas recentes estimam que sua prevalência seja de aproximadamente um a cada 36 nascimentos. No entanto, os dados brasileiros sobre o tema ainda são imprecisos, embora se acredite que o número de pessoas autistas no país seja expressivo. No entanto, esse transtorno ainda é visto por muitos como um tabu, principalmente no ambiente escolar, onde há uma dificuldade generalizada em lidar com os comportamentos autistas. De modo que sabemos que tudo vai ao encontro das emoções, o que evidencia a necessidade de mais preparo e conscientização sobre o tema (Paiva Jr., 2023).

No início do ano escolar, os professores e famílias com filhos autistas em processo de alfabetização questionam: "Será que meu filho/aluno conseguirá aprender tudo o que é ensinado na escola, especialmente ler e escrever?". Esse questionamento reflete a importância de acreditar que o indivíduo que tem o domínio dessas habilidades (leitura e escrita) terá sucesso acadêmico.

Além disso, outra questão gira em torno do convívio social. De acordo com a Lei Brasileira de Inclusão (Lei n. 13.146/2015), o sistema educacional deve garantir igualdade de condições para o acesso e a permanência na escola, assegurando recursos e adaptações necessárias para o aprendizado dos estudantes, incluindo os alunos com Transtorno do Espectro Autista (TEA).

Entende-se que as emoções estão intimamente relacionadas ao processo de ensino-aprendizagem, visto que a aprendizagem de maneira significativa só pode ocorrer em um ambiente adequado. Assim, o educador também se mostra como protagonista nessa questão, sendo ele o responsável por elaborar e adotar métodos capazes de estimular e incentivar o interesse de seus discentes. Um ambiente acolhedor também é capaz de preparar seus profissionais para lidar com diferentes situações, emoções e desafios impostos em diversas situações, o que contribui para melhor prepará-los para lidar com a diversidade presente em seus discentes (Campos, Viana & Simões, 2020).

Embora a maioria das crianças possa atingir a alfabetização sem grandes dificuldades, algumas enfrentarão obstáculos significativos no processo. Isso pode ocorrer devido a diferentes fatores, como transtornos de aprendizagem ou condições específicas, incluindo o TEA. Para que a aprendizagem da leitura e escrita seja eficaz, é essencial desenvolver adequadamente aspectos cognitivo-linguísticos, como consciência fonológica, processamento auditivo e visual, além da velocidade de pensamento relacionada às funções executivas (atenção, memória, organização e planejamento) (Seabra *et al.*, 2014). Essas habilidades podem ser prejudicadas em indivíduos com transtornos do espectro autista, dificultando seu processo de alfabetização devido a características neurobiológicas específicas associadas ao transtorno.

Para que a criança não enfrente restrições no processo de alfabetização, é necessário o desenvolvimento de algumas habilidades que são primordiais para o sucesso na leitura, tais como: saber se comunicar; manter-se sentado; controlar a postura corporal; olhar nos olhos ou realizar o rastreio visual; aguardar a sua vez; nomear e identificar as partes do corpo; compreender medidas de tamanho e posições; fazer discriminação auditiva e visual, além de desenvolver memória, atenção, concentração, vocabulário, compreensão, percepção, consciência fonológica, consciência fonêmica e o princípio alfabético, ou seja, os preditores para uma alfabetização concisa.

Os pequenos precisam desses conhecimentos prévios para alcançar o sucesso na hora da alfabetização e esses, por sua vez, ajudam os alunos a superar obstáculos futuros. Porém, quando uma criança autista apresenta falhas em uma dessas habilidades, o processo de alfabetização pode ser prolongado.

É evidente a relação entre o processo de ensinar e aprender e a relação interpessoal entre discente e docente. É durante a interação entre aluno e professor que ocorre a revelação de emoções, evidenciando a importância do educador como promotor do conhecimento. Vale a pena ressaltar que os processos transferenciais no momento de aprendizagem podem ser trabalhados de diversas maneiras e é de responsabilidade do educador adotar metodologias capazes de motivar o aluno durante sua caminhada acadêmica (Assis, Moreira & Fornasier, 2021). Com o manejo adequado, o educador é capaz de contornar as relações e reações dos alunos durante as atividades, de modo que se desenvolvam de maneira mais leve e fluída.

A Análise do Comportamento Aplicada (ABA), amplamente reconhecida, tem se mostrado uma das abordagens mais eficazes para modificar comportamentos disruptivos. Há mais de 50 anos, estudos demonstram que crianças submetidas intensivamente a intervenções ABA intensivas apresentam melhorias significativas, tornando essa abordagem a mais eficaz para o ensino de crianças com desenvolvimento atípico, especialmente no caso do autismo (Lovaas, 2003).

A análise do comportamento é considerada padrão-ouro para modular aquilo que é desejado no comportamento. Vale ressaltar que a consciência fonológica, que tem sido de ampla importância para o ensino da leitura, é o melhor programa com base em evidências científicas para superar esses obstáculos.

A consciência fonológica envolve a habilidade de perceber e manipular os sons da linguagem oral de formas diferentes, antes mesmo de iniciar a leitura sistemática. Essa habilidade pode ser desenvolvida por meio de atividades como segmentação de sentenças em palavras, palavras em sílabas e manipulação de sons, como adicionar, excluir ou substituir sílabas ou fonemas.

A expressão "consciência fonológica" se refere tanto à percepção de que a fala pode ser segmentada quanto à habilidade de manipular esses segmentos (Capovilla & Capovilla, 2000). Por ser uma consciência metalinguística, envolve a capacidade de refletir sobre as propriedades da linguagem e analisar suas formas linguísticas, facilitando o processo de alfabetização.

Para um ensino eficaz da consciência fonológica, é necessário respeitar sua hierarquia: rima, aliteração, consciência das palavras, consciência silábica e consciência fonêmica. O ensino deve ser planejado, sistemático e explícito, além de contar com regularidade, empatia, motivação e registro (Capovilla & Capovilla, 2000).

A sala de aula, por sua vez, é um ambiente multifacetado e essencial para o aprendizado. Magda Soares (2023) destaca a influência do ambiente físico e das interações no processo de ensino e aprendizagem da leitura e escrita, enfatizando que um espaço bem estruturado pode potencializar as estratégias de ensino, promovendo autonomia e o pleno desenvolvimento da criança.

Para alunos com TEA, a organização cuidadosa do ambiente torna-se ainda mais relevante, ajudando na compreensão, na redução da ansiedade e estimulando a participação ativa. Os Parâmetros Curriculares Nacionais (PCN) ressaltam a importância de uma prática pedagógica inclusiva, que valorize a diversidade e proporcione uma aprendizagem significativa, especialmente no que se refere ao uso de pistas visuais funcionais e decorações que atendam às necessidades sensoriais e cognitivas dos alunos.

Alunos dentro do espectro autista frequentemente enfrentam dificuldades na interpretação de informações verbais e sociais, o que pode gerar confusão e ansiedade. Uma das ferramentas mais eficazes para esses alunos é uma agenda visual diária. Para aqueles que têm dificuldades com a transição entre atividades, essa abordagem pode minimizar o estresse e melhorar a adaptação. Em vez de se limitar a comandos verbais, utilizar cartazes ou quadros com símbolos pode ser uma maneira mais eficaz de comunicar as regras da sala de aula.

Para alunos com hipersensibilidade sensorial, pode ser necessário criar um espaço de calma dentro da sala de aula, onde eles possam se retirar quando se sentirem sobrecarregados. A organização espacial da sala de aula é necessária, pois ambientes desordenados ou excessivamente estimulantes podem se tornar fatores de distração e gerar ansiedade.

Para um aluno com dificuldades de concentração, ter um espaço fixo e claramente demarcado com um cartaz com a indicação "meu lugar" pode ajudá-lo a se sentir seguro e a entender que ali é o local destinado ao seu trabalho.

Elementos como painéis sensoriais com diferentes texturas ou materiais, como tecidos macios ou superfícies rugosas, podem ser incorporados às paredes ou mesas. Esses quadros permitem que o aluno explore diferentes estímulos de forma controlada e segura, o que pode ser especialmente benéfico para aqueles que precisam de momentos de autorregulação, contribuindo assim para a consolidação de um desenvolvimento integral do aluno.

O incentivo à interação social pode ser praticado com a criação de um mural colaborativo, onde todos são convidados a adicionar suas contribuições de forma gradual e visualmente estruturada. Isso pode incluir uma árvore da amizade, onde cada um pode colaborar com uma folha de papel com seu nome, criando um espaço visualmente envolvente que promove o sentimento de pertencimento e a interação positiva. Mantoan (2003) nos lembra que incluir é aceitar as diferenças e promover a convivência entre os que são diferentes. Inclusão é um direito e não um privilégio, e a escola precisa estar preparada para o acolhimento de todos os alunos, independentemente de sua condição.

A implementação de pistas visuais funcionais é uma prática que facilita a compreensão das rotinas e tarefas, além de oferecer suporte emocional e sensorial, permitindo que os alunos se sintam mais seguros, autônomos e engajados no processo educativo. Sendo assim, ao planejar e aplicar essas estratégias de maneira cuidadosa e integrada, os educadores não só atendem às necessidades específicas de seus educandos típicos ou atípicos, mas também contribuem para a construção de um ambiente escolar mais acolhedor e inclusivo, onde todos podem alcançar seu pleno potencial.

Uma boa conversa com a família e a anamnese na apresentação à escola, acompanhadas de uma carta de recomendação, levam a um sentimento de acolhimento, o que auxilia no compartilhamento dos seus desafios e suas conquistas diárias.

As pesquisas referentes à temática não se esgotam aqui. Há muito para ser pesquisado e explorado, pois o importante é auxiliar a criança antes que ela se frustre, impulsionando essa etapa tão significativa da sua vida que é a alfabetização. Se isso acontecer de forma planejada, sistematizada e explícita, com motivação e empatia, marcará positivamente sua vida acadêmica.

Referências

ASSIS, D.; MOREIRA, L.; FORNASIER, R. Bronfenbrenner's Bioecological Theory: the influence of proximal processes on the social development of children. *Research, Society and Development*, v. 10, n. 10, p. 1-10, 2021. Disponível em: https://rsdjournal.org/index.php/rsd/article/view/19263. Acesso em: 6 mar. 2025.

BRASIL. *Lei n. 13.146, de 6 de julho de 2015*. Institui a Lei Brasileira de Inclusão da Pessoa com Deficiência (Estatuto da Pessoa com Deficiência). *Diário Oficial da União*, Brasília, DF, 7 jul. 2015. Disponível em: https://www.planalto.gov.br/ccivil_03/_ato2015-2018/2015/lei/l13146.htm. Acesso em: 2 mar. 2025.

BRASIL. *Parâmetros Curriculares Nacionais*: Língua Portuguesa. Brasília, DF: MEC/SEF, 1997.

CAMPOS, A. S. *et al.* O jogo como auxílio no processo ensino-aprendizagem: as contribuições de Piaget, Wallon e Vygotsky. *Brazilian Journal of Development*, v. 6, n. 5, p. 27127-27144, 2020. Disponível em: https://ojs.brazilianjournals.com.br/ojs/index.php/BRJD/article/view/9974. Acesso em: 13 jan. 2025.

CAPOVILLA, F. C.; CAPOVILLA, A. G. S. *Problemas de leitura e escrita*: como identificar, prevenir e remediar numa abordagem fônica. São Paulo: Memnon, 2000.

FERREIRA, B. C. *Mediação professor-aluno: uma análise sob a perspectiva das habilidades sociais educativas*. *In*: XII CONGRESSO NACIONAL DE PSICOLOGIA ESCOLAR E EDUCACIONAL, 2015, São Paulo. *Anais* [...]. São Paulo, 2015.

LOVAAS, I. O. *Ensinando indivíduos com atraso de desenvolvimento*: técnicas básicas de intervenção. Austin, TX: Pro-Ed, 2003.

MANTOAN, M. T. E. *Inclusão escolar*: o que é? Por quê? Como fazer? São Paulo: Moderna, 2003 (Coleção Cotidiano Escolar).

PAIVA JR., F. Prevalência de autismo: 1 em 36 é o novo número do CDC nos EUA. *Canal Autismo*, 23 mar. 2023. Disponível em: https://www.canalautismo.com.br/noticia/prevalencia-de-autismo-1-em-36-e-o-novo-numero-do-cdc-nos-eua/. Acesso em: 19 dez. 2024.

SEABRA, A. G. *et al.* Funções executivas e desempenho escolar. *In*: SEABRA, A. G. *et al.* (orgs.). *Inteligência e funções executivas*: avanços e desafios para a avaliação neuropsicológica. São Paulo: Memnon, 2014. p. 171-182.

SOARES, M. *Alfaletrar*: toda criança pode aprender a ler e a escrever. São Paulo: Contexto, 2023.

49

SUPLEMENTAÇÃO DE MICRONUTRIENTES NA CRIANÇA NO ESPECTRO AUTISTA

Neste capítulo, abordamos as peculiaridades alimentares e digestivas no Transtorno do Espectro Autista e os principais micronutrientes a serem suplementados, visando ao bom desenvolvimento físico e neurológico destas crianças.

GERMANO AUGUSTO ALVES PACHECO, SYLVIE GIRARD TOQUETTI E KAMILLE ALBUQUERQUE MENDONÇA

Germano Augusto Alves Pacheco, Sylvie Girard Toquetti e Kamille Albuquerque Mendonça

Germano (à esquerda) é médico formado pela Universidade Federal do Mato Grosso (UFMT), especialista em Medicina de Família e Comunidade pelo Hospital Universitário Júlio Müller (HUJM/UFMT). Professor auxiliar do Departamento de Clínica Médica do HUJM/UFMT, atua em Medicina Integrativa, com foco em suplementação e otimização hormonal.

Contatos:
germanoalves.md@gmail.com
Instagram: @germanoalves

Sylvie (ao centro) é médica formada pela Faculdade de Medicina de Santo Amaro (FMSA), especialista em Pediatria pela Sociedade Brasileira de Pediatria (SBP) e em Emergências Pediátricas pelo Hospital Israelita Albert Einstein. Possui formação em Suplementação Pediátrica pelo NCI. Formação em Autismo pela CTC. Atua em Pediatria com foco em suplementação.

Contatos:
sygtoque2@gmail.com
Instagram: @dra.sylvie.toquetti

Kamille (à direita) é médica formada pela Estácio FMJ, em Juazeiro do Norte (CE), pós-graduanda em Pediatria e Neuropediatria pela Afya/Ipemed-CE e graduanda em Saúde da Família. Possui formação em TEA pela CTC e atua em Pediatria Geral com foco em neurodesenvolvimento.

Contatos:
kamillemedica@gmail.com
Instagram: @drakamille_albuquerque

Nutrientes e neurodesenvolvimento

A promoção da saúde na infância é essencial para formar adultos emocionalmente estáveis e fisicamente saudáveis. No entanto, muitas crianças não alcançam seu pleno potencial de desenvolvimento devido a uma nutrição inadequada. Esse desafio é ainda maior em crianças com Transtorno do Espectro Autista (TEA), devido às peculiaridades de sua alimentação e digestão.

Dados da Unicef (2019) mostram que 30% das crianças menores de cinco anos têm deficiências significativas de vitaminas ou minerais. Isso é especialmente preocupante nos primeiros 1.000 dias de vida, do início da gestação até o fim do segundo ano de vida, período crucial para o desenvolvimento do sistema neuroendócrino imune. Uma nutrição inadequada nesse período pode comprometer habilidades cognitivas, motoras e socioemocionais. No Brasil, observa-se uma dieta pobre em alimentos frescos e rica em ultraprocessados, resultando em deficiências de ferro, zinco e vitaminas como A, D, B12 e B9.

No TEA, a seletividade alimentar, as alergias, a disbiose intestinal e os distúrbios gastrointestinais aumentam o risco de deficiências nutricionais. Essas crianças podem apresentar inflamação intestinal, alteração no eixo cérebro-intestino e dificuldades na absorção de nutrientes. Estudos indicam que níveis baixos de minerais estão associados à maior gravidade do autismo, além de déficit de metilação e estresse oxidativo. Isso afeta os neurotransmissores e o sistema imunológico, elevando o risco de doenças infecciosas.

Diante dessas particularidades, a suplementação de micronutrientes torna-se uma ferramenta essencial para suprir as carências nutricionais, melhorar a função intestinal e reduzir a inflamação. Este capítulo aborda de forma prática como identificar as necessidades nutricionais no TEA e utilizar a suplementação para promover a saúde e o desenvolvimento dessas crianças.

Suplementando vitaminas no TEA

A suplementação de vitaminas é essencial para corrigir deficiências comuns em crianças com TEA, sendo destacadas as do complexo B, além das vitaminas A, E e D, devido à sua relevância para o desenvolvimento físico e neurológico.

O metilfolato (forma ativa da vitamina B9) é indispensável para a metilação, um processo que regula a expressão gênica e a síntese de neurotransmissores. Estudos mostram que a suplementação com metilfolato, sozinho ou combinado com vitamina B12, melhora a função cognitiva e reduz inflamações. No TEA, sua importância é ampliada por polimorfismos genéticos, que dificultam a conversão do ácido fólico.

Intervenções precoces com metilfolato trazem benefícios consistentes na memória e na atenção

A metilcobalamina (forma ativa da vitamina B12) complementa o metilfolato ao atuar na síntese de mielina e no metabolismo da homocisteína, processos essenciais para a saúde neurológica. Sua deficiência pode gerar alterações cognitivas e irritabilidade, enquanto sua suplementação está associada à melhora nos comportamentos sociais e função cognitiva. Metilfolato e B12 combinados demonstram eficácia na redução de inflamações e na promoção do equilíbrio neuroquímico.

A vitamina B6, essencial para a síntese de serotonina, dopamina e Gaba, contribui para o equilíbrio emocional e comportamental. Estudos mostram que sua combinação com magnésio reduz sintomas de hiperatividade e melhora a interação social no TEA.

A vitamina D é crucial para o sistema imunológico e o eixo cérebro-intestino, áreas frequentemente comprometidas no TEA. Sua suplementação reduz a gravidade dos sintomas autísticos, aumenta os níveis de neurotrofinas e melhora a serotonina. Durante a gestação, níveis adequados de vitamina D estão associados à menor prevalência de TEA e TDAH, reforçando seu papel preventivo e terapêutico.

Já as vitaminas lipossolúveis A e E desempenham papéis complementares. A vitamina A apoia a saúde visual, a integridade epitelial e a imunidade, enquanto a vitamina E age como antioxidante, protegendo as células contra o estresse oxidativo, comum em crianças com TEA.

Suplementando minerais no TEA

A suplementação de minerais é essencial no manejo de condições associadas ao TEA, devido às deficiências comuns e sua influência no desenvolvimento neurológico, imunológico e metabólico. Entre os minerais mais relevantes estão zinco, magnésio e ferro, cada um contribuindo de forma única para o bem-estar e o progresso das crianças.

O zinco desempenha um papel vital na função imunológica, na regulação antioxidante e no desenvolvimento neurológico. Níveis reduzidos de zinco em crianças autistas correlacionam-se com a gravidade dos sintomas comportamentais. Modelos animais mostram que a suplementação materna de zinco pode prevenir comportamentos autísticos induzidos por fatores ambientais, como a exposição ao ácido valproico. Em crianças com TEA, o zinco foi associado à melhora na expressão de metalotioneínas, proteínas que ajudam na proteção contra o estresse oxidativo e na função cognitiva. Para otimizar sua absorção, o suplemento deve ser consumido longe de alimentos ricos em cálcio.

O magnésio é essencial para a modulação neurológica, o relaxamento muscular e o controle do sono. Deficiências desse mineral são comuns em crianças com TEA. Estudos mostram que a combinação de magnésio com vitamina B6 resulta em melhorias na interação social, na comunicação e na redução de comportamentos estereotipados. É preferível a suplementação do magnésio como citrato ou glicinato, por apresentar melhor tolerância.

O ferro é indispensável para o transporte do oxigênio, o desenvolvimento cerebral e a qualidade do sono. Crianças com TEA frequentemente apresentam deficiência de ferro, que pode levar à anemia. Durante a gestação, a baixa ingestão de ferro aumenta o risco de TEA, especialmente em mães com condições metabólicas. Em pacientes com TEA, estudos mostraram que a suplementação de ferro por oito semanas melhorou a qualidade do sono e aumentou os níveis de ferritina e hemoglobina, que poderiam influenciar beneficamente nos sintomas comportamentais do autismo. A suplementação deve ser associada à vitamina C e administrada longe de fontes de cálcio para otimizar a absorção.

Suplementando Ômega-3 e DHA

O ácido docosahexaenoico (DHA), um dos principais componentes do ômega-3, é essencial para o desenvolvimento cerebral, a plasticidade neuronal e a comunicação sináptica. Ele está presente em altas concentrações no sistema nervoso central e exerce papel crucial na modulação de processos inflamatórios e no suporte ao neurodesenvolvimento, especialmente em crianças com TEA.

Estudos mostram que a suplementação de DHA pode melhorar a memória, o tempo de reação e a atenção. Em crianças com TEA, a combinação de DHA com ácido araquidônico (ARA) trouxe avanços significativos na comunicação e na interação social. Modelos animais também indicam que o DHA reverte déficits cognitivos relacionados à deficiência de ômega-3, destacando sua importância para a formação sináptica.

A suplementação pré-natal com DHA tem sido associada a benefícios cognitivos de longo prazo, como maior atenção sustentada em crianças aos cinco anos. Além disso, combinações de DHA com nutrientes como o folato potencializam os efeitos positivos, evidenciando sua relevância em abordagens sinérgicas.

Para crianças, doses de 200-500 mg/dia de DHA são frequentemente recomendadas, enquanto gestantes podem beneficiar-se de 300-600 mg/dia. A escolha deve recair sobre suplementos purificados, livres de contaminantes como mercúrio, a fim de garantir segurança e eficácia.

A suplementação com DHA é uma ferramenta valiosa no suporte ao neurodesenvolvimento, oferecendo benefícios em áreas-chave como cognição, comunicação e socialização em crianças com TEA.

Doses de suplementação das principais vitaminas e minerais

As doses diárias dos suplementos devem ser calculadas individualmente, de acordo com os resultados laboratoriais e conforme o peso da criança.

Nutriente	Função	Dose diária
Zinco	Regulação imunológica, antioxidante e desenvolvimento neurológico	10 a 25 mg
Magnésio	Modulação neurológica, relaxamento muscular e controle do sono	30 a 100 mg
Ferro	Transporte de oxigênio e desenvolvimento cerebral	10 a 50 mg
Vitamina D	Desenvolvimento ósseo, imunidade e eixo cérebro-intestino	400 a 2.000 UI
Metilfolato (B9)	Metilação, síntese de DNA e neurotransmissores	20 a 300 μg
Metilcobalamina (B12)	Saúde neurológica e metabolismo da homocisteína	20 a 1.000 μg
Vitamina B6	Síntese de neurotransmissores e equilíbrio emocional	0,5 a 1 mg
Vitamina A	Saúde visual, barreiras epiteliais e imunidade	500 a 1.500 UI
Vitamina E	Ação antioxidante, proteção de membranas celulares	100 a 400 UI

A suplementação de micronutrientes é importante para o pleno desenvolvimento das crianças e crucial quando no espectro autista. Para suplementar vitaminas, minerais e ômega-3, a prescrição deve ser personalizada, baseada em avaliações clínicas e laboratoriais. O acompanhamento profissional é essencial para garantir segurança e eficácia, promovendo melhoras no desenvolvimento, bem-estar e qualidade de vida de crianças com TEA e suas famílias.

Referências

CRACKNELL, R. O.; TAVASSOLI, T.; FIELD, D. T. High-dose Vitamin-B6 reduces sensory over-responsivity. *Journal of Psychopharmacology*, v. 38, n. 12, p. 1147-1156, 2024. Disponível em: https://doi.org/10.1177/02698811241271972. Acesso em: 9 mar. 2025.

GARCIA-SERNA, A. M.; MORALES, E. Neurodevelopmental effects of prenatal vitamin D in humans: systematic review and meta-analysis. *Molecular Psychiatry*, v. 25, n. 10, p. 2468-2481, 2020. Disponível em: https://doi.org/10.1038/s41380-019-0357-9. Acesso em: 9 mar. 2025.

GUO, M. *et al.* Vitamin A improves the symptoms of autism spectrum disorders and decreases 5-hydroxytryptamine (5-HT): a pilot study. *Brain Research Bulletin*, v. 137, [s.n.], p. 35-40, 2018. Disponível em: https://doi.org/10.1016/j.brainresbull.2017.11.001. Acesso em: 9 mar. 2025.

KITTANA, M. *et al.* The role of vitamin D supplementation in children with autism spectrum disorder: a narrative review. *Nutrients*, v. 14, n. 1, p. 26, 2021. Disponível em: https://doi.org/10.3390/nu14010026. Acesso em: 9 mar. 2025.

LIU, Q.; YU, D. Interaction and association between multiple vitamins and social adaptability and severity of autism: a large-scale retrospective study from China. *Autism Research*, [s.v.], [s.n.], [n.p.], 2024. Disponível em: https://doi.org/10.1002/aur.3241. Acesso em 9 mar. 2025.

LIU, X. *et al.* Correlation between nutrition and symptoms: nutritional survey of children with autism spectrum disorder in Chongqing, China. *Nutrients*, v. 8, n. 5, p. 294, 2016. Disponível em: https://doi.org/10.3390/nu8050294. Acesso em: 9 mar. 2025.

MA, F. *et al.* Effects of folic acid and vitamin B12, alone and in combination on cognitive function and inflammatory factors in the elderly with mild cognitive impairment: a single-blind experimental design. *Current Alzheimer Research*, v. 16, n. 7, p. 622-632, 2019. Disponível em: https://doi.org/10.2174/1567205016666190725144629. Acesso em: 9 mar. 2025.

MAZAHERY, H. *et al.* Relationship between long chain n-3 polyunsaturated fatty acids and autism spectrum disorder: systematic review and meta-analysis of case-control and randomised controlled trials. *Nutrients*, v. 9, n. 2, p. 155, 2017. Disponível em: https://doi.org/10.3390/nu9020155. Acesso em: 9 mar. 2025.

MOUSAIN-BOSC, M. *et al.* Improvement of neurobehavioral disorders in children supplemented with magnesium-vitamin B6. *Magnesium Research*, v. 19, n. 1, p.

46-52, 2006. Disponível em: https://pubmed.ncbi.nlm.nih.gov/16846100/. Acesso em: 9 mar. 2025.

ROSSIGNOL, D. A.; FRYE, R. E. The effectiveness of cobalamin (B12) treatment for autism spectrum disorder: a systematic review and meta-analysis. *Journal of Personalized Medicine*, v. 11, n. 8, p. 784, 2021. Disponível em: https://doi.org/10.3390/jpm11080784. Acesso em: 9 mar. 2025.

SATO, K. Why is vitamin B6 effective in alleviating the symptoms of autism? *Medical Hypotheses*, v. 115, [s.n.], p. 103-106, 2018. Disponível em: https://doi.org/10.1016/j.mehy.2018.04.007. Acesso em: 9 mar. 2025.

SCHAEVITZ, L.; BERGER-SWEENEY, J.; RICCERI, L. One-carbon metabolism in neurodevelopmental disorders: using broad-based nutraceutics to treat cognitive deficits in complex spectrum disorders. *Neuroscience & Biobehavioral Reviews*, v. 46, n. 2, p. 270-284, 2014. Disponível em: https://doi.org/10.1016/j.neubiorev.2014.04.007. Acesso em: 9 mar. 2025.

STONEHOUSE, W. *et al.* DHA supplementation improved both memory and reaction time in healthy young adults: a randomized controlled trial. *The American Journal of Clinical Nutrition*, v. 97, n. 5, p. 1134-1143, 2013. Disponível em: https://doi.org/10.3945/ajcn.112.053371. Acesso em: 9 mar. 2025.

UNITED NATIONS INTERNATIONAL CHILDREN'S EMERGENCY FUND. The State of the World's Children 2019. Children, food and nutrition: growing well in a changing world. *Unicef*, out. 2019. Disponível em: https://www.unicef.org/reports/state-of-worlds-children-2019. Acesso em: 13 jan. 2025.

UNIVERSIDADE FEDERAL DO RIO DE JANEIRO. Biomarcadores do estado de micronutrientes: prevalências de deficiências e curvas de distribuição de micronutrientes em crianças brasileiras menores de 5 anos. 3: ENANI 2019. Rio de Janeiro, RJ: UFRJ, 2021. (156 p.). Coordenador geral, Gilberto Kac. Disponível em: https://enani.nutricao.ufrj.br/index.php/relatorios/. Acesso em: 9 mar. 2025.

YANG, T. *et al.* Vitamin A status is more commonly associated with symptoms and neurodevelopment in boys with autism spectrum disorders: a multicenter study in China. *Frontiers in Nutrition*, v. 9, [s.n.], p. 851980, 2022. Disponível em: https://doi.org/10.3389/fnut.2022.851980. Acesso em: 9 mar. 2025.

YUI, K. *et al.* Effects of large doses of arachidonic acid added to docosahexaenoic acid on social impairment in individuals with autism spectrum disorders: a double-blind, placebo-controlled, randomized trial. *Journal of Clinical Psychopharmacology*, v. 32, n. 2, p. 200-206, 2012. Disponível em: https://doi.org/10.1097/JCP.0b013e3182485791. Acesso em: 9 mar. 2025.

50

EXAMES GENÉTICOS NO AUTISMO E SÍNDROMES QUE DEVEMOS CONHECER

O autismo é um distúrbio do neurodesenvolvimento com desafios na comunicação, interação social e comportamentos restritos e repetitivos. Apesar da falta de marcadores biológicos específicos, avanços em exames genéticos ajudam a identificar causas, especialmente em casos sindrômicos ou com comorbidades.

RINARA GROSSI,
MARIANNA SOTTE,
CAUÊ AGARDI
E ROMANA TELLES

Rinara Grossi, Marianna Sotte, Cauê Agardi e Romana Telles

Rinara (primeira da esquerda para a direita) é médica pediatra com ênfase em puericultura, desenvolvimento infantil e transtornos do neurodesenvolvimento. Pós-graduanda em Transtorno do Espectro Autista, ABA e Intervenção Precoce.

Contatos:
www.drarinaragrossi.com.br
Instagram: @drarinaragrossi
33 3021 6491

Marianna (segunda da esquerda para a direita) é médica neurologista pela Universidade Federal de Juiz de Fora (UFJF) e neuropediatra pela Academia Brasileira de Neurologia. Certificada em Autismo e em Transtornos do Neurodesenvolvimento. Atua em Governador Valadares (MG).

Contatos:
www.dramariannasotte.com.br
Instagram: @dramariannasotte
33 99902 2053

Cauê (terceiro da esquerda para a direita) é médico Neurologista pela Universidade Federal de Santa Catarina (UFSC) e professor do curso de Medicina da UFSC, no campus Araranguá (SC). Possui certificação em Autismo e Transtornos do Neurodesenvolvimento. Atua em Araranguá (SC).

Contatos:
www.drcaueagardi.com.br
Instagram: @drcaueagardi.neuro

Romana (quarta da esquerda para a direita) é médica pediatra com ênfase em puericultura, desenvolvimento infantil e transtornos do neurodesenvolvimento. Atua em São Paulo (SP).

Contatos:
www.draromanareis.com.br
Instagram: @draromanareispediatra

Importância dos exames genéticos no Transtorno do Espectro Autista (TEA)

O diagnóstico do autismo é essencialmente clínico, baseado nos critérios do DSM-5 e na observação dos comportamentos da criança. No entanto, os exames genéticos são ferramentas indispensáveis para identificar causas subjacentes, especialmente em indivíduos com sinais atípicos ou complexos como deficiência intelectual, epilepsia ou macrocefalia. A investigação genética contribui para orientar o aconselhamento familiar, prever riscos de recorrência e oferecer prognósticos mais precisos.

No intuito de facilitar a comunicação sobre as complexidades neurobiológicas, Hoang, Cytrynbaum & Scherer (2018) desenvolveram um modelo conceitual chamado de "modelo de copos", retratando visualmente a herdabilidade genética do autismo. Tal modelo enfatiza o impacto das variantes genéticas. Algumas são altamente penetrantes, ou seja, aumentam significativamente o risco de desenvolver TEA (como PTCHD1, NRXN1, SHANK2, CHD8, ARID1B, SCN2A, ADNP). Outras também elevam o risco, mas, isoladamente, não são suficientes para causar o TEA.

Os fatores de risco ambientais também possuem graus variados de influência, mas geralmente são considerados menos significativos do que os fatores genéticos (Hoang, Cytrynbaum & Scherer, 2018).

No modelo proposto, os fatores de risco genético e ambiental são representados por "símbolos" de diferentes tamanhos. Quando esses símbolos preenchem o copo e ele transborda, isso indica que o indivíduo acumulou fatores de risco suficientes para desenvolver o TEA. Esse modelo de copo também serve para explicar como uma variante genética pode contribuir para o diagnóstico de TEA em um indivíduo e por que essa mesma variante pode estar presente em membros da família sem o transtorno, devido à penetração reduzida.

Na Figura 1, podemos observar que uma variante genética de alto risco para o desenvolvimento de TEA (rotulada como A) foi herdada de um dos pais sem o transtorno. A Criança 1, diagnosticada com TEA, herdou esse fator genético forte (A), além de fatores genéticos fracos (B e C), um fator genético novo (D) e fatores ambientais, que juntos superaram o limite de risco.

Em contrapartida, a Criança 3, que também herdou o fator genético forte (A), não acumulou fatores adicionais suficientes para superar o limite de risco. O modelo de copo ainda ilustra a heterogeneidade genética no TEA, exemplificada pelos irmãos com diferentes mutações de fatores genéticos que resultaram no diagnóstico de TEA (Criança 1 e Criança 4). Ressalta-se que cada copo representa uma combinação única de fatores de risco, refletindo a singularidade de cada indivíduo com TEA investigado.

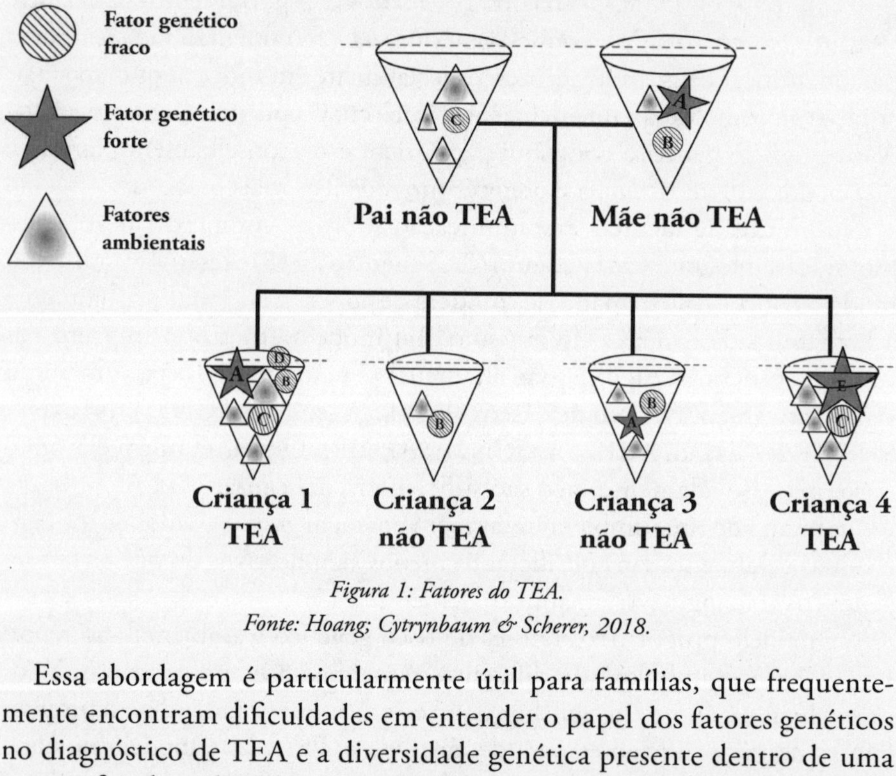

Figura 1: Fatores do TEA.

Fonte: Hoang; Cytrynbaum & Scherer, 2018.

Essa abordagem é particularmente útil para famílias, que frequentemente encontram dificuldades em entender o papel dos fatores genéticos no diagnóstico de TEA e a diversidade genética presente dentro de uma mesma família. Além disso, o modelo facilita a compreensão do conceito de limites, demonstrando como a soma de fatores de risco pode culminar no diagnóstico.

Sequência para investigação genética

A fim de realizar uma abordagem sistemática e eficiente na investigação genética, é importante seguir uma sequência lógica, conforme detalhado a seguir:

1. História clínica e exame físico completo

Anamnese detalhada sobre o desenvolvimento neuropsicomotor, antecedentes familiares e história de saúde. Identificar sinais sindrômicos como macrocefalia, traços dismórficos ou estigmas de neurofibromatose.

2. Exames de primeira linha

Cariótipo de banda G: é um exame citogenético que permite a visualização dos cromossomos em alta resolução, identificando alterações estruturais ou numéricas significativas como translocações, deleções e duplicações.

Embora tenha menor precisão em comparação com outros exames, continua sendo relevante em casos específicos, especialmente na presença de suspeitas de aneuploidias ou rearranjos cromossômicos complexos. Útil para detectar alterações cromossômicas associadas como:

- **Síndrome de Down**: pode apresentar características do espectro autista em alguns casos.
- **Síndrome de Turner e Klinefelter**: embora raramente associadas ao TEA, podem apresentar comportamentos compatíveis.
- **Alterações em regiões específicas**: 15q11-q13 (relacionada à síndrome de Angelman ou Prader-Willi).

Microarranjo Genômico (CGH-Array ou SNP-Array): é reconhecido como o exame de primeira linha mais avançado para investigar alterações genéticas em indivíduos com TEA, analisando todo o genoma para detectar variações no número de cópias (CNVs) como exclusões e duplicações. Esse exame oferece o maior potencial para identificar variantes genéticas relacionadas ao autismo.

- **Vantagens**: com alta resolução, detecta alterações genéticas não visíveis no cariótipo tradicional e identifica regiões "hotspots" no genoma associado ao autismo como 16p11.2, envolvidas em dificuldades cognitivas e comportamentais; 15q11-q13, associada às síndromes de Angelman e de Prader-Willi; e 22q11.2, cuja exclusão está relacionada à síndrome de DiGeorge.
- **Indicação**: deve ser realizado para todos os pacientes com TEA, especialmente aqueles com características sindrômicas, deficiência intelectual ou dismorfismos.

Teste para Síndrome do X-Frágil

Este exame detecta reprodução anômala de trinucleotídeos CGG no gene FMR1, que resulta na inativação funcional da proteína FMRP, essencial para o desenvolvimento adequado do sistema nervoso.

- **Indicação**: deve ser realizado em todos os meninos com TEA, mesmo na ausência de características fenotípicas típicas. Para meninas, é indicado quando há sinais clínicos compatíveis ou história familiar sugestiva.
- **Relevância**: cerca de 5% dos meninos com TEA apresentam a síndrome do X-Frágil, enquanto meninas com a mutação completa geralmente manifestam sintomas mais leves.

3. Exames de segunda linha (condicionados a achados clínicos)

Sequenciamento do Gene MECP2: está associado à síndrome de Rett. Este gene codifica uma proteína que regula a expressão de outros genes essenciais para o desenvolvimento do sistema nervoso.

- **Indicação**: deve ser considerado em meninas com regressão no desenvolvimento, especialmente quando apresentam perda de habilidades motoras ou de linguagem após um período inicial de desenvolvimento normal, estereotipias manuais como movimentos repetitivos das mãos ou microcefalia adquirida. Também é indicado em casos de "autismo sindrômico" em meninas com sinais atípicos de TEA.
- **Relevância**: cerca de 4% das meninas com TEA possuem mutações patogênicas em MECP2.

Análise do Gene PTEN: está associado à regulação do crescimento celular e ao controle de tumores. Mutações nesse gene estão frequentemente ligadas à macrocefalia extrema e síndromes como Cowden e Bannayan-Riley-Ruvalcaba, que têm sobreposição com o TEA.

- **Indicação**: deve ser realizado em pacientes com macrocefalia acima do percentil 98, especialmente se associada a déficits intelectuais, epilepsia e traços dismórficos.
- **Relevância**: cerca de 5% dos pacientes com TEA e macrocefalia têm mutações no gene PTEN.

Bateria de erros inatos do metabolismo: embora não sejam causas frequentes de TEA, podem se apresentar com características de autismo, especialmente em quadros com sintomas neurológicos atípicos.

- **Indicação**: deve ser realizada somente na presença de sinais sugestivos como acidose metabólica inexplicada, regressão neurológica progressiva, crises convulsivas de causa desconhecida, extrapiramidalismo (movimentos involuntários ou musculares fracos) ou elevação de lactato ou amônia em exames laboratoriais.
- **Relevância**: algumas condições metabólicas associadas ao TEA incluem a fenilcetonúria, que pode resultar em características do espectro autista se não tratado, e a síndrome de Sanfilippo, ligada às funções cognitivas e comportamentais progressivas.

4. Exames avançados (em casos específicos)

Sequenciamento Completo do Exoma (WES): é uma tecnologia avançada que permite a análise detalhada de todas as regiões codificantes do genoma (exons), onde ocorrem aproximadamente 85% das mutações causadoras de doenças conhecidas. Pacientes com características dismórficas como microcefalia ou displasia craniofacial, têm maior probabilidade de alterações genéticas detectáveis.

- **Indicações**: em casos de TEA que sugerem uma base genética complexa, priorizando-se em pacientes com histórico familiar de consanguinidade ou outros membros da família com TEA, deficiência intelectual ou condições neuropsiquiátricas.

A associação entre epilepsia e TEA é outra área relevante, já que o exame pode identificar genes como SCN2A e SYNGAP1, envolvidos em ambas as condições. Também é recomendado em casos em que os exames anteriores, como o microarranjo genômico, foram inconclusivos, mas há suspeita persistente de uma etiologia genética subjacente.

- **Relevância**: é vantajoso por identificar mutações raras e diagnosticar síndromes genéticas como Phelan-McDermid (SHANK3), além de alterações em genes relacionados ao neurodesenvolvimento como CHD8 e DYRK1A. Contudo, apresenta limitações como custo elevado, cobertura limitada às regiões codificantes do genoma e complexidade na interpretação, que exige correlação com o quadro clínico e estudos familiares.

Interpretação e acompanhamento

Os resultados dos exames devem ser interpretados em conjunto com um geneticista. Alterações detectadas devem ser correlacionadas com o quadro clínico e, quando necessário, realizar estudos familiares para confirmar a relevância das alterações.

Principais síndromes associadas ao TEA

O autismo é comumente associado a síndromes genéticas que apresentam uma prevalência mais alta de sintomas autísticos em comparação com a população geral, segundo Schaefer *et al.* (2013). Entre as síndromes mais relacionadas ao TEA estão a Síndrome do X frágil, Síndrome de Rett, Esclerose Tuberosa e Síndrome de Prader-Willi. O diagnóstico dessas síndromes baseia-se na suspeita clínica, confirmada por exames genéticos específicos.

- **Síndrome do X frágil**: é a principal causa monogênica de deficiência intelectual, frequentemente associada a sintomas autísticos (Tordjman *et al.*, 2014), resultante de expansões no gene FMR1. Existe um fenótipo típico, isto é, uma característica facial e corporal típica: face alongada com orelhas em abano e testa proeminente. É também comum macrorquidia. Na suspeita, deve-se proceder a pesquisa genética do gene FMR1, que fica localizado no cromossomo X. É importante identificá-la para a realização de aconselhamento genético, porque mais indivíduos de uma mesma família podem ser afetados.
- **Síndrome de Rett**: é uma condição genética progressiva que frequentemente se manifesta com características de autismo nos primeiros anos de vida. É uma causa comum de autismo com sintomas graves no sexo feminino. Trata-se de história clássica que se inicia com perda da habilidade social e de fala após um período de desenvolvimento normal. Cursa com estereotipias de lavagem de mãos de frequência tão alta que leva a perda de sua funcionalidade. Acompanha epilepsia e em uma fase mais tardia pode cursar com parkinsonismo. Para o diagnóstico, solicita-se a testagem do gene MECP2 (Lubbers *et al.*, 2024). Esse exame deve ser cogitado em todas as meninas com essas características clínicas.
- **Esclerose Tuberosa (ET)**: é uma condição genética que causa o crescimento de tumores benignos em vários órgãos. Estima-se que 40% dos portadores apresentam TEA com sintomas que variam em gravidade. Na presença de manchas hipocrômicas (mais de três, com pelo menos cinco mm de diâmetro), angiofibromas aparentes e outras alterações clássicas na pele ou no sistema nervoso, recomenda-se investigar os genes TSC1 e TSC2 para diagnóstico. A história familiar é relevante, pois trata-se de uma doença autossômica dominante, com potencial de transmissão hereditária.
- **Síndrome de Prader-Willi**: a característica mais comum é a hipotonia ao nascimento. Comumente, são bebês que têm dificuldades na amamentação e muitas vezes precisam de sonda de alimentação. Seu desenvolvimento neuropsicomotor é atrasado, apresentam mãos pequenas e na infância desenvolvem compulsão alimentar de grande monta. Para o diagnóstico, pede-se análise de metilação do DNA. O defeito normalmente está no cromossomo 15, herdado do pai (Lubbers *et al.*, 2024).

Considerações finais

As síndromes genéticas encontraram uma oportunidade única para aprofundar a compreensão da etiologia e da patogênese do TEA, ao compartilharem vias biológicas que podem explicar sua comorbidade com o autismo. A identificação de perfis sintomáticos específicos em população com essas síndromes possibilita a personalização do tratamento.

Os avanços em tecnologias de sequenciamento e microarranjo ampliaram significativamente o entendimento das bases genéticas do TEA. Esses exames não apenas auxiliam no diagnóstico etiológico, mas também permitem abordagens personalizadas para o manejo e acompanhamento dos pacientes.

É fundamental que os profissionais sigam uma sequência bem definida na solicitação dos exames, garantindo uma investigação eficiente e orientando as famílias sobre as implicações clínicas e genéticas dos resultados obtidos.

Referências

HOANG, N.; CYTRYNBAUM, C.; SCHERER, S. W. Communicating complex genomic information: a counselling approach derived from research experience with autism spectrum disorder. *Patient Education and Counseling*, v. 101, n. 2, p. 352-361, 2018. Disponível em: https://doi.org/10.1016/j.pec.2017.07.029. Acesso em: 10 mar. 2025.

LUBBERS, K. *et al.* Autism spectrum disorder symptom profiles in fragile X syndrome, angelman syndrome, tuberous sclerosis complex and neurofibromatosis type 1. *Journal of Autism and Developmental Disorders*, [s.v.], [s.n.], p. 1-15, 2024. Disponível em: https://doi.org/10.1007/s10803-024-06557-2. Acesso em: 10 mar. 2025.

LUBBERS, K. *et al.* Autism symptoms in children and young adults with fragile X syndrome, angelman syndrome, tuberous sclerosis complex, and neurofibromatosis type 1: a cross-syndrome comparison. *Frontiers in Psychiatry*, v. 13, [s.n.], p. 852208, 2022. Disponível em: https://doi.org/10.3389/fpsyt.2022.852208. Acesso em: 10 mar. 2025.

SCHAEFER, G. B.; MENDELSOHN, N. J. Clinical genetics evaluation in identifying the etiology of autism spectrum disorders: 2013 guideline revisions. *Genetics in Medicine*, v. 15, n. 5, p. 399-407, 2013. Disponível em: https://doi.org/10.1038/gim.2013.32. Acesso em: 10 mar. 2025.

TORDJMAN, S. *et al.* Gene×Environment interactions in autism spectrum disorders: role of epigenetic mechanisms. *Frontiers in Psychiatry*, v. 5, [s.n.], p. 53, 2014. Disponível em: https://doi.org/10.3389/fpsyt.2014.00053. Acesso em: 10 mar. 2025.

51

ATRASO MOTOR DA INFÂNCIA E TEA

ALERTA PRECOCE PARA O PEDIATRA

O desenvolvimento motor é um dos primeiros marcadores observáveis do neurodesenvolvimento. Em crianças autistas, a identificação de atrasos motores contribui para diagnóstico e intervenção precoces. Neste capítulo, exploramos como o atraso motor se manifesta no transtorno do espectro autista e as implicações clínicas para pediatras e famílias.

RINARA GROSSI,
PAOLA FADUL,
KAREN CAPUANO
E DRA. FÁTIMA SAFATLE

Rinara Grossi, Paola Fadul, Karen Capuano e Dra. Fátima Safatle

Rinara (primeira da esquerda para a direita) é médica pediatra com ênfase em puericultura, desenvolvimento infantil e transtornos do neurodesenvolvimento. Pós-graduanda em Transtorno do Espectro Autista, ABA e Intervenção Precoce. Mãe do Bernardo e da Melissa.

Contatos:
www.drarinaragrossi.com.br
Instagram: @drarinaragrossi
33 3021 6491

Paola (segunda da esquerda para a direita) é pediatra pela Unoeste, com residência no Hospital Regional em Presidente Prudente/SP. Estágio de Neurologia Infantil pela Unesp. Pós-graduada em Psiquiatria da Infância e Adolescência pelo CBI of Miami.

Contatos:
Instagram: @drapaolafadul
65 99209 2993

Karen (terceira da esquerda para a direita) é médica neuropediatra, mestre em Saúde da Criança e do Adolescente pela Universidade Federal do Rio de Janeiro (UFRJ). Pós-graduada em Autismo (CBI of Miami) e em Psiquiatria Infantil (Santa Casa do Rio de Janeiro).

Contatos:
LinkedIn: linktr.ee/karen.neuroped
Instagram: @karen.neuroped
21 98121 7370

Fátima (quarta da esquerda para a direita) é médica neurologista pela Universidade Federal de São Paulo (Unifesp), com *fellowship* em Neurologia Geral no Hospital San Carlos (Madrid). Possui certificação em Transtornos do Neurodesenvolvimento e Transtorno do Espectro Autista (TEA), é coautora do livro *Espectro autista feminino*. Atua no diagnóstico, intervenção no TEA e suas comorbidades, além de oferecer acolhimento às famílias atípicas.

Contatos:
Instagram: @dra.fatimasafatle
19 99469 5995

Perspectiva histórica e cultural sobre o reconhecimento do atraso motor

Historicamente, o atraso motor era visto como um problema isolado, desvinculado de condições como o Transtorno do Espectro Autista (TEA). Antes da evolução da neurociência e do aumento das pesquisas no campo, acreditava-se que atrasos motores eram reflexos de negligência parental ou falta de estímulo. Apenas nas últimas décadas, os avanços científicos esclareceram que atrasos motores podem ser indicadores precoces de desordens do neurodesenvolvimento.

Culturalmente, no entanto, as percepções variam amplamente e atrasos motores podem ser ignorados ou considerados "normais" até que a criança atinja a idade escolar. A falta de conscientização pode retardar intervenções essenciais, enfatizando a necessidade de programas educacionais voltados para pais e profissionais.

O papel do atraso motor no diagnóstico precoce do TEA

O atraso motor pode ser um dos primeiros sinais do TEA, muitas vezes antecedendo os déficits sociais e de comunicação que tradicionalmente definem o transtorno. Os dados sugerem que cerca de 50% a 85% das crianças autistas exibem algum tipo de comprometimento motor (Lim *et al.*, 2021). Uma revisão sistemática realizada por Lim *et al.* (2021) identificou que crianças autistas frequentemente apresentam déficits motores sutis nos primeiros 12 meses de vida, incluindo dificuldades no controle postural, coordenação motora fina e grossa e atrasos no alcance de marcos motores como sentar, engatinhar e andar. Esses déficits não são apenas marcadores clínicos importantes, mas também influenciam diretamente a interação social e o aprendizado da criança, dado que habilidades motoras são fundamentais para explorar o ambiente e interagir com outros indivíduos.

Patterson *et al.* (2022) investigaram o desenvolvimento motor em irmãos de crianças autistas, identificando que aqueles que posteriormente foram diagnosticados com TEA apresentam atrasos significativos em marcos motores como sentar e engatinhar, especialmente abaixo de 12 meses. Dados científicos recentes sugerem que para cada atraso de um mês no andar, houve um aumento de 17% nas chances de uma mutação associada ao TEA estar presente, sugerindo que a idade no início da caminhada pode ser útil como indicador precoce de risco para o TEA. A detecção de atrasos motores pode justificar a implementação de intervenções antecipadas para mitigar impactos no desenvolvimento global.

Disfunções sensório-motoras no TEA: um olhar abrangente

Disfunções sensório-motoras englobam dificuldades em processar informações sensoriais (como estímulos visuais, táteis ou auditivos) e em coordenar os movimentos corporais. No TEA, essas dificuldades podem se manifestar de diversas maneiras:

- Atrasos no desenvolvimento motor como rolar ou caminhar.
- Problemas de coordenação motora fina e grossa, que impactam atividades como desenhar ou correr.
- Comportamentos motores atípicos como movimentos repetitivos (estereotipias).
- Sensibilidade aumentada ou diminuída a estímulos sensoriais como evitar o toque ou buscar estímulos táteis intensos.

De acordo com Mosconi & Sweeney (2015), disfunções motoras, sensoriais e dificuldades sociais no TEA têm bases neurobiológicas comuns. Ou seja, estruturas cerebrais que antes eram relacionadas somente à coordenação de movimentos, como o cerebelo, hoje são reconhecidas como diretamente ligadas aos comportamentos sociais e à cognição. Dessa forma, as alterações motoras seriam uma forma precoce de alertar sobre questionarmos a adequada interação social dessas crianças e seu desenvolvimento cognitivo.

Problemas na coordenação: mais comuns do que se imagina

O Transtorno de Coordenação do Desenvolvimento (TDC), também conhecido como dispraxia, afeta 5-15% das crianças em idade escolar e impacta significativamente a capacidade da criança de aprender habilidades motoras e realizar atividades cotidianas de forma eficiente e eficaz.

Crianças com TEA-TDC são frequentemente percebidas como "desastradas" ou "estabanadas". No entanto, os mecanismos subjacentes a essas dificuldades motoras são bastante complexos, envolvendo o que denominamos práxis. A práxis refere-se à capacidade de realizar atividades motoras complexas, como escrever uma letra, subir em uma árvore ou recortar uma figura, e depende de um processo que abrange três etapas fundamentais: ideação, planejamento e execução.

1. **Ideação**: consiste em ter a ideia inicial para realizar algo. Por exemplo, ao receber peças de um brinquedo de montar, a criança idealiza usá-las para construir um carro.

2. **Planejamento**: refere-se ao processo de conceber como executar a ideia. Nesse caso, a criança determina quantas peças no formato de rodas são necessárias e como elas serão dispostas para construir o carro.
3. **Execução**: momento em que o corpo realiza a ação planejada. Para montar o carro, a criança precisa movimentar os dedos com precisão e aplicar a força adequada para unir as peças.

As etapas do desenvolvimento motor são cruciais e interdependentes, de modo que qualquer falha em uma delas pode impactar significativamente a habilidade da criança em realizar atividades do dia a dia. Compreender essas dificuldades é essencial para oferecer o apoio adequado e promover o desenvolvimento das habilidades necessárias.

Os déficits motores têm impactos amplos, afetando não apenas as atividades de vida diária, mas também o desempenho acadêmico e as práticas de lazer, comprometendo a qualidade de vida. No autocuidado, crianças com TDC podem enfrentar desafios como vestir-se, manipular botões e zíperes, amarrar cadarços, usar utensílios como faca e garfo ou mesmo realizar tarefas básicas como assoprar, tossir de forma eficaz e ir ao banheiro de forma independente. Frequentemente, este último, é subvalorizado na dificuldade de desfralde em crianças autistas.

Na escola, as dificuldades motoras frequentemente se manifestam em tarefas como copiar textos, escrever, desenhar, pintar, usar tesouras e organizar ou concluir trabalhos dentro dos prazos. Mesmo com inteligência média ou acima, essas crianças frequentemente apresentam resultados escolares inferiores aos de seus colegas. A educação física é outra área afetada, já que atividades como jogar, pegar ou chutar uma bola, correr, pular corda e praticar esportes podem ser especialmente desafiadoras.

Além disso, essas dificuldades motoras restringem a participação em atividades de lazer. Muitas crianças com Transtorno do Desenvolvimento da Coordenação (DCD), por exemplo, enfrentam barreiras para aprender a andar de bicicleta, o que limita suas experiências recreativas e sociais.

As habilidades motoras e sociais estão intimamente conectadas. Movimentos da cabeça são essenciais para o contato visual, enquanto gestos como apontar facilitam a comunicação. A locomoção permite interações, como compartilhar objetos com cuidadores.

Crianças que não conseguem realizar atividades como andar de bicicleta, pular corda ou nadar podem ter menos oportunidades de socialização, o que agrava os déficits sociais típicos do TEA.

A conexão entre habilidades motoras e comportamento social tem recebido atenção crescente na literatura científica. Dados do estudo de Simarro

Gonzalez *et al.* (2024) mostram que déficits motores em crianças com TEA estão associados a atrasos na comunicação social e no desenvolvimento da linguagem, bem como à gravidade de comportamentos repetitivos. Esses achados sugerem que a intervenção motora pode ter efeitos positivos não apenas na esfera física, mas também no desenvolvimento social e cognitivo.

Assim, a inclusão de estratégias de estimulação motora em programas terapêuticos pode ser uma ferramenta valiosa para promover o desenvolvimento global.

Implicações clínicas para o pediatra

De acordo com o Manual de Orientação da Sociedade Brasileira de Pediatria sobre TEA, o pediatra exerce um papel central no início do processo terapêutico, sendo essencial que a avaliação do desenvolvimento motor integre as consultas de rotina, especialmente em crianças com fatores de risco. Déficits motores precoces, como dificuldades na coordenação motora fina, estão fortemente associados a atrasos na comunicação verbal, conforme evidenciado por Licari *et al.* (2021), reforçando a necessidade de atenção aos sinais motores sutis que podem passar despercebidos.

Pais e cuidadores frequentemente relatam diferenças significativas no desenvolvimento motor, descrevendo bebês "mais quietos" ou "bonzinhos" nos primeiros meses de vida. Atrasos para sentar, engatinhar ou caminhar podem indicar dificuldades de coordenação, postura ou força muscular. Em crianças autistas, essas dificuldades muitas vezes se manifestam como hesitação em explorar o ambiente ou movimentos repetitivos que substituem ações funcionais. Por exemplo, uma criança que não utiliza ambas as mãos para alcançar brinquedos pode estar exibindo sinais de assimetria motora, frequentemente associada ao TEA.

Estudos longitudinais, como o de Bhat (2023), indicam que déficits motores tendem a persistir em crianças autistas ao longo do tempo, evidenciando a necessidade de intervenções precoces e contínuas para mitigar seus impactos funcionais.

Embora o atraso motor possa inicialmente passar despercebido, ele frequentemente é um dos primeiros sinais que alertam para a necessidade de uma avaliação aprofundada. Nesse contexto, o pediatra assume um papel primordial, não apenas na identificação clínica, mas também no acolhimento e orientação, reforçando que o diagnóstico precoce e as intervenções adequadas podem trazer benefícios significativos ao prognóstico da criança.

É imprescindível que as famílias sejam informadas sobre a importância do acompanhamento multiprofissional, envolvendo terapeutas ocupacionais, fisioterapeutas, fonoaudiólogos e psicólogos, a fim de garantir um suporte amplo e efetivo.

Intervenção precoce: um caminho para o desenvolvimento

A literatura científica reforça que a intervenção precoce, especialmente durante os primeiros três anos de vida, é fundamental para crianças autistas. Programas que combinam estimulação motora com abordagens comportamentais têm demonstrado benefícios significativos em termos de habilidades sociais, comunicação e autonomia funcional (Lim *et al.*, 2021; Licari *et al.*, 2021).

Para garantir o melhor cuidado, uma abordagem interdisciplinar é essencial. Por exemplo, o modelo Denver de intervenção precoce inclui a estimulação motora como um dos pilares para promover o aprendizado e a interação social. Por sua vez, a terapia psicomotora, que integra aspectos motores, cognitivos e emocionais, tem se mostrado eficaz para abordar os múltiplos desafios enfrentados no autismo.

Incluir os pais no processo de estimulação motora em casa, como por exemplo ensinar atividades simples para melhorar a coordenação, pode trazer benefícios significativos. Estudos mostram que a participação ativa dos cuidadores melhora tanto os resultados motores quanto o vínculo familiar.

Perspectivas futuras e conclusão

Embora o atraso motor no TEA seja uma área de pesquisa crescente, ainda há muito a ser explorado em termos de mecanismos subjacentes e estratégias de intervenção. Estudos futuros podem ajudar a identificar marcadores motores ainda mais precoces, bem como avaliar o impacto de intervenções específicas em diferentes domínios do desenvolvimento.

Para os pediatras, reconhecer o atraso motor como um sinal de alerta para o TEA é um ponto-chave na jornada de diagnóstico e cuidado. Para as famílias, compreender a importância da intervenção precoce pode transformar incertezas em ações concretas que promovem o bem-estar e o desenvolvimento da criança. Juntos, profissionais e cuidadores podem formar uma rede de apoio que permita que as crianças autistas alcancem seu potencial máximo.

Referências

BHAT, A. Multidimensional motor performance in children with autism mostly remains stable with age and predicts social communication delay, language delay, functional delay, and repetitive behavior severity after accounting for intellectual disability or cognitive delay: a SPARK dataset analysis. *Autism Research*, v. 16, n. 1, p. 208-229, 2023. Disponível em: https://doi.org/10.1002/aur.2870. Acesso em: 10 mar. 2025.

GONZALEZ, M. S. *et al.* Beyond words: an investigation of fine motor skills and the verbal communication spectrum in autism. *Frontiers in Psychiatry*, v. 15, [s.n.], p. 1379307, 2024. Disponível em: https://doi.org/10.3389/fpsyt.2024.1379307. Acesso em: 10 mar. 2025.

GUPTA, M. P.; GUPTA, D.; USMAN, A. Post-term birth and developmental coordination disorder: a narrative review of motor impairments in children. *Cureus*, v. 16, n. 6, p. e63211, 2024. Disponível em: https://doi.org/10.7759/cureus.63211. Acesso em: 10 mar. 2025.

LICARI, M. K. *et al.* The course and prognostic capability of motor difficulties in infants showing early signs of autism. *Autism Research*, v. 14, n. 8, p. 1759-1768, 2021. Disponível em: https://doi.org/10.1002/aur.2545. Acesso em: 10 mar. 2025.

LIM, N. *et al.* A review of barriers experienced by immigrant parents of children with autism when accessing services. *Review Journal of Autism and Developmental Disorders*, v. 8, n. 3, p. 366-372, 2021. Disponível em: https://link.springer.com/article/10.1007/s40489-020-00216-9. Acesso em: 10 mar. 2025.

LIM, Y. H. *et al.* Early motor function of children with autism spectrum disorder: a systematic review. *Pediatrics*, v. 147, n. 2, p. e2020011270, 2021. Disponível em: https://doi.org/10.1542/peds.2020-011270. Acesso em: 10 mar. 2025.

LOTAN, M. Barking up the wrong tree-motor-sensory elements as prodrome in autism. *Biomedicines*, v. 12, n. 6, p. 1235, 2024. Disponível em: https://doi.org/10.3390/biomedicines12061235. Acesso em: 10 mar. 2025.

MOSCONI, M. W.; SWEENEY, J. A. Sensorimotor dysfunctions as primary features of autism spectrum disorders. *Science China Life Sciences*, v. 58, n. 10, p. 1016-1023, 2015. Disponível em: https://doi.org/10.1007/s11427-015-4894-4. Acesso em: 10 mar. 2025.

PATTERSON, J. W. *et al.* Early trajectories of motor skills in infant siblings of children with autism spectrum disorder. *Autism Research*, v. 15, n. 3, p. 481-492, 2022. Disponível em: https://doi.org/10.1002/aur.2641. Acesso em: 10 mar. 2025.

PURCELL, C. *et al.* Harnessing real-life experiences: the development of guidelines to communicate research findings on Developmental Coordination Disorder/dyspraxia. *Research Involvement and Engagement*, v. 10, n. 1, p. 84, 2024. Disponível em: https://doi.org/10.1186/s40900-024-00611-0. Acesso em: 10 mar. 2025.

52

SONO E AUTISMO

DA BIOQUÍMICA CEREBRAL À SUPLEMENTAÇÃO

Os distúrbios do sono afetam grande parte das crianças com TEA, impactando seu desenvolvimento, comportamento e qualidade de vida. Este capítulo explora desde as causas bioquímicas, como alterações na melatonina e neurotransmissores, até estratégias de diagnóstico e tratamento, incluindo intervenções comportamentais e suplementação. Abordagens integradas podem melhorar o sono e o bem-estar de toda a família.

AMANDA FERREIRA,
DRA. TAYRINE FERNANDA,
ROMANA TELLES
E GESSILDA TELLES

Amanda Ferreira, Dra. Tayrine Fernanda, Romana Telles e Gessilda Telles

Amanda (primeira da esquerda para a direita) é pediatra pelo Complexo Hospitalar Edvaldo Orsi, com formação em Emergência Pediátrica pela Abramede e pela SBP. Pós-graduação em Nutrologia pela Abran. Professora e preceptora de Pediatria da Fesar/Afya.

Contatos:
amanda_safe@hotmail.com
@draamanda_pediatra

Tayrine (segunda da esquerda para a direita) é pediatra pela Universidade Federal de Uberlândia e hematologista pediátrica pela Universidade Federal do Triângulo Mineiro. Cofundadora do Instituto Pediatree. Aprimoramento em suplementação infantil.

Contatos:
tayrinefernanda14@gmail.com
@dratayrinefernanda

Romana (terceira da esquerda para a direita) é médica pediatra com ênfase em puericultura, desenvolvimento infantil e transtornos do neurodesenvolvimento. Atua em São Paulo (SP).

Contatos:
www.draromanareis.com.br
Instagram: @draromanareispediatra

Gessilda (quarta da esquerda para a direita) é médica pediatra com ênfase em puericultura e transtornos do neurodesenvolvimento. Atua em Ecoporanga (ES) e Barra de São Francisco (ES).

Contatos:
gessildatelles368@gmail.com
Instagram: @dragessildatelles

O sono consiste em um processo fundamental para a saúde e o desenvolvimento humano. Sua importância é ainda mais evidente em crianças com Transtorno do Espectro Autista (TEA), pois os distúrbios do sono são muito frequentes nessa população, afetando cerca de 80% das crianças e mais de 50% dos adultos com TEA.

Essa taxa elevada requer muita atenção, uma vez que os distúrbios do sono podem gerar impactos diretos na saúde física e mental, podendo agravar os pacientes atípicos. Isso porque todos os estágios do sono estão envolvidos em funções cognitivas, na consolidação da memória e na coordenação da atividade da rede neural. Além disso, um sono de má qualidade pode contribuir para exacerbação de sintomas de desregulação, desatenção, hiperatividade e estresse parental.

Segundo a Classificação Internacional dos Distúrbios do Sono (ICSD), podemos classificá-los em: insônia, distúrbios respiratórios relacionados ao sono, hipersônico de origem central, distúrbios do ritmo circadiano de sono e vigília, parassonias, distúrbios do movimento relacionado ao sono e outros distúrbios do sono. Estudos já evidenciam que na população autista os distúrbios mais encontrados são a insônia e os distúrbios do ritmo circadiano do sono e da vigília.

Visando a maior elucidação do tamanho do impacto que o sono desempenha em nosso corpo, é importante saber que o corpo humano normalmente funciona em ciclos de tempo ou ritmo, e a expressão mais evidente desse processo é o ciclo sono-vigília. Esse é expresso por diferentes estados cerebrais que mudam de um para o outro em um período de 24h. No entanto, sabemos que existem fatores neurobiológicos associados ao autismo e que implicam diretamente nessa regulação, comprometendo esse ciclo.

As causas que afetam o sono são inúmeras e incluem processos neurodegenerativos, que podem interromper as redes do ciclo sono-vigília e esgotar os neurotransmissores cerebrais relacionados ao sono. Os principais neurotransmissores e hormônios que podem estar afetados no processo de sono-vigília são:

- **Ácido gama-aminobutírico (Gaba)**: neurotransmissor inibitório, que promove o sono e a inibição muscular durante algumas fases do sono. Sabe-se que pacientes autistas apresentam redução de receptores Gaba em áreas corticais frontais.
- **Melatonina**: sintetizado a partir da serotonina, apresenta efeito indutor do sono, ansiolítico e regulador biológico. Estudos mostram que indivíduos autistas não apresentam aumento dos níveis de melatonina, que deve ocorrer no período noturno.
- **Serotonina**: neurotransmissor que participa da regulação da vigília. Sabe-se, por meio dos estudos, que indivíduos autistas apresentam conectividade funcional cerebral reduzida na região responsável pela a ligação e ação da serotonina.
- **Acetilcolina**: neurotransmissor que auxilia na cognição, incluindo memória e aprendizado. Evidências mostram que pacientes autistas apresentam uma reduzida quantidade de colina, um precursor da acetilcolina, o que pode estar associado à gravidade dos comportamentos autistas.
- **Glutamato**: aminoácido mais abundante no cérebro, fundamental para o equilíbrio excitatório e inibitório do cérebro, sendo uma hipótese de hiperexcitação noturna no paciente autista.

Essas alterações ajudam a explicar os padrões de sono fragmentado e a baixa qualidade de descanso relatados em crianças com TEA.

O diagnóstico dos distúrbios de sono em crianças com TEA é realizado por meio de uma anamnese detalhada, questionários específicos e o uso de um diário do sono da criança. Para a análise dos dados, deve-se considerar os critérios da ICSD ou do *Manual Diagnóstico e Estatístico de Transtornos Mentais* (DSM-5), sendo o primeiro mais comumente utilizado.

A polissonografia avalia o sono de forma objetiva por meio de parâmetros como tempo total, eficiência, latência e a porcentagem dos estágios do sono, podendo ser útil em determinados casos, mas nem sempre necessária para o diagnóstico. Nesse exame, é comum encontrar em crianças com TEA a diminuição do tempo total e da eficiência do sono, junto com aumento do estágio 1, sugerindo uma diminuição do sono reparador e um aumento de despertares noturnos, fatores que impactam negativamente no comportamento e no bem-estar das crianças.

Em relação ao tratamento farmacológico da insônia em crianças diagnosticadas com TEA, até o momento não há uma diretriz amplamente estabelecida. Considera-se o tratamento de primeira linha o treinamento parental, intervenções comportamentais e Terapia Cognitivo-Comportamental (TCC). Caso essas abordagens não sejam suficientes, intervenções farmacológicas podem ser utilizadas como complemento.

O treinamento parental é uma estratégia essencial e deve envolver: educação sobre a fisiologia do sono (por exemplo, a duração total do sono e a quantidade de horas necessárias em cada faixa etária); uma abordagem personalizada de higiene do sono adaptada à idade e às particularidades de cada criança; e a ênfase em uma rotina consistente para dormir e acordar.

Recomenda-se reduzir ou eliminar o uso de telas pelo menos duas horas antes do horário de dormir. Além disso, o ambiente de sono deve ser agradável e confortável para a criança. O reforço positivo também pode ser utilizado, premiando a criança por comportamentos adequados, como não sair da cama durante a madrugada. Uma técnica útil é fornecer pistas antes do horário de dormir, para que a criança entenda o que está por vir e comece o processo de relaxamento.

Quanto às intervenções farmacológicas, a melatonina é o único composto com evidência científica robusta, especialmente na forma de liberação controlada. Ela tem mostrado efeitos benéficos nos sintomas diurnos e noturnos, ajudando a regular o ritmo circadiano, melhorar o tempo total de sono, reduzir a latência do sono e reduzir os despertares noturnos. Medicações como anti-histamínicos, trazodona e clonidina também podem ser consideradas, mas devem ser utilizadas com cautela, sempre avaliando o custo-benefício e os efeitos colaterais potenciais.

A dose usual de melatonina varia de 1 a 10 mg, com ajustes feitos conforme a resposta da criança. A progressão deve ser gradual e sempre monitorada, levando em consideração a melhoria no tempo total de sono, a redução da latência do sono, os despertares noturnos e a melhoria dos sintomas diurnos como fadiga, irritabilidade, dificuldades de comportamento e déficits de atenção. Em caso de boa resposta, a dose deve ser mantida e o acompanhamento clínico deve ser realizado a cada seis meses.

Em relação à suplementação vitamínica e mineral para o sono no TEA, não há evidências terapêuticas suficientes. No entanto, crianças com TEA podem apresentar anormalidades metabólicas e nutricionais, como alterações na sulfatação, metilação, estresse oxidativo e disfunção mitocondrial. Dessa forma, a suplementação pode ser indicada para apoiar esses processos fisiológicos. Nos casos em que a seletividade alimentar está presente, o uso de suplementos pode auxiliar na manutenção dos níveis séricos ideais. A seguir, apresentamos a análise de algumas substâncias:

- **Complexo B**: inclui as vitaminas B6, B7, B12 e B9, que podem ajudar no funcionamento neuronal adequado, no controle do humor e na redução do estresse oxidativo, o que pode, em última instância, contribuir para uma melhor qualidade de sono.
- **Carnosina**: um peptídeo com propriedades antioxidantes e neuroprotetoras, que pode melhorar os quadros de parassonias e a duração e qualidade do sono, especialmente em doses acima de 500 mg.
- **Ferro**: tem sido associado à melhoria da qualidade do sono, especialmente no controle da síndrome das pernas inquietas, mas para isso é fundamental manter a ferritina acima de 50 ng/mL.
- **N-acetilcisteína (NAC)**: quando administrada em doses de 200-500 mg por oito semanas, pode aumentar os níveis de glutationa cerebral e reduzir a irritabilidade, promovendo o relaxamento e a melhoria do sono.
- **Coenzima Q10**: com suas propriedades antioxidantes e suporte às funções mitocondriais, pode melhorar alguns aspectos do sono, sendo recomendada em doses de 30-60 mg.
- **Magnésio**: em doses moderadas, pode auxiliar na normalização das ondas cerebrais e no relaxamento muscular, sendo uma terapia adjuvante eficaz para a regulação do sono.
- **Ácidos graxos ômega-3**: têm mostrado redução dos níveis de Interleucina-2 e melhorias relativas na hiperatividade e nos distúrbios de comportamento, além de poderem ser benéficos para o sono, especialmente em crianças com TEA.

Em suma, os distúrbios do sono em crianças com TEA são multifatoriais e exigem uma abordagem integrada. Ao entender as particularidades bioquímicas e comportamentais do sono no TEA, viabiliza implementar estratégias personalizadas que promovam um descanso mais reparador, melhorando os sintomas diurnos e colaborando para o desenvolvimento global das crianças.

Referências

BALLESTER, P. *et al.* Sleep in autism: a biomolecular approach to aetiology and treatment. *Sleep Medicine Reviews*, v. 54, [s.n.], p. 101357, 2020. Disponível em: https://doi.org/10.1016/j.smrv.2020.101357. Acesso em: 11 mar. 2025.

BJORKLUND, G. *et al.* The role of vitamins in autism spectrum disorder: what do we know? *Journal of Molecular Neuroscience*, v. 67, n. 3, p. 373-387,

2019. Disponível em: https://doi.org/10.1007/s12031-018-1237-5. Acesso em: 11 mar. 2025.

CHEN, X. *et al.* Characteristics of sleep architecture in autism spectrum disorders: a meta-analysis based on polysomnographic research. *Psychiatry Research*, v. 296, [s.n.], p. 113677, 2021. Disponível em: https://doi.org/10.1016/j.psychres.2020.113677. Acesso em: 11 mar. 2025.

CORTESE, S. *et al.* Sleep disorders in children and adolescents with autism spectrum disorder: diagnosis, epidemiology, and management. *CNS Drugs*, v. 34, n. 4, p. 415-423, 2020. Disponível em: https://doi.org/10.1007/s40263-020-00710-y. Acesso em: 11 mar. 2025.

DOSMAN, C. F. *et al.* Children with autism: effect of iron supplementation on sleep and ferritin. *Pediatric Neurology*, v. 36, n. 3, p. 152-158, 2007. Disponível em: https://doi.org/10.1016/j.pediatrneurol.2006.11.004. Acesso em: 11 mar. 2025.

FOGAÇA, S. S. S.; ROVER, M. R. M. Suplementos nutricionais no transtorno do espectro autista: um relato de caso. *Revista Brasileira Multidisciplinar*, v. 27, n. 2, p. 210-223, 2024. Disponível em: https://doi.org/10.25061/2527-2675/ReBraM/2024.v27i2.1674. Acesso em: 11 mar. 2025.

JOHNSON, K. P.; ZARRINNEGAR, P. Autism spectrum disorder and sleep. *Child and Adolescent Psychiatric Clinics*, v. 30, n. 1, p. 195-208, 2021. Disponível em: https://doi.org/10.1016/j.chc.2020.08.012. Acesso em: 11 mar. 2025.

LEE, B.-J. *et al.* Coenzyme Q10 supplementation reduces oxidative stress and increases antioxidant enzyme activity in patients with coronary artery disease. *Nutrition*, v. 28, n. 3, p. 250-255, 2012. Disponível em: https://doi.org/10.1016/j.nut.2011.06.004. Acesso em: 11 mar. 2025.

MEHRAZAD-SABER, Z.; KHEIROURI, S.; NOORAZAR, S. Effects of l-carnosine supplementation on sleep disorders and disease severity in autistic children: a randomized, controlled clinical trial. *Basic & Clinical Pharmacology & Toxicology*, v. 123, n. 1, p. 72-77, 2018. Disponível em: https://doi.org/10.1111/bcpt.12979. Acesso em: 11 mar. 2025.

MOUSAIN-BOSC, M.; SIATKA, C.; BALI J. P. Magnesium, hyperactivity and autism in children. *In*: MOUSAIN-BOSC, M.; SIATKA, C.; BALI J. P. (eds.). *Magnesium in the central nervous system*. Adelaide, AU: University of Adelaide Press, 2011. Disponível em: https://www.ncbi.nlm.nih.gov/books/NBK507249/. Acesso em: 14 jan. 2025.

WILLIAMS BUCKLEY, A. *et al.* Practice guideline: treatment for insomnia and disrupted sleep behavior in children and adolescents with autism spectrum disorder: report of the guideline development, dissemination, and implementation subcommittee of the American Academy of Neurology. *Neurology*, v. 94, n. 9, p. 392-404, 2020. Disponível em: https://doi.org/10.1212/WNL.0000000000009033. Acesso em: 11 mar. 2025.

53

DESAFIOS DO AUTISMO NA ATENÇÃO PRIMÁRIA

A Atenção Primária à saúde enfrenta desafios no manejo do TEA, como a falta de capacitação da equipe multiprofissional e alta demanda de pacientes com comorbidades. A integração entre saúde, educação e apoio às famílias é essencial para garantir um atendimento eficaz. Capacitação contínua e políticas públicas são fundamentais para diagnósticos precoces e um cuidado mais eficiente.

CARLA DOS ANJOS RIOS,
CINTIA ARIANA EMERENCIANO,
LAIS FURTADO
E VIRGÍNIA SOUZA

Carla dos Anjos Rios, Cintia Ariana Emerenciano, Lais Furtado e Virgínia Souza

Carla (primeira da esquerda para a direita) é pós-graduada em Psiquiatria Adulto e Infantil, aluna da Certificação do Dr. Thiago Castro e da Formação TND. Tem um olhar acolhedor para a saúde mental e o mundo atípico.

Contatos:
psiquiatriacarlarios@gmail.com
Instagram: @dra.carlarios

Cintia (segunda da esquerda para a direita) é médica formada pela Faculdade de Ciências Médicas de Santos, especialista em Pediatria com conhecimento em Alergologia. Certificada pelo Dr. Thiago Castro e pela Formação TND. Mãe de uma menina e pediatra de muitos, é apaixonada pelo mundo atípico.

Contatos:
cintiaariana@yahoo.com.br
Instagram: @dra.cintiaariana

Lais (terceira da esquerda para a direita) é médica de Família e Comunidade, pós-graduada em Psiquiatria Adulto. Aluna da Certificação do Dr. Thiago Castro e da Formação TND, com foco em autismo e TDAH na vida adulta.

Contatos:
Instagram: @dralaisfurtado

Virgínia (quarta da esquerda para a direita) é pós-graduada em Psiquiatria Adulto e Infantil, aluna da Certificação do Dr. Thiago Castro e da Formação TND. Um olhar atento às particularidades do autismo e à importância das adaptações.

Contatos:
Instagram: @dra.virginia_souza

Você já imaginou uma unidade básica de saúde diagnosticando e atendendo casos de autismo? Em sua região, isso ainda parece distante? A falta de médicos especialistas é uma realidade para você? Já desistiu de um encaminhamento devido à demora no atendimento?

Neste capítulo, vamos explorar como a estrutura da atenção básica ainda não permite que essa realidade seja vivida em muitas cidades.

O atendimento ideal seria próximo a nossa casa, feito pelo médico que cuida da nossa família e com quem temos um vínculo formado. No entanto, esse cenário está longe da realidade enfrentada por muitas pessoas em busca de respostas.

O Transtorno do Espectro Autista (TEA) é caracterizado por dificuldades nas interações sociais e apresenta uma ampla gama de sintomas nas áreas cognitivas, emocionais e neurocomportamentais. Cada autista é único, tornando o diagnóstico e o tratamento desafiadores (Sukiennik, Marchezan & Scornavacca, 2022).

Discutiremos os desafios enfrentados pela atenção básica no manejo do TEA, bem como as barreiras para tornar o atendimento mais acessível e eficaz.

A Atenção Primária é essencial para a promoção da saúde, prevenção de doenças, diagnóstico precoce e acompanhamento contínuo. No contexto do autismo, desempenha um papel crucial na identificação precoce de sinais, encaminhamento de oportunidade para especialistas, suporte às famílias e cuidado baseado em empatia e informação.

No entanto, muitos profissionais da Atenção Primária, como médicos e enfermeiros, carecem de treinamento adequado para a identificação de sinais iniciais do TEA, especialmente em casos mais leves. Isso resulta em atrasos no diagnóstico e no início do tratamento.

A triagem inicial do TEA geralmente ocorre na primeira infância. Contudo, a falta de preparo, de forma progressiva entre profissionais e de gestão nos serviços de saúde, muitas vezes compromete e fragmenta o atendimento necessário (Romeu & Rossit, 2022).

Embora sinais atípicos possam surgir no primeiro ano de vida, o diagnóstico do TEA ocorre muitas vezes tardiamente, por volta dos cinco anos. Intervenções realizadas antes dos três anos e meio são significativamente mais eficazes do que após essa idade.

Aproximadamente, cerca de 5% das crianças que iniciam a intervenção aos dois anos não apresentam todos os sintomas do autismo aos nove anos. Entretanto, pais frequentemente consultam de dois a quatro profissionais da saúde em busca de um diagnóstico preciso, enfrentando um processo longo e desgastante (Sampedro-Tobón *et al.*, 2013).

As consultas de puericultura oferecem oportunidades inovadoras para identificar sinais de alerta do TEA. Qualquer atraso nos marcos de desenvolvimento deve ser considerado, já que esses sinais podem surgir nos primeiros meses de vida ou um pouco mais tarde. Diagnósticos seguros podem ser realizados antes dos dois anos de idade.

Ferramentas padronizadas, como o M-Chat-R, compostas por 23 perguntas aplicáveis a crianças de 16 a 30 meses, são úteis para identificar sinais precoces de autismo. No entanto, seu uso é frequentemente ignorado ou inadequado por profissionais sem experiência específica.

A tabela com os marcos de desenvolvimento está fixada na carteira nacional de vacinação infantil e ajuda a nortear os pais e a equipe de saúde quanto à presença de atrasos. Além disso, a anamnese dirigida é uma ferramenta essencial para elaborar hipóteses diagnósticas.

Todos os profissionais de Atenção Primária, desde agentes de saúde em visitas domiciliares até recepcionistas no agendamento de consultas, devem estar familiarizados com os sinais precoces do TEA.

A identificação precoce deve ocorrer durante as visitas da criança à unidade básica de saúde para vacinação, consultas ou exames. Esses encontros são oportunidades para avaliar déficits cognitivos, motores e comportamentais, além de discutir possíveis atrasos em reuniões da Estratégia de Saúde da Família (ESF). Porém, a falta de preparação de muitos profissionais compromete essas informações importantes para o desenvolvimento neuropsicomotor da criança.

Na atuação da equipe multiprofissional pela ESF, os Agentes Comunitários de Saúde (ACS) têm papel crucial na identificação precoce do TEA. Como primeiro contato das famílias com o sistema de saúde, eles realizam ações preventivas, curativas e de reabilitação. No entanto, a falta de formação específica prejudica o desempenho adequado dessa função.

Nos últimos anos, o número de diagnósticos de autismo aumentou significativamente, alcançando uma em cada 36 crianças. Esse crescimento trouxe novas demandas para as unidades básicas de saúde, antes de equipamentos em ambulatórios e consultórios especializados.

A dificuldade em encontrar médicos especialistas no Sistema Único de Saúde (SUS) e a demora para agendamento na saúde secundária agravaram o prognóstico. Diante da escassez de especialistas, os médicos clínicos precisam assumir essa demanda crescente, aumentando o desafio de oferecer um atendimento eficaz.

Os principais fatores que limitam o atendimento ao TEA no Programa Saúde da Família (PSF) são:

1. **Baixa remuneração dos profissionais de saúde**: o autismo é visto como complexo, e muitos acreditam, equivocadamente, que apenas especialistas, geralmente mais bem remunerados, podem manejá-lo melhor.
2. **Grande demanda assistencial**: cada PSF atende cerca de cinco mil pacientes. Com a crise financeira, muitos usuários migraram de planos de saúde para o SUS, sobrecarregando as consultas.
3. **Despreparo da equipe**: o conhecimento sobre o autismo ainda é limitado, especialmente em casos graves, devido à recente maior visibilidade do tema.
4. **Área de abrangência extensa**: PSFs que atendem zonas rurais enfrentam dificuldades no acesso às famílias, agravadas pela falta de veículos para visitas domiciliares.
5. **Ausência de protocolos para casos graves**: a maioria dos municípios não possui protocolos claros ou alinhamento nas condutas, gerando dúvidas em clínicos e médicos de família sobre medicamentos e limitações de terapia.
6. **Falta de preparo para uso de ferramentas diagnósticas**: apesar da disponibilidade de escalas diagnósticas, muitos profissionais acreditam, erroneamente, que sua aplicação é exclusiva de especialistas.
7. **Deficiência na capacitação da equipe multidisciplinar**: muitos profissionais ainda não possuem a formação adequada para atuar no manejo do autismo.
8. **Dificuldades no atendimento a pacientes rurais**: a distância e os custos de transporte dificultam a busca ativa, geralmente limitada às visitas de agentes de saúde, sem o apoio completo da equipe.

O atendimento a pacientes com TEA torna-se mais complexo devido à presença de comorbidades, como ansiedade, depressão e distúrbios do sono, que são comuns nessa população e podem agravar os desafios no diagnóstico, manejo e intervenção terapêutica.

As famílias precisam de auxílio, como grupos de apoio e orientações sobre cuidados, mas a Atenção Primária muitas vezes não consegue suprir essas demandas, gerando estresse e insegurança nos responsáveis, que se sentem desassistidos.

Crianças com TEA podem apresentar agressividade, dificuldades no controle emocional, seletividade alimentar e alterações na dieta, exigindo um manejo especializado que, muitas vezes, não é dominado pelos profissionais de saúde da atenção básica.

A articulação entre a Atenção Primária e os níveis secundários e terciários é falha, resultando em fragmentação do atendimento e falta de continuidade no cuidado. As disciplinas neuropsicomotoras aguardam avaliação de neuropediatra ou psiquiatra, o que retarda o desenvolvimento das crianças.

O atendimento é complicado pela presença de comorbidades, como ansiedade, depressão e distúrbios do sono, dificuldades de detectar e manejar na Atenção Primária.

Outro fator limitante é a qualificação insuficiente dos profissionais do CAPS (Centro de Atendimento Psicossocial Infantil), que, muitas vezes, consegue um matriciamento superficial com a ESF.

Integração entre saúde, educação e família

A Atenção Primária deveria ser mais integrada às escolas, pois os sinais de alerta precisariam ser trabalhados em conjunto com os professores no ambiente escolar.

A escola deveria ser capacitada para avaliar alterações no desenvolvimento neuropsicomotor e comunicar à família e à UBS, iniciando o acompanhamento clínico na Atenção Primária à Saúde o mais rápido possível. Intervenções precoces realizadas em conjunto pela saúde e pela escola fazem uma diferença significativa no desenvolvimento e na qualidade de vida da criança e de sua família.

A família tem grande influência sobre a criança com sofrimento psíquico, sobrecarga física e emocional diante do autismo. A equipe da Atenção Primária deve orientá-la, implementando cuidados adequados, apoiando as demandas individuais e formando uma rede de suporte, articulando-se com o Núcleo de Apoio à Saúde da Família (Nasf), além de especialistas, como neurologistas, psiquiatras, fonoaudiólogos, nutricionistas, psicólogos e terapeutas ocupacionais.

Entretanto, a Atenção Primária não consegue atender a todas as demandas terapêuticas, como fonoaudiologia, terapia ocupacional e psicopedagogia, devido à sobrecarga de tarefas da equipe multiprofissional.

As famílias de crianças com autismo frequentemente ignoram o suporte, como acesso a grupos de apoio e orientações sobre os cuidados necessários. No entanto, a Atenção Primária muitas vezes não consegue suprir essas demandas, o que gera estresse e insegurança nos responsáveis, deixando-os com uma sensação de desamparo.

Crianças com autismo podem apresentar agressividade, dificuldade no controle emocional, alterações na dieta e seletividade alimentar, exigindo manejo específico que nem sempre é dominado pelos profissionais de saúde da Atenção Primária.

É fundamental lembrar que crianças com TEA se tornarão adolescentes e adultos, e também precisarão de cuidados de saúde. Evidências sugerem que adultos autistas podem ter comorbidades como epilepsia, distúrbios gastrointestinais, problemas alimentares e nutricionais, além de serem frequentemente expostos a violência e abuso.

Caminhos para uma atenção mais eficiente

O tratamento do TEA enfrentou desafios consideráveis, mas a evolução das políticas públicas, a criação de cartelas pelo Ministério da Saúde, cursos de formação continuada e leis têm dado visibilidade ao autismo e ajudado a minimizar essas barreiras.

O Brasil tem implementado novas estratégias de atenção à saúde, como a rede de saúde mental e a rede para pessoas com deficiência. A Lei Brasileira de Inclusão (LBI) – Lei n. 13.146/2015, complementando a "Lei Berenice Piana" – garante a inclusão de pessoas com deficiência em áreas como educação, saúde, trabalho e cultura, com adaptações para inclusão escolar.

A capacitação dos profissionais é essencial para a identificação precoce, o monitoramento do desenvolvimento infantil e o tratamento de comorbidades. A Rede de Atenção à Saúde precisa ser integrada, intersetorial, multidisciplinar e eficaz para garantir o acesso à saúde.

Observe-se a inexperiência da equipe multiprofissional da Atenção Básica em identificar, acompanhar e acolher o usuário e a família. Isso reflete a carência de políticas públicas adequadas para esses pacientes no Brasil, onde, embora exista o fluxo de assistência na rede, faltam meios para sua aplicação eficaz. O conhecimento científico é essencial para garantir a segurança e o embasamento nas decisões, tanto no relacionamento entre a equipe multiprofissional e o paciente quanto nas relações internas da equipe.

Uma equipe multiprofissional capacitada e organizada é fundamental para ações e cuidados eficientes. Para o sucesso do tratamento, todos os profissionais das áreas de saúde e educação devem estar integrados com a família. Campanhas de conscientização também são eficazes no combate aos preconceitos e estigmas em relação ao autismo na comunidade.

Com essas mudanças, seria possível tornar a unidade básica mais eficiente no manejo de casos de TEA.

Referências

FENIKILÉ, T. S. *et al.* Barriers to autism screening in family medicine practice: a qualitative study. *Primary Health Care Research & Development*, v. 16, n. 4, p. 356-366, 2015. Disponível em: https://doi.org/10.1017/S1463423614000449. Acesso em: 11 mar. 2025.

HAJJAR, A. C. *et al. Desafios no diagnóstico e tratamento precoce do transtorno do espectro autista*. 2020. 42f. Trabalho de Conclusão de Curso (Graduação em Medicina) – Centro Universitário de Anápolis UniEVANGÉLICA, 2020. Disponível em: http://repositorio.aee.edu.br/handle/aee/17963. Acesso em: 24 jan. 2025.

MURARI, S. C.; MICHELETTO, N. Avaliação do comportamento em puericultura para identificação precoce do transtorno do espectro autista. *Revista Brasileira de Terapia Comportamental e Cognitiva*, v. 20, n. 3, p. 54-72, 2018. Disponível em: https://doi.org/10.31505/rbtcc.v20i3.1213. Acesso em: 11 mar. 2025.

SAMPEDRO-TOBÓN, M.; GONZÁLEZ-GONZÁLEZ, M.; VÉLEZ-VIEIRA, S. Detección temprana en trastornos del espectro autista: una decisión responsable para un mejor pronóstico. *Boletín Médico del Hospital Infantil de México*, v. 70, n. 6, p. 456-466, 2013. Disponível em: https://www.medigraphic.com/cgi-bin/new/resumen.cgi?IDARTICULO=47282. Acesso em: 11 mar. 2025.

SUKIENNIK, R.; MARCHEZAN, J.; SCORNAVACCA, F. Challenges on diagnoses and assessments related to autism spectrum disorder in Brazil: a systematic review. *Frontiers in Neurology*, v. 12, [s.n.], p. 598073, 2022. Disponível em: https://doi.org/10.3389/fneur.2021.598073. Acesso em: 11 mar. 2025.

54

AUTISMO E FAMÍLIA

CINCO PILARES PARA LIDAR COM O DIAGNÓSTICO E CRIAR CONEXÕES

Receber o diagnóstico de TEA é um momento de transformação profunda para a família. Este capítulo aborda cinco pilares interconectados, fundamentados em evidências científicas e experiências reais, que transformam o diagnóstico em um caminho de crescimento e inclusão.

ANDRÉ ANDRADE,
BRUNA PERES
E ELLEN BERNARDO

André Andrade, Bruna Peres e Ellen Bernardo

André (à esquerda) é médico pós-graduado em Cannabis Medicinal e pediatra pela Fundação Hospital Estadual do Acre (FUNDHACRE). Membro da Sociedade Brasileira de Pediatria (SBP) e do Grupo de Certificação do Dr. Thiago Castro.

Contatos:
consultorio.drandreandrade@gmail.com
Instagram: @drandre.andrade
11 93702 3105

Bruna (ao centro) é médica pela Faculdade de Medicina de Valença, com residência médica em Pediatria pela Universidade Federal do Mato Grosso do Sul. Membro da Sociedade Brasileira de Pediatria (SBP) e certificada em Autismo e Transtornos do Neurodesenvolvimento pela Certificação Thiago Castro e TND.

Contatos:
Instagram: @dra_brunaperes
11 91457 9659

Ellen (à direita) é médica pós-graduada em Psiquiatria da Infância, Abordagem Integral no Autismo e TDAH, e Transtornos do Neurodesenvolvimento. Faz parte do seleto grupo de médicos da Certificação Thiago Castro (CTC) e TND.

Contatos:
Instagram: @dra.ellenbernardo
18 99788 8901

Receber o diagnóstico de Transtorno do Espectro Autista (TEA) é uma experiência transformadora, marcada por desafios, dúvidas e a necessidade de reorganização familiar. Com base em evidências científicas e experiências profissionais, destacamos áreas, caminhos e estratégias que acreditamos garantir maior integração entre família, profissionais e escola.

O diagnóstico: a importância de como é comunicado

A forma como o diagnóstico de TEA é comunicado à família determina como os primeiros passos dessa jornada serão vivenciados. Uma comunicação sensível e respeitosa reduz o impacto emocional e direciona a família para uma ação positiva. Reconhecer as emoções envolvidas, acolher dúvidas e medos e oferecer apoio colaboram para uma orientação adequada. Quando conduzida com empatia, essa abordagem pode promover uma aceitação mais tranquila e direcionar a família para uma ação positiva, baseada em informações confiáveis e no fortalecimento dos vínculos familiares.

Princípios para comunicar o diagnóstico

- **Empatia e humanização**: o diagnóstico deve ser entregue em um ambiente calmo e reservado, onde os profissionais reconheçam as emoções envolvidas.
- **Clareza e linguagem simples**: usar termos acessíveis, evitando tecnicismos, ajuda a família a compreender o diagnóstico e suas implicações.
- **Foco nas possibilidades**: apresentar perspectivas positivas e intervenções baseadas em evidências transmite esperança e direcionamento.
- **Encaminhamentos imediatos**: oferecer suporte prático, como materiais informativos e contatos de profissionais, reduz a sensação de desamparo.

Uma comunicação clara e cuidadosa transforma o diagnóstico em um ponto de partida acolhedor e esperançoso, promovendo maior engajamento nos tratamentos e suportes indicados ou oferecidos.

O luto simbólico: processando e superando as emoções

Receber o diagnóstico de TEA frequentemente conduz a família a um processo de luto simbólico, caracterizado pela necessidade de ressignificar a imagem idealizada da criança e ajustar as expectativas em relação ao seu futuro. Esse luto não se refere à perda física, mas à reconstrução emocional diante de uma realidade que exige adaptação, compreensão e resiliência.

O impacto emocional do diagnóstico pode desencadear uma série de reações que refletem a complexidade desse processo. É essencial compreender que o luto simbólico é legítimo, necessário e pode ser superado com apoio adequado. Validar as emoções envolvidas e respeitar o tempo de cada membro da família são passos fundamentais para transformar esse momento em uma oportunidade de fortalecimento.

Inspiradas pelo modelo de Elisabeth Kübler-Ross, as etapas do luto simbólico oferecem uma estrutura para entender as reações emocionais das famílias. Embora essas fases não sejam rígidas ou sequenciais, elas ajudam a reconhecer os sentimentos vivenciados nesse processo:

- **Negação**: inicialmente, pode haver uma recusa em aceitar o diagnóstico, muitas vezes acompanhada de tentativas de buscar outras opiniões médicas ou minimizar os sinais. Essa etapa reflete o impacto inicial da notícia e a dificuldade em processar a nova realidade.
- **Raiva**: sentimentos de injustiça e frustração podem surgir, sendo frequentemente dirigidos ao sistema de saúde, aos profissionais envolvidos ou até a si mesmos. Validar essas emoções, sem julgamento, é essencial para que a família se sinta compreendida e apoiada.
- **Barganha**: em busca de controle, a família pode tentar encontrar soluções rápidas, muitas vezes sem evidências científicas, ou imaginar cenários alternativos. Durante essa fase, uma orientação clara e embasada ajuda a alinhar expectativas e direcionar ações.
- **Tristeza (ou depressão)**: com o passar do tempo, pode surgir um sentimento de pesar profundo pela perda da imagem idealizada da criança. Essa etapa exige atenção especial para evitar o agravamento do sofrimento emocional. O suporte psicológico é essencial nessa fase.
- **Aceitação**: ao compreenderem e ressignificarem o diagnóstico, os familiares começam a ajustar suas expectativas, focando no potencial da criança e nos caminhos possíveis para promover seu desenvolvimento.

Cada família vivencia o luto simbólico de forma única, e as etapas podem se sobrepor ou repetir ao longo do tempo. Reconhecer e respeitar esse processo é essencial para ajudar os familiares a encontrar força e resiliência. Profissionais de saúde, educadores e redes de apoio têm um papel fundamental nesse acolhimento, promovendo um ambiente de compreensão e empatia.

Suporte psicológico: acolhendo e fortalecendo a família

O diagnóstico de TEA não afeta apenas a criança; ele impacta profundamente toda a dinâmica familiar. A incompreensão por parte de terceiros em relação ao comportamento da criança autista pode levar essas famílias a vivenciarem isolamento social. Esse afastamento, muitas vezes motivado por reações preconceituosas ou pela ausência de ambientes inclusivos, intensifica o sentimento de exclusão e solidão, minando o bem-estar emocional da família (Caparroz & Soldera, 2022).

Com o passar do tempo, é comum que os familiares experimentem o que se conhece como "crise do cuidador". Durante essa fase, os cuidadores se sentem sobrecarregados, exaustos e, frequentemente, impotentes diante das demandas diárias. Essa crise pode ser marcada por uma combinação complexa de emoções, como dificuldade em aceitar o diagnóstico, sentimentos de vitimização, culpa, raiva, perplexidade frente à falta de informações claras, angústia devido à incerteza sobre o futuro, tristeza profunda e, em casos extremos, sensação de humilhação (Talasca, Cavalcante & Santos, 2020).

Diante desse cenário, oferecer suporte psicológico é essencial para permitir que essas famílias recuperem o equilíbrio emocional e transformem os desafios do diagnóstico em oportunidades para construir um ambiente acolhedor e colaborativo.

Para quem o suporte psicológico é essencial?

- **Para os cuidadores**: o diagnóstico pode trazer um peso emocional significativo, gerando estresse, ansiedade e até depressão. O suporte psicológico permite que os pais processem suas emoções e desenvolvam ferramentas para lidar com os desafios cotidianos.
- **Para os irmãos**: muitas vezes, os irmãos enfrentam sentimentos de ciúme, insegurança ou sobrecarga emocional ao assumir responsabilidades extras. O suporte ajuda a promover empatia, compreensão e a fortalecer os laços familiares.
- **Para a dinâmica familiar**: quando todos os membros da família são acolhidos, cria-se um ambiente mais harmônico e propício ao desenvolvimento emocional e social da criança com TEA.

Quais práticas terapêuticas contribuem para as famílias com TEA?

- **TCC**: ajuda cuidadores a gerenciar estresse e desafios emocionais com estratégias práticas.
- **Psicoterapia familiar**: fortalece vínculos, reestrutura papéis e promove resiliência coletiva.
- **Grupos de apoio**: favorecem troca de experiências, aprendizado e redução do isolamento.
- **Práticas complementares**: mindfulness, ioga e meditação ajudam a equilibrar emoções e reduzir estresse.

Com suporte adequado, as famílias transformam o diagnóstico em crescimento e conexão, criando uma base familiar sólida e um ambiente acolhedor para a criança.

Capacitação dos cuidadores: preparando a família para a jornada

A capacitação dos cuidadores é um dos pilares fundamentais para transformar o diagnóstico de TEA em uma jornada de acolhimento, superação e crescimento. Essa preparação empodera os cuidadores com o conhecimento e as ferramentas necessárias para compreender o diagnóstico e atuar de maneira ativa no desenvolvimento da criança.

Por que capacitar os cuidadores é crucial no acolhimento familiar?

- **Promove a superação dos desafios**: a capacitação ajuda os cuidadores a entenderem o TEA não como um obstáculo intransponível, mas como um desafio que pode ser enfrentado com estratégias práticas e conhecimento embasado.
- **Reduz a sobrecarga emocional**: quando os cuidadores se sentem preparados, o peso do diagnóstico é substituído por um senso de competência e capacidade.
- **Facilita a construção de caminhos**: a formação oferece uma visão clara de como cada ação cotidiana pode se tornar uma oportunidade para estimular o desenvolvimento da criança e fortalecer os laços familiares.

A capacitação transforma a casa (e todos os espaços nos quais a criança interage) em um espaço de aprendizado contínuo e de acolhimento. Essa capacitação não é apenas uma ferramenta prática, mas um ato de acolhimento emocional. Familiares bem preparados transformam as interações da criança com TEA em uma oportunidade de estímulo e conexão. As decisões sobre o que fazer em cada interação passam a ser tomadas com segurança e assertividade, e o ambiente familiar se torna um ponto de apoio essencial para a criança e para todos os membros da família, promovendo harmonia e união.

A atuação multidisciplinar e o papel da escola

O diagnóstico de TEA exige uma abordagem integrada, que envolva família, profissionais de saúde e educadores em uma rede de apoio coordenada.

A escola como parte da rede de acolhimento

A escola é um espaço central na vida da criança e desempenha papel fundamental no acolhimento familiar.

- **Ambiente inclusivo**: promove respeito às diferenças e oferece suporte adaptado às necessidades da criança.
- **Comunicação ativa**: mantém um diálogo frequente e transparente com a família.
- **Capacitação dos educadores**: prepara a equipe escolar para lidar com as particularidades do TEA, utilizando estratégias baseadas em evidências.

Por que a abordagem transdisciplinar é eficiente?

- **Intervenção integrada**: profissionais compartilham estratégias e objetivos, criando um plano coeso e eficaz.
- **Participação da família**: a família se torna parceira ativa no processo, garantindo alinhamento e continuidade nas intervenções.
- **Foco na criança**: todas as dimensões do desenvolvimento são trabalhadas de forma coordenada.

Conclusão: transformando desafios em caminhos de esperança

O diagnóstico de TEA não é um ponto final, mas um convite para uma jornada de descoberta, aprendizado e transformação. Ele desafia as famílias a ressignificarem expectativas, enfrentarem obstáculos e encontrarem novas formas de acolher e potencializar o desenvolvimento da criança. Apesar das dificuldades iniciais, essa jornada tem o poder de fortalecer vínculos, renovar perspectivas e abrir portas para possibilidades que antes pareciam distantes.

As cinco áreas destacadas – comunicação sensível, superação do luto simbólico, suporte psicológico, capacitação dos cuidadores e uma abordagem transdisciplinar – são fundamentais para tornar esse percurso mais seguro e estruturado. Elas criam uma base sólida para que as famílias enfrentem os desafios com confiança e resiliência. A integração dessas práticas permite transformar os impactos do diagnóstico em um caminho de crescimento mútuo, tanto para a criança quanto para os que a cercam.

Mais do que isso, o diagnóstico redefine prioridades e convida os envolvidos a reconhecerem que cada pequena conquista é um grande marco. Uma palavra dita, uma interação positiva ou uma habilidade desenvolvida não são apenas avanços; são celebrações de um esforço coletivo que envolve amor, dedicação e apoio contínuo.

O papel das redes de apoio – como profissionais de saúde, educadores e a comunidade – é essencial, mas é no núcleo familiar que reside a força motriz dessa transformação. É ali que o acolhimento, a paciência e a adaptação se tornam instrumentos de mudança. A jornada do TEA é vivida nos detalhes do cotidiano e nos momentos de superação compartilhados entre a criança e seus cuidadores.

O diagnóstico de TEA não limita; ele ensina. Ele nos lembra que a diversidade é uma riqueza, e que a inclusão é uma construção contínua. Escolher transformar desafios em esperança é um ato diário que nos aproxima de um futuro em que as diferenças não apenas coexistem, mas são celebradas como elementos fundamentais de uma sociedade mais humana e compassiva.

Neste caminho, o mais importante não é a perfeição, mas o progresso. Juntos, é possível moldar uma trajetória que valoriza as singularidades de cada criança, enquanto pavimenta um mundo que acolhe e respeita todos os seus potenciais.

Referências

AMERICAN PSYCHIATRIC ASSOCIATION. *Diagnostic and statistical manual of mental disorders (DSM-5)*. Washington, DC: APA Publishing, 2022.

CAPARROZ, L. F.; SOLDERA, M. Inclusão de crianças com transtorno do espectro autista: perspectivas familiares e educacionais. *Revista Brasileira de Educação Especial*, v. 28, n. 3, p. 345-363, 2022.

KUBLER-ROSS, E. *On death and dying*. New York: Macmillan, 1969.

TALASCA, G. F.; CAVALCANTE, J. F.; SANTOS, M. R. Cuidadores de crianças com TEA: um estudo sobre a sobrecarga e suporte familiar. *Psicologia em Pesquisa*, v. 14, n. 2, p. 145-160, 2020.

55

MELTDOWN – SHUTDOWN – BURNOUT SENTIMENTOS À FLOR DA PELE

Meltdowns, shutdowns e burnouts são expressões intensas do que sentimos quando o limite emocional e sensorial é ultrapassado. Para quem vive no espectro autista, essas experiências não são meras respostas ao estresse, mas manifestações profundas que revelam a vulnerabilidade e a complexidade de sentir-se "à flor da pele".

JÚLIA VITÓRIA CASTRO,
KELLY PLACIDINO
E REJANE BARRETO

Júlia Vitoria Castro, Kelly Placidino e Rejane Barreto

Júlia (à esquerda) é médica, pós-graduada em Pediatria Clínica e Integrativa, especialista em Autismo e Transtornos do Neurodesenvolvimento pela Certificação Thiago Castro. Autista de diagnóstico tardio, com atuação focada no espectro feminino ao longo da vida.

Contatos:
Instagram: @dra.juliavitoria
62 99996 0902

Kelly (ao centro) é médica formada pela UEPG, pós-graduada em Pediatria Integrativa, com certificação Thiago Castro em Autismo, formação em Transtornos do Neurodesenvolvimento e extensão em Suplementação Pediátrica. Mãe de um casal e autista de diagnóstico tardio, atende crianças e adultos por telemedicina.

Contatos:
Instagram: @dra.kellyplacidino
41 99626 9590

Rejane (à direita) é médica e fisioterapeuta, pós-graduada em Neuropediatria, mestre em Neuropsiquiatria e Ciências do Comportamento pela UFPE. Professora da pós-graduação em Neuropediatria do IBCMed, com Certificação Thiago Castro em Autismo e formação em Transtornos do Neurodesenvolvimento.

Contatos:
Instagram: @drarejanebarreto
81 99616 0927

O que são *meltdown* e *shutdown*?

Para pessoas autistas, interações sociais e estímulos ambientais podem ser altamente estressantes, exigindo um esforço diário muito maior que o normalmente necessário. Esse desgaste constante pode levar a crises que nem sempre são visíveis, desafiando os estereótipos comumente retratados.

Existem duas formas principais de crise no autismo: ***meltdown*** e ***shutdown***.

- ***Meltdown*** **(colapso)**: é uma reação intensa e descontrolada a sobrecargas sensoriais, emocionais ou cognitivas. Manifesta-se por explosões emocionais, como raiva, choro, pânico ou até auto ou heteroagressão.
- ***Shutdown*** **(bloqueio)**: ocorre pelos mesmos motivos, mas a reação é oposta. A pessoa se torna introspectiva, com sinais como silêncio, isolamento ou sonolência excessiva, muitas vezes confundidos com depressão.

Quando essas crises são ignoradas e o esforço para atender às demandas do dia a dia persiste, pode surgir o "burnout autista".

O que é burnout autista?

É um estado de exaustão física, mental e emocional causado por estresse crônico e demandas excessivas. No autismo, ele assume características específicas, como:

- Desgaste extremo pela camuflagem de traços autistas (*masking*).
- Sobrecarga sensorial contínua.
- Falta de compreensão ou suporte adequado.

Os sintomas incluem esgotamento, desmotivação, irritabilidade, dificuldade de concentração e sensação de desconexão emocional.

Quando as crises começam?

As crises no autismo podem surgir ainda na infância. Diferentemente das birras, que têm como objetivo alcançar algo desejado, as crises são reações involuntárias a uma sensação de sobrecarga. Durante uma crise, a criança não consegue se autorregular, reagindo a estímulos que a deixam desconfortável ou ansiosa. Esses estímulos podem variar bastante e surgir em situações inesperadas, como o som de um aspirador de pó ou o ambiente agitado de uma sala cheia de pessoas.

Na adolescência e no início da vida adulta, a intensidade e a frequência das crises podem aumentar devido ao crescimento das demandas sociais. Até então, tarefas como organização de horários, escolha de roupas e alimentação eram frequentemente mediadas pelos pais. No entanto, essas responsabilidades passam a ser do adolescente ou adulto, que também precisa lidar com a pressão do ambiente social, acadêmico e profissional.

Interagir, manter conversas, ajustar o comportamento às normas sociais, interpretar nuances da comunicação e se expressar adequadamente são desafios que demandam grande esforço mental e emocional. Esse esforço constante resulta em uma exaustão significativa que, acumulada dia após dia, pode levar ao burnout.

***Meltdowns* e *shutdowns* na adolescência**

A adolescência é um período de intensas transformações físicas, emocionais e sociais, que pode ser especialmente desafiador para adolescentes com Transtorno do Espectro Autista (TEA). As mudanças hormonais, somadas à crescente pressão para atender às expectativas sociais, podem aumentar a frequência e a intensidade de episódios de *meltdown* e *shutdown*, gerando um impacto significativo na vida desses jovens.

Nesse contexto, a necessidade de se adaptar a padrões sociais, formar amizades e lidar com situações como provas escolares, mudanças na rotina ou conflitos interpessoais pode levar à sobrecarga emocional. Enquanto os *meltdowns* se manifestam como explosões de ansiedade, frustração ou raiva, os *shutdowns* aparecem como um "desligamento", em que o adolescente pode se isolar ou evitar interações sociais.

Alguns exemplos do *meltdown* incluem:

- **Explosões de raiva ou frustração**: gritos, choros intensos ou reações agressivas, que podem ser direcionadas a objetos, pessoas ou a si mesmo.
- **Comportamentos autoagressivos**: como bater em si mesmo, puxar os cabelos ou se machucar de outras maneiras.

- **Heteroagressividade**: ataques direcionados a outras pessoas, como empurrões ou socos, embora isso nem sempre ocorra.
- **Fuga ou evasão**: o adolescente pode tentar sair correndo ou se afastar rapidamente do local da crise.
- **Descontrole físico**: dificuldade em coordenar movimentos, agitação excessiva ou até colapsos físicos, como se jogar no chão.
- **Dificuldade de comunicação**: o adolescente pode perder temporariamente a capacidade de se expressar verbalmente ou fazer isso de forma confusa e desorganizada.

Já as crises de *shutdown* podem se manifestar como:

- **Isolamento social**: evitar interações, ficar em silêncio ou afastar-se de ambientes sociais.
- **Imobilidade**: parecer paralisado, com dificuldade de se movimentar ou agir, como se estivesse "travado".
- **Redução da comunicação**: fala limitada ou ausência completa de respostas verbais, mesmo quando solicitado.
- **Desconexão aparente**: parecer distante, desinteressado ou alheio ao que está acontecendo ao redor.
- **Fadiga intensa**: sensação de cansaço extremo, com episódios de sonolência ou apatia.
- **Evitação de estímulos**: pode tapar os ouvidos, fechar os olhos ou buscar um local seguro e silencioso para se recolher.

Esses episódios geralmente ocorrem após longos períodos de estresse, pressão ou sobrecarga sensorial. Ao contrário dos *meltdowns*, os *shutdowns* são menos visíveis e podem ser confundidos com desânimo ou tristeza. No entanto, eles representam um esforço do adolescente para se proteger do ambiente que o está sobrecarregando.

A vida adulta e o burnout autista

O burnout autista é um estado de exaustão física, emocional e mental profundamente debilitante, associado às demandas sociais, sensoriais e emocionais enfrentadas por indivíduos autistas. Na vida adulta, essas dificuldades são frequentemente exacerbadas pela necessidade de adaptação a ambientes predominantemente neurotípicos, gerando sobrecarga e impacto significativo na saúde mental e na qualidade de vida.

Fatores contribuintes

Muitos adultos autistas relatam que o esforço constante para camuflar suas características autistas – conhecido como *masking* – consome energia e aumenta os níveis de estresse. Esse esforço é frequentemente impulsionado pelo desejo de evitar preconceitos ou exclusão social. De acordo com Milton (2012), o *masking* pode criar uma dissonância interna, comprometendo o bem-estar emocional. Além disso, a hipersensibilidade a estímulos como luzes intensas, sons altos e ambientes superlotados é uma característica comum no autismo. Quando persistente, essa sobrecarga sensorial pode desencadear crises ou contribuir para o burnout (Boyd *et al.*, 2014).

Experiências de discriminação, microagressões e falta de apoio adequado são desafios contínuos enfrentados por adultos autistas. Essas condições são agravadas por estereótipos sociais e pela falta de acessibilidade em ambientes de trabalho e estudo. Adicionalmente, a alta prevalência de comorbidades como depressão e ansiedade, que afetam até 70% dos autistas adultos, aumenta o risco e prolonga os episódios de burnout (Moss *et al.*, 2015).

Manifestações do burnout autista

O burnout autista pode se manifestar de várias formas, incluindo uma sensação persistente de exaustão física e mental que dificulta a realização de atividades cotidianas. Indivíduos em burnout frequentemente relatam perda temporária de habilidades previamente adquiridas, como a fluência verbal ou a capacidade de executar tarefas simples. Além disso, há um aumento da sensibilidade sensorial, tornando ambientes antes toleráveis extremamente incômodos, e uma maior tendência ao isolamento social como forma de proteção contra estímulos externos excessivos. Esses sintomas podem ser agravados pela falta de suporte adequado e pela pressão para atender às expectativas de ambientes predominantemente neurotípicos, criando um ciclo de esgotamento contínuo.

Estratégias de mitigação

O suporte social é uma ferramenta essencial para minimizar os impactos do burnout. Redes de apoio compreensivas e ambientes adaptados promovem a saúde mental e reduzem a sobrecarga emocional. Atividades que proporcionem conforto, como *stimming* ou explorar interesses especiais, também ajudam na regulação emocional e sensorial, especialmente durante períodos de maior estresse.

Adaptações ambientais, como ajustes no ambiente de trabalho para reduzir estímulos sensoriais ou flexibilizar horários, são importantes para prevenir a sobrecarga. Além disso, abordagens terapêuticas como a Terapia de Aceitação e Compromisso (ACT) têm se mostrado eficazes para aumentar a resiliência emocional de adultos autistas (Gardiner, 2017).

O burnout autista reflete a complexa interação entre fatores individuais e sociais. É essencial promover intervenções baseadas em inclusão e autoaceitação, ao mesmo tempo em que se respeita a singularidade de cada indivíduo autista.

Como romper o ciclo de adoecimento mental?

As estratégias para prevenir e aliviar as crises e o esgotamento podem incluir diversas abordagens, que são variáveis ao longo da vida. Quando se trata da faixa etária pediátrica, as estratégias envolvem educação parental e controle do estresse dos cuidadores. Estratégias que se mostraram eficazes envolvem técnicas de gerenciamento de estresse e relaxamento, mindfullness e, para a melhora de sintomas ansiosos e depressivos, a Terapia Cognitivo-Comportamental mostrou bons resultados.

Para os adultos autistas, as estratégias de enfrentamento se mostraram promissoras. A resolução de problemas e aceitação está associada a melhora no bem-estar, enquanto estratégias de desengajamento, como negação e autocrítica, estão associadas a piores resultados de saúde mental. A resiliência também é um fator importante. Os adultos autistas resilientes utilizam mais a técnica de enfrentamento e têm melhores resultados em sua saúde mental.

Para uma abordagem adequada, a aceitação e compreensão do terapeuta também se mostra fundamental. Uma abordagem personalizada com adaptação das estratégias terapêuticas se mostra benéfica.

Como podemos ser mais compassivos com os autistas à nossa volta?

Ser mais compreensivo e criar um ambiente inclusivo para pessoas autistas envolve empatia, informação e, especialmente, disposição para aprender. Alguns passos que podem nos ajudar incluem:

- **Educação sobre o autismo**: compreender as características do autismo ajuda a reduzir preconceitos e promove interações mais respeitosas. Estudos indicam que a psicoeducação aumenta a empatia e reduz estigmas.
- **Praticar uma escuta ativa e sem julgamentos**: muitos autistas têm dificuldades de comunicação, mas isso não significa que não tenham algo a dizer. Respeitar o tempo e o estilo de comunicação de cada pessoa é fundamental.
- **Adaptar-se às diferenças sociais**: autistas podem ter sensibilidades sensoriais intensificadas. Ambientes com luz forte, barulhos altos ou cheiros intensos podem ser angustiantes. Respeitar essas necessidades demonstra consideração.
- **Evite suposições**: nem todos os autistas têm os mesmos desafios ou habilidades. Pratique a empatia individualizada, reconhecendo que o autismo é um espectro.

- **Busque pela inclusão, não pela tolerância**: inclua pessoas autistas em decisões que afetam suas vidas. Em contextos como trabalho, escola ou eventos sociais, pergunte diretamente como pode ser mais acessível para elas.

Construir um ambiente acolhedor e com respeito envolve ouvir quem sente na pele todas as dificuldades, e se despir dos preconceitos e estereótipos para aprender com eles.

Referências

BOYD, B. A. *et al.* Sensory features in autism spectrum disorders. *Journal of Autism and Developmental Disorders*, v. 44, n. 3, p. 631-638, 2014.

DE VILLIERS, J. G.; DE VILLIERS, P. A. Communication challenges in autism: a view on pragmatics. *Autism Research and Treatment*, [s.v.], [s.n.], p. 1-12, 2020.

GARDINER, E. *Acceptance and commitment therapy and autism spectrum conditions*. London: Routledge, 2017.

HAPPÉ, F.; FRITH, U. Annual research review: looking back to look forward – changes in the concept of autism and implications for future research. *Journal of Child Psychology and Psychiatry*, v. 61, n. 3, p. 218-232, 2020. Disponível em: https://doi.org/10.1111/jcpp.13176. Acesso em: 12 mar. 2025.

LEWIS, L. F.; STEVENS, K. The lived experience of meltdowns for autistic adults. *Autism*, v. 27, n. 6, p. 1817-1825, 2023. Disponível em: https://doi.org/10.1177/13623613221145783. Acesso em: 24 jan. 2025.

MILTON, D. E. M. On the ontological status of autism: the 'double empathy problem'. *Disability & Society*, v. 27, n. 6, p. 883-887, 2012. Disponível em: https://doi.org/10.1080/09687599.2012.710008. Acesso em: 12 mar. 2025.

MOSS, P.; MANDLER, L.; HOWLIN, P. Depression and anxiety in adults with autism spectrum disorder. *Research in Autism Spectrum Disorders*, v. 9, n. 1, p. 1-10, 2015.

PHUNG, J. *et al.* What i wish you knew: insights on burnout, inertia, meltdown, and shutdown from autistic youth. *Frontiers in Psychology*, v. 12, [s.n.], [n.p.], 2021. Disponível em: https://doi.org/10.3389/fpsyg.2021.741421. Acesso em: 24 jan. 2025.

SAMSON, A. C. *et al.* Emotion regulation in children and adolescents with autism spectrum disorder. *Autism Research*, v. 8, n. 1, p. 9-18, 2015. Disponível em: https://doi.org/10.1002/aur.1387. Acesso em: 24 jan. 2025.

56

DESENVOLVIMENTO EMOCIONAL NO AUTISMO

O IMPACTO NO PROCESSO DE APRENDIZADO E NO GANHO TERAPÊUTICO

O desenvolvimento emocional no autismo desempenha papel crucial no aprendizado e no ganho terapêutico, influenciando habilidades sociais, autorregulação e respostas ao tratamento. Esse tema explora como as emoções impactam a aquisição de conhecimento e os resultados terapêuticos, destacando a importância de abordagens individualizadas que consideram as especificidades emocionais no processo de desenvolvimento.

HELENA PIAI,
JÉSSICA SOARES,
JOÃO RAPHAEL AQUINO
E MA. MAÍSA AMARAL DIETRICH

Helena Piai, Jéssica Soares, João Raphael Aquino e Ma. Maísa Amaral Dietrich

Helena (primeira da esquerda para a direita) é médica pós-graduada em Psiquiatria pelo Cenbrap, especialista nos Transtornos do Neurodesenvolvimento e suas comorbidades. Pós-graduanda em Psiquiatria da Infância e Adolescência pelo Instituto Albert Einstein (SP) e em Autismo e Farmacologia do Autismo pelo Iesp.

Contatos:
Instagram: @dra.helenapiai
16 99633 8099

Jéssica (segunda da esquerda para a direita) é médica especialista em Pediatria pela Sociedade Brasileira de Pediatria (SBP), pós-graduanda em Transtorno do Espectro do Autismo, Desenvolvimento e Psiquiatria Infantil. Certificação em Transtornos do Neurodesenvolvimento com foco em autismo.

Contatos:
drajessicatorres@hotmail.com
Instagram: @drajessicatorres

João Raphael (terceiro da esquerda para a direita) é médico pela Fundação Educacional Serra dos Órgãos (Feso), em Teresópolis (RJ), pediatra pela Sociedade Brasileira de Pediatria, especialista em Desenvolvimento Infantil, Autismo e Transtornos do Neurodesenvolvimento pela Certificação Thiago Castro. Pós-graduado em Neuropediatria pela Afya e CEO da Clínica NinoKids, que acolhe famílias típicas e atípicas.

Contatos:
www.clinicaninokids.com.br
joaoraphael.aquino68@gmail.com
Instagram: @drjoaoraphael.aquino

Maísa (quarta da esquerda para a direita) é psicopedagoga e neuropsicopedagoga, pós-graduada em Didática, Ensino Superior, Gestão Escolar, Neurociência e Neuroeducação, ABA para o TEA e Psicomotricidade. Especialista nos Transtornos do Neurodesenvolvimento e suas comorbidades. CEO e fundadora da Clínica Sonho do Saber, em Paulínia (SP).

Contatos:
Instagram: @clinicasonhodosaber
19 98100 9339

O desenvolvimento emocional é um dos pilares fundamentais para o aprendizado, a adaptação social e o bem-estar geral das crianças. Esse processo envolve identificação, compreensão e regulação de emoções, bem como interação social. No contexto do Transtorno do Espectro Autista (TEA), as particularidades emocionais e suas consequências para o aprendizado e o ganho terapêutico representam desafios significativos para as famílias e profissionais. Este capítulo busca aprofundar as bases do desenvolvimento emocional, analisando suas especificidades no TEA e abordando o impacto sobre o aprendizado e os resultados terapêuticos.

Como ocorre o desenvolvimento emocional na infância

O desenvolvimento emocional é gradual e começa na primeira infância, influenciado por fatores biológicos, ambientais e sociais. Nos primeiros anos, as crianças aprendem a diferenciar e expressar emoções básicas, como alegria, tristeza e raiva, além de responder às emoções alheias. Esse aprendizado ocorre por meio de interações com cuidadores responsivos que oferecem um ambiente seguro e previsível (Saarni, 2016).

Com o crescimento, habilidades como empatia e regulação emocional se desenvolvem, dependendo do amadurecimento de estruturas cerebrais como o córtex pré-frontal, que auxilia no controle emocional diante de estresse e frustração (Gross, 2015). Em crianças com TEA, essas habilidades podem ser reduzidas, dificultando vínculos emocionais profundos. No entanto, essas diferenças representam desvios qualitativos no desenvolvimento afetivo, não apenas atrasos (Kanner, 1943).

A neuroplasticidade e seu papel no desenvolvimento emocional

O cérebro humano é um órgão em constante desenvolvimento e é caracterizado pela neuroplasticidade, que é sua capacidade de se reorganizar. Essa plasticidade permite que o cérebro se ajuste em resposta a experiências e intervenções, desempenhando um papel fundamental no desenvolvimento emocional. Durante a infância, o cérebro apresenta maior plasticidade, o que possibilita que experiências positivas, como interações sociais consistentes e terapias eficazes, moldem circuitos emocionais e sociais, aspecto promissor no contexto do TEA com intervenções precoces (Peters-Scheffer *et al.*, 2016).

A teoria da mente e suas implicações no TEA

A teoria da mente é a habilidade de compreender que outras pessoas possuem pensamentos, emoções e intenções diferentes das próprias. No TEA, essa habilidade frequentemente está prejudicada, resultando em dificuldades na interpretação e resposta a sinais sociais. A limitação na teoria da mente impacta negativamente a empatia, a interação social e o aprendizado colaborativo, fundamentais para o desenvolvimento emocional e acadêmico (Baron-Cohen, Leslie & Frith, 2017).

A inteligência emocional infantil

A inteligência emocional infantil envolve reconhecer e compreender as próprias emoções e as dos outros. Ser capaz de gerenciar emoções de forma eficaz é crucial para tomar decisões, resolver conflitos e promover o crescimento cognitivo. A inteligência emocional também inclui a habilidade de utilizar emoções para aprimorar o raciocínio e a resolução de problemas, contribuindo para um desenvolvimento mais equilibrado e saudável (Valderrama, 2014).

Como o desenvolvimento emocional está comprometido no autismo

No TEA, o desenvolvimento emocional frequentemente apresenta alterações significativas devido a fatores neurobiológicos, genéticos e ambientais. As dificuldades mais comuns incluem:

- **Reconhecimento emocional**: dificuldade em interpretar expressões faciais e sinais emocionais.
- **Compreensão das emoções**: interpretação limitada ou literal das emoções, dificultando a compreensão de nuances emocionais.
- **Regulação emocional**: desafios significativos na regulação de emoções, o que pode levar a crises em situações de sobrecarga sensorial (Mazefsky *et al.*, 2018).

Essas dificuldades estão frequentemente relacionadas a alterações na conectividade cerebral, especialmente em redes que envolvem o córtex pré-frontal e o sistema límbico, podendo impactar profundamente o aprendizado e a interação social (Song, Wang & Chen, 2020).

As etapas do processo de aprendizado infantil

O aprendizado infantil é um processo dinâmico, dividido em fases interconectadas que refletem o desenvolvimento cognitivo, motor e social das crianças.

Fases do aprendizado

- **Fase sensório-motora (0-2 anos)**: aprendizado por meio dos sentidos e movimentos, explorando o ambiente e desenvolvendo habilidades iniciais (Siphai; Tanner & Kendrick, 2023).
- **Fase pré-operacional (2-6 anos)**: marcada pelo pensamento simbólico e pela expansão da linguagem, essencial para socialização e aprendizado básico (Chanet, 2020).
- **Operações concretas (6-8 anos)**: compreensão de conceitos abstratos e uso do raciocínio lógico, com ênfase no aprendizado escolar (Jimenez, Smith & Brown, 2021).

Funções cognitivas no aprendizado

- **Atenção**: evolui de formas breves para sustentadas, fundamentais para leitura e resolução de problemas (Posner & Rothbart, 2007).
- **Memória de trabalho**: conecta novos aprendizados a conhecimentos prévios (Alloway *et al.*, 2009).
- **Generalização**: aplicação do aprendizado em novos contextos, como usar matemática em situações diárias (Stokes & Baer, 1977).

Como o desenvolvimento emocional afeta o aprendizado de crianças com TEA

O processamento emocional atípico em crianças com TEA pode influenciar o aprendizado de diversas formas:

- Atenção reduzida a pistas emocionais, dificultando a compreensão de novas informações (West, 2022).
- Diferenças na memória e menor neuroplasticidade, associadas à preferência por rotinas (Hashimoto, 2021).
- Reatividade emocional atípica, que pode afetar a motivação em contextos sociais (Liu, Chang & Abrams, 2023).

Como essa questão afeta o ganho terapêutico

O progresso terapêutico de crianças com TEA está intimamente ligado à sua capacidade de regulação emocional. Quando esta é limitada, podem surgir dificuldades como:

- **Adesão às terapias**: emoções como ansiedade e frustração podem dificultar a participação nas terapias, prejudicando o engajamento e a colaboração com terapeutas, impactando o progresso (Ratto, Reisinger & Kenworthy, 2018).
- **Transferência de habilidades**: um objetivo crucial das terapias é aplicar as habilidades aprendidas em situações do dia a dia. Contudo, dificuldades emocionais podem impedir essa transferência. Crianças que não conseguem lidar com emoções em ambientes reais têm mais dificuldade para usar o que aprenderam.
- **Treinamento de regulação emocional**: ensinar as crianças a entender e gerenciar suas emoções melhora tanto o comportamento quanto a aplicação prática das habilidades aprendidas.
- **Relação terapêutica**: o vínculo com o terapeuta é fundamental para o sucesso das intervenções em crianças com TEA, favorecendo engajamento, segurança e aprendizado. No entanto, dificuldades emocionais, como ansiedade, sensibilidade ao estresse e dificuldade em reconhecer emoções, podem afetar essa relação. Respeitar o ritmo da criança, usar atividades de interesse, comunicar-se claramente e adotar estratégias de regulação emocional são formas de fortalecer esse vínculo. Nessa questão, os pais desempenham um papel essencial, apoiando a criança e ajudando a estabelecer confiança no terapeuta.

Estratégias para promover o desenvolvimento emocional e facilitar o aprendizado

- **Treinamento de habilidades sociais**: ensina reconhecimento de emoções, resolução de conflitos e interação positiva em ambientes controlados, essenciais para aprendizado e convívio social.
- **Intervenções para regulação emocional**: a regulação emocional é fundamental para o foco e o autocontrole. Estratégias como a Terapia Cognitivo-Comportamental (TCC) são eficazes para ajudar na gestão de emoções intensas. Essas práticas ensinam a criança a identificar emoções e adotar comportamentos mais adaptativos em situações desafiadoras.
- **Ambiente familiar e envolvimento dos pais**: treinamento de cuidadores para reforçar habilidades terapêuticas e criar um ambiente seguro, fortalecendo o aprendizado.
- **Tecnologias assistivas**: aplicativos e jogos educativos simulam situações sociais, facilitando a prática de respostas emocionais e interação social.

- **Atividades lúdicas e hormônios do bem-estar**: brincadeiras estimulam dopamina e serotonina, promovendo bem-estar, engajamento e retenção de informações.
- **Capacitação de educadores e terapeutas**: formação especializada permite identificar desafios emocionais, aplicar estratégias e criar um ambiente acolhedor.
- **Rotinas e previsibilidade**: rotinas consistentes reduzem a ansiedade, melhoram o foco e promovem maior engajamento em atividades.
- **Reconhecimento e expressão de emoções**: histórias, cartões e dramatizações ajudam as crianças a identificar e expressar emoções, fortalecendo empatia e resolução de conflitos.
- **Generalização de habilidades**: ensinar o uso de habilidades aprendidas em diferentes contextos reforça o aprendizado e torna as intervenções mais eficazes.
- **Monitoramento e adaptação contínuos**: avaliar e ajustar estratégias conforme necessário, respeitando as necessidades individuais para garantir progresso.

Essas estratégias integradas promovem desenvolvimento emocional, aprendizado e ganhos terapêuticos, criando oportunidades para um progresso pleno e sustentável.

O desenvolvimento emocional é um fator determinante no aprendizado e no ganho terapêutico de crianças com TEA. Compreender as particularidades desse processo possibilita a implementação de estratégias mais eficazes, beneficiando não apenas o aprendizado acadêmico, mas também o bem-estar geral e a adaptação dessas crianças a diferentes contextos.

Referências

ALLOWAY, T. P. *et al.* The predictive validity of working memory skills in young children. *Learning and Individual Differences*, v. 19, n. 1, p. 37-42, 2009.

BARON-COHEN, S.; LESLIE, A. M.; FRITH, U. Does the autistic child have a "theory of mind"? *Cognition*, v. 21, n. 1, p. 37-46, 2017. Disponível em: https://docs.autismresearchcentre.com/papers/1985_BC_etal_ASChildTheoryOfMind.pdf. Acesso em: 12 mar. 2025.

CHANET, B. The role of symbolic play in child development. *Childhood Development Journal*, v. 45, n. 3, p. 200-214, 2020.

GROSS, J. J. Emotion regulation: current status and future prospects. *Psychological Inquiry*, v. 26, n. 1, p. 1-26, 2015. Disponível em: https://doi.org/10.1080/1047840X.2014.940781. Acesso em: 12 mar. 2025.

HASHIMOTO, T. Memory deficits in autism spectrum disorders. *Neuropsychology Review*, v. 31, [s.n.], p. 345-358, 2021.

JIMENEZ, C.; SMITH, L.; BROWN, R. Concrete operational thinking in school-age children. *Educational Psychology Review*, v. 34, n. 2, p. 150-165, 2021.

KANNER, L. Autistic disturbances of affective contact. *Nervous Child*, v. 2, [s.n.], p. 217-250, 1943. Disponível em: https://autismtruths.org/pdf/Autistic%20Disturbances%20of%20Affective%20Contact%20-%20Leo%20Kanner.pdf. Acesso em: 12 mar. 2025.

LIU, J.; CHANG, H.; ABRAMS, D. A. Emotional processing in autism: a review of recent findings. *Autism Research*, v. 16, n. 5, p. 321-339, 2023.

MAZEFSKY, C. A. *et al.* The role of emotion regulation in autism spectrum disorder. *Journal of the American Academy of Child & Adolescent Psychiatry*, v. 52, n. 7, p. 679-688, 2013. Disponível em: https://doi.org/10.1016/j.jaac.2013.05.006. Acesso em: 12 mar. 2025.

PETERS-SCHEFFER, N.; DIJKSTRA, S.; LINGNAU, M. The impact of early interventions on neural plasticity in autism. *Developmental Neurorehabilitation*, v. 19, n. 4, p. 225-239, 2016.

POSNER, M.; ROTHBART, M. Research on attention networks as a model for the integration of psychological science. *Annual Review of Psychology*, v. 58, [s.n.], p. 1-23, 2007. Disponível em: https://doi.org/10.1146/annurev.psych.58.110405.085516. Acesso em: 12 mar. 2025.

RATTO, A. B.; REISINGER, D. L.; KENWORTHY, L. Interventions for emotional regulation in autism. *Journal of Autism and Developmental Disorders*, v. 48, [s.n.], p. 325-339, 2018.

SAARNI, C. Emotional competence and development. *Annual Review of Psychology*, v. 67, [s.n.], p. 383-407, 2016.

SIPHAI, M.; TANNER, J.; KENDRICK, R. Sensory-motor learning in early childhood. *Pediatric Developmental Review*, v. 56, [s.n.], p. 123-135, 2023.

SONG, H.; WANG, J.; CHEN, H. Neural connectivity in autism spectrum disorders. *Brain Connectivity*, v. 10, n. 3, p. 145-158, 2020.

STOKES, T.; BAER, D. M. An implicit technology of generalization. *Journal of Applied Behavior Analysis*, v. 10, n. 2, p. 349-367, 1977. Disponível em: https://doi.org/10.1901/jaba.1977.10-349. Acesso em: 12 mar. 2025.

VALDERRAMA, A. Emotional intelligence in children: foundations and implications. *Educational Perspectives*, v. 20, n. 4, p. 40-52, 2014.

WEST, M. J. Hippocampal function in autism. *Cognitive Neuroscience Review*, v. 18, n. 1, p. 75-89, 2022.

57

ESTRATÉGIAS EDUCATIVAS BASEADAS EM ANÁLISE COMPORTAMENTAL

PROMOVENDO O DESENVOLVIMENTO COGNITIVO E A INCLUSÃO ESCOLAR

A inclusão de crianças no espectro autista nas escolas exige estratégias que respeitem suas particularidades e promovam o aprendizado de forma significativa. Por sua vez, ainda há o desespero dos professores, fruto da falta de orientação e conhecimento durante sua formação inicial. Com estratégias que valorizam a individualidade e fortalecem o vínculo entre família, escola e profissionais, é possível promover uma educação inclusiva, na qual o desenvolvimento acontece de forma plena e com respeito às diferenças.

GISELE ALBUQUERQUE
E CÍNTIA MAIA GOMES

Gisele Albuquerque

Contatos
gialbuquerquepsicopedagoga@gmail.com
Instagram: @gialbuquerquepsicopedagoga
17 98829 2715

CEO da Clínica Singular Gisele Albuquerque Desenvolvimento Cognitivo e Comportamental. Analista do Comportamento Aplicada (ABA), especialista em Desenvolvimento Infantil, Psicopedagogia Clínica e Institucional, Neuropsicopedagogia, Psicomotricidade e Arteterapia. Pedagoga, professora universitária em cursos de pós-graduação em Psicopedagogia, Neuropsicopedagogia e Análise do Comportamento Aplicada (ABA). Escritora, supervisora, mentora, discente em Fonoaudiologia e líder do Comitê de Educação e Inclusão no Grupo Mulheres do Brasil.

Cíntia Maia Gomes

Contatos
cintiamaia.neuropp@gmail.com
Instagram: @cintia_maiag
21 96808 6029

Professora e coordenadora escolar. Formação em Letras e Pedagogia. Pós-graduada em Neuropsicopedagogia institucional e clínica, pós-graduanda em Neurociências Educacionais. Terapeuta em Análise do Comportamento Aplicada (ABA) e palestrante e especialista em Transtornos do Neurodesenvolvimento.

De acordo com a projeção do Instituto Brasileiro de Geografia e Estatística (IBGE) para 2021, o Brasil possui mais de 213,3 milhões de habitantes. Isso significa que, proporcionalmente, uma em cada 36 pessoas equivale a cerca de 5,295 milhões. Com a projeção atualizada para os dias de hoje, a população chega a 215,9 milhões, o que indica que o número de autistas projetado pode chegar a 5,997 milhões no Brasil.

Diante desse cenário, torna-se essencial compreender melhor o processo de aprendizagem das pessoas dentro do espectro autista. No entanto, muitas instituições de ensino ainda não estão preparadas para recebê-las, principalmente devido à formação superficial oferecida pelas universidades e à falta de capacitação contínua dos educadores. Isso resulta em um ambiente pouco inclusivo, no qual a individualidade e as necessidades específicas dos alunos no espectro nem sempre são atendidas. Além disso, materiais pedagógicos que promovam inclusão com equidade ainda são escassos, dificultando ainda mais a adaptação dos estudantes. Diante dessa realidade, é fundamental destacar o papel de profissionais especializados, como psicopedagogos e neuropsicopedagogos, que utilizam abordagens baseadas na ciência, como a Análise do Comportamento Aplicada (ABA).

A psicopedagogia é uma área da saúde e da educação que estuda, pesquisa, avalia, orienta famílias e escolas, além de acompanhar os processos de aprendizagem, identificando e intervindo em possíveis dificuldades.

A neuropsicopedagogia é um campo multidisciplinar que estuda a relação entre o funcionamento do sistema nervoso e a aprendizagem humana, com ênfase na neurociência, para contribuir no processo de aprendizagem, ao identificar e solucionar dificuldades cognitivas.

A ABA (*Applied Behavior Analysis*, ou Análise do Comportamento Aplicada) é uma ciência que estuda o comportamento humano com o objetivo de promover mudanças socialmente relevantes.

No contexto do autismo, isso significa auxiliar indivíduos dentro do espectro a adquirir habilidades essenciais para sua independência e participação social, permitindo que tenham acesso a ambientes, atividades e interações que contribuam para seu bem-estar.

Como é uma intervenção ABA?

O segredo do sucesso de uma intervenção ABA está na personalização do ensino. Cada indivíduo recebe uma abordagem específica, baseada em protocolos e em um profundo conhecimento do desenvolvimento humano.

Por conta de sua eficácia, a ABA tem sido bastante utilizada na intervenção pessoal e social de crianças diagnosticadas com autismo, sendo reconhecida como uma abordagem baseada em evidências para o tratamento e ensino de pessoas dentro do espectro.

Psicopedagogia / neuropsicopedagogia baseada em ABA

Quais conhecimentos é preciso ter?

Há quatro dimensões do desenvolvimento infantil que são importantes e precisam ser observadas:

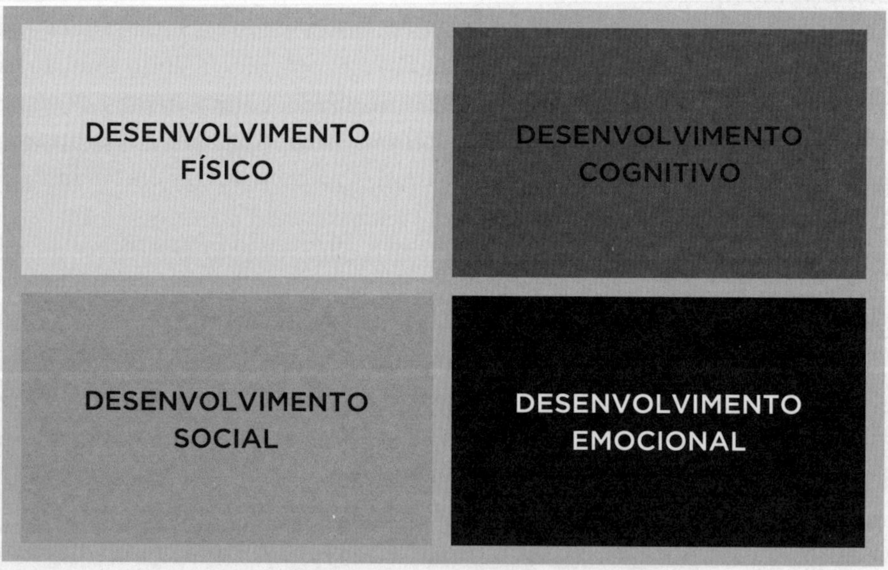

Figura 1: Quatro dimensões do desenvolvimento infantil.

O profissional da área da saúde e da educação que fundamenta sua intervenção na ABA deve, antes de tudo, realizar uma avaliação detalhada dos comportamentos socialmente relevantes. Essa análise é essencial para a construção de um plano de ensino individualizado, permitindo que os objetivos e as estratégias de ensino sejam bem definidos. Dessa forma, é possível orientar e acompanhar todo o desenvolvimento acadêmico e comportamental do aluno em todos os ambientes.

Estratégias educativas baseadas em análise do comportamento

- **Plano de ensino individualizado**: desenvolver um plano de ensino individualizado (PEI) adaptado às necessidades específicas do seu aluno, com metas claras que resultem em avanços. A aula (conteúdo) precisa ser adaptada às necessidades dos alunos, a fim de proporcionar inclusão e promover o progresso de forma genuína dentro das especificidades de cada um.
- **Rotina estruturada**: estabelecer horários fixos e previsíveis com auxílio de um quadro de atividades ilustrativo auxilia o aluno a compreender e reduzir a ansiedade ou comportamentos desafiadores. Essa organização pode ser feita junto com os próprios alunos, incentivando-os a participar da construção das regras da turma. No entanto, é importante lembrar que as rotinas podem ser flexíveis em determinados momentos e qualquer mudança deve ser comunicada com antecedência para evitar desorganização ou perda de engajamento.
- **Adaptações de materiais**: criar um ambiente de sala de aula que valorize a colaboração e a empatia faz toda a diferença. Recursos visuais, como *flashcards* coloridos, desenhos, números e letras, podem ajudar na assimilação do conteúdo. Além disso, um espaço organizado, calmo e criativo favorece a colaboração entre os alunos e o aprendizado de forma natural.
- **Treinamento de habilidades**: promover atividades em grupo, como jogos de tabuleiro, dinâmicas de conversação ou trabalhos em equipe, são fundamentais para que os alunos pratiquem habilidades como compartilhar e esperar sua vez. Estratégias simples, como nomear "ajudantes do dia" para pequenas tarefas, também podem contribuir para o desenvolvimento das funções executivas das crianças.

- **Reforço positivo**: elogiar ou recompensar os objetivos alcançados, como o cumprimento de uma tarefa, de uma habilidade, ou até mesmo uma resposta oral. Essa recompensa pode se realizar sob a forma de elogios, adesivos, ou qualquer outro mimo. Isso estimula o aluno a alcançar os comportamentos desejados e a mudar os indesejados.
- **Capacitação profissional**: a formação continuada dos professores é essencial para garantir que estejam equipados com estratégias mais recentes e eficazes para lidar com a diversidade cognitiva e com as práticas inclusivas. Investir em cursos de capacitação e ler artigos e livros baseados em evidências proporcionará uma compreensão melhor para maximizar o potencial de aprendizagem de seus alunos.
- **Comunicação consistente**: uma comunicação consistente é essencial para todos os envolvidos. Não há avanço no processo sem que haja uma forte comunicação entre os pais e terapeutas a fim de alinhar as práticas e compartilhar o processo. Estabelecer reuniões regulares é primordial, já que elas permitem entender o seu papel e saber que todos precisam estar ajustados no desenvolvimento da criança.

A inclusão de crianças com Transtorno do Espectro Autista na sala de aula exige sensibilidade, dedicação e compromisso. Mais do que enxergar um diagnóstico, é preciso reconhecer o potencial, a individualidade e as capacidades de cada aluno, criando oportunidades reais para seu crescimento e desenvolvimento.

Referências

COSTA, D. S.; SCHMIDT, C.; CAMARGO, S. P. H. Plano educacional individualizado: implementação e influência no trabalho colaborativo para a inclusão de alunos com autismo. *Revista Brasileira de Educação*, v. 28, [s.n.], p. e280098, 2023. Disponível em: https://doi.org/10.1590/S1413-24782023280098. Acesso em: 12 mar. 2025.

MELLO, S. F. *Educação inclusiva e o planejamento individualizado de ensino*. São Paulo: Editora Educativa, 2020.

MENEZES, A. B. C. (Org.). *Ensinar e aprender*: desafios para a educação do século XXI. Curitiba: ABPMC, 2022.

MENDES, E. G. Formação de professores para a inclusão escolar: desafios e possibilidades. *Cadernos de Educação Especial*, v. 19, n. 1, p. 15-33, 2018.

SILVA, V. S.; ALMEIDA, R. C. A importância e os desafios do método ABA para a inclusão de crianças autistas na rede regular de ensino. *Revista Educação Pública*, v. 21, n. 12, [n.p.], 2021. Disponível em: https://educacaopublica.cecierj.edu.br/artigos/21/12/a-importancia-e-os-desafios-do-metodo-aba-para-a-inclusao-de-criancas-autistas-na-rede-regular-de-ensino. Acesso em: 24 jan. 2025.

UNESCO. *A guide for ensuring inclusion and equity in education*. Paris: Unesco Publishing, 2017.

58

A FAMÍLIA COMO PROTAGONISTA UTILIZANDO BRINCADEIRAS E MÚSICA PARA POTENCIALIZAR O DESENVOLVIMENTO DO SEU FILHO

Uma família bem capacitada, que sabe utilizar a música e as brincadeiras estrategicamente, é capaz de potencializar o desenvolvimento da criança de uma forma única. É isso que veremos neste capítulo.

CAROLINA DE MATTOS VAZ, KAUANA MARTINS SCHLEMPER E LADYDAYANE SOUZA

Carolina de Mattos Vaz, Kauana Martins Schlemper e Ladydayane Souza

Carolina (à esquerda) é mestra em Ciências da Linguagem pela Unisul, especialista em Educação e Neuropsicopedagogia pela Uniasselvi. Pedagoga desde 2000 pela PUC/SP, busca estratégias para cada indivíduo alcançar ao máximo o seu potencial independentemente da idade.

Contatos:
neurocarolinavaz@gmail.com
Instagram: @neurocarolinavaz
48 99164 7279

Kauana (ao centro) é neuropsicopedagoga pós-graduada pela Faculdade Metropolitana, formada em Pedagogia pela Uninter e especialista em Análise do Comportamento Aplicada (ABA) pela Faculdade Metropolitana. Mãe atípica e mulher autista com diagnóstico tardio.

Contatos:
kauana.neuropp@gmail.com
Instagram: @kauana.neuropsicopedagoga
48 9838 1614

Ladydayane (à direita) é médica formada pela Unifip, com pós-graduação em Pediatria e Neuropediatria. Atua na área de Neuropediatria, com foco em TEA, TDAH, dislexia e outros transtornos do neurodesenvolvimento.

Contatos:
dayanedeolino32@gmail.com
Instagram: @dayane_deolino
87 98100 2030

Quando você pensa na infância, o que lhe vem à mente?

Ao pensarmos sobre a infância típica, logo vem à mente uma imagem vibrante: as crianças se divertem enquanto exploram brinquedos e o ambiente, com risos contagiosos e inúmeras perguntas ou histórias criativas. No entanto, para crianças com Transtorno do Espectro Autista (TEA), o ato de brincar pode não ser tão espontâneo. Muitas dessas crianças precisam aprender a brincar, pois o processo de interação com o mundo ao seu redor pode ser solicitado e requer apoio para se desenvolver de forma significativa.

Brincar é um dos elementos mais fundamentais da infância, uma atividade que transcende o simples entretenimento. Por meio das brincadeiras, as crianças experimentam, exploram e constroem suas habilidades emocionais, cognitivas e sociais. Entretanto, para crianças com TEA, o brincar pode apresentar desafios únicos, exigindo estratégias direcionadas que respeitem suas particularidades e estimulem seu potencial.

Neste capítulo, discutiremos como as brincadeiras podem ser utilizadas como ferramentas práticas no processo de desenvolvimento dessas crianças. Desde atividades estruturadas que promovem a comunicação e a interação social, até o uso da música como um recurso poderoso para engajamento e aprendizado, exploraremos formas de tornar o brincar mais acessível e produtivo.

Pais e cuidadores empoderados com orientações claras e práticas transformam o brincar em uma oportunidade valiosa de conexão e aprendizado. Este capítulo não se limita a ensinar formas de brincar, mas sim a mostrar como esses momentos podem ser integrados à rotina de forma leve, significativa e impactante.

Ensinando a criança a brincar

Agora que você já sabe que brincar é oportunizar aprendizado, é preciso entender que o primeiro passo para usar as brincadeiras no desenvolvimento da criança é observar suas preferências. Do que ela gosta de brincar? Quais suas atividades preferidas? Mesmo que seja algo diferente ou não convencional, é importante seguir a liderança ou as ideias que a criança apresenta. Use os focos do seu pequeno como o reforçador nas brincadeiras. Se ele gosta de carros, brinque de carros, se gosta de dinossauros, use isso a seu favor. Aos poucos, insira novas ideias à brincadeira, com pequenas variações do que ela já gosta de fazer.

Pense no que você quer ensinar a seu filho. O que é necessário para que ele adquira novas habilidades? Dois fatores são a base para qualquer aprendizado das crianças no transtorno do espectro autista: ampliar o contato visual e aprender a imitar.

Se seu objetivo é aumentar o contato visual, faça algo muito divertido. Quando a criança está no pico da diversão, pare e espere que ela faça contato visual. Ela olhou para você ou na sua direção? Continue a brincadeira imediatamente. Veja dois exemplos práticos: a mãe faz cócegas na filha que se diverte na brincadeira. De repente a mãe para e fica esperando a reação da filha. A filha olha para a mãe esperando, com expectativa, que ela continue a brincadeira, a mãe nota o olhar e continua imediatamente.

Veja outro exemplo: a criança ama bolhas de sabão e o pai sabe disso. Ele sopra as bolhas enquanto a criança se diverte estourando-as. De repente, ele para. O filho olha em direção ao rosto do pai (mesmo que ainda não seja exatamente em seus olhos). Ele imediatamente sopra as bolhas. Nessas duas situações, a brincadeira foi o estímulo que reforçou o contato visual das crianças.

Seu objetivo é melhorar a imitação? O primeiro passo é imitar seu filho. Ele está enfileirando carrinhos? Enfileire também, ele vai perceber que você o está imitando e vai gostar disso. Ele está brincando com peças de encaixe, faça igual. Depois de um tempo, insira uma variação na brincadeira, como fazer um movimento ou som diferente ou engraçado. Se a criança fizer igual, excelente! Se não, auxilie-a dizendo "faz igual" e mostrando a ela o que fazer. Poderá até oferecer ajuda física, movendo suas mãozinhas delicadamente da forma como quer que ela faça. Depois, volte imediatamente a fazer o que a criança estava fazendo. Assim, os novos aprendizados vão se inserindo de uma forma mais leve e natural para seu pequeno.

Você também poderá utilizar músicas com coreografias simples para incentivar a imitação. Cante e dance músicas infantis como "Pintinho amarelinho", "A dona Aranha" ou as músicas de preferência do seu filho. Ensine-o a imitar, dê ajuda física com os movimentos da coreografia até que ele aprenda e consiga realizá-la sozinho. A música é transformadora e geralmente muito bem aceita pelas crianças, sendo um instrumento de rápida conexão quando as crianças precisam criar novos vínculos, ou aprender novas rotinas, o que dentro do TEA nem sempre é tão fácil.

Se seu filho já está no estágio do "faz de conta", imitando e representando situações do dia a dia, utilize isso para ajudá-lo a desenvolver habilidades e antecipar situações. Ele irá ao dentista na semana que vem? Brinque e represente com ele o que acontecerá no consultório. Vocês farão uma viagem? Represente como será isso em suas brincadeiras.

Utilize os jogos para ensinar habilidades e para preparar seu filho para situações futuras. Se fizer isso, não estará apenas ajudando no desenvolvimento dele, mas fortalecendo seus laços e criando memórias que ele guardará por toda vida.

A música como protagonista das conexões cerebrais

Sabe-se que a música auxilia na ampliação cognitiva, sendo capaz de acionar todas as áreas do cérebro simultaneamente, inclusive o hipocampo, o qual é responsável pela memória, área essencial no processo de aprendizagem.

Segundo Bréscia (2003), a música favorece o desempenho afetivo, amplia a atividade cerebral e melhora o desempenho escolar, além de contribuir para integrar socialmente o indivíduo. Brito (2003, p. 17) fala a respeito dessa presença musical de maneira muito clara quando diz: "A música é uma linguagem universal". Assim, usar a música para o desenvolvimento da criança é um recurso não apenas divertido e acessível, mas também eficiente.

Não se preocupe, não será necessário aprender a tocar um instrumento (embora ensinar um instrumento a seu filho seja um facilitador no desenvolvimento da coordenação motora fina), apenas conhecer a melodia já é suficiente para criar músicas que incentivam rotinas diárias, como melodias sobre escovar os dentes, tomar banho, se alimentar ou guardar os brinquedos. Como fazer isso? Simplesmente cante os passos da nova rotina no tom de uma música infantil ou crie sua própria melodia.

Se o seu objetivo é auxiliar na comunicação do seu filho, saiba que além de tudo, tratando-se de crianças com dificuldades de comunicação oral ou não verbais, a música é um instrumento capaz de criar de forma sutil o desenvolvimento da consciência fonológica, ou seja, facilita a aquisição e o aprimoramento da fala.

Concluímos, então, que a família de uma criança atípica, ao aplicar estratégias aparentemente simples, possui em suas mãos uma valiosa oportunidade de impulsionar o desenvolvimento integral de sua criança. Nosso desejo é que esse seja o seu objetivo: construir, dia após dia, um ambiente de aprendizado, afeto e estímulo que permita à criança alcançar todo o seu potencial.

Referências

BRAS, C. L.; LEITE, M. M. Estratégias de intervenção no brincar para crianças com TEA. *Revista de Educação Especial*, Santa Maria, v. 28, n. 3, p. 45-58, 2022.

BRÉSCIA, V. P. *Educação musical*: bases psicológicas e ação preventiva. São Paulo: Ed. Átomo, 2003.

BRITO, T. A. *A música na educação infantil*. São Paulo: Petrópolis, 2003.

BRITO, T. C. O papel do lúdico no desenvolvimento de crianças autistas: uma abordagem interdisciplinar. *Revista de Psicopedagogia*, São Paulo, v. 39, n. 125, p. 31-47, 2023.

MUNIZ, I. *A neurociência e as emoções do ato de aprender*: quem não sabe sorrir, dançar e brincar, não deve ensinar. Itapuna: Via Litteratum, 2012.

RAU, M. C. T. D. *A ludicidade na educação*: uma atitude pedagógica. Curitiba: InterSaberes, 2012.

SILVA, R. P.; FIGUEIREDO, J. L. A música no desenvolvimento infantil: um enfoque no TEA. *Estudos Interdisciplinares em Educação*, Porto Alegre, v. 12, n. 1, p. 15-30, 2021.

59

TEA E OS DESAFIOS DA AMAMENTAÇÃO

Neste capítulo, exploramos as dificuldades enfrentadas por mães atípicas durante o período de amamentação, destacando fatores como aversão ao toque, dificuldades sensoriais, comportamento agitado, que podem dificultar o sucesso da amamentação. Mencionamos, ainda, a importância do apoio psicológico e a busca de estratégias alternativas para garantir a nutrição e o vínculo entre mãe e filho.

FERNANDA ALBUQUERQUE, JUVENAL NETO E LILIAN NOGUEIRA

Fernanda Albuquerque, Juvenal Neto e Lilian Nogueira

Fernanda (à esquerda) é médica pela Universidade do Estado do Amazonas (UEA), com residência em Pediatria pela Fundação de Medicina Tropical - Amazonas. Titulada em Pediatria pela Sociedade Brasileira de Pediatria, pós-graduada em Psiquiatria Infantil pelo IBCMED e aluna da Certificação Thiago Castro. Pediatra especializada no Desenvolvimento Infantil, atuando com amor, compromisso e responsabilidade. Filha da Soraia e irmã da Luísa.

Contatos:
f.albuquerquedasilva@gmail.com
Instagram: @drafernanda.albuquerque
92 8247 4668

Juvenal (ao centro) é médico atuante nos Transtornos do Neurodesenvolvimento, como TEA, TDAH e outros. Pós-graduado em Neuropediatria e Psiquiatria da Infância e Adolescência e, ainda, em Psiquiatria Geral (as duas últimas pela Faculdade de Ciências Médicas Ipemed/Afya). Pós-graduado em TEA pela PUC-PR, com formação em TEA na Adolescência e Vida Adulta pelo Instituto Inclusão Eficiente. Possui formação em Psiquiatria Nutricional pelo Instituto de Nutrição do Cérebro e Coração (Inccor). Possui formação em Terapia Cognitivo-Comportamental (TCC) pelo Instituto de Psiquiatria da USP (IPq/USP). É médico prescritor de canabidiol e outros derivados da cannabis, certificado em Medicina Endocanabinoide pela Instituição WeCann e membro da Associação Brasileira de Cannabis Medicinal (Abracan). Associado à Associação Brasileira de Neurologia Infantil, Psiquiatria Infantil e Profissões Afins (Abenepi) e certificado em Autismo e Neurodesenvolvimento pela Certificação Thiago Castro.

Contatos:
www.drjuvenalneto.com
drjuvenalneto@gmail.com
Instagram: @drjuvenalneto
17 99234 6055

Lilian (à direita) é graduada em Medicina pela FPS-PE com Residência Médica em Pediatria pelo HC-PE. Residência Médica em Neonatologia pelo Imip-PE. Formação e certificação em Neurodesenvolvimento com foco em Autismo.

Contatos:
liliancpn@gmail.com
Instagram: @draliliannogueira
81 9643 4679

Amamentar um autista pode apresentar desafios únicos, que vão além das dificuldades comuns enfrentadas por mães de bebês neurotípicos. As mães podem se deparar com dificuldades em encontrar a posição certa, em atender às necessidades emocionais da criança ou até mesmo em lidar com a rejeição à amamentação. Para mães atípicas, no entanto, a jornada de amamentação pode apresentar desafios únicos que requerem consideração e apoio especiais.

Bebês autistas têm problemas para amamentar?

Embora cada criança seja única, muitos autistas enfrentam desafios com a amamentação. Essas dificuldades podem resultar de vários fatores associados ao TEA. Compreender esses desafios é crucial para que mães, a família e profissionais de saúde desenvolvam estratégias eficazes para apoiar essa amamentação.

Um dos principais problemas que podem afetar a amamentação em autistas é a hipersensibilidade sensorial. Para um autista que é amamentado, isso pode significar desconforto com a sensação de contato pele a pele, sensibilidade ao sabor ou textura do leite materno ou dificuldade com o ato físico de sugar. Alguns podem ter dificuldade em coordenar as complexas habilidades motoras necessárias para uma amamentação eficaz. Isso pode levar a má transferência efetiva de leite, dor nos mamilos para a mãe e frustração para ambos. Em alguns casos, essas dificuldades podem estar relacionadas a problemas motores orais subjacentes ou diferenças de tônus muscular que são mais prevalentes em crianças com autismo.

A amamentação é tipicamente um momento de intenso contato visual e proximidade entre mãe e filho, o que pode ser um desafio para alguns autistas. Essa falta de contato visual ou aparente desinteresse pelos aspectos sociais da experiência emocional da amamentação pode ser angustiante para as mães atípicas.

Aversões alimentares e sensibilidades alimentares também são mais comuns em autistas, e esses problemas às vezes podem se manifestar durante a amamentação. Alguns bebês autistas podem ser mais sensíveis a mudanças no sabor do leite materno com base na dieta materna, levando à recusa ou agitação alimentar. Muitas vezes, essa fase é o primeiro desafio da mãe de uma criança autista, a dor, a frustração, o desespero em não conseguir nutrir seu bebê e o julgamento das pessoas ao redor, chegam a ser dilacerantes. Além disso, problemas gastrointestinais, que são mais prevalentes em autistas, podem causar desconforto durante a alimentação e levar a comportamentos aversivos, o que pode piorar tudo.

Estratégias para superar os desafios da amamentação em bebês autistas

Apesar dos desafios, muitas mães de crianças autistas amamentam seus bebês com sucesso. A chave está em entender as necessidades únicas da criança e adaptar as práticas de amamentação de acordo com essas necessidades. A seguir, algumas estratégias que podem ajudar a superar esses desafios:

Criar um ambiente de alimentação calmo e confortável

Para bebês com sensibilidades sensoriais, uma sala silenciosa e mal iluminada com distrações mínimas pode fazer uma diferença significativa.

Abordar questões sensoriais durante a amamentação

Experimentar diferentes posições de apoio, usar tecidos macios para contato pele a pele ou experimentar diferentes travesseiros de amamentação podem ajudar a lidar com sensibilidades táteis.

Alguns bebês podem preferir um toque mais firme, enquanto outros podem precisar de uma abordagem mais suave.

Métodos alternativos de alimentação

Aqui não cabe julgamentos, uma vez que apenas os pais dessas crianças entendem quão doloroso é não ver seu filho mamar como foi imaginado. Em alguns casos, oferecer na mamadeira o leite materno ordenhado ou até mesmo utilizar uma fórmula láctea pode ser uma abordagem mais bem-sucedida. Isso pode permitir um melhor controle sobre o ambiente de alimentação e pode ser menos opressor para bebês com problemas sensoriais.

Benefícios da amamentação para bebês autistas

Apesar dos desafios, a amamentação pode oferecer inúmeros benefícios para bebês autistas. Compreender essas vantagens pode ajudar a motivar as mães a perseverarem nas dificuldades e buscar apoio adequado. Dentre essas vantagens, podemos citar:

Vantagens nutricionais

Para bebês autistas, que podem ser mais propensos a problemas gastrointestinais ou sensibilidades alimentares, a natureza facilmente digerível do leite materno pode ser particularmente benéfica.

Suporte ao sistema imunológico

Os anticorpos e os componentes de reforço imunológico no leite materno podem ajudar a proteger bebês autistas de infecções e doenças. Isso é especialmente importante, pois algumas crianças com autismo podem ter sistemas imunológicos comprometidos ou ser mais suscetíveis a certos problemas de saúde.

Potenciais efeitos positivos no desenvolvimento neurológico

Embora sejam necessárias cada vez mais pesquisas nessa área, muitos estudos comprovam que a amamentação pode ter efeitos positivos no desenvolvimento do cérebro. Os ácidos graxos poli-insaturados de cadeia longa encontrados no leite materno, particularmente o DHA, são cruciais para o crescimento do cérebro e podem apoiar o desenvolvimento cognitivo em crianças autistas.

Vínculo e conexão emocional

Embora bebês autistas possam expressar seu apego de maneira diferente, o contato físico próximo durante a amamentação ainda pode promover um forte vínculo emocional entre mãe e filho. Essa conexão pode ser particularmente valiosa para bebês autistas que podem ter dificuldades com interações sociais em outros contextos.

A amamentação em bebês com autismo apresenta desafios únicos que exigem uma abordagem adaptável e sensível por parte dos cuidadores e profissionais de saúde. As dificuldades de conexão emocional, hipersensibilidade sensorial e comportamentos variados muitas vezes tornam o processo muito mais complexo. No entanto, é fundamental reconhecer que uma mãe jamais deve ser julgada e que cabe à família apoiar incondicionalmente esta mulher que se encontra, muitas vezes, tão vulnerável.

Referências

BRAGA DOS ANJOS, B.; MORAIS, N. A. As experiências de famílias com filhos autistas: uma revisão integrativa da literatura. *Ciências Psicológicas*, v. 15, n. 1, p. e2347, 2021. Disponível em: https://doi.org/10.22235/cp.v15i1.2347. Acesso em: 13 mar. 2025.

SABATINI, B. E. J.; COBUS, D.; ITO, V. C. Sensibilidade sensorial e seletividade alimentar em crianças com TEA: diretrizes para a terapia alimentar. *Journals Royal Dataset Reports*, v. 2, n. 1, [n.p.], 2023. Disponível em: https://doi.org/10.58951/dataset.2023.64. Acesso em: 13 mar. 2025.

SOCCO, L. M. C. H.; RODRIGUES, L. C.; RIBEIRO FILHO, A. A. A importância do DHA na gestação e no desenvolvimento infantil. *Scientia Generalis*, v. 3, n. 1, p. 22-32, 2022. Disponível em: https://scientiageneralis.com.br/index.php/SG/article/download/379/301/1029. Acesso em: 13 mar. 2025.

60

PREMATURIDADE E TRANSTORNO DO ESPECTRO AUTISTA (TEA)

A prematuridade, definida como nascimento abaixo de 37 semanas de gestação, é um fator de risco bem estabelecido para diversas alterações neurológicas, incluindo o Transtorno do Espectro Autista (TEA). Este capítulo aborda a relação entre prematuridade e TEA, destacando prevalência, fatores de risco, desenvolvimento neuropsicomotor, desafios no diagnóstico e a importância da intervenção precoce e do envolvimento familiar, à luz das evidências atuais.

AURORA SOUZA,
CYNTHYA CAVALCANTI,
CINTHIA SPECIAN
E PATRÍCIA BIANCHINI

Aurora Souza, Cynthya Cavalcanti, Cinthia Specian e Patrícia Bianchini

Aurora (primeira da esquerda para a direita) é pediatra e neonatologista (UFMG), com especializações em Neurodesenvolvimento e Altas Habilidades. Atua em TEA e suporte às famílias.

Contatos:
auroramfsouza@gmail.com
Instagram: @dra.aurorasouza

Cynthya (segunda da esquerda para a direita) é pediatra (UFPE), especialista em Dermatologia e Neurodesenvolvimento. Atua com crianças com TEA e transtornos do desenvolvimento.

Contatos:
dracynthyacavalcanti@gmail.com
Instagram: @dra.cynthyacavalcanti

Cinthia (terceira da esquerda para a direita) é neuropediatra (Unifesp), especialista em Pediatria (SBP) e Nutrição Infantil. Trabalha com prematuros e crianças com TEA.

Contatos:
cinthia_specian@hotmail.com
Instagram: @dra.cinthiaspecian

Patrícia (quarta da esquerda para a direita) é pediatra e neonatologista (HUJM), com formação em Neurodesenvolvimento. Foco em TEA e apoio às famílias.

Contatos:
patygrassani@hotmail.com
Instagram: @dra.patriciagrassani

Prematuridade: definição e prevalência

A prematuridade é definida como o nascimento antes de 37 semanas completas de gestação e é classificada em três categorias: prematuridade extrema (22 a menos de 28 semanas), muito pré-termo (28 a menos de 32 semanas) e prematuridade tardia (32 a menos de 37 semanas). Esse é um dos principais problemas de saúde pública global, com cerca de 13,4 milhões de nascimentos prematuros por ano, o que representa 10% de todos os nascimentos (OMS, 2022).

No Brasil, entre 2012 e 2022, 3.530.568 nascimentos foram prematuros, colocando o país entre os dez países com maior prevalência no mundo (Ministério da Saúde, 2023). A região Norte lidera em taxas de prematuridade, seguida pelas regiões Nordeste e Sudeste.

Dados da Organização Mundial da Saúde (OMS) indicam que, globalmente, a taxa de prematuridade tem se mantido em torno de 10% a 12% dos nascimentos. No Brasil, segundo dados do Sistema de Informação sobre Nascidos Vivos (Sinasc), em 2019, aproximadamente 11% dos nascimentos foram considerados prematuros. Outro estudo publicado em 2020 no *Jornal de Pediatria* aponta que o Brasil apresenta taxas de prematuridade em torno de 10% a 15%, dependendo da região do país.

Prematuros enfrentam múltiplos riscos devido ao subdesenvolvimento de seus sistemas orgânicos, especialmente o cérebro, e estão mais suscetíveis a complicações imediatas e de longo prazo, como alterações no neurodesenvolvimento. Um estudo sueco abrangente, que acompanhou mais de quatro milhões de nascimentos, revelou que a prevalência de TEA aumentava com o grau de prematuridade. Bebês nascidos entre 22 e 27 semanas de gestação apresentaram um risco quase quatro vezes maior de desenvolver TEA em comparação com aqueles nascidos a termo (39 a 41 semanas). Essa associação persistiu mesmo em nascimentos prematuros tardios (37 a 38 semanas), com um risco de 10% a 15% maior de TEA em comparação com nascimentos a termo. A prematuridade não é um fator causal isolado, mas o nascimento em um período crítico da formação cerebral parece ser bastante impactante no aumento da prevalência.

A prevalência do TEA tem aumentado nas últimas décadas, com estudos apontando que aproximadamente uma em cada 160 crianças tem alguma forma de autismo (OMS, 2019). Nos últimos dez anos, a prevalência relatada em diferentes países varia.

Em 2016, o CDC (*Centers for Disease Control and Prevention*) estimou que uma em 54 crianças seria diagnosticada com TEA. Esse número aumentou para uma em 36 crianças em 2024 (CDC, 2024).

No Brasil, um estudo de 2020 estima a prevalência em torno de 1 a 2% da população infantil, com variações significativas entre as regiões e comorbidades associadas.

Fatores de risco relacionados à prematuridade

Os fatores de risco para partos prematuros são variados e incluem componentes pré-natais, perinatais e socioeconômicos. Observamos, na prática clínica, que muitos desses fatores podem ser identificados e poderiam ser manejados precocemente, reduzindo o risco.

Pré-natais

- Histórico de partos prematuros.
- Infecções maternas (como infecções urinárias e vaginais).
- Hipertensão arterial, diabetes gestacional e pré-eclâmpsia.
- Gravidez múltipla.

Perinatais

- Ruptura prematura de membranas.
- Trabalho de parto prematuro espontâneo.
- Infecções congênitas e complicações da placenta.

Socioeconômicos

- Falta de acesso ao pré-natal de qualidade.
- Peso inadequado pré-gestacional, uso de cigarro, drogas e álcool.
- Idade materna e paterna.
- Baixa escolaridade.
- Estresse materno.

Neurodesenvolvimento do prematuro

O cérebro do prematuro passa por processos críticos de formação e amadurecimento entre 22 e 40 semanas. No nascimento prematuro, muitos desses processos são interrompidos ou modificados, principalmente por injúrias como hipóxia, hemorragia e lesão na substância branca, o que pode levar a alterações estruturais e funcionais.

Desenvolvimento anatômico

Formação cortical: o sulcamento e a girificação são acelerados no terceiro trimestre.

Sinaptogênese e mielinização, essenciais para a conectividade cerebral, são interrompidas no nascimento prematuro.

Desenvolvimento fisiológico

Regulação da microglia, fundamental para a resposta inflamatória e remodelação neuronal.

Equilíbrio de neurotransmissores, frequentemente alterado por insultos hipóxicos.

Desenvolvimento neuropsicomotor

Devemos lembrar que o desenvolvimento global dos bebês prematuros deve ser analisado sob a perspectiva da idade corrigida, e que prematuros frequentemente apresentam atrasos na aquisição de marcos motores e cognitivos, com peculiaridades como hipersensibilidade a estímulos, dificuldade na autorregulação e padrões motores atípicos. A detecção precoce é essencial para a intervenção dirigida, como a fisioterapia e a terapia ocupacional, ambas fundamentais no suporte ao desenvolvimento.

A relação entre a prematuridade e o Transtorno do Espectro Autista (TEA) é um campo de estudo em constante evolução, reforçando a importância de compreender os fatores biológicos, neurológicos e ambientais que podem influenciar o desenvolvimento desses bebês. A prematuridade, ao expor o recém-nascido a uma série de desafios, como alteração na conectividade cerebral, maior risco de lesões cerebrais e vulnerabilidade a estressores ambientais, é reconhecido como um fator de risco para o desenvolvimento do TEA.

No entanto, é essencial destacar que a detecção precoce de sinais comportamentais e o acompanhamento multidisciplinar dessas crianças têm papel central na promoção de intervenções precoces, capazes de otimizar o desenvolvimento e a qualidade de vida. A sensibilização de profissionais de saúde e famílias para essa possível correlação fortalece o cuidado integral ao bebê prematuro, integrando ciência, prática clínica e atenção humanizada.

Embora muitas questões ainda permaneçam em aberto, os avanços na neonatoalogia e na neurociência nos aproximam de respostas mais claras e intervenções cada vez mais eficazes. Investir no cuidado e na observação contínua dessas crianças é um passo essencial para construir um futuro mais inclusivo e promissor para os indivíduos com TEA.

Referências

ANDERSON, P. *et al.* Inflammation and neurodevelopment in premature infants. *NeuroImage*, v. 4, n. 4, [n.p.], 2024.

BAIO, J. *et al.* Prevalence of autism spectrum disorder among children aged 8 years. *Surveillance Summaries*, v. 67, n. 6, p. 1-23, 2018. Disponível em: https://pubmed.ncbi.nlm.nih.gov/29701730/. Acesso em: 23 fev. 2025.

CHUNG, E. H.; CHOU, J.; BROWN, T. T. Neurodevelopmental outcomes of preterm infants: a recent literature review. *Journal of Pediatrics*, v. 9, n. 1, p. S3-S8, 2020. Disponível em: https://doi.org/10.21037/tp.2019.09.10. Acesso em: 13 mar. 2025.

CRUMP, C.; SUNDQUIST, J.; SUNDQUIST, K. Preterm or early term birth and risk of autismautism. *Pediatrics*, v. 148, n. 3, p. e2020032300, 2021. Disponível em: https://doi.org/10.1542/peds.2020-032300. Acesso em: 13 mar. 2025.

HEALTH MOUNT SINAI. Higher risk of autism found in babies born prematurely, according to a definitive new Mount Sinai study. *Health Mount Sinai*, 20 fev. 2023. Disponível em: https://health.mountsinai.org/blog/higher-risk-of-autism-found-in-babies-born-prematurely-according-to-a-definitive-new-mount-sinai-study/. Acesso em: 13 mar. 2025.

JAMA PSYCHIATRY. *Association of premature birth with autism in children*: a population-based study. 2019.

LEE, S. *et al.* Impact of neonatal intensive care on autism risk. *Pediatrics*, [s.v.], [s.n.], [n.p.], 2022.

MINISTÉRIO DA SAÚDE. *Relatório sobre prematuridade no Brasil.* 2023.

REVISTA BRASILEIRA DE TERAPIAS COGNITIVAS. *The impact of prematurity in the development of autism spectrum disorders*: a systematic review. 2021.

SISTEMA DE INFORMAÇÃO SOBRE NASCIDOS VIVOS (SINASC). *Dados de nascimentos e prematuridade*. Disponível em: http://www2.datasus.gov.br/DATASUS/index.php?area=02. Acesso em: 24 jan. 2025.

SOUL, J. S.; SPENCE, S. J. Predicting autism spectrum disorder in very preterm infants. *Pediatrics*, v. 146, n. 4, p. e2020019448, 2020. Disponível em: https://doi.org/10.1542/peds.2020-019448. Acesso em: 13 mar. 2025.

WORLD HEALTH ORGANIZATION. Preterm birth. *WHO*, 10 maio 2023. Disponível em: https://www.who.int/news-room/fact-sheets/detail/preterm-birth. Acesso em: 13 mar. 2025.

61

QUANDO O DIAGNÓSTICO É PONTO DE PARTIDA

O IMPACTO DO RECONHECIMENTO TARDIO DO AUTISMO EM MULHERES ADULTAS

Receber o diagnóstico de autismo já adulta muda tudo: não o que você é, mas como se enxerga. Neste capítulo, compartilho o impacto pessoal e clínico do reconhecimento tardio do TEA em mulheres, e como isso pode ser o ponto de partida para um novo jeito de existir – com ciência, nome e direito de ser quem se é.

ELIZANGILA LEITE

Elizangila Leite

Contatos
eliza.djmg@gmail.com
Instagram: @dra.elizangilaleite

Médica, autista, mestre em Transtornos do Espectro Autista (TEA), com pós-graduações em Psiquiatria, Psiquiatria Infantil e Saúde da Família. Atua exclusivamente on-line, com foco no diagnóstico de autismo e TDAH em adultos, especialmente em mulheres. É palestrante nacional e internacional, autora de artigos científicos, colunista da revista internacional *Your Magazine* e mãe de dois meninos neurodivergentes.

Quando o diagnóstico é um ponto de virada

O impacto do diagnóstico tardio do Transtorno do Espectro Autista (TEA) em mulheres adultas vai além da esfera individual, repercutindo de forma significativa nas dimensões afetiva, profissional e social. Estudos apontam que o reconhecimento formal do autismo na vida adulta promove avanços importantes em autocompaixão, compreensão da própria trajetória e desenvolvimento de estratégias mais eficazes de enfrentamento (Lewis, 2016; Leedham *et al.*, 2020).

Na prática clínica, é comum que mulheres autistas relatem dificuldades para manter relações interpessoais estáveis – não por desinteresse, mas pela exaustão sensorial e pelos desafios na interpretação de nuances sociais. O esforço contínuo para sustentar interações sociais pode gerar sobrecarga, frequentemente interpretada de forma equivocada como frieza ou instabilidade emocional (Bargiela, Steward & Mandy, 2016; Hull *et al.*, 2017).

O ambiente de trabalho tradicional representa, para muitas, uma fonte constante de sofrimento, por exigir flexibilidade social, comunicação implícita e múltiplas tarefas simultâneas – fatores que intensificam as vulnerabilidades enfrentadas. Ambientes técnicos ou criativos podem permitir adaptações parciais, mas não eliminam as barreiras de convivência (Lai & Baron-Cohen, 2015).

Para diversas mulheres autistas, reorganizar a prática profissional se torna essencial. No meu caso, enquanto médica autista, a migração para o atendimento exclusivamente on-line foi uma decisão orientada pela preservação dos meus limites neurológicos, possibilitando uma escuta mais coerente com a neurodivergência que acolho.

Outro aspecto ainda pouco explorado clinicamente é o impacto do autismo na experiência da maternidade. Muitas mulheres relatam exaustão diante das exigências parentais, sobrecarga sensorial, rigidez de rotina e a necessidade constante de regulação emocional – tanto própria quanto dos filhos –, culminando, em muitos casos, em burnout materno. É comum que o diagnóstico só ocorra nesse contexto: ao identificarem em si características semelhantes às de filhos neurodivergentes, essas mães buscam avaliação e finalmente encontram respostas (Pohl *et al.*, 2020; Benevides *et al.*, 2020).

Os riscos associados à ausência de diagnóstico são urgentes e alarmantes. Em um estudo com 681 adultos autistas, 63,29% relataram ideação suicida e 16,15% já haviam tentado suicídio. Esses índices estão diretamente relacionados à invalidação histórica e à ausência de suporte adequado. A não identificação do autismo **não é neutra** – ela adoece e pode, literalmente, matar.

O diagnóstico não resolve todos os problemas, mas oferece estrutura: nome, direção, ferramentas e chance de reconstrução identitária, interrompendo ciclos de culpa e promovendo entendimento. Pesquisas apontam que quando o diagnóstico considera o fenótipo feminino, os resultados são mais positivos e protetores (Loomes, Hull & Mandy, 2017; Cassidy *et al.*, 2018).

Ainda existe falta de preparo clínico adequado. Muitos profissionais utilizam modelos masculinizados do autismo, ignorando mulheres que apresentam boa oratória, empatia cognitiva e inteligência verbal. Ferramentas diagnósticas, como RAADS-R, AQ, EQ, CAT-Q e SRS-2, são essenciais, desde que combinadas com escuta qualificada e sensível.

O diagnóstico não é uma sentença – é uma bússola. Um ponto de virada. Para muitas mulheres, saber quem são é o primeiro passo para deixarem de pedir desculpas por existir.

Cresci sendo descrita como intensa, dramática, brilhante – e "insuportável", tudo ao mesmo tempo. Era excelente aluna, falei cedo e me destacava academicamente, mas sentia uma inadequação profunda. O diagnóstico tardio não resolveu todos os problemas, mas finalmente revelou meu funcionamento interno. Transformou minha vida pessoal e também minha prática médica. Hoje, dedico minha carreira ao diagnóstico do autismo na vida adulta, especialmente em mulheres, porque compreendo – por dentro – o impacto transformador dessa descoberta.

Durante décadas, o autismo foi observado sob lentes masculinas. Os primeiros estudos e critérios diagnósticos foram construídos com base em meninos brancos, geralmente com sintomas evidentes: comportamentos repetitivos, interesses restritos e dificuldade explícita de interação social. Nesse modelo, muitas mulheres passaram despercebidas – e continuam passando.

A chamada **invisibilidade clínica** do autismo feminino é hoje um dos maiores desafios da prática diagnóstica. Não se trata apenas de negligência médica, mas de um fenômeno estrutural. O fenótipo feminino do TEA se manifesta de forma distinta do clássico, e por isso, frequentemente, escapa aos olhos – inclusive dos profissionais experientes.

Estudos indicam que mulheres autistas tendem a utilizar uma linguagem mais formal, polida e organizada. Desenvolvem mecanismos de imitação social e demonstram maior interesse por relações interpessoais, ainda que de maneira roteirizada (Lai & Baron-Cohen, 2015). Essas habilidades superficiais de socialização acabam mascarando dificuldades reais, e são comumente confundidas com traços de personalidade, timidez ou "excesso de sensibilidade".

Essa camuflagem social – conhecida como *masking* – é uma das estratégias mais comuns entre mulheres no espectro. Trata-se de um esforço consciente ou inconsciente para copiar comportamentos sociais, reprimir estereotipias, forçar contato visual e seguir scripts aprendidos. No entanto, essa performance tem um custo elevado. A literatura científica já documenta que o *masking* está associado a níveis elevados de esgotamento mental, aumento de sintomas depressivos e maior risco de ideação suicida (Cassidy *et al.*, 2018; Hull *et al.*, 2017).

A confusão diagnóstica é recorrente. Muitas mulheres autistas recebem inicialmente diagnósticos de transtornos de ansiedade, depressão, transtorno de personalidade borderline ou transtorno bipolar, antes que alguém sequer cogite a hipótese de TEA. Loomes, Hull & Mandy (2017) identificaram que a diferença na proporção entre homens e mulheres pode ser muito menor do que se acreditava, pois há sub-representação específica no reconhecimento clínico delas.

E por que essa dificuldade de reconhecimento persiste? Porque o modelo de "funcionalidade" ainda é centrado na performance externa – e não no custo interno. Mulheres que falam bem, têm bom desempenho escolar e mantêm uma postura educada são frequentemente vistas como "normais". O que permanece invisível são os colapsos silenciosos após a escola, as crises de ansiedade antes de reuniões, a exaustão que vem depois de interações sociais aparentemente simples.

Essa hiperadaptação tem nome na clínica: **custo psíquico da normatividade forçada.**

As estatísticas são preocupantes. Um estudo recente publicado na *Psychiatria Polska* apontou que mulheres autistas com diagnóstico tardio apresentam maiores taxas de depressão, anorexia e ideação suicida do que seus pares masculinos (Rynkiewicz, Janas-Kozik & Słopień, 2019). O motivo? Vivem por anos tentando se encaixar em moldes que nunca foram feitos para elas. E quanto mais tentam, mais se afastam de si mesmas.

Mesmo a infância dessas meninas escapa ao radar clínico. Falam cedo, tiram boas notas, não "dão trabalho". Seus interesses intensos costumam ser socialmente aceitos – como animais, literatura ou astrologia – ao contrário de trens ou sistemas numéricos, mais comuns entre meninos autistas. A "inteligência social" que aparentam muitas vezes é resultado de anos observando e imitando gestos, sorrisos e entonações dos outros. Mas por dentro, não sentem pertencimento.

Essa dor de não se sentir parte de lugar algum – nem do mundo neurotípico, nem da categoria de "pessoas com deficiência visível" – é frequentemente descrita como uma **solidão identitária**. Não é à toa que, após o diagnóstico, tantas mulheres relatem uma sensação de libertação, mesmo em meio ao choque inicial. Como se, finalmente, existisse uma explicação plausível para anos de inadequação, exaustão e silêncio.

Receber o diagnóstico de autismo na vida adulta **não é apenas uma formalidade médica**, é uma ruptura na narrativa de si. Um ponto de virada entre aquilo que, por tanto tempo, foi vivido como falha, estranheza ou inadequação – e aquilo que, enfim, ganha nome, forma e reconhecimento. Trata-se de uma experiência de reconstrução subjetiva, que envolve tanto alívio quanto luto.

No consultório, ouço com frequência frases como:

"Agora tudo faz sentido."

"Passei a vida tentando entender por que era assim."

"Se eu soubesse antes, minha história teria sido outra."

Esses relatos não são chavões. São desabafos densos, carregados de décadas de mal-entendidos, exclusões silenciosas e um esforço constante – e exaustivo – para parecer "normal".

A identificação do TEA na vida adulta traz um fenômeno conhecido na literatura como **reformulação identitária pós-diagnóstico**. Segundo estudo de Lewis (2016), adultos diagnosticados tardiamente relatam aumento significativo da autocompaixão e uma nova compreensão de suas experiências passadas. Não se trata apenas de descobrir que se é autista – mas de reconstruir todo um percurso de vida sob uma nova ótica.

Essa reestruturação, no entanto, não é simples nem linear. O alívio por finalmente entender a origem de suas dificuldades – como a hipersensibilidade sensorial, o esgotamento social ou os desafios na comunicação espontânea – frequentemente vem acompanhado por um luto silencioso. Um luto não pela condição em si, mas pelo tempo perdido. Pelas oportunidades que poderiam ter sido diferentes. Pelos diagnósticos errados, terapias inadequadas, críticas injustas e apelidos cruéis na escola.

O impacto emocional do diagnóstico tardio tem sido objeto de investigação em estudos recentes. Um artigo publicado na *Autism* (Leedham *et al.*, 2020) mostrou que adultos diagnosticados com TEA descrevem um processo emocional complexo, que começa com o choque inicial e o questionamento da própria identidade, e evolui para uma sensação crescente de validação e pertencimento. Isso demonstra que o diagnóstico não é um ponto final – é o início de uma nova fase: a fase da autenticidade.

Sob a perspectiva neurocientífica, sabemos que o cérebro humano é moldado não apenas por sua estrutura genética, mas também pelas experiências vividas e pela forma como nos percebemos no mundo. A psicóloga Catherine Lord, referência internacional na avaliação diagnóstica do TEA, reforça que o reconhecimento formal de uma neurodivergência impacta diretamente a forma como o indivíduo regula suas emoções, se comunica e se organiza internamente (Lord *et al.*, 2018). A identidade, portanto, não é apenas social – é também neurológica. Saber-se autista reorganiza sinapses emocionais que antes operavam sob o peso da culpa e da autocrítica.

Essa reconstrução identitária implica, muitas vezes, uma revisão profunda de valores, escolhas e relações. Pacientes relatam transformações significativas em seus círculos sociais, em suas trajetórias profissionais e na maneira como se relacionam com os próprios filhos. Para muitas mulheres, o diagnóstico desmantela décadas de *masking* – o esforço contínuo de camuflar características autistas para atender às expectativas sociais. O estudo de Bargiela, Steward & Mandy (2016) mostra que mulheres diagnosticadas tardiamente descrevem uma sensação de liberdade ao perceber que não precisam mais "atuar o tempo todo".

O caminho até o diagnóstico para essas mulheres costuma ser longo e exaustivo. Na minha prática clínica on-line enquanto médica autista, a escuta digital proporciona um espaço seguro, onde as máscaras podem finalmente cair. Quando a avaliação é conduzida por alguém que também vive o autismo por dentro, a escuta se torna legítima – e o cuidado, genuíno.

O diagnóstico do autismo na vida adulta não apaga o passado. Ele **ressignifica o percurso**. Quando esse reconhecimento chega tardiamente, sua potência não diminui – ao contrário, aumenta. Justamente por tudo o que veio antes: as dúvidas, os mal-entendidos, os diagnósticos equivocados, a solidão silenciosa. Nomear o autismo, nesse contexto, é um ato clínico – mas também político e subjetivo. É devolver à mulher autista a legitimidade da própria experiência.

Não se trata de encaixá-la em uma nova categoria. Trata-se de oferecer linguagem, contexto e direção. O diagnóstico não muda quem ela é – apenas permite que ela **seja**, com mais liberdade e menos justificativas. Para muitas, esse é o primeiro passo para deixar de pedir desculpas por existir. E começar, enfim, a existir de forma inteira.

Referências

BARGIELA, S.; STEWARD, R.; MANDY, W. Autism in women: social and communication challenges. *Journal of Autism and Developmental Disorders*, v. 46, p. 3281-3294, 2016.

BENEVIDES, *et al.* 2020.

CASSIDY, S. *et al.* Risk markers for suicidality in autistic adults. *Molecular autism*, v. 9, p. 42, 2018.

HULL, L. *et al.* "Putting on my best normal": social camouflaging in adults with autism spectrum conditions. *Journal of autism and developmental disorders*, v. 47, n. 8, p. 2519–2534, 2017.

LAI, M.-C.; BARON-COHEN, S. Identifying the lost generation of adults with autism spectrum conditions. *The lancet. Psychiatry*, v. 2, n. 11, p. 1013-1027, 2015.

LEEDHAM, A. *et al.* I was exhausted trying to figure it out: the experiences of females receiving an autism diagnosis in middle to late adulthood. *Autism*, v. 24, n. 1, p. 135-146, 2020.

LEWIS, L. F. Realizing a diagnosis of autism spectrum disorder as an adult: autism spectrum disorder in adults. *International journal of mental health nursing*, v. 25, n. 4, p. 346-354, 2016.

LOOMES, R.; HULL, L.; MANDY, W. P. L. What is the male-to-female ratio in autism spectrum disorder? A systematic review and meta-analysis. *Journal of the American Academy of Child and Adolescent Psychiatry*, v. 56, n. 6, p. 466-474, 2017.

LORD, C. *et al.* Autism spectrum disorder. *Lancet*, v. 392, n. 10146, p. 508-520, 2018.

POHL, A. L. *et al.* A comparative study of autistic and non-autistic women's experience of motherhood. *Molecular Autism*, v. 11, 2020.

RYNKIEWICZ, A.; JANAS-KOZIK, M.; SŁOPIEŃ, A. Girls and women with autism. *Psychiatria Polska*, v. 53, n. 4, p. 737-752, 2019.